KB196877

NCS 국가직무능력표준
National Competency Standards

2025 개정

국가공인 재경관리사

원가관리회계

삼일회계법인 저

국가공인 재경관리사 자격시험 신유형 반영

삼일회계법인
삼일인포마인

머리말

회계의 투명성이 강조되는 사회적 분위기와 함께 기업에서도 회계이론과 실무능력을 갖춘 인재에 대한 수요가 급증하고 있습니다. 그런데 신규직원 채용시 기업에서는 어느 정도 실력이 검증된 사람을 찾으려는 경향이 두드러지고 있는 반면, 회계실력을 객관적으로 측정할 수 있는 제도가 미흡하다는 아쉬움이 있습니다. 또한, 학교에서 가르치는 교과과정이 실무와 상당한 차이가 있어서 기업에서는 신규직원 채용 후 재교육에 많은 시간과 비용을 지출하고 있는 것이 현실입니다.

이러한 문제를 해결하기 위하여 저희 삼일회계법인은 이론과 실무능력을 겸비한 재경전문가를 양성하는 국가공인 회계관리자격제도를 시행하고 있습니다. 회계관리자격제도는 수준에 따라 회계관리 2급, 회계관리 1급, 재경관리사로 나누어집니다.

재경관리사는 회계관리자격제도의 최상위단계로서 재무회계, 세무회계, 원가관리회계 등 재경업무에 필요한 종합적인 지식과 실무능력을 겸비하여 대기업 또는 중소기업의 전반적인 관리책임자 역할을 수행할 수 있는 재경전문가를 선발하는 과정입니다.

재경관리사 시험은 시대의 흐름에 맞춰 종합적인 사고와 문제해결 능력을 평가하는 방향으로 변화해 왔으며, 본서는 이러한 변화를 적극 반영하여 실무중심의 다양한 사례를 제시하고 사례를 풀어가는 방법을 이론과 연계하여 알기 쉽게 해설했습니다.

본서를 통해 수험생은 원가계산 및 측정, 계획과 통제, 의사결정, 성과평가분야로 구성된 경영의사결정에 필요한 분석기법들을 체계적으로 학습하여 원가관리회계의 내용을 종합적으로 이해할 수 있을 것입니다.

본서는 재경관리사 시험에 대비한 교재이지만, 그동안 저희 삼일회계법인이 쌓아온 지식과 경험을 바탕으로 실무중심의 사례를 곁들여 알기 쉽게 설명하였기 때문에 회계를 처음 접하는 분들을 위한 회계의 길잡이로 활용할 수 있을 것입니다.

끝으로 이 책이 나오기까지 수고해주신 집필진 여러분께 심심한 사의를 표하며, 본 책자가 수험생 여러분의 합격을 앞당기는 길잡이가 되기를 희망합니다.

삼일회계법인 대표이사   윤 훈 수

재경관리사 자격시험 안내

■ 개요

회계, 세무, 원가, 경영관리 등 재경분야의 실무 전문가임을 인증하는 삼일회계법인 주관 자격시험으로 수준에 따라 재경관리사 / 회계관리 1급 / 회계관리 2급으로 구분됩니다.

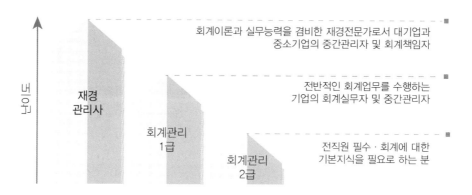

■ 2025년 시험안내

	재경관리사	회계관리 1급	회계관리 2급
자격종류	국가공인 등록 민간자격		
공인번호	금융위원회 제2022-2호	금융위원회 제2022-3호	
등록번호	금융위원회 제2008-0106호	금융위원회 제2008-0105호	
시험과목	재무회계 세무회계 원가관리회계	재무회계 세무회계	회계원리
시험시간	14:00 ~ 16:30 (150분)	14:00 ~ 15:40 (100분)	11:00 ~ 11:50 (50분)
평가 및 합격	객관식 4지선다형 40문항 / 과목별 70점(100점 만점) 이상 합격		
시행지역	서울, 인천, 경기, 부산, 대구, 광주, 대전, 천안, 청주, 익산, 창원, 울산 외		
응시료	7만 원	5만 원	3만 원
환불규정	접수기간 내 100% 환불 / 접수취소기간 내 50% 환불 / 접수취소기간 종료 이후 환불불가		
자격발급기관	삼일회계법인		

■ 재경관리사 시험일자

정기회차	원서접수기간	시험일	합격자발표
1회차	2024. 12. 31 ~ 2025. 01. 07	01. 18 (토)	01. 24 (금)
2회차	2025. 02. 20 ~ 02. 27	03. 22 (토)	03. 28 (금)
3회차	2025. 04. 17 ~ 04. 24	05. 17 (토)	05. 23 (금)
4회차	2025. 05. 27 ~ 06. 03	06. 21 (토)	06. 27 (금)
5회차	2025. 07. 01 ~ 07. 08	07. 26 (토)	08. 01 (금)
6회차	2025. 08. 28 ~ 09. 04	09. 27 (토)	10. 02 (금)
7회차	2025. 10. 23 ~ 10. 30	11. 22 (토)	11. 28 (금)
8회차	2025. 12. 02 ~ 12. 09	12. 20 (토)	12. 26 (금)

* 홈페이지(www.samilexam.com)에서 시험일정과 장소 관련 자세한 정보를 확인할 수 있습니다.

■ 시험문의

홈페이지	www.samilexam.com

연락처	070-4412-3131, kr_samilexam@pwc.com

■ 재경관리사 원가관리회계 평가범위

과목	평가범위		
원가관리 회계	원가회계의 기초	원가회계의 기본개념	회계의 체계와 원가회계
			원가의 의의
		원가회계의 흐름	제조원가의 흐름에 대한 이해
		원가배분	원가배분의 의의와 유형
			보조부문의 원가배분
	생산형태에 따른 원가계산방법	개별원가계산	개별원가계산의 의의
			개별원가계산 절차의 이해
		종합원가계산	종합원가계산의 의의
			종합원가계산 방법의 이해
	원가측정에 따른 원가계산방법	정상원가계산	정상원가계산의 의의
			정상원가계산의 절차
			제조간접원가 배부차이
		표준원가계산의 기초	표준원가계산의 의의
			표준원가의 종류 및 표준원가의 설정
		표준원가계산과 원가차이분석	차이분석의 기초
			원가요소별 차이분석
			원가차이의 배분
	원가구성에 따른 원가계산방법	변동원가계산과 초변동원가계산	전부, 변동, 초변동원가계산의 의의
			전부, 변동, 초변동원가계산의 영업이익 비교
			전부, 변동, 초변동원가계산의 이익차이의 조정
	새로운 원가계산방법	활동기준원가계산	활동기준원가계산의 의의
			활동기준원가계산의 절차
	계획과 통제	원가추정	원가추정방법
		원가·조업도·이익분석	손익분기점 분석
			목표이익 분석
			안전한계와 영업레버리지
		책임회계제도와 성과평가	책임회계제도와 책임중심점에 대한 이해
		분권화와 성과평가	판매부서에 대한 성과평가
			원가중심점의 성과평가
			투자중심점의 성과평가
	의사결정	단기의사결정	의사결정의 기초개념
			단기의사결정의 유형
		장기의사결정	자본예산의 의의
			자본예산모형의 유형
	최신관리회계	새로운 원가관리시스템	수명주기원가계산과 목표원가계산, 품질원가계산에 대한 이해
		새로운 성과평가시스템	균형성과표

CONTENTS

Chapter 3

원가측정에 따른
원가계산방법

Chapter 7 의사결정

Chapter 8

최신관리회계

Chapter

1

원가회계의 기초

I   원가회계의 기본개념

01   회계의 체계와 원가회계

1   회계의 체계

회계란 기업의 경제적 활동을 화폐단위로 측정, 기록, 분류하여 전달함으로써 정보이용자들이 합리적인 의사결정을 할 수 있도록 하는 서비스활동이다. 이와 같은 회계는 정보이용자가 요구하는 정보의 유형에 따라 재무회계(financial accounting)와 관리회계(managerial accounting)로 분류된다.

[그림 1-1]   회계의 체계

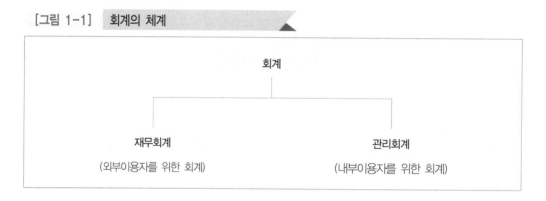

(1) 재무회계

재무회계는 기업의 외부정보이용자인 주주나 채권자 등에게 그 기업의 재무상태, 경영성과 및 현금흐름의 변동에 관한 유용한 정보를 제공하는 분야이다. 이와 같이 재무회계는 기업의 외부정보이용자에게 유용한 정보를 제공하는 것을 목적으로 하기 때문에 일반적인 정보를 전달해 줄 수 있는 재무제표의 작성 및 보고와 관련된 문제를 다루고 있다.

(2) 관리회계

관리회계는 기업의 내부정보이용자인 경영자 등에게 그 기업의 계획과 통제, 의사결정에 유용한 정보를 제공하는 분야이다.

이와 같이 관리회계는 특수 목적의 보고서를 통해서 기업내부정보이용자의 의사결정에 유용한 정보를 제공하는 것을 목적으로 한다.

재무회계와 관리회계의 주요 차이점을 정리하면 다음 표와 같다.

[표 1-1] 재무회계와 관리회계의 차이점

구분	재무회계	관리회계
목적	외부이용자의 경제적 의사결정에 유용한 정보를 제공하기 위한 외부보고 목적	내부이용자의 경제적 의사결정에 유용한 정보를 제공하기 위한 내부보고 목적
이용자	외부이용자인 주주, 채권자, 정부 등	내부이용자(주로 경영자)
보고수단	일반 목적을 위한 재무제표	특수 목적의 보고서
보고서작성 이유	법에 의한 요구	필요한 목적을 달성하기 위해 작성
준거기준	한국채택국제회계기준, 일반기업회계기준	일정한 기준이 없음.
정보의 내용 및 속성	과거지향적, 객관성 강조	미래지향적, 목적적합성 강조

2 원가회계의 의의

원가회계(cost accounting)란 재무회계와 관리회계에서 필요로 하는 원가정보를 제공하기 위하여 제조활동과 영업활동에 관한 원가자료를 확인, 분류, 집계하는 회계분야이다.

즉, 원가회계는 재무상태표상의 재고자산가액을 결정하고 손익계산서상의 매출원가를 결정하는 데 필요한 원가자료를 제공할 뿐만 아니라 계획과 통제, 의사결정에 유용한 원가자료도 제공하는 중요한 회계분야이다.

(1) 원가회계의 위치

[그림 1-2] 원가회계의 위치

회계를 재무상태표 회계와 손익계산서 회계로 분류해 볼 경우, 원가회계는 재무상태표 회계와 손익계산서 회계에 모두 속한다고 볼 수 있다.

(2) 원가회계의 영역

원가회계의 영역은 다음과 같다.

[그림 1-3] 원가회계의 영역

① 제품원가계산

제품원가계산이란 기업이 제조하는 제품의 원가를 결정하여 매출원가와 기말재고자산의 가액을 결정하는 것이다. 이는 주로 상기업이 아닌 제조기업의 당기제품제조원가를 계산하는 과정을 의미하며, 제품원가계산 정보는 외부공표용 재무제표에 계상될 매출원가와 기말재고자산평가의 근거자료가 된다.

② 계획과 통제

계획과 통제란 미래의 경영활동 수행을 위한 계획을 수립하고(Plan), 이를 실행하며(Do), 실행 후의 실제결과를 계획과 비교하여 성과평가를 수행하는(See) 일련의 과정을 의미한다. 원가회계는 계획과 통제에 유용한 원가정보를 제공한다.

③ 의사결정

의사결정이란 선택 가능한 여러 대안 중에서 목적을 가장 잘 달성하는 최선의 대안을 선택하는 과정을 의미한다. 원가회계는 의사결정에 유용한 원가정보를 제공한다.

(3) 원가회계와 관리회계

① 원가회계

원가회계란 이익측정과 재고자산평가를 위해서 역사적 원가자료를 집계, 측정, 배분하여 기업의 외부의사결정자와 내부의사결정자 모두가 필요로 하는 제품원가계산정보를 제공하는 회계이다.

② 관리회계

관리회계란 기업의 내부의사결정자인 경영자의 계획과 통제, 의사결정에 유용한 정보를 제공하는 회계이다. 따라서 관리회계는 경영자의 목적에 따라 다양하게 활용된다.

③ 원가회계와 관리회계의 관계

관리회계가 수행하는 계획과 통제, 의사결정을 위해서는 원가회계가 제공하는 제품원가계산정보가 필요하기 때문에 원가회계와 관리회계는 서로 불가분의 관계를 가진다. 또한 원가회계는 재무회계를 위한 제품원가계산정보(예 : 매출원가)도 제공하므로 이와도 관계가 있다.

원가회계의 영역을 제품원가계산정보를 제공하는 것만으로 좁게 정의하기도 하지만, 재무회계와 관리회계의 영역으로 분명히 구분하기보다는 서로 정보를 주고받는 관계라고 보아야 할 것이다.

만약에 여러분이 피자집을 운영한다고 해보자. 처음에는 피자 한 판을 만드는 원가가 얼마나 되는지 궁금할 것이다(원가계산). 그리고 피자 100판을 정상적인 가격보다 싸게 배달해 달라는 주문을 받으면 이를 수락할 것인지의 여부를 결정해야 할 수도 있고(의사결정), 나중에 2, 3군데 피자집을 운영하게 되면 각 사업부 별로 책임자를 두어 성과를 평가해야 할 것이다. 이와 같이 원가계산, 의사결정, 성과평가는 독립적인 것이 아니라 서로 연결되어 있다. 즉, 정확한 원가계산이 되면 의사결정과 성과평가도 정확하게 되는 것이다.

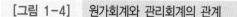

[그림 1-4] 원가회계와 관리회계의 관계

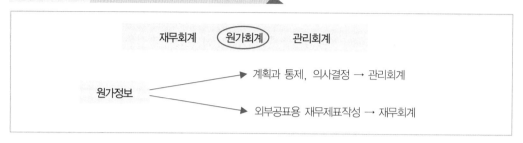

원가회계에서도 원가자료의 관리적 이용을 강조하며 관리회계에서도 원가자료의 측정, 배분, 평가를 하고 있기 때문에 최근에는 원가회계와 관리회계를 구별하지 않고 거의 동의어로 사용하고 있다.

3 원가회계의 한계점

원가회계를 사용할 때는 원가회계가 가지고 있는 다음과 같은 한계점에 유의해야 한다.

(1) 원가회계 정보의 한계

원가회계가 제공하는 정보는 화폐단위로 표시되는 계량적 자료이다. 그러나 경영자가 계획을 수립하고 통제를 수행할 때는 '좋다', '나쁘다' 또는 '성공할 것이다', '실패할 것이다'와 같은 질적인 정보와 함께 기업의 외부정보도 필요하다. 그러나 원가회계는 비화폐성 정보와 질적인 정보는 제공하지 못한다.

(2) 회계절차 적용의 어려움

재무회계는 객관적으로 측정가능한 회계자료를 기초로 수익과 비용을 인식한다. 그러나 원가회계는 경영자의 목적에 따라 다양한 회계절차를 적용해야 하는 어려움이 있다.

(3) 다양한 상황에 적합한 원가정보 제공의 한계

제품의 원가는 기업이 채택하고 있는 원가계산방법에 의하여 자동적으로 계산되는 것이기 때문에, 특정한 시점에서 원가회계가 모든 의사결정에 목적적합한 원가정보를 제공할 수는 없다. 따라서 경영자는 어떤 의사결정을 할 때 원가회계가 제공하는 정보가 그 의사결정에 부합되는 정보인지를 사전에 충분히 검토해야 한다.

(4) 비용과 효익의 분석

경영자는 비용과 효익을 분석하여 원가정보의 양을 적절히 정해야 하며, 특히 원가회계책임자는 비경제적인 정보생산이 일어나지 않도록 항상 유의해야 한다.

02 원가의 의의

1 원가의 개념

원가(cost)란 특정목적을 달성하기 위해 소멸된 경제적 자원의 희생을 화폐가치로 측정한 것으로, 기업이 수익을 획득하기 위해서 특정물품이나 서비스를 구매하거나 제조하면서 지출되는 금액 등이 원가가 된다.

이와 같이 발생한 원가 중 기업의 수익획득에 아직 사용되지 않은 부분은 자산으로, 수익획득에 사용된 부분은 비용으로 재무제표에 계상되며 수익획득에 기여하지 못하고 소멸된 부분은 손실로 계상된다.

예를 들면 기업이 제품을 제조하면서 지출한 금액 중 아직 판매되지 않은 제품의 제조원가는 재고자산(자산)으로, 판매된 제품의 제조원가는 매출원가(비용)로 계상되며 판매와 관계없이 소멸된 제품의 제조원가는 재고자산감모손실(손실)로 계상된다는 것이다.

[그림 1-5] 원가의 분류

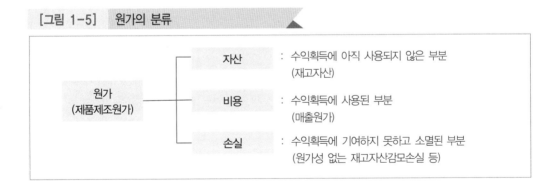

2 원가의 특성

특정물품이나 서비스를 구매하거나 제조하기 위하여 소비되는 일체의 경제적 가치를 의미하는 원가에는 다음과 같은 특성이 있다.

(1) 경제적 가치

기업의 제조과정에 자연의 요소(공기, 바람 등)가 사용되더라도, 일반적인 자연의 요소는 그 자체가 경제적 가치를 가지고 있지 않으므로 원가가 될 수 없다. 왜냐하면 경제적 가치를 가지고 있는 요소만이 원가가 될 수 있기 때문이다.

(2) 정상적인 소비액

원가는 정상적인 경제활동 과정에서 소비된 가치만을 포함하고, 비정상적인 상황에서 발생한 가치의 감소분은 포함하지 않는다. 예를 들면 제품의 제조과정에서 정상적으로 발생하는 감모분은 원가에 산입되지만, 비정상적으로 발생하는 감모분은 원가에 산입되지 않는다.

(3) 물품이나 서비스의 소비액

기업의 수익획득 활동에 필요한 물품이나 서비스를 단순히 구입하는 것만으로는 원가가 되지 않으며, 이를 소비해야 비로소 원가가 된다. 예를 들면 기업이 구입한 공장용 토지는 소비되어 없어지는 것이 아니기 때문에 원가가 아니라 자산이 되는 것이다.

(4) 경제활동에서 발생한 것

제품의 제조 및 판매활동과 관계없이 발생되는 물품이나 서비스의 소비는 원가가 되지 않는다. 예를 들면 제품의 제조 및 판매활동 외의 경영활동에 필요한 자금조달과 관련하여 발생하는 이자비용은 원가에 산입되지 않는다.

3 원가회계와 관련된 기본개념

[그림 1-6] 원가의 흐름

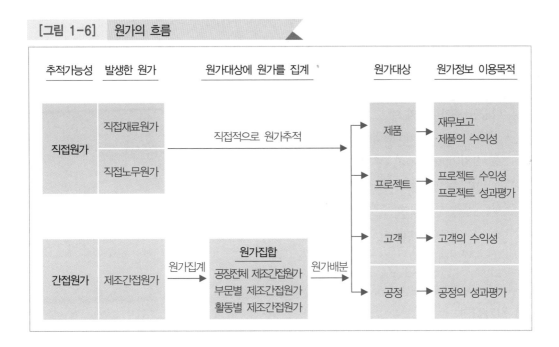

(1) 원가대상

원가대상(cost object)이란, 원가를 따로 측정하고자 하는 활동이나 항목으로 원가집적대상이라고도 한다.

① 원가대상의 의의

원가대상은 직접적인 대응이나 간접적인 원가배분방법에 의한 원가측정을 통하여 원가가 집계되는 활동이나 항목으로, 구체적인 원가대상은 경영자의 의사결정 목적에 따라 선택된다. 이러한 기업의 원가대상이 결정되어야 원가측정이 가능하고 원가측정에 의하여 원가가 집계된다.

② 원가대상의 예

전통적으로 기업은 제품이나 부문을 원가대상으로 선택하여 왔다. 제품이나 부문을 원가대상으로 선정하는 목적은 다음과 같다.

㉠ 전통적 원가대상

　　　　ⓐ 제품 : 제품의 가격결정과 제품의 사업성 분석을 위한 원가계산 목적

　　　　ⓑ 부문 : 부문의 성과를 평가하여 부문을 통제하기 위한 목적

그러나 최근에는 컴퓨터의 도입 등으로 자료획득이 용이해지고 경쟁이 심화되면서 경영자들이 다양한 원가정보를 요구하게 됨에 따라 원가대상이 다양해지고 있다.

　　㉡ 다양한 원가대상의 예

　　　　ⓐ 활동(activity) : 품질검사활동, 자재주문활동

　　　　ⓑ 작업(operation) : 조립작업, 세정작업

　　　　ⓒ 서비스(service) : 항공서비스, 회계감사서비스

　　　　ⓓ 프로젝트(project) : 인천국제공항 건설, 월드컵경기장 건설

　　　　ⓔ 프로그램(program) : 교육 / 훈련 프로그램, 방송 프로그램

　　　　ⓕ 공장전체

(2) 원가집합

원가집합(cost pool)이란 원가대상에 직접적으로 추적할 수 없는 간접원가들을 모아둔 것으로, 여기에 집계된 원가는 둘 이상의 원가대상에 배분되어야 할 공통원가이다.

(3) 원가배분

원가배분(cost allocation)이란 원가집합에 집계된 간접원가를 일정한 배분기준에 따라 원가대상에 배분하는 과정을 말한다. 원가배분의 과정을 그림으로 나타내면 다음과 같다.

[그림 1-7]　원가배분과정

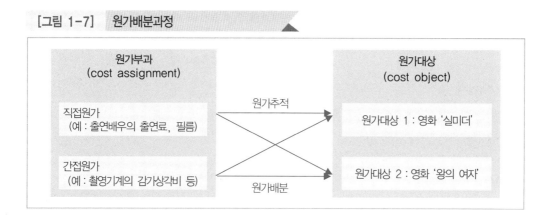

(4) 조업도

조업도(volume)란 기업이 보유한 자원의 활용정도를 나타내는 수치로서 산출량인 생산량, 판매량 등으로 표시하거나 투입량인 직접노동시간, 기계가동시간 등으로 표시한다. 조업도의 개념은 다음과 같이 구분할 수 있다.

① **협의의 조업도** : 일정기간 동안 생산설비의 이용정도
② **광의의 조업도** : 일정기간 동안 원가대상의 원가변동에 가장 큰 영향을 주는 원가동인(생산량, 판매량, 작업시간 등)

(5) 원가동인

원가동인(cost driver)이란 원가대상의 총원가에 변화를 유발시키는 요인을 말한다. 다음 표에서 보는 바와 같이 원가동인은 원가대상에 따라 매우 다양하다.

[표 1-2] 원가동인의 예

원가대상	원가동인
제품	생산량, 작업시간, 작업준비횟수, 부품의 수 등
구매부서	구매주문서의 수, 공급자의 수, 운송시간 등
광고활동	광고매체, 작업시간, 광고시간, 출연모델수 등

(6) 원가행태

원가행태(cost behavior)란 조업도(또는 원가동인)의 변동에 따른 원가발생액의 변동양상을 말한다. 원가행태를 파악하면 원가를 예측하는데 많은 도움이 되기 때문에 경영자의 의사결정에 있어 매우 중요하다.

(7) 관련범위

관련범위(relevant range)란 원가와 조업도 간의 일정한 관계가 유지되는 조업도의 범위로서, 변동원가와 고정원가의 구분이 타당한 조업도의 구간을 말한다.

4 원가의 분류

원가는 경영자의 의사결정 목적에 따라 다음과 같이 여러 가지로 분류할 수 있다.

① 원가행태에 따른 분류 : 변동원가와 고정원가
② 추적가능성에 따른 분류 : 직접원가와 간접원가
③ 제조활동과의 관련성에 따른 분류 : 제조원가와 비제조원가
④ 수익과의 대응관계에 따른 분류 : 제품원가와 기간원가
⑤ 의사결정과의 관련성에 따른 분류 : 관련원가와 매몰원가, 회피가능원가와 회피불능원가, 기회원가와 지출원가
⑥ 자산과의 관련성에 따른 분류 : 미소멸원가와 소멸원가
⑦ 통제가능성에 따른 분류 : 통제가능원가와 통제불능원가
⑧ 시점에 따른 분류 : 역사적 원가와 예정원가

(1) 원가행태에 따른 분류

조업도의 변동에 따른 원가발생액의 변동양상을 구분하여 변동원가(variable costs), 고정원가(fixed costs), 준변동원가(semi-variable costs), 준고정원가(semi-fixed costs)로 분류할 수 있다. 원가행태에 따른 분류는 ㉠ 조업도만이 유일한 원가동인이고 ㉡ 원가함수는 선형이며 ㉢ 관련범위가 일정하며 ㉣ 시간범위가 일정하다는 가정 하에서 성립한다.

① 변동원가

조업도의 변동에 따라 총원가가 비례하여 변동하는 원가를 말하며, 조업도의 증감에 따라 총원가는 비례하여 증감하나 단위당 원가는 조업도의 변동에 관계없이 일정하다.

② 고정원가

조업도의 변동에 관계없이 총원가가 일정한 원가를 말하며, 조업도의 증감에 따라 총원가는 일정하나 단위당 원가는 조업도의 증가(감소)에 따라 감소(증가)한다.

③ 준변동원가

조업도의 변동에 관계없이 총원가가 일정한 고정원가와 조업도의 변동에 따라 총원가가 비례하여 변동하는 변동원가의 두 가지 요소를 모두 가지고 있는 원가를 말하며, 변동원가와 고정원가가 혼합

된 원가이므로 혼합원가(mixed costs)라고도 한다. 예를 들면, 100시간까지는 무조건 기본사용료 20,000원을 납부하고, 100시간을 초과하여 사용할 경우에는 초과시간당 5,000원을 추가로 납부하는 통신비를 들 수 있다.

④ 준고정원가

일정범위의 조업도 내에서는 총원가가 일정하지만 조업도가 일정범위를 벗어나면 총원가가 증가 또는 감소하는 원가를 말하며, 계단형태를 보이기 때문에 계단원가(step costs)라고도 한다.

변동원가와 준변동원가의 모습을 그림으로 비교하면 다음과 같다.

[그림 1-8] 변동원가와 준변동원가

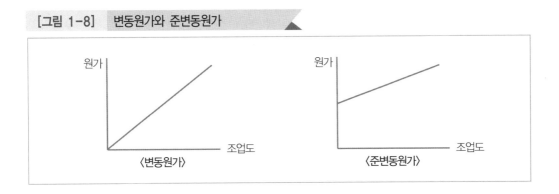

고정원가와 준고정원가의 모습을 그림으로 비교하면 다음과 같다.

[그림 1-9] 고정원가와 준고정원가

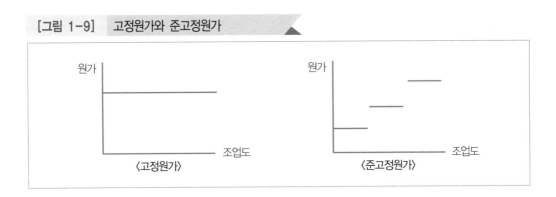

변동원가와 고정원가의 특징을 정리하면 다음과 같다.

[표 1-3] 조업도의 증가에 따른 변동원가와 고정원가의 모습		
구분	변동원가	고정원가
총원가	비례적으로 증가함.	일정함.
단위당 원가	일정함.	감소함.

(2) 추적가능성에 따른 분류

원가가 발생한 경로를 최종 제품까지 추적하여 볼 때, 해당 제품별로의 추적가능성에 따라 원가는 직접원가(direct costs)와 간접원가(indirect costs)로 분류된다. 이때 추적가능성이란 효익이 비용보다 큰 범위 안에서의 경제적인 추적가능성을 의미한다.

① 직접원가

특정원가대상에 직접 추적할 수 있는 원가를 말하며, 추적가능원가 또는 개별원가라고도 한다. 후술하는 직접재료원가와 직접노무원가가 대표적인 예시이다.

② 간접원가

여러 원가대상과 관련하여 발생하므로 특정원가대상에 직접 추적이 어려운 원가를 말하며, 추적불능원가 또는 공통원가라고도 한다. 후술하는 제조간접원가가 대표적인 예시이다.

추적가능성에 따른 분류는 특정 원가대상을 전제한 개념이다. 원가대상이 바뀌면 직접원가와 간접원가의 범위 또한 바뀐다. 예를 들면, 회사의 각 부서별 원가를 파악하기 위해서 각 부서를 원가대상으로 설정한다고 가정하자.

자금팀과 운용팀으로 구성된 회계부서의 경우 팀원의 인건비 및 팀별 운영원가는 직접 해당 팀뿐만 아니라 회계부서로도 추적가능한 직접원가이다. 또한 회계부서장의 인건비도 회계부서로 추적가능한 직접원가이다. 그러나 원가대상을 각 팀으로 할 경우에는, 회계부서장의 인건비는 특정 팀에 추적하기 어려운 간접원가에 해당한다.

(3) 제조활동과의 관련성에 따른 분류

제조활동과의 관련성에 따라 원가를 제조원가와 비제조원가로 분류할 수 있다.

① 제조원가

제조원가란 제조활동에서 발생하는 모든 원가로서 일반적으로 직접재료원가(direct material costs), 직접노무원가(direct labor costs), 제조간접원가(factory overhead costs)의 3요소로 세분한다.

[표 1-4] 제조원가의 3요소

구 분	내 용
직접재료원가(direct material costs)	특정제품에 직접 추적할 수 있는 원재료 사용액
직접노무원가(direct labor costs)	특정제품에 직접 추적할 수 있는 노동력 사용액
제조간접원가(factory overhead costs)	직접재료원가와 직접노무원가 이외의 나머지 모든 제조원가로서 원가행태에 따른 분류를 감안하여 변동제조간접원가와 고정제조간접원가로 세분할 수 있음.

한편 직접재료원가와 직접노무원가의 합계를 기초원가(prime costs)라고 하고, 직접노무원가와 제조간접원가의 합계를 가공원가(전환원가, conversion costs)라고 한다.

[그림 1-10] 기초원가와 가공원가

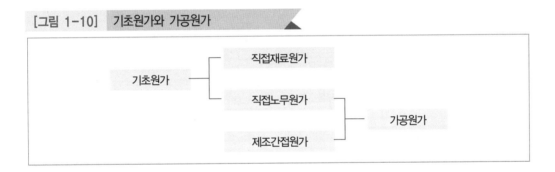

② 비제조원가

비제조원가란 제조활동 이외의 활동(판매 및 관리활동)에서 발생하는 원가로서, 판매비와관리비가 대표적인 예시이다.

(4) 수익과의 대응관계에 따른 분류

원가는 수익과의 대응관계에 따라 제품원가(product costs)와 기간원가(period costs)로 분류되며, 어떤 원가가 제품원가 또는 기간원가로 분류되느냐에 따라 기간손익이 크게 영향을 받기 때문에 특히 재무회계의 입장에서 중요한 의미를 갖는다.

① 제품원가

제품원가란 원가의 발생시점에서 재고자산으로 계상하였다가 판매시점에서 매출원가로 비용화 하는 원가를 말하며, 판매시점까지 비용화가 이연되기 때문에 재고가능원가(inventoriable costs)라고도 한다.

[그림 1-11] 상이한 목적별 제품원가의 계산범위

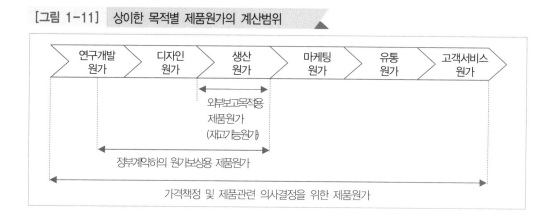

② 기간원가

기간원가란 원가의 발생시점에서 즉시 비용화 하는 원가를 말한다. 판매비와 관리비가 대표적인 예시이다.

[그림 1-12] 제품원가와 기간원가

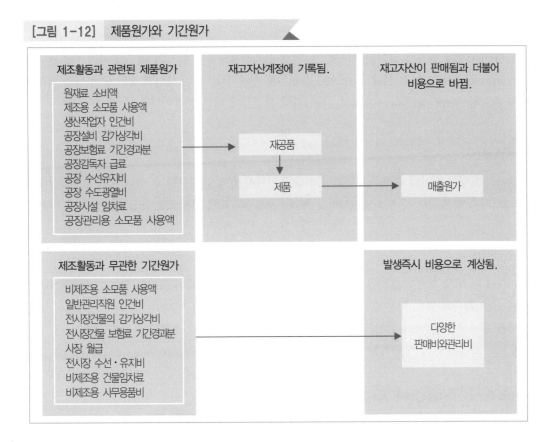

(5) 의사결정과의 관련성에 따른 분류

의사결정과의 관련성에 따라 원가는 다음과 같이 분류된다(CH 7 의사결정에서 자세히 서술함).

① 관련원가(relevant costs)

대안 간에 차이가 나는 미래원가로서 의사결정과 관련된 원가를 말한다.

② 비관련원가(irrelevant costs)

과거원가이거나 대안 간에 차이가 나지 않는 미래원가로서 의사결정과 무관한 원가를 말한다.

(6) 자산과의 관련성에 따른 분류

원가는 미래에 경제적 효익을 제공할 수 있는 용역잠재력을 갖는지의 여부에 따라 미소멸원가(unexpired costs)와 소멸원가(expired costs)로 분류된다. 이는 자산의 정의 중 하나인 미래경제적 효익의 제공과 일치하는 것으로, 자산과의 관련성에 따른 분류이다.

① 미소멸원가

과거의 거래나 사건의 결과로 획득되어 미래에 경제적 효익을 제공할 수 있는 원가로 용역잠재력이 소멸되지 않은 원가를 미소멸원가라고 하며, 재무상태표에 자산으로 계상된다.

② 소멸원가

미래에 더 이상 경제적 효익을 제공할 수 없는 원가로 용역잠재력이 소멸된 원가를 소멸원가라고 하며, 수익획득의 공헌 여부에 따라 비용 또는 손실로 계상된다.

다음 표에서 보는 바와 같이 비용이란 수익획득에 기여함으로써 소멸된 자산을, 자산이란 아직 비용으로 소멸되지 않은 원가를 의미한다.

[표 1-5] 미소멸원가와 소멸원가

미소멸원가(자산)	소멸원가(비용)
재고자산 ⟶	매출원가
유형자산 ⟶	감가상각비

(7) 통제가능성에 따른 분류

특정한 경영자에게 특정한 원가를 관리할 수 있는 권한이 있는지 여부에 따라 원가를 통제가능원가(controllable costs)와 통제불능원가(uncontrollable costs)로 분류한다.

① 통제가능원가

특정기간에 특정한 경영자가 발생에 영향을 미칠 수 있는 원가를 통제가능원가라고 하며, 이는 그 경영자의 성과를 평가할 때 반드시 고려해야 한다.

② 통제불능원가

특정한 경영자가 발생을 통제할 수 없는 원가를 통제불능원가라고 하며, 이는 그 경영자의 성과를 평가할 때 배제해야 한다.

(8) 시점에 따른 분류

원가는 발생시점에 따라 역사적 원가(historical costs)와 예정원가(predetermined costs)로 분류된다.

① 역사적 원가

역사적 원가란 재화나 용역이 교환된 시점에서 결정된 원가로서, 취득원가(acquisition costs)라고도 한다.

② 예정원가

예정원가란 앞으로 발생될 것으로 기대되는 미래원가를 추정과 분석을 통해 예측한 원가를 말한다.

Ⅱ 원가회계의 흐름

01 제조원가의 흐름

제조기업이 제품을 제조할 때 지출되는 비용들을 제조원가라고 하며 이는 직접재료원가, 직접노무원가, 제조간접원가로 나누어진다고 이미 설명하였다. 여기서는 제조기업의 경영활동과 관련된 제조원가의 흐름을 살펴보도록 하자.

1 제조기업의 경영활동

제조기업의 경영활동은 다음과 같이 세 가지 과정으로 나누어진다.

① 구매과정

② 제조과정

③ 판매 및 재고과정

(1) 구매과정

구매과정은 제품제조에 필요한 각종 요소를 구입하는 과정으로, 기업의 외부에서 이루어지는 활동이다.

① **원재료의 구입** : 직접재료원가의 대상이 된다.

② **노동력의 구입** : 직접노무원가의 대상이 된다.

③ **생산설비의 구입 등** : 제조간접원가의 대상이 된다.

(2) 제조과정

제조과정은 구매과정에서 구입한 생산요소들을 결합하여 제품을 제조하는 과정으로, 기업의 내부에서 이루어지는 활동이다. 제조과정에서 수행되는 활동들은 제품원가의 계산과 밀접한 관련이 있다.

(3) 판매 및 재고과정

판매 및 재고과정은 제조과정에서 산출된 제품을 기업외부에 판매하는 활동과 아직 판매되지 않은 제품을 재고자산으로 관리하는 활동이다.

제조기업의 경영활동과정을 그림으로 나타내면 다음과 같다.

[그림 1-13] 제조기업의 경영활동과정

구매과정 → 제조과정 → 판매 및 재고과정

원재료
노동력 → 재공품 → 제품 ─판매─ 매출원가(비용)
생산설비 용역   (수익창출)
(원가)   미판매 → 재고자산(자산)

2 제조원가의 3요소

직접재료원가, 직접노무원가, 제조간접원가를 제조원가의 3요소라고 한다.

(1) 직접재료원가

구입한 원재료 중에 제품의 제조과정에 투입되어 소비된 금액이 재료원가가 된다.

원재료 ──→ 소비 ──→ 재료원가

재료원가는 제품과의 관련성에 따라 특정제품을 위해 소비되어 그 제품의 원가로 직접 추적할 수 있는 직접재료원가와 여러 제품을 만드는데 공통으로 사용되어 특정제품의 원가로 직접 추적할 수 없는 간접재료원가(제조간접원가)로 나누어진다.

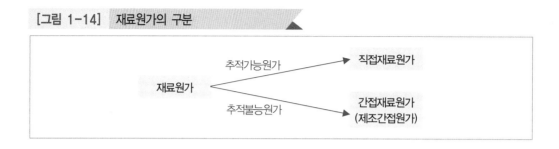

[그림 1-14] 재료원가의 구분

당기의 제조에 투입된 재료원가는 다음과 같이 계산한다.

재료원가 = 기초원재료재고액 + 당기원재료매입액 − 기말원재료재고액

(2) 직접노무원가

노무원가란 종업원이 제조활동에 제공한 노동력의 대가인 인건비로서 직접재료원가와 마찬가지로 특정제품의 추적가능 여부에 따라 직접노무원가와 간접노무원가(제조간접원가)로 나누어진다. 이에 따라 제조현장에서 직접 제조활동에 참여하는 종업원에 대한 노무원가는 직접노무원가로, 설비수선이나 동력 공급과 같이 간접적으로 제품제조활동에 참여하는 종업원에 대한 노무원가는 간접노무원가로 분류된다.

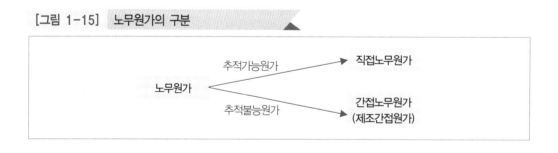

[그림 1-15] 노무원가의 구분

(3) 제조간접원가

제조간접원가란 직접재료원가와 직접노무원가 이외의 나머지 모든 제조원가로서 간접재료원가, 간접노무원가, 감가상각비 등이 포함된다.

3 제조원가의 계산

제조원가의 계산이 이루어지는 제조과정의 흐름은 다음과 같다.

[그림 1-16]　제조과정의 흐름

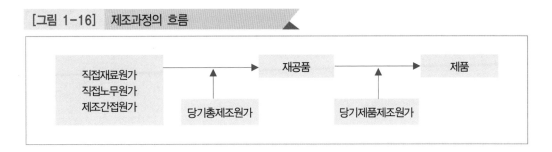

(1) 재공품

재공품(work-in-process, WIP)이란 제조공정에 투입되었지만 완성되지 않고 가공 중에 있는 제품에 부과된 직접재료원가, 직접노무원가, 제조간접원가를 기록하는 계정을 말한다.

(2) 제품

제품(finished goods, FG)이란 제조공정이 완료되어 판매를 위해 보관하고 있는 제품에 부과된 제조원가의 총액을 기록하는 계정을 말한다.

(3) 당기총제조원가

당기총제조원가(current manufacturing costs)란 당기에 재공품으로 투입된, 즉 제조의 완료 여부와는 무관하게 제조과정에 투입된 모든 제조원가를 말한다.

당기총제조원가＝직접재료원가＋직접노무원가＋제조간접원가

(4) 당기제품제조원가

당기제품제조원가(cost of goods manufactured)란 당기에 완성되어 제품으로 대체된 완성품의 제조원가를 말한다.

당기제품제조원가＝기초재공품재고액＋당기총제조원가－기말재공품재고액

(5) 매출원가

매출원가(cost of goods sold, COGS)란 당기에 판매된 제품의 제조원가를 말한다.

$$매출원가=기초제품재고액+당기제품제조원가-기말제품재고액$$

4 제조원가의 회계처리

(1) 직접재료원가

특정제품의 제조에 투입된 원재료인 직접재료원가는 원재료계정을 사용하여 기록한다.

① 원재료 구입

당기에 원재료를 구입한 경우에는 원재료계정의 차변에 기입한다.

(차) 원재료	×××	(대) 현금(또는 매입채무)	×××

② 원재료 투입

원재료를 제조과정에 투입한 경우에는 원재료계정의 대변에 기입한다.

(차) 재공품	×××	(대) 원재료	×××

(2) 직접노무원가

특정제품의 제조에 투입된 노무원가인 직접노무원가는 노무원가계정을 사용하여 기록한다.

① 직접노무원가 발생

당기에 노무원가가 발생한 경우에는 노무원가계정의 차변에 기입한다.

(차) 노무원가	×××	(대) 현금(또는 미지급비용)	×××

② 직접노무원가의 재공품 대체

당기의 제조활동에 사용된 직접노무원가를 제품원가계산을 위하여 재공품계정으로 대체한다.

(차) 재공품	×××	(대) 노무원가	×××

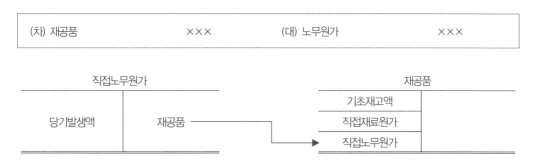

(3) 제조간접원가

직접재료원가와 직접노무원가를 제외한 나머지 모든 제조원가인 제조간접원가는 제조간접원가계정을 사용하여 기록한다.

① 제조간접원가의 집계

여러 형태로 발생한 제조간접원가들을 제조간접원가계정 차변에 집계한다.

(차) 제조간접원가	×××	(대) 감가상각비	×××
		보험료	×××
		동력비	×××
		수선비	×××

② 제조간접원가의 재공품 대체

당기의 제조활동에 사용된 제조간접원가를 제품원가계산을 위해서 재공품계정으로 대체한다.

| (차) 재공품 | ××× | (대) 제조간접원가 | ××× |

제조간접원가		재공품	
감가상각비	재공품	기초재고액	
보험료		직접재료원가	
동력비		직접노무원가	
수선비		제조간접원가	

(4) 재공품과 제품

당기에 발생한 모든 제조원가는 재공품계정에 집계되며, 당기에 완성된 제품의 원가는 재공품계정에서 제품계정으로 대체된다. 이러한 제품 중 당기에 판매된 부분의 원가는 매출원가로 기록된다.

① 당기총제조원가 집계

당기의 총제조원가를 재공품계정의 차변에 기입한다.

(차) 재공품	×××	(대) 원재료	×××
		노무원가	×××
		제조간접원가	×××

② 제품의 완성

당기에 완성된 제품의 원가를 제품계정으로 대체한다.

| (차) 제품 | ××× | (대) 재공품 | ××× |

③ 제품의 판매

당기에 판매된 제품의 원가를 매출원가계정으로 대체한다.

(차) 매출원가	×××	(대) 제품	×××

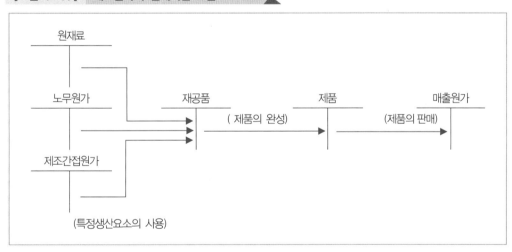

이와 같은 제조원가의 흐름을 전체적으로 나타내면 다음과 같다.

[그림 1-17] 제조원가의 전체적인 흐름

(주)삼일은 20×1년 1월 1일에 영업을 개시하였다. 1월 중 다음과 같은 거래가 발생하였다.

① 원재료 ₩200,000을 외상으로 구입하였다.
② 원재료 ₩150,000이 생산에 투입되었다.
③ 직접노무원가 ₩100,000이 발생하였는데, 1월 말 현재 미지급 상태이다.
④ 제조간접원가 발생액은 다음과 같다. 이 중 전력비는 1월 말 현재 미지급 상태이다.
감가상각비	₩35,000
전력비	20,000
복리후생비	40,000
수도광열비	30,000
⑤ 당기 말 재고자산의 평가액은 다음과 같다.
원재료	₩50,000
재공품	60,000
제품	40,000

1월 중의 회계처리를 하시오.

풀 이

① 원재료 구입
(차) 원재료	200,000	(대) 매입채무	200,000

② 원재료 투입
(차) 재공품	150,000	(대) 원재료	150,000

③ 직접노무원가 발생
(차) 노무원가	100,000	(대) 미지급임금	100,000

④ 직접노무원가의 재공품 대체
(차) 재공품	100,000	(대) 노무원가	100,000

⑤ 제조간접원가 발생
(차) 감가상각비	35,000	(대) 감가상각누계액	35,000
전력비	20,000	미지급비용	20,000
복리후생비	40,000	현금	70,000
수도광열비	30,000		

⑥ 제조간접원가 집계
(차) 제조간접원가	125,000	(대) 감가상각비	35,000
		전력비	20,000
		복리후생비	40,000
		수도광열비	30,000

⑦ 제조간접원가의 재공품 대체
(차) 재공품	125,000	(대) 제조간접원가	125,000

⑧ 제품의 완성
  (차) 제품　　　　　　315,000*　　　　　(대) 재공품　　　　　315,000
⑨ 제품의 판매
  (차) 매출원가　　　　275,000**　　　　(대) 제품　　　　　　275,000
　　　　*₩150,000+₩100,000+₩125,000-₩60,000
　　　　**₩315,000-₩40,000

- T계정을 이용한 검토

원재료계정			
월초재고	0	재공품	150,000
당기구입	200,000	월말재고	50,000
	200,000		200,000

재공품계정			
월초재고	0	제품	315,000
직접재료원가	150,000	월말재고	60,000
직접노무원가	100,000		
제조간접원가	125,000		
	375,000		375,000

제품계정			
월초재고	0	매출원가	275,000
재공품	315,000	월말재고	40,000
	315,000		315,000

매출원가계정			
제품	275,000		
	275,000		

5 재무제표의 작성

제조기업은 제조원가의 흐름을 파악하여 회계처리를 하고, 재무제표와 재무제표의 대표적인 부속명세서인 제조원가명세서를 작성한다.

(1) 제조원가명세서

제조원가명세서는 특정기간의 제조활동과 관련하여 발생한 모든 원가를 요약한 보고서이다.

[표 1-6] 제조원가명세서

과목	금액
Ⅰ. 직접재료원가	×××
Ⅱ. 직접노무원가	×××
Ⅲ. 제조간접원가	×××
Ⅳ. 당기총제조원가(Ⅰ+Ⅱ+Ⅲ)	×××
Ⅴ. 기초재공품재고액	×××
Ⅵ. 합계(Ⅳ+Ⅴ)	×××
Ⅶ. 기말재공품재고액	(×××)
Ⅷ. 당기제품제조원가(Ⅵ-Ⅶ)	×××

제조원가명세서에는 재공품의 기초잔액, 당기총제조원가, 제품으로 대체된 원가 및 재공품의 기말잔액 등이 나타난다. 이 중 당기총제조원가에는 당기의 직접재료원가, 직접노무원가, 제조간접원가가 세분되어 상세히 나타나며, 당기제품제조원가에는 당기 중에 재공품에서 제품으로 대체된 원가가 나타난다.

(2) 재무상태표와 손익계산서

① 재무상태표

재무상태표(statement of financial position : balance sheet, BS)란 기업의 재무상태를 보고하기 위하여 일정시점(재무상태표 작성일 현재)에서 기업에 귀속되어 있는 모든 자산, 부채 및 자본을 일정한 형식에 따라 구분, 배열하여 정리한 표이다.

재무상태표의 양식은 다음과 같다.

[표 1-7] 재무상태표의 양식

재무상태표	
자산	
Ⅰ. 유동자산	×××
Ⅱ. 비유동자산	×××
자산총계	×××
부채	
Ⅰ. 유동부채	×××
Ⅱ. 비유동부채	×××
부채총계	×××
자본	
Ⅰ. 자본금	×××
Ⅱ. 자본잉여금	×××
Ⅲ. 자본조정	×××
Ⅳ. 기타포괄손익누계액	×××
Ⅴ. 이익잉여금(또는 결손금)	×××
자본총계	×××
부채와 자본총계	×××

② 손익계산서

손익계산서(income statement, IS ; profit and loss statement, PL)란 기업의 경영성과를 보고하기 위하여 일정기간 동안에 발생한 모든 수익과 비용을 분류, 기입, 대비하여 당기순이익을 나타낸 표이다.

손익계산서는 기업 경영활동의 동태적인 측정치로서 회계기간 중의 경영활동이 기업자본에 미친 영향을 보여준다.

손익계산서의 양식은 다음과 같다.

[표 1-8] 손익계산서의 양식

손익계산서

Ⅰ. 매출액		×××
Ⅱ. 매출원가		×××
1. 기초제품재고액	×××	
2. 당기제품제조원가	×××	
계	×××	
3. 기말제품재고액	(×××)	
Ⅲ. 매출총이익		×××
Ⅳ. 판매비와관리비		×××
Ⅴ. 영업이익		×××
Ⅵ. 영업외수익		×××
Ⅶ. 영업외비용		×××
Ⅷ. 법인세비용차감전순이익		×××
Ⅸ. 법인세비용		×××
Ⅹ. 당기순이익		×××

예제

제조원가명세서와 손익계산서 작성

앞의 예제를 참조하고 다음 사항을 추가하여, 물음에 답하시오.

• 추가자료 •
① 당기 중의 매출액은 ₩500,000이다.
② 당기의 판매비와관리비는 총 ₩50,000이다.

• 요구사항 •
1. (주)삼일의 1월 제조원가명세서를 작성하시오.
2. (주)삼일의 1월 손익계산서(영업이익 산정)를 작성하시오.

풀 이

1. 제조원가명세서   (단위 : 원)

과목	금액	
Ⅰ. 직접재료원가		150,000
1. 기초원재료재고액	0	
2. 당기원재료매입액	200,000	
계	200,000	
3. 기말원재료재고액	(50,000)	
Ⅱ. 직접노무원가		100,000
1. 급여	100,000	
Ⅲ. 제조간접원가		125,000
1. 감가상각비	35,000	
2. 전력비	20,000	
3. 복리후생비	40,000	
4. 수도광열비	30,000	
Ⅳ. 당기총제조원가		375,000
Ⅴ. 기초재공품원가		0
Ⅵ. 기말재공품원가		60,000
Ⅶ. 당기제품제조원가		315,000

2. 손익계산서   (단위 : 원)

과목	금액	
Ⅰ. 매출액		500,000
Ⅱ. 매출원가		275,000
1. 기초제품재고액	0	
2. 당기제품제조원가	315,000	
계	315,000	
3. 기말제품재고액	(40,000)	
Ⅲ. 매출총이익		225,000
Ⅳ. 판매비와관리비		50,000
Ⅴ. 영업이익		175,000

(3) 제조기업 재무제표의 특징

상기업과 비교하여 제조기업의 재무제표는 다음과 같은 특징을 가지고 있다.

① 제품원가계산의 복잡성

제조기업의 매출원가계산과정은 이미 살펴본 바와 같이 상기업에 비해서 복잡하다. 상기업의 매출원가는 당기상품매입액에 기초 및 기말의 상품재고액을 가감하여 간단히 계산된다. 그러나 당기제품제조원가에 기초 및 기말의 제품재고액을 가감하여 계산하는 제조기업의 매출원가는 당기제품제조원가의 복잡한 계산과정 때문에 상기업과 달리 계산이 복잡하다.

② 재고자산의 차이

상기업의 재고자산은 판매를 목적으로 구입한 상품뿐이다. 그러나 제조기업의 재고자산은 원재료, 재공품, 제품이 존재한다는 점에서 상기업과 차이가 있다.

보론　원가회계준칙상의 제조원가명세서

본문에서 소개된 [표 1-6] 제조원가명세서는 직접재료원가, 직접노무원가, 제조간접원가의 3분류 체계에 따른 것이다. 이러한 분류체계는 직접원가와 간접원가로 분류하는 추적가능성을 고려한 체계이다.

한편, 원가회계준칙에서는 이러한 분류체계 이외의 방법으로 제조원가를 재료비, 노무비, 경비로 분류하여 제조원가명세서를 작성할 수 있도록 하고 있으며, 일반적으로 이러한 분류체계로 제조원가명세서가 작성되고 있다.

• 원가회계준칙 제7조(제조원가요소의 분류)

제조원가요소는 재료비, 노무비 및 경비로 분류하거나, 회사가 채택하고 있는 원가계산방법에 따라 직접재료원가, 직접노무원가 및 제조간접원가 등으로 분류할 수 있다.

제조원가명세서

(단위 : 원)

과목	당기		전기	
Ⅰ. 재료비				
1. 기초원재료재고액				
2. 당기원재료매입액				
계				
3. 기말원재료재고액				
Ⅱ. 노무비				
1. 급여				
2. 퇴직급여				
Ⅲ. 경비				
1. 전력비				
2. 가스수도비				
3. 운임				
4. 감가상각비				
5. 수선비				
6. 소모품비				
7. 세금과공과				
8. 임차료				
9. 보험료				
10. 복리후생비				
11. 여비교통비				
12. 통신비				
13. 특허권사용료				
14. ……………………………				
15. 잡비				
Ⅳ. 당기총제조원가				
Ⅴ. 기초재공품재고액				
Ⅵ. 합계				
Ⅶ. 기말재공품재고액				
Ⅷ. 유형자산(또는 타계정)대체액				
Ⅸ. 당기제품제조원가				

(주)삼일은 금속과 목재 절단업체로서, 주택건축시장에 제품을 판매하는 회사이다. 20×1년의 자료는 다음과 같다.

소모품비(제조관련)	₩2,000	본사임차료	₩30,000
재료취급원가	70,000	공장설비 감가상각비	36,000
윤활유(기계설비)	5,000	본사설비 감가상각비	24,000
간접노무원가	40,000	공장설비 재산세	4,000
직접노무원가	300,000	본사설비 재산세	3,000
20×1년 1월 1일 직접재료	40,000	공장설비 화재보험료	3,000
20×1년 12월 31일 직접재료	50,000	직접재료 당기매입액	460,000
20×1년 1월 1일 제품	100,000	매출액	1,360,000
20×1년 12월 31일 제품	150,000	판매촉진비	60,000
20×1년 1월 1일 재공품	10,000	판매원급여	100,000
20×1년 12월 31일 재공품	14,000	운송비용(제품)	70,000
공장임차료	54,000	고객서비스원가	100,000

요구사항

위의 자료와 다음 서식을 이용하여 (주)삼일의 20×1년 제조원가명세서와 손익계산서(영업이익 산정)를 작성하시오.

[서식 1]

제조원가명세서

(20×1년 1월 1일부터 20×1년 12월 31일까지)

(주) 삼일   (단위 : 원)

직접재료원가
       기초재고액
       당기매입액
       기말재고액
직접노무원가
제조간접원가

당기총제조원가
기초재공품재고액
기말재공품재고액
당기제품제조원가

[서식 2]

손익계산서

(20×1년 1월 1일부터 20×1년 12월 31일까지)

(주) 삼일   (단위 : 원)

매출액

매출원가
       기초제품재고액
       당기제품제조원가
       기말제품재고액
매출총이익
판매비와관리비

영업이익

제조원가명세서
(20×1년 1월 1일부터 20×1년 12월 31일까지)

(주) 삼일 (단위 : 원)

직접재료원가		
기초재고액	₩40,000	
당기매입액	460,000	
기말재고액	(50,000)	₩450,000
직접노무원가		300,000
제조간접원가		
소모품비	₩2,000	
재료취급원가	70,000	
윤활유	5,000	
간접노무원가	40,000	
공장임차료	54,000	
공장설비 감가상각비	36,000	
공장설비 재산세	4,000	
공장설비 화재보험료	3,000	₩214,000
당기총제조원가		₩964,000
기초재공품재고액		10,000
기말재공품재고액		14,000
당기제품제조원가		₩960,000

손익계산서
(20×1년 1월 1일부터 20×1년 12월 31일까지)

(주) 삼일   (단위 : 원)

매출액		₩1,360,000
매출원가		
기초제품재고액	₩100,000	
당기제품제조원가	960,000	
기말제품재고액	(150,000)	₩910,000
매출총이익		₩450,000
판매비와관리비		
판매촉진비	₩60,000	
판매원급여	100,000	
운송비용	70,000	
고객서비스원가	100,000	
본사임차료	30,000	
본사설비 감가상각비	24,000	
본사설비 재산세	3,000	₩387,000
영업이익		₩63,000

01 다음 중 내부이용자의 경제적 의사결정에 유용한 정보를 제공하는 회계분야에 관한 설명으로 가장 올바르지 않은 것은?

① 의사결정, 계획과 통제 및 성과평가에 유용한 정보를 제공한다.
② 비영리단체에도 적용이 가능하다.
③ 기업회계기준에 따라 일년에 한번 이상 보고해야 한다.
④ 주로 미래지향적이며, 목적적합성을 강조한다.

02 다음은 재무회계와 관리회계의 차이점에 관한 설명이다. 올바른 설명을 모두 고르면?

> ㄱ. 재무회계에서는 관련 법에 의하여 보고서의 작성이 강제된다.
> ㄴ. 관리회계는 그 정보의 속성상 목적적합성이 강조되며 과거지향적인 특성을 가진다.
> ㄷ. 재무회계의 보고수단은 외부이용자를 위한 일반목적 재무제표이다.
> ㄹ. 관리회계에는 준거 기준이 존재하지 않는다.

① ㄱ, ㄷ
② ㄱ, ㄴ, ㄷ
③ ㄱ, ㄷ, ㄹ
④ ㄴ, ㄷ, ㄹ

03 다음은 원가의 분류에 관한 설명이다. 괄호 안에 들어갈 용어로 가장 옳은 것은?

> 원가란 특정목적을 달성하기 위해 소멸된 경제적 자원의 희생을 화폐가치로 측정한 것으로, 발생한 원가 중 기업의 수익획득에 아직 사용되지 않은 부분은 (a)(으)로, 수익획득에 사용된 부분은 (b)(으)로 재무제표에 계상되며 수익획득에 기여하지 못하고 소멸된 부분은 (c)(으)로 계상된다.

① (a) 손실, (b) 비용, (c) 자산   ② (a) 비용, (b) 자산, (c) 손실
③ (a) 자산, (b) 손실, (c) 비용   ④ (a) 자산, (b) 비용, (c) 손실

04 다음 중 원가의 개념과 관련된 내용 중 올바른 설명을 모두 고르시오.

> ㄱ. 경영자는 원가배분 대상과 배분대상 원가간의 인과관계에 의한 원가배분이 경제적으로 실현 가능한 경우에는 인과관계기준에 의하여 원가를 배분하여야 한다.
> ㄴ. 당기총제조원가란 당기 중에 완성된 제품의 제조원가이며, 당기제품제조원가에 기초재공품재고액은 가산하고, 기말재공품재고액은 차감하여 구한다.
> ㄷ. 원가행태란 조업도의 변동에 따른 원가 발생액의 변동양상을 의미한다.
> ㄹ. 원가는 미래에 경제적 효익을 제공할 수 있는 용역잠재력을 갖는지에 따라 관련원가와 기회원가로 분류한다.
> ㅁ. 제품생산을 위해 구입한 공장 건물은 구입시점에 원가가 아니라 자산에 해당된다.

① ㄱ, ㄴ, ㅁ   ② ㄱ, ㄷ, ㅁ
③ ㄴ, ㄷ, ㄹ   ④ ㄴ, ㄹ, ㅁ

05 다음 중 원가의 일반적인 특성에 관한 설명으로 가장 올바르지 않은 것은?

① 기업의 수익획득 활동에 필요한 물품을 단순히 구입하는 것만으로는 원가가 되지 않으며 이를 소비해야 비로소 원가가 된다.

② 원가는 정상적인 경제활동 과정에서 소비된 가치와 비정상적인 상황에서 발생한 가치의 감소분을 모두 포함한다.

③ 경제적 가치를 가지고 있는 요소만이 원가가 될 수 있다.

④ 발생한 제조원가 중 기업의 수익획득에 아직 사용되지 않은 부분은 자산으로, 수익획득에 사용된 부분은 비용으로 재무제표에 계상된다.

06 다음 중 원가회계 용어에 대한 설명으로 가장 올바르지 않은 것은?

① 원가대상(cost object)이란 원가가 집계되는 활동이나 항목을 의미한다.

② 간접원가를 일정한 배분기준에 따라 원가대상에 배분하는 과정을 원가배분이라고 한다.

③ 원가집합(cost pool)이란 원가대상에 직접적으로 추적할 수 있는 원가를 모아둔 것을 의미한다.

④ 원가행태(cost behavior)란 조업도 수준의 변동에 따라 일정한 양상으로 변화하는 원가 발생액의 변동양상을 의미한다.

07 다음 설명과 관련된 원가회계 용어로 가장 옳은 것은?

> ㄱ. 직접적인 대응이나 간접적인 원가배분방법에 의한 원가측정을 통하여 원가가 집계되는 활동이나 항목
> ㄴ. 이것에 대한 전통적인 예로는 제품, 부문 등이 있으나 최근에는 활동(activity), 작업(operation) 등으로 다양화 되고 있음

① 원가대상　　　　　　　　　　② 원가집합
③ 원가동인　　　　　　　　　　④ 원가배분

08 원가는 경영자의 의사결정 목적에 따라 여러 가지로 분류할 수 있다. 다음 중 원가 분류에 관한 설명으로 가장 옳은 것은?

① 원가의 추적가능성에 따라 직접원가와 고정원가로 분류할 수 있다.
② 원가의 행태에 따라 변동원가와 기간원가로 분류할 수 있다.
③ 수익과의 대응관계에 따라 제품원가와 제조원가로 분류할 수 있다.
④ 경영자의 의사결정과의 관련성에 따라 관련원가와 매몰원가로 분류할 수 있다.

09 원가는 경영자의 의사결정 목적에 따라 다음과 같이 여러 가지로 분류할 수 있다. 다음 중 원가 분류가 올바른 것으로 짝지어진 것은?

ㄱ. 원가행태에 따른 분류
ㄴ. 추적가능성에 따른 분류
ㄷ. 의사결정과의 관련성에 따른 분류
ㄹ. 통제가능성에 따른 분류

A. 직접원가와 간접원가
B. 변동원가와 고정원가
C. 관련원가와 비관련원가
D. 미소멸원가와 소멸원가
E. 제품원가와 기간원가
F. 통제가능원가와 통제불능원가

	원가의 분류	원가 종류
①	ㄱ	A
②	ㄴ	B
③	ㄷ	C
④	ㄹ	D

10 다음에서 설명하고 있는 원가를 원가행태에 따라 분류하고자 할 때 가장 옳은 것은?

일정범위의 조업도 내에서는 총원가가 일정하지만 조업도가 일정범위를 벗어나면 총원가가 증가 또는 감소하는 원가

① 준고정원가   ② 준변동원가
③ 순수고정원가   ④ 순수변동원가

11 (주)삼일통신은 매월 기본요금 15,000원과 10초당 18원의 통화료를 사용자에게 부과하고 있다. 이 경우 사용자에게 부과되는 매월 통화료의 원가행태로 가장 옳은 것은?

① 준고정원가   ② 순수고정원가
③ 준변동원가   ④ 순수변동원가

12 다음 중 아래의 그래프와 같은 행태를 보이는 원가에 관한 설명으로 가장 옳은 것은?

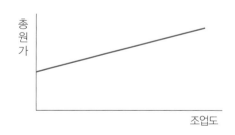

① 조업도와 상관없이 총원가가 일정하다.
② 단위당 원가는 조업도가 증가할수록 커진다.
③ 총원가가 일정한 고정원가와 변동원가의 두 부분으로 구성된다.
④ 조업도가 증가하면 단위당 원가는 0(영)에 가까워진다.

13 병원의 급료를 분석해 보니 간호사의 급료는 월 20일 근무기준으로 지급되며, 월 20일 이상 근무하는 경우에는 초과 근무일수에 관계없이 기본급에 ₩500,000이 추가적으로 지급된다. 이 경우 간호사 급료의 원가행태는 다음 중 어느 것인가?

① 관련원가   ② 혼합원가

③ 고정원가   ④ 준고정원가

14 (주)삼일은 한 공장에서 100명의 직원 모두가 팀 구분 없이 승용차와 트럭을 생산하고 있다. 승용차 생산과 관련하여 원가를 원가행태와 추적가능성에 따라 아래와 같이 분류하는 경우 (ㄱ)의 사례로 가장 옳은 것은?

	직접원가	간접원가
변동원가	(ㄱ)	(ㄴ)
고정원가	(ㄷ)	(ㄹ)

① 승용차용 타이어 원가   ② 공장 감가상각비

③ 공장장 급여   ④ 식당 운영비

15 다음 중 제조업을 영위하고 있는 (주)삼일의 재고자산의 원가로 분류하기 가장 어려운 항목은?

① 원재료 구입 시 발생한 운송비용

② 공장건물에서 발생한 감가상각비

③ 공장 종업원의 복리후생을 위한 피복비

④ 회사 제품의 판매목적으로 구입한 매장 건물의 감가상각비

16 다음의 자료를 이용하여 기초원가와 가공원가를 구하면?

	제품으로 추적가능성 있음	제품으로 추적가능성 없음
재료원가	₩30,000	₩50,000
노무원가	10,000	60,000
제조원가	0	40,000

	기초원가	가공원가
①	₩40,000	₩110,000
②	₩150,000	₩160,000
③	₩40,000	₩160,000
④	₩150,000	₩110,000

17 다음의 (주)삼일의 제조원가명세서(약식)와 관련된 자료이다. 아래 자료를 이용하여 ㈜삼일의 당기 기초원가와 가공원가를 계산하면 얼마인가?

제조원가명세서

(20X1.1.1. ~ 20X1.3.31.)

ㄱ. 직접재료원가		
−기초재료재고액	30,000원	
−당기원재료매입액	300,000원	
−기말원재료재고액	20,000원	
ㄴ. 직접노무원가		90,000원
ㄷ. 제조간접원가		150,000원
ㄹ. 기초재공품원가		100,000원
ㅁ. 기말재공품원가		50,000원

	기초원가	가공원가
①	390,000	150,000
②	400,000	100,000
③	390,000	240,000
④	400,000	240,000

18 제품원가는 일반적으로 발생 당시에는 자산으로 간주되는 제품의 모든 원가를 의미하며 목적에 따라 광범위하게 사용되고 있다. 아래 그림에서 일반적으로 인정된 회계원칙하에서 외부보고를 위한 재무제표 작성 시 의미하는 제품원가의 범위는 무엇인가?

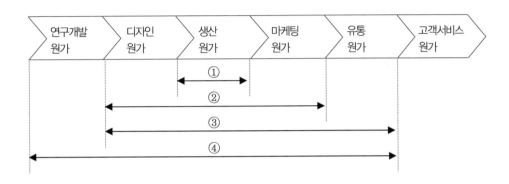

19 다음 설명의 빈칸 (ㄱ), (ㄴ)에 들어갈 용어로 가장 적절한 것은 무엇인가?

> 회사가 생산 또는 매입하여 보유하고 있는 재고자산의 원가는 보유하고 있는 동안에는 (ㄱ)이다. 그러다 판매되면 (ㄴ)(이)라는 비용이 되고 화재 등으로 소실되면 경제적 효익을 상실한 것이므로 손실이 된다.

	ㄱ	ㄴ
①	소멸원가	미소멸원가
②	미소멸원가	매출
③	매출원가	소멸원가
④	미소멸원가	매출원가

20 다음 설명의 A, B에 해당하는 용어로 가장 적절한 것은 무엇인가?

A: 당기에 완성되어 제품으로 대체된 완성품의 제조원가
B: 당기에 판매된 제품의 제조원가

① A: 당기총제조원가   B: 당기제품제조원가
② A: 당기총제조원가   B: 매출원가
③ A: 당기제품제조원가   B: 매출원가
④ A: 당기제품제조원가   B: 당기총제조원가

21 다음의 설명 중 옳은 것은?

① 직접재료원가는 재료원가 중에서 추적가능성과 관계없이 모든 재료원가를 의미한다.
② 직접노무원가는 생산직 종업원에게 지급되는 임금으로 제품별로 추적 가능한 원가를 의미한다. 제품별로 추적되지 않는 간접노무원가는 제조원가에 포함되지 않는다.
③ 당기제품제조원가는 직접재료원가와 직접노무원가 및 제조간접원가를 합한 금액을 의미한다.
④ 당기총제조원가와 당기제품제조원가의 차이는 기초재공품과 기말재공품의 차액만큼 차이가 난다.

※ [문제 22~23] 다음 자료를 이용하여 답하시오.

	기초	기말
재료	₩10,000	₩8,000
재공품	12,000	15,000
제품	15,000	20,000
재료매입액	20,000	
직접노무원가	15,000	
제조간접원가	15,500	

22 당기제품제조원가는 얼마인가?

① ₩25,000   ② ₩34,500

③ ₩42,500   ④ ₩49,500

23 당기매출원가는 얼마인가?

① ₩35,500   ② ₩40,500

③ ₩44,500   ④ ₩45,500

※ [문제 24~25] 다음 자료를 이용하여 답하시오.

(주)삼일의 당기 회계자료이다.

	기초재고	기말재고
제품	₩25,000	₩15,000
재공품	10,000	7,000
직접재료	5,000	8,000
직접재료 사용액	12,000	
제조간접원가 발생액	15,000	
당기제품제조원가	53,000	

24 당기에 구입한 직접재료액은 얼마인가?

① ₩12,000   ② ₩13,000

③ ₩14,000   ④ ₩15,000

25 당기에 발생한 직접노무원가는 얼마인가?

① ₩23,000   ② ₩25,000

③ ₩27,000   ④ ₩30,000

26 다음은 (주)삼일의 20X1년 제조원가와 관련된 자료이다. 기초재공품은 얼마인가?

직접재료원가	30,000원	직접노무원가	10,000원
제조간접원가	20,000원	기말재공품	5,000원
당기제품제조원가	70,000원	기말제품	4,000원

① 10,000원
③ 14,000원

② 11,000원
④ 15,000원

※ **[문제 27~31]** 다음 자료를 이용하여 답하시오.

(주)삼일의 당기 기초 및 기말재고에 관련된 자료는 다음과 같다.

구분	기초재고	기말재고
원재료	₩36,000	₩30,000
재공품	18,000	12,000
제품	54,000	72,000

당기 중의 원가와 기타 자료는 다음과 같다.

원재료구입액	₩50,000
직접노무원가	60,000
시간당 노무원가	5
시간당 제조간접원가 배부율	7

27 당기의 기초원가는 얼마인가?

① ₩116,000
③ ₩182,000

② ₩194,000
④ ₩144,000

28 당기의 가공원가는 얼마인가?

① ₩116,000   ② ₩140,000

③ ₩144,000   ④ ₩136,000

29 당기총제조원가는 얼마인가?

① ₩116,000   ② ₩144,000

③ ₩200,000   ④ ₩194,000

30 당기제품제조원가는 얼마인가?

① ₩194,000   ② ₩230,000

③ ₩206,000   ④ ₩182,000

31 당기의 매출원가는 얼마인가?

① ₩188,000   ② ₩224,000

③ ₩332,000   ④ ₩80,000

32 (주)삼일의 원가자료가 다음과 같을 때 당기의 직접재료 구입액은 얼마인가?(단, 제조간접비는 직접노무비의 50%를 배부한다.)

	기초	기말
직접재료 재고액	₩5,000	₩10,000
기초원가	80,000	
가공원가	75,000	

① ₩30,000   ② ₩35,000

③ ₩40,000   ④ ₩45,000

33 인형제조를 하고 있는 (주)삼일의 원가자료가 아래와 같을 때 당기제품제조원가는 얼마인가?

기초재공품	₩10,000	기초원가	₩40,000
기말재공품	15,000	가공원가	50,000

제조간접원가는 직접노무원가의 1.5배만큼 비례하여 발생한다.

① ₩70,000   ② ₩65,000

③ ₩75,000   ④ ₩72,000

34 다음은 (주)삼일의 4월 중 영업자료에서 추출한 정보이다.

노무원가	600원
감가상각비 – 공장설비	50원
감가상각비 – 본사사옥	100원
보험료 – 공장설비	100원
보험료 – 본사사옥	200원
기타제조경비	300원
기초원재료재고액	200원
기말원재료재고액	100원
기초재공품재고액	1,200원
기말재공품재고액	1,000원

4월 중 원재료의 매입액이 400원일 때, 4월 당기제품제조원가는 얼마인가?

① 1,450원   ② 1,550원

③ 1,650원   ④ 1,750원

35 ㈜삼일은 매출원가에 10 %의 이익을 가산하여 제품을 판매한다. 다음 자료를 참고하여 기말재공품원가를 계산하면 얼마인가? (단, 기초제품재고는 30,000원, 기말제품재고는 0원)

ㄱ. 직접재료원가	200,000원	ㄹ. 기초재공품원가	40,000원
ㄴ. 직접노무원가	150,000원	ㅁ. 매출액	440,000원
ㄷ. 제조간접원가	60,000원		

① 40,000원   ② 50,000원

③ 80,000원   ④ 90,000원

36 (주)삼일의 다음 자료를 이용하여 당기 발생하는 제조간접원가를 계산하면 얼마인가?

· 직접재료원가	60,000원
· 직접노무원가	200,000원
· 기초재공품원가	50,000원
· 기말재공품원가	60,000원
· 기초제품원가	70,000원
· 기말제품원가	100,000원
· 매출액	500,000원
· 매출총이익률	30%

① 120,000원 ② 130,000원

③ 140,000원 ④ 150,000원

37 (주)삼일은 매출총이익을 매출액의 25 % 로 설정하고 있다. 다음의 자료에서 ㈜삼일의 기말재공품은 얼마인가?

직접재료원가	1,500,000원	직접노무원가	900,000원
제조간접원가	1,100,000원	당기매출액	8,000,000원
기초제품	4,000,000원	기말제품	1,200,000원
기초재공품	1,250,000원	기말재공품	?

① 1,250,000원 ② 1,300,000원

③ 1,500,000원 ④ 1,550,000원

38 기초재공품액이 기말재공품액보다 더 큰 경우 다음 중 가장 적절한 설명은?

① 기초재공품액에 당기총제조원가를 더한 금액이 당기제품제조원가가 된다.
② 당기총제조원가가 당기제품제조원가보다 더 크다.
③ 당기제품제조원가가 매출원가보다 더 크다.
④ 당기제품제조원가가 당기총제조원가보다 크다.

39 (주)삼일은 올해에 당기제품제조원가와 매출원가가 서로 일치하였다. 다음 설명 중 옳은 것은?

① 기초재고자산이 없다.
② 기말재고자산이 없다.
③ 기초제품재고액과 기말제품재고액이 동일하다.
④ (주)삼일은 올해에 영업을 시작하였다.

40 다음 중 제조원가명세서의 최종결과치가 의미하는 것으로 가장 옳은 것은?

① 당기에 완성되어 제품으로 대체된 완성품의 제조원가
② 당기에 현금 지출된 투입 원가
③ 당기에 완성된 산출물에 대해 당기에 투입된 원가
④ 당기에 투입 발생된 모든 원가

41 다음 중 제조원가명세서에 관한 설명으로 가장 옳지 않은 것은?

① 제조원가명세서상의 원재료와 재공품재고액은 재무상태표와 일치한다.
② 제조원가명세서의 당기제품제조원가는 손익계산서의 제품매출원가 계산에 반영된다.
③ 재무상태표의 제품재고액은 제조원가명세서 작성과 관련 없다.
④ 당기총제조원가를 구하는 과정을 나타내는 보고서이다.

42 (주)삼일의 과거 2년간 생산량과 총제조원가는 다음과 같다.

	20X1년	20X2년
생산량	1,000개	2,000개
총제조원가	50,000,000원	70,000,000원

지난 2년간 고정원가총액 및 단위당 변동원가는 변화가 없었다. 20X3년에 생산량이 3,000개일 때 총제조원가는 얼마인가?

① 60,000,000원   ② 90,000,000원
③ 110,000,000원   ④ 120,000,000원

43 다음은 (주)삼일의 20X1년 2분기 제조원가명세서이다. 아래의 (A)와 (B)에 들어갈 금액의 합계액은 얼마인가?

제조원가명세서

(주)삼일	20×1년 4월 1일 ~ 20×1년 6월 30일	(단위:원)
I 재료비		3,800,000
기초재고액	500,000	
당기매입액	6,300,000	
기말재고약	(A)	
II 노무비		2,000,000
III 제조경비		3,000,000
IV 당기총제조원가		8,800,000
V 기초재공품		1,000,000
VI 기말재공품		(B)
VII 당기제품제조원기		9,000,000

① 3,600,000원　　　　　　② 3,800,000원
③ 4,000,000원　　　　　　④ 4,400,000원

44 다음은 (주)삼일의 20X1년 6월 한달 동안의 제조원가 자료이다.

	6월 1일		6월 30일
원재료	5,000원		12,000원
재공품	10,000원		8,000원
원재료 매입액		24,000원	
가공원가		35,000원	

(주)삼일의 20×1년 6월 제조원가명세서상의 당기제품제조원가는 얼마인가?

① 50,000원　　　　　　② 52,000원
③ 54,000원　　　　　　④ 56,000원

MEMO

Ⅲ 원가배분

01 원가배분의 개요

1 원가배분의 의의

원가배분이란 공통원가를 일정한 배분기준에 따라 하나 또는 둘 이상의 원가대상(cost object)에 합리적으로 대응시키는 과정을 말한다. 이러한 원가배분(cost allocation)은 모든 기업의 원가계산에서 중요한 문제 중의 하나로서, 원가회계의 핵심적인 부분을 차지하고 있다.

일반적인 원가계산제도에서 흔히 접할 수 있는 원가대상과 배분대상은 다음과 같다.

① 부문(예 : 보조부문원가의 배분)

② 제품(예 : 제조간접원가의 배분)

2 원가배분의 목적

원가배분은 본질적으로 회계담당자의 임의성이 개입된다는 이유로 논란과 비판의 대상이 되고 있지만, 여전히 원가회계나 재무회계의 중요한 문제로 자리잡고 있다. 이러한 원가배분의 궁극적인 목적은 경영자의 의사결정에 필요한 정보를 제공하기 위한 것이며, 이를 구체적으로 정리하면 다음과 같다.

(1) 최적의 자원배분을 위한 경제적 의사결정

회사의 미래계획수립 또는 자원배분과 관련된 의사결정을 하기 위해서는, 이와 관련된 원가정보를 파악해야 한다. 이러한 원가정보에는 의사결정과 관련된 직접적인 원가뿐만 아니라 의사결정에 따라 영향을 받는 간접원가도 포함되어야 한다. 이를 통하여 경영자는 최적의 대안을 선택할 수 있다.

(2) 경영자와 종업원의 동기부여 및 성과평가

원가배분은 경영자와 종업원의 행동에 영향을 미칠 수 있기 때문에 그들의 행동이 조직의 목적과 일치하도록 합리적으로 원가배분을 해야 하며, 배분된 원가는 이후 성과평가의 기준으로 활용될 수 있다.

(3) 외부보고를 위한 재고자산 및 이익의 측정

기업의 순이익 측정에 영향을 미치는 재고자산의 가액과 매출원가를 정확히 산출하여 주주, 채권자 등 이해관계자들에게 합리적인 정보를 제공하기 위하여 원가를 배분해야 한다.

(4) 제품가격결정 및 제품선택 의사결정

합리적인 원가배분을 통하여 적정가격을 설정함으로써 제품가격의 정당성을 입증할 수 있고 매출 증가에 기여할 수 있다.

3 원가배분과정의 개요

원가배분이 이루어지는 과정을 간단히 요약하면 다음과 같다.

제1단계 : 원가대상의 설정

↓

제2단계 : 배분할 원가의 집계

↓

제3단계 : 배분기준에 의한 원가배분

- 제1단계 : 원가대상의 설정
  일반적으로 원가대상은 독립적인 원가 측정이 가능한 활동이나 부서로서 책임중심점, 원가행태, 기능별로 설정되며, 최종적인 원가대상은 제품인 경우가 일반적이다.

- 제2단계 : 배분할 원가의 집계

  선택한 원가대상에 추적가능한 직접원가는 직접 대응시키고, 두 개 이상의 원가대상에 관련된 공통원가는 원가집합에 집계한다.

- 제3단계 : 배분기준에 의한 원가배분

  제2단계에서 집계된 공통원가를 원가대상과 원가집합의 인과관계를 가장 잘 반영하는 배분기준에 따라 최종적으로 배분한다.

4 원가배분기준

원가배분에서 가장 중요한 문제는 원가배분기준의 설정이다. 만약 원가대상과 배분될 원가 사이에 직접적인 관계가 존재한다면 별도로 배분기준을 설정할 필요없이 바로 배분하면 되지만, 이러한 직접적인 관계가 존재하지 않는 경우에는 합리적인 기준을 설정하여 인위적인 배분을 해야 한다.

(1) 인과관계기준(cause and effect criterion)

원가대상과 배분대상원가 간의 인과관계에 따라 원가를 배분하는 기준이다. 이는 가장 이상적인 원가배분기준이므로 인과관계에 의한 원가배분이 경제적으로 실현가능한 경우에는 이 기준에 의하여 원가를 배분하여야 한다. 인과관계기준의 한 예로서 품질검사원가를 품질검사시간을 기준으로 배분하는 경우를 들 수 있다.

(2) 수혜기준(benefits received criterion)

원가대상이 공통원가로부터 제공받은 경제적 효익의 크기에 따라 원가를 배분하는 기준으로 수익자부담원칙에 입각한 배분기준이다. 예를 들어 그룹의 이미지를 향상시키기 위하여 지출한 광고선전비를 광고 후 일정기간 동안 그룹 내 각 기업의 매출증가액을 기준으로 배분하는 경우이다.

(3) 부담능력기준(ability to bear criterion)

원가대상이 원가를 부담할 수 있는 능력에 따라 원가를 배분하는 기준이다. 예를 들어 본사에서 발생하는 각 지점관리와 관련된 공통원가를 각 지점의 매출액을 기준으로 배분하는 경우이다. 이 기준은 수익성이 높은 원가대상이 원가를 부담할 능력을 더 많이 가지고 있다는 가정 하에 원가를 배분하는 방법이다.

(4) 공정성과 공평성 기준(fairness and equity criterion)

공정성과 공평성에 의하여 공통원가를 원가배분대상에 배분해야 한다는 원칙을 강조하는 포괄적인 기준으로, 정부와의 계약에서 상호 만족할만한 가격을 설정하기 위한 수단으로 주로 사용된다.

5 원가배분의 유형

원가회계에서 다루는 원가배분은 다음과 같이 크게 세 가지 유형이 있다.

(1) 보조부문원가의 배분

보조부문원가를 제조부문 또는 제조공정에 배분하는 것으로서, 후술하는 개별원가계산과 종합원가계산에서 공통적으로 필요한 내용이다. 보조부문 원가배분에서 자세히 설명한다.

(2) 제조간접원가의 배분

제조간접원가를 개별작업 또는 개별제품에 배분하는 것으로서, 후술하는 개별원가계산의 핵심적인 내용이다.

(3) 제조공정에 집계된 제조원가를 완성품과 기말재공품에 배분

제조공정에 집계된 제조원가를 그 제조공정에서 완성된 완성품과 아직 미완성 상태인 기말재공품에 배분하는 것으로서, 후술하는 종합원가계산의 핵심적인 내용이다.

02 보조부문 원가배분

1 의의

제조기업은 직접 제조활동을 수행하는 제조부문(기계부분, 조립부문 등)과 직접 제조활동을 수행하지는 않으나 제조부문에서 필요로 하는 용역을 제공하는 보조부문(전력부문, 수선부문 등)이 존재한다. 보조부문의 활동은 제조활동을 보조하기 위한 것이므로, 보조부문에서 발생한 원가는 당연히 제조원가이다. 다만, 보조부문원가는 개별제품에 직접 추적할 수 없으므로 제조간접원가로 간주된다.

보조부문이 제공하는 용역을 소비하는 대상이 제조부문이므로, 보조부문원가의 발생과 제조부문의 용역사용량과는 합리적인 인과관계가 존재한다. 따라서 보조부문원가를 제조부문에 배분하게 되며, 결국 보조부문원가는 제조부문을 거쳐서 최종적으로 개별제품에 배부된다.

2 보조부문원가의 배분근거

기업이 보조부문의 원가를 제조부문에 배분하는 이유는, 보조부문원가를 최종제품의 원가에 포함시켜 보다 정확한 제조원가를 산정하기 위해서이다. 만일 보조부문원가를 제조부문에 배분하지 않는다면 다음과 같은 문제점이 나타날 수 있다.

① 보조부문용역의 과도한 소비

보조부문용역을 사용하는데 따른 비용이 전혀 부담되지 않기 때문에, 사용자의 입장에서는 용역사용량에 대한 적절한 통제가 이루어지지 않을 수 있다.

② 비능률적인 운영

보조부문용역의 사용자들이 용역의 단가나 효율에 관심을 갖지 않기 때문에, 보조부문이 비능률적으로 운영될 가능성이 높다.

③ 보조부문용역의 가격설정과 외부구입의 의사결정

보조부문원가를 배분하지 않는다면 내부적인 사용가격이 결정되지 않기 때문에, 자가공급할 것인지 외부구입할 것인지의 문제에 대해서 올바른 의사결정을 할 수 없다.

3 보조부문원가의 배분기준

보조부문원가를 배분할 때는 다음 두 가지 요소를 고려하여 적절한 방법을 선택해야 한다.

첫째, 원가의 발생원인과 배분기준 사이에는 합리적인 인과관계가 존재해야 한다. 즉, 제조부문이 보조부문에서 받은 용역을 정확히 반영하여 두 부문 모두 납득할 수 있는 기준이어야 한다.

둘째, 배분기준은 쉽게 적용할 수 있어야 한다. 즉, 보조부문원가를 배분함으로써 얻을 수 있는 효익이 배분기준을 적용하면서 발생하는 비용보다 커야 한다.

일반적으로 많이 사용되는 보조부문원가의 배분기준은 아래와 같다.

[표 1-9] 보조부문원가의 배분기준

보조부문	배분기준
건물관리부문	면적
전력부문	사용한 전력량 및 전기용량
수선유지부	수선횟수 또는 수선유지시간
식당부문	제조부문의 종업원수
구매부문	주문횟수나 주문비용
창고부문	재료의 사용량
인사관리부	종업원수
시설유지부	점유면적

4 보조부문원가의 배분방법

보조부문원가의 배분방법에는 보조부문 상호 간의 용역수수관계를 어느 정도 인식하는지에 따른 배분방법과 보조부문원가의 원가행태를 구분하여 배분하는지에 따른 배분방법(즉, 배분기준 수에 따른 배분방법)이 있다.

(1) 보조부문 상호 간의 용역수수관계 인식 정도

보조부문이 상호 간에 용역을 주고받을 경우에는 보조부문원가의 배분방법이 복잡해진다. 왜냐하면 보조부문 상호 간에 용역수수관계가 존재한다면 다음 중 어느 방법을 적용하느냐에 따라 배분되는 금액이 달라지기 때문이다.

① 직접배분법

직접배분법(direct method)이란 보조부문 상호 간에 행해지는 용역의 수수를 완전히 무시하고 보조부문원가를 각 제조부문이 사용한 용역의 상대적 비율에 따라 제조부문에 직접 배분하는 방법이다.

이에 따라 보조부문원가는 다른 보조부문에 전혀 배분되지 않게 된다.

[그림 1-18] 직접배분법

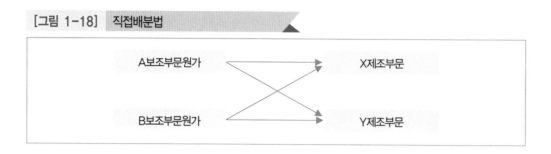

② 단계배분법

단계배분법(step method)이란 보조부문원가의 배분순서를 정하여 그 순서에 따라 단계적으로 보조부문원가를 다른 보조부문과 제조부문에 배분하는 방법이다. 따라서 단계배분법에서는 한 보조부문원가를 다른 보조부문에도 배분하게 된다. 그러나 먼저 배분된 보조부문에는 다른 보조부문원가가 배분되지 않는다.

결국, 이 방법은 보조부문 간의 용역수수관계를 일부 인식하기는 하지만 배분순서가 적절하지 않은 경우에는 원가배분결과가 오히려 왜곡될 수 있다는 점에 주의해야 하며 보조부문 간의 배분순위를 어떻게 결정할 것인가 하는 점이 이 방법의 핵심이 된다.

배분순서를 결정함에 있어서는 다음 방법들이 많이 사용된다.
㉠ 용역을 제공하는 상대부문의 수가 많은 보조부문부터 배분하는 방법
㉡ 다른 보조부문에 대한 용역제공비율이 큰 보조부문부터 배분하는 방법
㉢ 발생원가가 큰 보조부문부터 배분하는 방법

[그림 1-19] 단계배분법(A부문을 먼저 배분하는 경우)

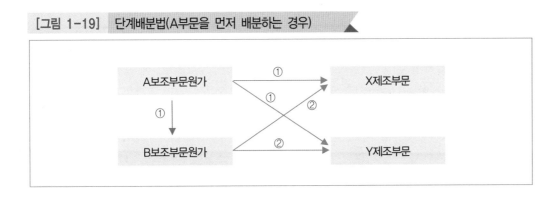

③ 상호배분법

상호배분법(reciprocal method)이란 보조부문 간의 상호 관련성을 모두 고려하는 배분방법으로서 보조부문 사이에 용역수수관계가 존재할 때 각 보조부문 간의 용역수수관계를 방정식을 통해 계산한 다음, 이를 이용하여 보조부문원가를 배분하게 된다.

이 결과 특정보조부문의 배분할 총원가는 다음과 같은 방정식으로 표시할 수 있다.

총원가=자기 부문의 발생원가+다른 부문으로부터 배분된 원가

[그림 1-20] 상호배분법

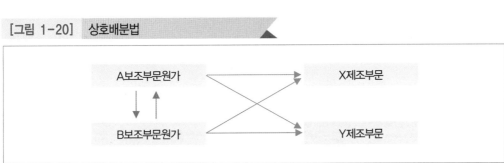

보조부문원가의 배분

원목가구 제조회사인 (주)삼일은 두 개의 제조부문(조각부와 도료부)과 두 개의 보조부문(창고부와 전력부)으로 구성되어 있다.

각 부문에서 발생한 원가 및 부문 간의 용역제공관계는 다음과 같다.

용역사용부문 용역제공부문	제조부문		보조부문		합계
	조각부	도료부	창고부	전력부	
창고부	30%	50%	–	20%	100%
전력부	40%	40%	20%	–	100%
발생원가	₩400,000	₩200,000	₩100,000	₩300,000	₩1,000,000

• 요구사항 •

1. 직접배분법을 사용하여 보조부문원가를 각 제조부문에 배분하시오.
2. 단계배분법을 사용하여 보조부문원가를 각 제조부문에 배분하시오.
   (단, 창고부문원가부터 먼저 배분한다.)
3. 상호배분법을 사용하여 보조부문원가를 각 제조부문에 배분하시오.

풀 이

1. 직접배분법

	제조부문		보조부문	
	조각부	도료부	창고부	전력부
배분 전 원가	₩400,000	₩200,000	₩100,000	₩300,000
창고부(30% : 50%)	37,500*	62,500	(100,000)	–
전력부(40% : 40%)	150,000**	150,000	–	(300,000)
배분 후 원가	₩587,500	₩412,500	₩0	₩0

$$* \ ₩100,000 \times \frac{0.3}{0.3+0.5} = ₩37,500$$

$$** \ ₩300,000 \times \frac{0.4}{0.4+0.4} = ₩150,000$$

2. 단계배분법

	제조부문		보조부문	
	조각부	도료부	창고부	전력부
배분 전 원가	₩400,000	₩200,000	₩100,000	₩300,000
창고부(30% : 50% : 20%)	30,000*	50,000	(100,000)	20,000
전력부(40% : 40%)	160,000**	160,000	–	(320,000)
배분 후 원가	₩590,000	₩410,000	₩0	₩0

$$* ₩100,000 \times 0.3 = ₩30,000$$
$$** ₩320,000 \times \frac{0.4}{0.4+0.4} = ₩160,000$$

3. 상호배분법

창고부와 전력부의 배분할 총원가를 각각 A, B라 하면 보조부문 간에 다음 식이 성립한다.

A=100,000+0.2B······①
B=300,000+0.2A······②

②를 ①에 대입하면

A=100,000+0.2 × (300,000+0.2A)
0.96A=160,000
∴ A=₩166,667, B=₩333,333

위의 금액을 제조부문에 배분하면 다음과 같다.

	제조부문		보조부문	
	조각부	도료부	창고부	전력부
배분 전 원가	₩400,000	₩200,000	₩100,000	₩300,000
창고부(30% : 50% : 20%)	50,000	83,334	(166,667)	33,333*
전력부(40% : 40% : 20%)	133,333**	133,333	66,667	(333,333)
배분 후 원가	₩583,333	₩416,667	₩0	₩0

$$* ₩166,667 \times 0.2 = ₩33,333$$
$$** ₩333,333 \times 0.4 = ₩133,333$$

(2) 배분기준 수

보조부문의 원가를 변동원가와 고정원가로 구분하여 배분하는지 여부에 따라 단일배분율법과 이중배분율법으로 나눌 수 있다.

① 단일배분율법

단일배분율법(single rate method)이란 보조부문원가를 변동원가와 고정원가로 구분하지 않고 전체 보조부문원가를 단일 기준인 용역의 실제사용량에 따라 배분하는 방법이다. 이 방법은 이중배분율법에 비해서 사용하기가 간편하지만 원가행태에 따른 정확한 배분이 되지 않기 때문에 부문의 최적의사결정이 조직 전체의 차원에서는 최적의사결정이 되지 않을 수 있다는 문제점이 있다.

② 이중배분율법

이중배분율법(dual rate method)이란 보조부문의 원가를 원가행태에 따라 고정원가와 변동원가로 분류하여 각각 다른 배분기준을 적용하는 방법이다.
　　㉠ 고정원가 : 제조부문에서 사용할 수 있는 최대사용가능량을 기준으로 배분
　　㉡ 변동원가 : 용역의 실제사용량을 기준으로 배분

이중배분율법을 사용하는 이유는 고정원가는 용역을 제공하는데 필요한 설비와 관련된 것인 반면에, 변동원가는 용역의 실제사용량과 관련이 있기 때문이다. 즉, 특정제조부문의 필요에 따라 잠재적 용역을 제공하기 위해 많은 설비를 보유하고 있어 고정원가가 많이 발생한다면 해당 제조부문에는 실제사용량 기준이 아니라 최대사용가능량을 기준으로 배분해야 합리적이기 때문이다.

보조부문 상호 간의 용역수수관계 인식 정도에 따른 배분방법과 보조부문원가의 원가행태를 구분하여 배분하는지에 따른 배분방법은 서로 결합하여 사용할 수 있는 방법이므로, 다음 여섯 가지 조합이 있을 수 있다.

용역수수 인식 정도 원가행태 구분 여부	직접배분법	단계배분법	상호배분법
단일배분율법	○	○	○
이중배분율법	○	○	○

예 제

단일배분율법과 이중배분율법

(주)삼일의 공장에는 하나의 보조부문인 전력부문과 두 개의 제조부문인 조립부문, 가공부문이 있다. 보조부문인 전력부문은 두 개의 제조부문인 조립부문, 가공부문에 전력을 공급하고 있으며, 각 제조부문의 전력에 대한 월간 최대사용가능량과 당월의 실제사용량은 다음과 같다.

구분	조립부문	가공부문	합계
최대사용가능량	300시간	300시간	600시간
실제사용량	200시간	300시간	500시간

당월 중 발생한 원가자료는 다음과 같다.

	보조부문	제조부문		합계
	전력부문	조립부문	가공부문	
변동원가	₩150,000	₩210,000	₩300,000	₩660,000
고정원가	200,000	120,000	150,000	470,000
합계	₩350,000	₩330,000	₩450,000	₩1,130,000

• 요구사항 •

1. 단일배분율법에 의하여 보조부문원가를 제조부문에 배분하시오.
2. 이중배분율법에 의하여 보조부문원가를 제조부문에 배분하시오.

풀 이

1. 단일배분율법

	보조부문	제조부문	
	전력부문	조립부문	가공부문
배분 전 원가	₩350,000	₩330,000	₩450,000
전력부문(200 : 300)*	(350,000)	140,000	210,000
배분 후 원가	₩0	₩470,000	₩660,000

* 전력부문 배분 ┌ 조립부문 : ₩350,000 × 200/(200+300)=₩140,000
　　　　　　　 └ 가공부문 : ₩350,000 × 300/(200+300)=₩210,000

따라서 보조부문원가를 배분한 후 조립부문, 가공부문의 원가는 각각 ₩470,000, ₩660,000이다.

2. 이중배분율법

① 변동원가배분

	보조부문	제조부문	
	전력부문	조립부문	가공부문
배분 전 원가	₩150,000	₩210,000	₩300,000
전력부문(200 : 300)*	(150,000)	60,000	90,000
배분 후 원가	₩0	₩270,000	₩390,000

* 전력부문 배분 ┌ 조립부문 : ₩150,000 × 200/(200+300)=₩60,000
 └ 가공부문 : ₩150,000 × 300/(200+300)=₩90,000

② 고정원가배분

	보조부문	제조부문	
	전력부문	조립부문	가공부문
배분 전 원가	₩200,000	₩120,000	₩150,000
전력부문(300 : 300)*	(200,000)	100,000	100,000
배분 후 원가	₩0	₩220,000	₩250,000

* 전력부문 배분 ┌ 조립부문 : ₩200,000 × 300/(300+300)=₩100,000
 └ 가공부문 : ₩200,000 × 300/(300+300)=₩100,000

따라서 보조부문원가를 배분한 후 조립부문, 가공부문의 원가는 각각 ₩490,000, ₩640,000이다.

MEMO

01 다음 중 보조부문원가의 배분방법인 직접배분법, 단계배분법, 상호배분법에 관한 설명으로 가장 올바르지 않은 것은?

① 보조부문 간의 용역수수관계를 고려하는 가장 합리적인 보조부문원가의 배분방법은 상호 배분법이다.

② 보조부문원가를 어떤 배분방법으로 제조부문에 배분하느냐에 따라 공장 전체의 제조간접 원가가 달라진다.

③ 보조부문의 원가를 각 제조부문이 사용한 용역의 상대적 비율에 따라 각 제조부문에 직접 배분하는 방법은 직접배분법이다.

④ 배분순서가 중요한 계산방법은 단계배분법이다.

02 다음 중 보조부문과 제조부문을 포함한 원가배분의 절차에 관한 설명으로 옳지 않은 것은?

① 부문공통원가의 배분은 공통적으로 발생한 원가를 회사의 각 부문에 배분하는 과정이다.

② 보조부문원가의 배분은 보조부문에 집계되거나 보조부문이 배분받은 공통원가를 제조부 문에 배분하는 과정이다.

③ 제조간접원가의 배부는 제조부문에 집계된 원가를 제품제조원가와 판매관리비로 배부하 는 과정이다.

④ 제품원가계산은 제품별로 집계된 제조원가를 기초로 매출원가와 기말 재고자산가액을 산 출하는 과정이다.

03 (주)삼일은 이미지 홍보를 위한 광고비 10,000,000원을 지출하였고, 이 광고비는 각 제품이 제 공받는 경제적 효익의 정도에 비례하여 배분하려고 한다. 다음 자료를 보고 이러한 수혜기준에 의한 A제품의 광고비 부담액은?

구분	A제품	B제품
매출원가	₩10,000,000	₩30,000,000
매출증가액	5,000,000	3,000,000
광고횟수	10회	40회
종업원수	15명	15명

① ₩2,000,000   ② ₩2,500,000

③ ₩5,000,000   ④ ₩6,250,000

04 다음 중 원가배분 기준에 관한 설명으로 가장 올바르지 않은 것은?

① 공정성과 공평성기준은 공정성과 공평성에 따라 공통원가를 원가배분대상에 배분해야 한 다는 원칙을 강조하는 포괄적인 기준이다.

② 수혜기준은 원가배분대상이 공통원가로부터 제공받은 경제적 효익의 크기에 따라 원가를 배분하는 기준으로 수익자 부담의 원칙에 입각한 배분기준이다.

③ 인과관계기준은 원가대상과 배분대상원가 간의 인과관계에 따라 원가를 배분하는 기준 이다.

④ 부담능력기준은 원가대상이 원가를 부담할 수 있는 능력에 따라 원가를 배분하는 기준으 로, 품질검사원가를 품질검사시간을 기준으로 배분하는 경우가 대표적인 예이다.

05 다음에서 설명하고 있는 원가배분방법은 무엇인가?

> 보조부문 간의 상호 관련성을 모두 고려하는 배분방법으로서, 보조부문 사이에 용역수수관계가 존재할 때,
> 각 보조부문 간의 용역수수관계를 방정식을 통해 계산한 다음 보조부문원가를 배부하는 방법

① 직접배분법　　　　　　　　　　② 단계배분법
③ 상호배분법　　　　　　　　　　④ 간접배분법

06 보조부문원가의 배분방법 중 상호배분법에 관한 설명으로 가장 올바른 것은?

① 보조부문원가의 배분순서를 고려해야 한다.
② 직접배분법에 비해 적용이 간편하다는 장점이 있다.
③ 모든 보조부문 간에 제공된 서비스를 완전하게 고려하여 원가를 배분하는 방법이다.
④ 재고가 없는 경우 단계배분법에 비해 순이익을 높게 계상하도록 하는 배분방법이다.

07 다음 중 보조부문 원가배분에 관한 설명으로 가장 올바르지 않은 것은?

① 보조부문의 원가를 변동원가와 고정원가로 구분하는지 여부에 따라 직접배분법과 단계배
　분법으로 구분된다.
② 직접배분법에 의하면 보조부문의 원가는 다른 보조부문에 전혀 배분되지 않는다.
③ 상호배분법에서는 각 보조부문간의 상호 관련성을 모두 고려한다.
④ 단계배분법을 적용할 경우 보조부문간의 배분 순서에 따라 배분 금액이 달라진다.

08 보조부문원가 배분방법인 이중배분율법에 관한 설명으로 옳지 않은 것은?

① 보조부문의 원가를 원가행태에 따라 고정원가와 변동원가로 분류하여 다른 배분기준을 적용하는 방법이다.
② 고정원가는 제조부문에서 사용할 수 있는 최대사용가능량을 기준으로 배분한다.
③ 변동원가는 용역의 실제사용량을 기준으로 배분한다.
④ 단일배분율법에 비해 사용하기가 간편하지만 부문의 최적의사결정이 조직 전체의 차원에서는 최적의사결정이 되지 않을 수 있다는 문제점이 있다.

09 (주)삼일은 보조부문원가를 배부하는 방법으로 단계배부법과 직접배부법을 검토하고 있다. 단계배부법을 적용하는 경우 동력부문원가부터 먼저 적용한다. 다음 설명 중 가장 옳은 것은?

구분	제조부문		보조부문	
	기계가공부문	조립부문	공장관리부문	동력부문
발생원가	64,000원	73,000원	48,000원	69,000원
공장면적	2,400㎡	1,600㎡	800㎡	500㎡
전력량	1,200kW	800kW	300kW	200kW

① 기계가공부문에 대체된 동력부문 대체액은 단계배부법이 직접배부법보다 크다.
② 기계가공부문에 대체된 공장관리부문 대체액은 직접배부법이 단계배부법보다 크다.
③ 조립부문에 대체된 동력부문 대체액은 두 방법 간에 5,400원의 차이가 있다.
④ 조립부문에 대체된 공장관리부문 대체액은 두 방법 간에 3,600원의 차이가 있다.

10 (주)삼일은 두 개의 제조부문 C, D와 두 개의 보조부문 A, B를 두고 있다. 보조부문 A와 B의 발생원가는 각각 400,000원과 480,000원이며, 각 부문의 용역수수관계는 다음과 같다. 직접배분법을 사용할 경우 C가 배분받은 보조부문 원가는 얼마인가?

사용\제공	보조부문		제조부문	
	A	B	C	D
A	–	20 %	30 %	50 %
B	40 %	–	40 %	20 %

① 280,000원 ② 330,000원
③ 470,000원 ④ 675,000원

11 원목가구 제조회사인 (주)삼일은 두 개의 제조부문(조각부와 도료부)과 두 개의 보조부문(창고부와 전력부)으로 구성되어 있다. 각 부문에서 발생한 원가 및 부문간의 용역관계는 다음과 같다.

용역제공부문 \ 용역사용부문	제조부문		보조부문		합계
	조각부	도료부	창고부	전력부	
창고부	40%	50%		10%	100%
전력부	30%	50%	20%		100%
발생원가	800,000원	400,000원	200,000원	600,000원	2,000,000원

위 자료에 따라 보조부문 상호간의 용역수수에 의한 배분방법 중 단계배분법을 사용하여 보조부문 원가를 각 제조부문에 배분하기 위한 계산과정에서 괄호 안에 들어갈 금액에 대한 설명이 가장 올바르지 않은 것은(단, 창고부문원가부터 먼저 배분한다)?

용역제공부문 \ 용역사용부문	제조부문		보조부문	
	조각부	도료부	창고부	전력부
각 부문의 발생원가	800,000원	400,000원	200,000원	600,000원
보조부문의 원가배부				
창고부	괄호 1( )	괄호 2( )		
전력부	괄호 3( )	괄호 4( )		

① "괄호1"은 80,000원이다.
② "괄호2"는 100,000원이다
③ "괄호3"은 180,000원이다.
④ 직접배분법을 사용할 경우"괄호4"는 375,000원이다.

12 (주)삼일은 제조부문 A, B와 보조부문 X, Y가 있다. 각 보조부문의 용역수수관계는 다음과 같다.

용역제공부문	용역사용부문				합계
	X	Y	A	B	
X	–	40%	20%	40%	100단위
Y	30%	–	40%	30%	150단위

X, Y 부문의 총원가는 각각 ₩160,000, ₩200,000이다. 상호배분법에 의하여 보조부문원가를 배분하는 경우, 제조부문 A에 배분되는 총보조부문원가는 얼마인가?

① ₩112,000   ② ₩152,000
③ ₩170,000   ④ ₩230,000

NEW

13 (주)삼일의 수선부문에서 발생한 변동원가는 1,800,000원이고, 고정원가는 1,000,000원이었다. 수선부문은 두 개의 제조부문에 용역을 공급하고 있는데 각 제조부문의 실제사용시간 및 최대사용가능시간은 다음과 같다. 자료를 바탕으로 이중배분율법을 사용할 경우 제조 1부문에 배분될 수선부문의 원가를 계산하면 얼마인가?

	제조 #1부문	제조 #2부문
최대 사용 가능시간	800시간	450시간
실제 사용한 시간	550시간	350시간

① 1,540,000원   ② 1,740,000원
③ 1,792,000원   ④ 2,240,000원

Chapter

생산형태에
따른
원가계산방법

I 개별원가계산

01 개별원가계산의 의의

1 원가계산제도

제품원가계산의 방법은 여러 가지가 있지만 각 기업의 생산형태와 원가측정, 원가구성방법에 따라 다음과 같이 분류할 수 있다.

[그림 2-1] 원가계산제도의 종류

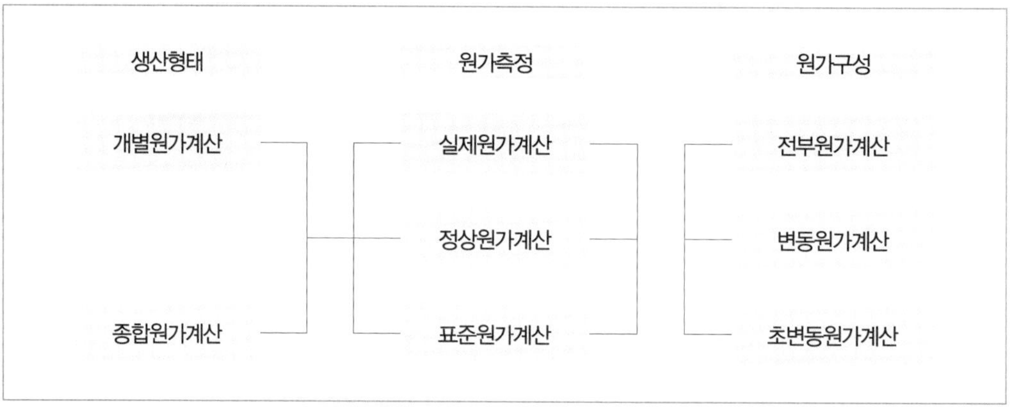

생산형태	원가측정	원가구성
개별원가계산	실제원가계산	전부원가계산
	정상원가계산	변동원가계산
종합원가계산	표준원가계산	초변동원가계산

이 장에서는 위의 원가계산제도 중 기업의 생산형태에 의해 분류되는 개별원가계산과 종합원가계산에 대하여 살펴보도록 하자.

각 기업이 수행하는 생산형태의 성격에 따라 그에 적합한 원가계산제도도 다르게 나타나며 이는 크게 두 가지 방법, 즉 개별원가계산제도와 종합원가계산제도로 구분할 수 있다.

개별원가계산은 여러 가지 제품을 주문에 의해 소량으로 생산하거나 제품의 종류 또는 규격이 다양하고 개별적인 생산형태에 적합한 원가계산방법이고, 종합원가계산은 동종의 제품을 반복적으로 대량생산하는 업종에서 주로 사용되는 원가계산방법이다.

2 개별원가계산의 개요

개별원가계산(job-order costing)이란 위에서 설명한 바와 같이 일반적으로 종류를 달리하는 제품 또는 프로젝트를 개별적으로 생산 혹은 제작하는 형태에 적용하는 원가계산방법이다. 따라서 개별원가계산은 조선업, 기계제작업, 플랜트건설업 등과 같이 수요자의 주문에 기초하여 수요자의 요구에 따라 개별적으로 제품을 생산하는 업종에서 주로 사용하고 있다.

개별원가계산에서 기본적으로 사용되는 계정은 직접재료원가, 직접노무원가, 제조간접원가계정이다. 여기서 주의할 점은 개별원가계산은 개별제품별 또는 개별작업별로 원가가 집계되기 때문에 직접원가와 간접원가의 구분이 중요하다는 것이다.

직접원가에 해당하는 직접재료원가와 직접노무원가는 해당 제품이나 공정으로 직접 추적할 수 있기 때문에 발생된 원가를 그대로 집계하면 되지만, 간접원가에 해당하는 제조간접원가는 개별제품이나 공정에 직접적인 대응이 불가능하므로 원가계산 기말에 일정한 기준을 사용하여 배분해야 한다.

재료원가의 경우 생산현장과 직접적인 인과관계가 있는 부분은 재공품계정으로 즉시 대체되지만, 간접적 관계의 재료원가는 제조간접원가계정으로 분리 대체된다. 목재책상을 만드는데 소요되는 재료 중 목재와 접착제를 예로 들어보자.

목재는 책상을 구성하는 주요부분이며 어느 정도 크기의 목재가 필요한지 소요량을 합리적으로 추정할 수 있다. 따라서 목재는 직접재료원가로 분류되어 재공품으로의 계정대체가 바로 이루어지지만, 접착제와 같은 소모품은 주요재료가 아닐 뿐 아니라 투여된 정도의 추적도 곤란하기 때문에 일단 제조간접원가로 분류된 후 기말에 일정한 배부기준에 의하여 재공품으로 배부된다.

이러한 직접원가와 간접원가의 흐름은 다음 그림과 같이 요약할 수 있다.

[그림 2-2] 직접원가와 간접원가의 흐름

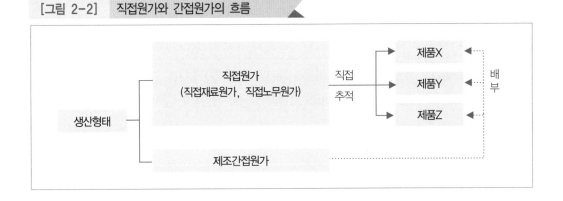

3 개별원가계산과 종합원가계산의 비교

개별원가계산과 종합원가계산 모두 제품별로 발생한 원가를 할당하여 제품원가를 계산하고, 계획과 통제 및 여러 가지 의사결정에 필요한 원가정보를 제공하는 점에서는 유사하지만, 다음과 같은 차이점이 있다.

첫째, 개별원가계산은 각 제품별로 원가를 집계하기 때문에, 각 제품별 직접대응이 가능한 직접원가와 간접원가의 구분이 중요한 의미를 갖는다. 즉, 제조간접원가의 배부절차가 반드시 필요하다.
둘째, 종합원가계산에서는 원가의 개별집계과정이 없으므로 기말에 제품과 재공품의 원가계산이 중요한 문제이지만, 개별원가계산에서는 기말재공품의 작업원가표에 집계된 원가가 바로 재공품원가를 구성하기 때문에 이러한 배분문제가 발생하지 않는다.
셋째, 개별원가계산에서는 작업원가표가, 종합원가계산에서는 생산보고서가 주요 원가자료가 된다.

4 개별원가계산의 장단점

개별원가계산의 장점은 다음과 같다.

① 제품별로 정확한 원가계산이 가능하다. 즉, 작업원가표를 통해서 집계한 제조원가를 제품수량으로 나누어 단위당 제품원가를 산출하기 때문에 원가를 정확히 계산할 수 있다.
② 제품별 손익분석 및 계산이 용이하다.
③ 작업원가표에 의해 개별제품별로 효율성을 통제할 수 있고, 개별작업에 집계되는 실제원가를 예산액과 비교하여 미래예측에 이용할 수 있다.

개별원가계산제도는 위와 같은 장점을 지니는 동시에 다음과 같은 단점도 있다.

① 각 작업별로 원가가 계산되기 때문에 비용과 시간이 많이 발생한다.
② 원가계산자료가 상세하고 복잡해짐에 따라 오류가 발생할 가능성이 많아진다.

02 개별원가계산의 절차

1 개별원가계산의 일반적 절차

일반적인 개별원가계산절차는 다음과 같으며, 여기서는 직접원가와 간접원가를 구분하는 것이 중요하다.

① 제1단계 : 원가집적대상이 되는 개별작업을 파악한다.

② 제2단계 : 개별작업에 대한 제조직접원가를 계산하여 개별작업에 직접추적한다.

③ 제3단계 : 개별작업에 직접 대응되지 않는 제조간접원가를 파악한다. 이러한 제조간접원가는 공장전체를 하나의 원가집합(cost pool)으로 보아 집계할 수도 있고, 각 부문별로 집계할 수도 있다.

④ 제4단계 : 제3단계에서 집계된 제조간접원가를 배부하기 위한 배부기준을 설정한다.

⑤ 제5단계 : 원가배부기준에 따라 제조간접원가 배부율을 계산하여 개별작업에 배부한다.

[그림 2-3] 개별원가계산의 절차

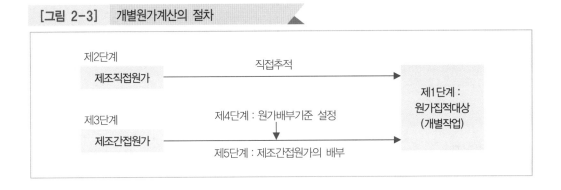

2 작업지시서와 작업원가표

(1) 작업지시서

제조기업은 소비자로부터 주문을 받으면 그 제품을 생산하기 위해서 생산부서에서 작업지시서(job order)를 발행한다. 작업지시서는 주문받은 제품별로 작성하는 것이 원칙이며, 작업번호, 작성일, 제품의 명칭과 규격, 수량, 제조착수일과 완성일 등의 사항이 기재된다.

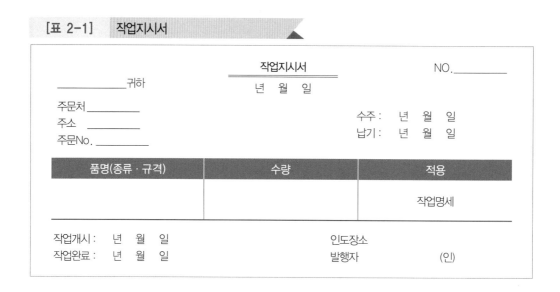

[표 2-1] 작업지시서

작업지시서 년 월 일		NO._____
_____귀하 주문처_____ 주소 _____ 주문No. _____		수주 : 년 월 일 납기 : 년 월 일

품명(종류 · 규격)	수량	적용
		작업명세

작업개시 : 년 월 일 　　　　　　　　 인도장소
작업완료 : 년 월 일 　　　　　　　　 발행자　　　　　(인)

작업지시서가 발행되는 절차를 살펴보면 다음과 같다.

[그림 2-4] 작업지시서의 발행절차

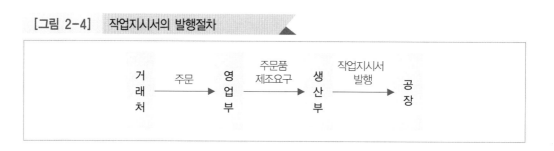

(2) 작업원가표

작업원가표(job-cost sheet)란 개별원가계산제도의 기본적 요소로서 일정한 작업에 대한 원가를 개별작업별로 기록, 집계하기 위하여 사용되는 것이다.

기업의 회계부문담당자는 생산부서로부터 작업지시서를 수령하면, 다음과 같은 작업원가표를 작성한다.

[표 2-2] 작업원가표

작업지시서　No.＿＿＿＿＿＿

작업원가표

주문자 ＿＿＿＿＿＿＿＿　　　　　　작업지시서 ＿＿＿＿＿＿＿＿

제품명 ＿＿＿＿＿＿＿＿　　　　　　제조착수일 ＿＿＿＿＿＿＿＿

규격 ＿＿＿＿＿＿＿＿　　　　　　제품완성일 ＿＿＿＿＿＿＿＿

수량 ＿＿＿＿＿＿＿＿　　　　　　제품인도예정일 ＿＿＿＿＿＿＿＿

직접재료원가			직접노무원가			제조간접원가		
일자	재료출고 청구서No.	금액	일자	작업시간 보고서No.	금액	일자	배부율	금액

원가집계표

	예정액	실제발생액	차이
직접재료원가	×××	×××	×××
직접노무원가	×××	×××	×××
제조간접원가	×××	×××	×××
합계	×××	×××	×××
판매가격			×××
제조원가		×××	
판매비		×××	
관리비		×××	×××
이익			×××

개별원가계산의 핵심은 이 작업원가표에 있다. 즉, 생산되는 제품은 그 제품의 작업지시서 번호에 의해서 대표되며, 그에 대응하는 작업원가표가 각각 작성된다. 따라서 특정제품에 대해서 발생한 원가는 그 제품의 작업지시서 번호를 추적하여 그 번호가 기재된 작업원가표에 집계된다. 그러므로 가공 중에 있는 재공품에 대한 제조원가의 발생을 통제하기 위해서는 작업원가표에 집계되는 원가항목을 체계적으로 통제해야 한다.

개별원가계산에서 재공품계정은 통제계정이 되고, 각각의 작업원가표는 보조계정이 된다. 즉, 작업원가표는 재공품계정에 의해서 통제되는 보조기록인 것이다. 진행 중인 모든 작업에 대한 작업원가표는 하나의 독립된 보조원장이 되고, 진행 중인 모든 작업의 작업원가표상 원가잔액의 합계액은 재공품계정의 잔액과 일치하게 된다.

원가가 작업원가표에 기재되면 동일한 금액이 재공품계정의 차변에 기록되며, 제품이 완성되면 그에 해당하는 작업원가가 재공품계정에서 제품계정으로 대체된다.

앞에서 살펴보았듯이 제조원가 중 직접원가에 해당하는 재료원가와 노무원가는 발생시점에 작업원가표에 기록되지만, 제조간접원가는 개별작업별로 직접 대응이 불가능하기 때문에 원가계산 기말에 일정한 배부기준에 의한 배부율에 의해 작업원가표에 기록된다.

3 원가의 집계

작업원가표에 집계되는 원가에는 직접재료원가, 직접노무원가, 제조간접원가가 있다. 개별원가계산에서 작업원가표에 각 원가를 집계하는 절차는 다음과 같이 요약할 수 있다.

[그림 2-5] 작업원가표에 원가를 집계하는 절차

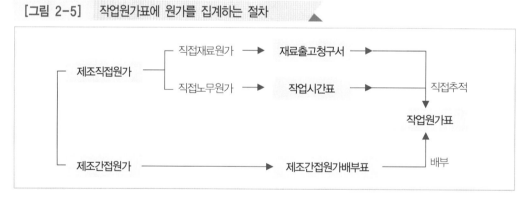

이하에서는 작업원가표에 집계되는 각 원가항목의 집계절차에 대해서 알아보도록 하자.

(1) 직접재료원가

기업이 보유하고 있는 원재료는 재료원장카드에 의해 관리되며, 이러한 재료원장카드를 통제하는 계정이 원재료계정(material inventory account)이다. 이 원재료계정에는 재료의 구입과 사용에 관한 사항이 기록되며, 재료의 구입과 관련된 분개는 다음과 같다.

(차) 원재료	×××	(대) 매입채무	×××

직접재료는 다음 표와 같은 재료출고청구서(materials requisition record)에 의해 생산부서로 출고된다. 이 재료출고청구서에는 출고되는 재료의 종류, 수량, 단위당 원가 등이 기록되며, 출고된 재료가 어떤 작업지시서와 관련이 있는지 명시된다.

[표 2-3] 재료출고청구서와 양식

재료출고청구서   No._____

작업지시서No. _____   일자 _____
인도부문 _____   발행자 _____
차변계정 _____

재료품목	청구수량	재료 Code No.	적요	출고수량	단가	금액

출고량기입자 :   단가기입자 :   재료수령자 :   수령월일 :

출고된 재료가 직접재료원가를 구성할 경우에는 해당 작업의 재공품계정에 바로 기입하고, 간접재료원가일 경우에는 제조간접원가 통제계정에 기입한다.

(차) 재공품(직접재료원가)	×××	(대) 원재료	×××
제조간접원가(간접재료원가)	×××		

위에서 설명한 직접재료와 관련된 원가흐름을 그림으로 나타내면 다음과 같다.

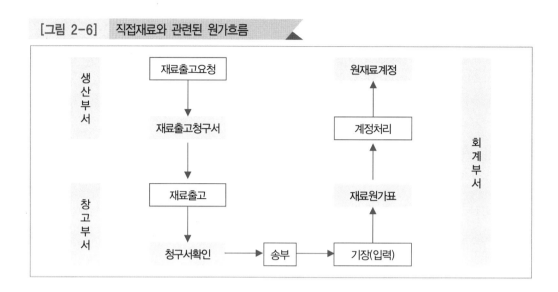

[그림 2-6] 직접재료와 관련된 원가흐름

생산부서 / 창고부서 / 회계부서

재료출고요청 → 재료출고청구서 → 재료출고 → 청구서확인 → 송부 → 기장(입력) → 재료원가표 → 계정처리 → 원재료계정

(2) 직접노무원가

직접노무원가는 작업이 진행됨에 따라 종업원들이 매일 작성하는 다음과 같은 작업시간표에 의해 집계된다.

[표 2-4] 작업시간표

번호 _____   작업일 _____

작업자 _____   작업부서 _____

작업지시서 No. _____

작업시작시간	작업종료시간	작업수행시간	임률	금액	수행작업명
합계					

감독자 :

종업원들이 개별작업을 수행하면 그 작업에 해당하는 작업시간표에 작업시간을 기록하게 되고, 이는 직접노무원가와 간접노무원가를 계산하는 기초자료가 된다. 이렇게 해서 집계된 작업시간표가 회계부서로 송부되면 회계부서에서는 직접노동시간과 간접노동시간을 분류하여 다음과 같이 직접 노무원가는 재공품계정에, 간접노무원가는 제조간접원가계정에 기입하게 된다.

(차) 재공품(직접노무원가)	×××	(대) 노무원가		×××
제조간접원가(간접노무원가)	×××			

위에서 설명한 직접노무원가와 관련된 원가흐름을 그림으로 나타내면 다음과 같다.

[그림 2-7] 직접노무원가와 관련된 원가흐름

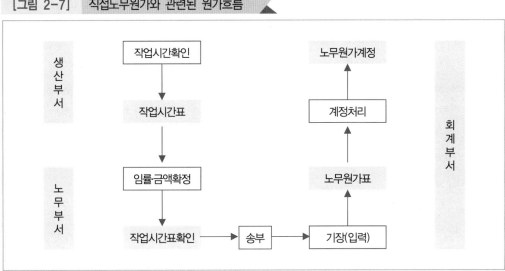

(3) 제조간접원가

제조간접원가는 직접재료원가나 직접노무원가와 달리 개별작업에 직접 추적할 수 없으므로, 기말에 일정한 배부기준에 의하여 개별작업에 배부하는 절차를 통하여 작업원가표에 배부하게 된다.

다양한 항목으로 구성되어 있는 제조간접원가를 인위적인 배부기준에 의하여 배부하면 자의적인 원가계산이 될 수 있지만, 제조활동과 관련하여 발생한 모든 제조원가를 제품원가에 포함하기 위해서는 제조간접원가의 배부절차가 필요하다.

개별작업에 제조간접원가를 배부하기 위해서는 우선 배부기준을 정하여야 한다. 일반적으로 제조간접원가의 배부기준으로는 직접노무원가, 직접노동시간, 기계시간 등이 사용된다. 그 중에서도 직접노무원가와 직접노동시간은 개별작업별로 쉽게 파악할 수 있으므로 많이 사용된다. 그러나 기계집약적인 형태의 기업은 제조간접원가가 기계시간과 높은 상관관계를 가지고 있을 것이기 때문에 배부기준으로 기계시간을 사용하는 것이 보다 바람직하다.

배부기준을 선택하고 나면 그 다음에는 제조간접원가 배부율을 결정해야 하는데, 이는 다음과 같이 계산한다.

$$제조간접원가\ 배부율 = \frac{제조간접원가}{배부기준(조업도)}$$

제조간접원가 배부율은 제조간접원가 발생액과 배부기준의 수치가 파악되는 기말에 가서야 비로소 결정된다. 제조간접원가 배부율을 결정한 후에는 개별작업별로 소요된 배부기준에 제조간접원가 배부율을 곱하여 개별작업에 제조간접원가를 배부한다.

한편, 제조간접원가를 배부할 때 공장전체적으로 단일의 배부기준을 사용할 것인지 또는 각각의 제조부문별로 서로 다른 배부기준을 사용할 것인지에 따라 제조간접원가 배부율이 달라진다. 제조간접원가 배부율은 크게 공장전체 제조간접원가 배부율과 부문별 제조간접원가 배부율이 있다.

① 공장전체 제조간접원가 배부율(plant-wide overhead rate)

모든 제조간접원가를 하나의 원가집합(공장전체)에 집계하고 단일의 배부기준을 사용하여 배부하는 방법이다.

$$공장전체\ 제조간접원가\ 배부율 = \frac{공장전체\ 제조간접원가}{공장전체\ 배부기준}$$

$$제조간접원가\ 배부액 = 공장전체\ 배부기준 \times 공장전체\ 제조간접원가\ 배부율$$

이 방법하에서는 전술한 보조부문원가가 어떤 방법으로 배부되는지와 관계없이 공장전체의 제조간접원가는 일정하므로, 보조부문원가 배부방법에 의해 제조간접원가 배부율이 달라지지 않는다. 즉, 보조부문원가 배부방법에 따라 개별제품의 원가가 달라지지 않는다. 따라서 제품원가계산을 위한 보조부문원가 배부가 불필요하다. 이를 그림으로 나타내면 다음과 같다.

[그림 2-8] 공장전체 제조간접원가 배부율에 의한 제조간접원가 배부흐름

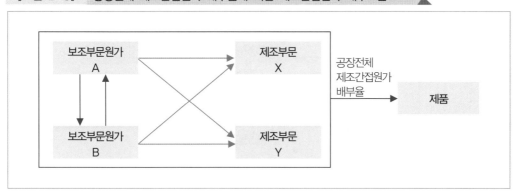

공장전체 제조간접원가 배부율을 사용할 경우 원가집계와 배부과정이 간단하다는 장점이 있으나, 부문별 제조간접원가 배부율을 사용할 경우보다 원가계산이 부정확하다는 단점이 있다.

② 부문별 제조간접원가 배부율(department overhead rate)

제조간접원가를 복수의 원가집합(제조부문)에 집계하고, 제조부문별로 서로 다른 배부기준을 사용하여 각각 배부하는 방법이다.

이 방법은 제조부문의 특성에 맞는 배부기준을 사용한다. 예를 들면, 기계집약적인 부문은 기계시간을 배부기준으로 사용할 수 있고 노동집약적인 부문은 직접노동시간을 배부기준으로 사용할 수 있다. 그 결과 공장전체 제조간접원가 배부율 방법에 비하여 보다 정확한 제조간접원가 배부가 이루어진다.

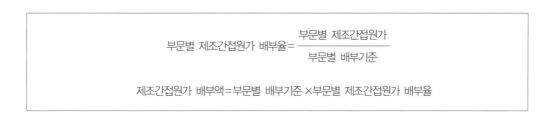

$$부문별\ 제조간접원가\ 배부율 = \frac{부문별\ 제조간접원가}{부문별\ 배부기준}$$

제조간접원가 배부액 = 부문별 배부기준 × 부문별 제조간접원가 배부율

이 방법하에서는 각 제조부문별로 서로 다른 배부기준을 사용하므로 보조부문원가 배부방법에 의해 제조간접원가 배부율이 달라진다. 즉, 보조부문원가 배부방법에 따라 개별제품의 원가가 달라지게 된다. 따라서 제품원가계산을 위한 보조부문원가 배부가 반드시 필요하다. 이를 그림으로 나타내면 다음과 같다.

부문별 제조간접원가 배부율에 의한 제조간접원가 배부흐름

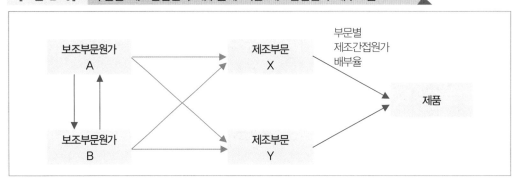

　부문별 제조간접원가 배부율을 사용할 경우 각 제조부문의 특성에 따라 제조간접원가의 배부가
이루어지므로 보다 정확한 제품원가를 계산할 수 있다는 장점이 있지만, 원가계산절차가 복잡하다
는 단점이 있다.

예 제

공장전체 제조간접원가 배부율과 부문별 제조간접원가 배부율

(주)한라는 X, Y 두 개의 제조부문을 이용하여 제품을 생산한다.
당기의 제조간접원가와 조업도(직접노동시간)에 관한 자료는 다음과 같다.

	X부문	Y부문	합계
제조간접원가	₩3,000,000	₩2,500,000	₩5,500,000
직접노동시간	1,000시간	1,000시간	2,000시간

한편, 당기 중 착수되어 완성된 작업 #101, #102의 직접노동시간은 다음과 같다.

작업	X부문	Y부문	합계
#101	25시간	10시간	35시간
#102	30시간	20시간	50시간

• 요구사항 •

1. 공장전체 제조간접원가 배부율을 사용하여 제조간접원가를 배부한다고 할 때, 작업 #101과 #102에 배부되는 제조간접원가를 계산하시오.
2. 부문별 제조간접원가 배부율을 사용하여 제조간접원가를 배부한다고 할 때, 작업 #101과 #102에 배부되는 제조간접원가를 계산하시오.

풀 이

1. 공장전체 제조간접원가 배부율
   ① 공장전체 제조간접원가 배부율
     5,500,000÷2,000시간 = ₩2,750/직접노동시간
   ② 제조간접원가 배부액
     ┌ 작업 #101: 35시간×₩2,750=₩96,250
     └ 작업 #102: 50시간×₩2,750=₩137,500
2. 부문별 제조간접원가 배부율
   ① 부문별 제조간접원가 배부율
     ┌ X부문: ₩3,000,000÷1,000시간 = ₩3,000/직접노동시간
     └ Y부문: ₩2,500,000÷1,000시간 = ₩2,500/직접노동시간
   ② 제조간접원가 배부액
     ┌ 작업 #101: 25시간×₩3,000 + 10시간×₩2,500=₩100,000
     └ 작업 #102: 30시간×₩3,000 + 20시간×₩2,500=₩140,000

보조부문원가의 배부와 제조원가의 배부

(주)삼일은 두 개의 제조부문인 조립부문과 주물부문, 두 개의 보조부문인 전력부문과 용수부문을 가지고 있다. 당월 각 부문에서 사용한 전력부문과 용수부문의 용역사용량은 다음과 같으며, 회사는 용역사용량을 기준으로 보조부문원가를 배부하고 있다.

	조립부문	주물부문	전력부문	용수부문
전력부문	300kwh	100kwh	0	100kwh
용수부문	160리터	240리터	400리터	0

당월 제조부문과 보조부문의 제조간접원가 발생액과 제조간접원가의 배부기준인 기계작업시간은 다음과 같다.

	제조간접원가	기계작업시간
조립부문	₩140,000	2,000시간
주물부문	240,000	3,000시간
전력부문	120,000	0
용수부문	100,000	0
합계	₩600,000	5,000시간

• 요구사항 •

1. 다음 각각의 방법을 사용하여 제조간접원가 배부율을 구하시오. 단, 보조부문원가는 직접배부법에 의하여 배부한다.
   (1) 공장전체 제조간접원가 배부율을 사용하는 방법
   (2) 부문별 제조간접원가 배부율을 사용하는 방법

2. 당월에 생산한 A제품의 원가자료가 다음과 같을 경우, 요구사항 1에서 구한 제조간접원가 배부율을 각각 사용하여 A제품의 제조원가를 구하시오.

	조립부문	주물부문	합계
직접재료원가	-	-	₩30,000
직접노무원가	-	-	₩10,000
기계작업시간	100시간	200시간	300시간

풀 이

1. 제조간접원가 배부율
   (1) 공장전체 제조간접원가 배부율
   ₩600,000÷5,000시간 = ₩120/기계작업시간

   (2) 부문별 제조간접원가 배부율
   ① 보조부문원가배부

	제조부문		보조부문	
	조립	주물	전력	용수
배부 전 원가	₩140,000	₩240,000	₩120,000	₩100,000
전력(300 : 100)	90,000*	30,000	(120,000)	–
용수(160 : 240)	40,000**	60,000	–	(100,000)
배부 후 원가	₩270,000	₩330,000	₩0	₩0

$$* \ ₩120,000 \times \frac{300}{300+100} = ₩90,000$$

$$** \ ₩100,000 \times \frac{160}{160+240} = ₩40,000$$

   ② 부문별 제조간접원가 배부율
   조립부문: ₩270,000÷2,000시간 = ₩135
   주물부문: ₩330,000÷3,000시간 = ₩110

2. A제품의 제조원가

	공장전체 제조간접원가배부율	부문별 제조간접원가배부율
직접재료원가	₩30,000	₩30,000
직접노무원가	10,000	10,000
제조간접원가	36,000*	35,500**
제조원가	₩76,000	₩75,500

   * 300시간 × ₩120 = ₩36,000
   ** 100시간 × ₩135 + 200시간 × ₩110 = ₩35,500

01 여러 가지 제품을 주문에 의해 생산하거나 동종의 제품을 일정간격을 두고 비반복적으로 생산하는 업종에 적합한 원가계산제도는?

① 표준원가계산제도   ② 정상원가계산제도
③ 개별원가계산제도   ④ 종합원가계산제도

02 다음 중 개별원가계산제도를 이용하는 것이 가장 적합한 업종은?

① 자동 공정화된 자동차 제조업
② 도소매업
③ 특별주문에 의해 소량을 수작업으로 제작, 판매하는 시계 제조업
④ 패스트푸드 제조 판매업

03 다음 중 개별원가계산과 종합원가계산에 관한 설명으로 가장 올바르지 않은 것은?

구분	개별원가계산	종합원가계산
① 특징	특정 제품이 다른 제품과 구분되어 생산됨	동일규격의 제품이 반복하여 생산됨
② 원가보고서	각 작업별로 보고서 작성	각 공정별로 보고서 작성
③ 적용적합한 업종	주문에 의해 각 제품을 별도로 제작, 판매하는 제조업종	동일한 규격의 제품을 대량 생산하는 제조업종
④ 원가계산방법	발생한 총원가를 총생산량으로 나누어 단위당 평균제조원가계산	주문받은 개별 제품별로 작성된 작업원가표에 집계하여 계산

04 다음 중 개별원가계산에 대한 설명으로 가장 옳은 것은?

① 개별원가계산은 제품을 반복적으로 생산하는 업종에 적합한 원가제도이다.
② 개별원가계산은 제품별로 원가를 집계하기 때문에 간접원가의 구분은 중요하지 않다.
③ 개별원가계산은 개별작업에 집계되는 실제원가와 예산을 비교하여 미래예측에 이용할 수 있다.
④ 개별원가계산은 식료품업, 화학산업, 조선업 등에 적합하다.

05 다음 중 개별원가계산에 관한 설명으로 가장 옳은 것은?

① 제조간접원가는 개별작업과 관련하여 직접적으로 추적할 수 없으므로 이를 배부하는 절차가 필요하다.
② 개별원가계산은 해당 제품이나 공정으로 직접 추적할 수 있기 때문에 실제원가계산에만 적용이 가능하다.
③ 개별원가계산은 제품원가를 개별작업별로 구분하여 집계하므로 제조직접비와 제조간접비의 구분이 중요하지 않다.
④ 각 작업별로 원가가 계산되기 때문에 원가계산자료가 상세하고 복잡하며 오류가 발생할 가능성이 적어진다.

06 다음 중 개별원가계산의 절차에 관한 설명으로 가장 올바르지 않은 것은?

① 개별원가계산에서 작업원가표는 통제계정이며 재공품 계정은 보조계정이 된다.
② 원가가 작업원가표에 기재되면 동일한 금액이 재공품계정의 차변에 기록된다.
③ 제조원가 중 직접원가는 발생시점에 작업원가표에 기록된다.
④ 재료출고청구서로 생산부서에 출고된 원재료가 간접재료원가일 경우에는 제조간접원가 통제계정에 기입한다.

07 (주)삼일의 박원가 회계팀장은 회사의 업무흐름을 더욱 투명하게 관리하고자 영업활동 flowchart를 작성하려 하고 있다. (주)삼일이 개별원가계산을 채택하고 있을 때 (A)와 (B)에 각각 들어갈 내용은?

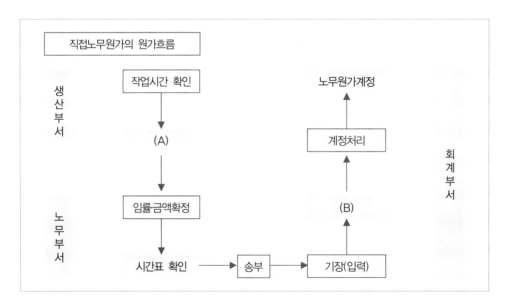

① (A) 재료출고요청서   (B) 작업시간표
② (A) 노무원가표   (B) 작업시간표
③ (A) 작업시간표   (B) 노무원가표
④ (A) 재료출고요청서   (B) 노무원가표

08 다음 중 일반적인 개별원가계산절차를 나열한 것으로 가장 옳은 것은?

> ㄱ. 집계된 제조간접원가를 배부하기 위한 배부기준을 설정한다.
> ㄴ. 원가집적대상이 되는 개별작업을 파악한다.
> ㄷ. 원가배부기준에 따라 제조간접원가 배부율을 계산하여 개별작업에 배부한다.
> ㄹ. 개별작업에 대한 제조직접원가를 계산하여 개별작업에 직접 추적한다.
> ㅁ. 개별작업에 직접 대응되지 않는 제조간접원가를 파악한다.

① ㄱ－ㄴ－ㄷ－ㄹ－ㅁ   ② ㄴ－ㄱ－ㄹ－ㅁ－ㄷ

③ ㄴ－ㄱ－ㅁ－ㄷ－ㄹ   ④ ㄴ－ㄹ－ㅁ－ㄱ－ㄷ

09 개별원가계산(job-order costing)이란 일반적으로 종류를 달리하는 제품 또는 프로젝트를 개별적으로 생산 혹은 제작하는 형태에 적용하는 원가계산방법이다. 개별원가계산은 아래와 같이 작업원가표에 원가를 집계하는 절차를 거친다.

〈작업원가표 요약〉

구분	직접원가	간접원가
재료비	₩30,000	₩5,000
노무비	50,000	25,000
경비		30,000

상기와 같은 원가배부가 이루어지는 회사인 경우 아래 설명 중 올바르지 않은 것은?

① 제품별로 정확한 원가계산이 가능하다. 즉, 작업원가표를 통해서 집계한 제조원가를 제품수량으로 나누어 단위당 제품원가를 산출하기 때문에 원가를 정확히 계산할 수 있다.

② 각 작업별로 원가가 계산되며, 종합원가에 비하여 비용과 시간이 적게 발생한다.

③ 제조간접원가 배부율은 직접노무원가의 120%이다.

④ 제조간접원가 배부율은 직접재료원가의 200%이다.

10 (주)삼일은 개별원가계산제도를 채택하고 있으며, 직접노무원가를 기준으로 제조간접원가를 배분한다. 20X1년의 제조간접원가 배부율은 A부문에 대해서는 180 % , B부문에 대해서는 60 %이다. 제조지시서 #04는 20X1년 중에 시작되어 완성되었으며, 원가 발생액은 다음과 같다. 제조지시서 #04와 관련된 총제조원가는 얼마인가?

구분	A부문	B부문
직접재료원가	50,000원	16,000원
직접노무원가	?	40,000원
제조간접원가	90,000원	?

① 170,000원   ② 190,000원

③ 210,000원   ④ 270,000원

11 (주)삼일은 개별원가계산제도를 채택하고 있으며, 제품 A의 작업원가표가 아래와 같을 때 제품 A의 제조원가는 얼마인가?

ㄱ. 직접재료 투입액	100,000원
ㄴ. 직접노동시간	200시간
ㄷ. 직접노무원가 임률	500원/시간
ㄹ. 제조간접원가 배부율(직접노동시간당)	750원/시간

① 350,000원   ② 385,000원

③ 412,500원   ④ 435,000원

12 (주)삼일은 개별원가계산제도를 사용하고 있으며, 제조간접원가를 직접노무원가 발생액에 비례하여 배부한다. 다음의 원가자료에서 작업지시서 #112는 완성이 되었으나, #111과 #113은 미완성이다. 기초재공품이 없다면 기말재공품원가를 계산하면 얼마인가?

	#111	#112	#113	합계
직접재료원가	30,000원	10,000원	20,000원	60,000원
직접노무원가	24,000원	5,200원	10,800원	40,000원
제조간접원가	( )	9,100원	( )	( )

① 24,300원　　　　　　　　　② 49,700원
③ 74,000원　　　　　　　　　④ 145,700원

13 다음은 개별원가계산제도를 이용하고 있는 (주)삼일의 원가계산 자료이다. 제조간접원가는 기본원가(prime costs)를 기준으로 배부한다.

원가항목	작업#1	작업#2	작업#3	합 계
기초재공품	2,000원	4,000원	-	6,000원
직접재료원가	2,800원	3,000원	2,200원	8,000원
직접노무원가	4,000원	5,000원	3,000원	12,000원
제조간접원가	( )	( )	( )	6,000원

작업#1과 작업#3는 완성되었고, 작업#2는 미완성되었다. (주)삼일이 기말재공품으로 계상할 금액은?

① 10,200원　　　　　　　　　② 12,500원
③ 13,600원　　　　　　　　　④ 14,400원

14 다음 자료는 개별원가계산제도를 이용하여 원가계산을 하는 (주)삼일의 작업 A101과 관련된 것이다.

[당기의 작업 A101 관련 작업원가표]

일자	직접재료원가		직접노무원가		제조간접원가	
	재료출고 청구서 NO	금액	작업시간 보고서 NO	금액	배부율	배부금액
3. 1 3. 10	#1 #2	290,000원 300,000원	#1 #2	85,000원 92,000원	800원/시간	150,000원

당기에 완성된 작업 A101의 기초재공품원가는 53,000원이다. 작업 A101의 당기제품제조원가는 얼마인가?(단, 기말재공품원가는 없다고 가정한다.)

① 595,000원   ② 767,000원
③ 820,000원   ④ 970,000원

15 (주)삼일은 일반형 전화기와 프리미엄 전화기 두 종류의 제품을 생산하고 있다. 4월 한 달 동안 생산한 두 제품의 작업원가표는 아래와 같다.

	일반형 전화기	프리미엄 전화기
직접재료 투입액	400,000원	600,000원
직접노동시간	100시간	200시간
직접노무원가 임률	1,000원/시간	2,000원/시간

(주)삼일은 실제 발생한 제조간접원가를 실제조업도에 의해 배부하는 원가계산방식을 채택하고 있다. 동 기간 동안 발생한 회사의 총제조간접원가는 3,000,000원이며, 제조간접원가를 직접노무원가 기준으로 배부할 경우 4월 한 달 동안 생산한 일반형 전화기와 프리미엄 전화기의 총제조원가 차이는 얼마인가?

① 1,000,000원   ② 1,800,000원
③ 2,300,000원   ④ 2,500,000원

16 (주)삼일은 개별원가계산제도를 채택하고 있으며, 제품 A의 작업원가표가 아래와 같을 때 제조간접원가배부율(직접노동시간당)은 얼마인가?

ㄱ. 직접재료 투입액	100,000원
ㄴ. 직접노동시간	200시간
ㄷ. 직접노무원가 임률	500원/시간
ㄹ. 제품 A의 제조원가	360,000원

① 500원   ② 750원

③ 800원   ④ 1,000원

NEW

17 다음은 (주)삼일의 20X1년 12월 원가자료이다. 회사는 직접노무비를 기준으로 하여 제조간접원가를 예정배부하고 있다. 다음 자료에 따라 12월에 완성된 제품 #101의 제조원가를 계산하면 얼마인가?

ㄱ. 당월 제조간접비 발생총액	5,000,000원
ㄴ. 당월 노무비 발생총액	4,000,000원
ㄷ. 제조간접비 예정배부율	직접노무비 1원당 \ 0.5
ㄹ. 제품 #101의 직접원가	직접재료비 550,000원
	직접노무비 500,000원

① 1,300,000원   ② 1,550,000원

③ 3,800,000원   ④ 9,550,000원

18 다음은 (주)삼일의 제조부문과 관련하여 당기 발생한 원가에 대한 자료들이다. 회사가 부문별 제조간접원가배부율을 사용할 경우 #10작업의 가공원가는 얼마인가?

(단위 : 원)

(1) (주)삼일은 두 개의 제조부문(조립,도장)이 있다. 다음은 당기의 자료이다.

	조립 부문	도장 부문
제조간접원가	200,000	400,000
직접노무시간	1,000 시간	4,000 시간

(2) 당기 중 착수하여 완성된 #10 작업의 가공원가자료는 다음과 같다.

	조립 부문	도장 부문	합계
직접노무원가	10,000	15,000	25,000원
직접노무시간	60 시간	120 시간	180 시간

(3) 회사는 직접노무시간을 기준으로 제조간접원가를 배부하고 있다.

① 46,600원
② 49,000원
③ 70,000원
④ 75,000원

MEMO

Ⅱ 종합원가계산

01 종합원가계산의 기초

1 종합원가계산의 의의

종합원가계산(process costing)이란 단일 종류의 제품을 연속적으로 대량생산하는 업종에 적합한 원가계산방법이다. 이 방법은 원가를 개별작업별로 집계하는 개별원가계산과는 달리 공정이나 부문별로 원가를 집계한 다음, 집계한 원가를 각 공정이나 부문에서 생산한 총산출물의 수량으로 나누어 산출물의 단위당 원가를 구하는 평균화과정에 기초하고 있다. 평균화과정이란 동일한 과정을 거쳐서 생산된 제품은 동질적이기 때문에 각 제품의 단위당 원가 역시 동일하다고 가정하는 것이다.

종합원가계산을 적용하는 회사는 동종제품을 계속적으로 대량생산하기 때문에 개별작업별로 작업지시서를 발행할 필요가 없고 개별작업이 존재하지 않으므로 개별원가계산보다 더 단순하게 원가계산을 할 수 있어 관리비용도 적게 발생한다. 한편 종합원가계산에서는 연속적으로 계속해서 대량생산이 이루어지므로 생산이 완전히 종료되기 전에는 생산량 파악이 어렵다. 이에 따라 인위적인 기간개념을 도입하여 그 일정기간에 완성된 완성품과 미완성된 기말재공품의 원가계산을 하게 되며, 이는 대개 월별이나 분기별로 이루어지게 된다.

2 종합원가계산의 흐름

개별원가계산에서는 제조원가를 작업이나 제품별로 집계하는데 비하여, 종합원가계산에서는 공정전체에 대한 종합적인 원가를 집계한다. 따라서 개별원가계산에서는 작업지시서별로 원가를 집계하지만, 종합원가계산에서의 원가는 공정전체에서 발생하는 기간적 원가로서 집계된다. 여기서 말하는 공정이란 복수의 공정만을 지칭하는 것이 아니라 단일공정의 경우도 포함한다. 따라서 종합원가계산에서는 공정이 원가중심점이 되며, 원가통제의 중심이 된다.

위와 같이 종합원가계산에서는 각 제조공정별로 제조원가를 집계하고, 일정기간 동안 그 공정에서 생산된 완성품과 미완성된 기말재공품에 제조원가를 배분하여 당기제품제조원가와 기말재공품원가를 계산한다. 이러한 종합원가계산의 흐름을 그림으로 나타내면 다음과 같다.

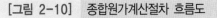

[그림 2-10]   종합원가계산절차 흐름도

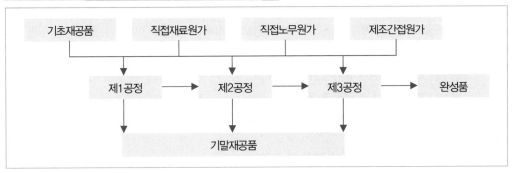

3 종합원가계산의 특징

종합원가계산은 다음과 같은 특징을 가지고 있다.

- 특정기간 동안 특정공정에서 생산된 제품은 원가측면에서 서로가 동일하다고 가정한다. 즉 제품원가를 평균개념에 의해서 산출한다.
- 원가의 집계가 개별작업별로 이루어지는 것이 아니라 공정별로 이루어지기 때문에, 개별작업별로 작업지시서를 작성할 필요는 없다.
- 동일제품을 연속적으로 대량생산하지만 모든 생산공정이 원가계산기간 말에 종료되는 것은 아니므로, 어떤 공정에 있어서든지 기말시점에는 부분적으로 가공이 완료되지 않은 재공품이 존재하게 된다.
- 원가통제와 성과평가가 개별작업별로 이루어지는 것이 아니라 공정별로 이루어진다.

4 종합원가계산의 장·단점

종합원가계산의 장점은 다음과 같다.

- 개별원가계산에 비하여 기장절차가 간단하므로 시간과 비용이 절약된다.
- 원가관리 및 통제가 제품별이 아닌 공정이나 부문별로 수행되므로 원가에 대한 책임중심점이 명확해진다.

종합원가계산은 위와 같은 장점을 지니는 동시에 다음과 같은 단점도 있다.

- 개별작업별로 원가집계가 되지 않고 전공정을 대상으로 원가정보를 요약하기 때문에 기장절차가 단순화되는 반면, 지나친 단순화로 인하여 상세한 정보를 상실할 가능성이 있다.
- 각 공정에서 실제 발생한 원가를 기초로 종합원가계산을 하게 되면 원가계산기간의 종료시점까지 원가를 결정할 수 없으므로 이미 완성된 제품이라 하더라도 원가계산을 할 수 없게 된다.

- 특정공정에서 생산된 제품은 원가측면에서 서로가 동일하다고 가정하고 있지만 항상 이런 가정이 성립하는 것은 아니다. 또한 산출물들이 동질적이라 하더라도 원가계산을 위해서는 기말재공품의 완성도 측정이 요구되나, 이러한 완성도 측정에는 회계담당자의 주관적 판단이 개입되게 된다.
- 다양한 제품을 생산하는 경우에는 필연적으로 원가의 배분이 필요하게 되며, 이 경우 정확한 평균원가의 계산이 더욱 어렵게 된다.

5 종합원가계산과 개별원가계산의 비교

종합원가계산과 개별원가계산은 나름대로의 장단점을 지니고 있기 때문에 특정방법이 더 우수하다고 할 수는 없다. 따라서 원가계산방법은 제품생산의 형태, 원가계산목적 등을 고려하여 결정되어야 한다.

종합원가계산과 개별원가계산을 비교하면 다음과 같다.

[표 2-5] 개별원가계산과 종합원가계산의 비교

	개별원가계산	종합원가계산
적용생산 형태	• 고객의 주문에 따라 제품을 생산하는 주문생산형태에 적용됨.	• 시장생산(예측생산)형태, 즉 표준규격제품을 연속적으로 대량 생산하는 형태에 적용됨.
적용생산 형태의 특징	• 제조과정을 통하여 특정제품이 다른 제품과 구분되어 가공됨. • 동일한 제품이 재생산되는 경우가 없거나 혹은 재생산 여부를 예측하기 어려움.	• 제품이 동일규격이기 때문에 제조과정을 통하여 동일하게 가공됨. • 동일규격의 제품이 반복하여 생산됨.
원가계산 방법	• 제품원가를 주문을 받은 개별작업별로 집계함. • 제품단위당 원가는 개별작업별로 집계된 제품원가를 그 작업의 생산량으로 나누어 계산함. • 개별작업별로 제품원가를 집계한 후 완성된 작업의 제품원가는 제품계정으로 대체하고, 미완성된 작업의 제품원가는 재공품으로 처리됨.	• 제품원가를 제조공정별로 집계함. • 제품단위당 원가는 제조공정별로 집계된 제품원가를 그 공정의 산출량으로 나누어 계산함. • 제조공정별로 집계한 제품원가를 완성품과 기말재공품에 배분한 후 완성품원가는 제품계정으로 대체하고, 기말재공품원가는 재공품으로 처리됨.
원가보고서의 작성	• 각 개별작업별로 작성함.	• 각 제조공정별로 작성함.

02 종합원가계산의 절차

위에서 살펴본 내용을 토대로 종합원가계산에서 기초재공품이 없다고 가정하고, 당기투입된 원가를 완성품원가와 기말재공품원가에 배분하는 방법에 대해서 알아보도록 하자. 종합원가계산방법에서 완성품원가와 기말재공품원가는 일반적으로 다음 다섯 단계를 거쳐 계산된다.

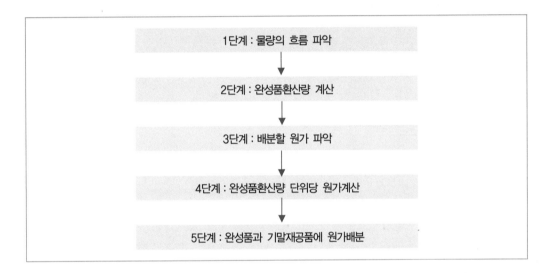

1단계 : 물량의 흐름 파악

2단계 : 완성품환산량 계산

3단계 : 배분할 원가 파악

4단계 : 완성품환산량 단위당 원가계산

5단계 : 완성품과 기말재공품에 원가배분

1 물량의 흐름 파악

기초재공품이 없는 경우 물량의 흐름은 각 제조공정별로 다음과 같은 등식에 의하여 파악한다.

당기투입량 = 완성품수량 + 기말재공품수량

2 완성품환산량 계산

종합원가계산에서는 제조공정별로 집계된 제품원가를 완성품과 기말재공품에 배분하는 기준이 필요하다. 이 기준으로 완성품환산량이라는 배분기준을 사용한다.

완성품환산량(equivalent units)이란 공정에 투입된 원가가 모두 완성품을 생산하는데 사용되면 생산될 완성품수량을 말하며, 물량에 완성도를 곱하여 계산한다.

완성도(degree of completion)란 원가의 투입정도를 나타내는 개념으로써 완성품 1단위를 생산하는데 소요되는 원가의 몇 %가 투입되었는지를 의미한다.

완성품환산량 = 물량 × 완성도

[그림 2-11] 완성품환산량의 예시

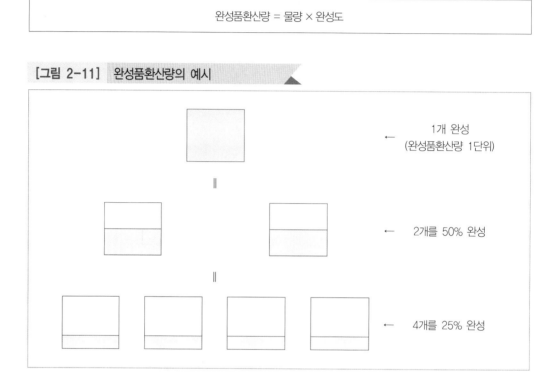

완성품환산량은 원가요소별로 투입시점이 달라서 완성도가 달라지기 때문에 원가요소별로 각각 계산한다. 원가요소별 투입시점은 일반적으로 직접재료원가의 경우 특정시점(보통 공정의 초기 시점)에서 전량 투입되는 경우가 많고, 직접노무원가와 제조간접원가의 경우 공정 전반에 걸쳐 균등하게 투입되는 경우가 일반적이다.

한편, 직접노무원가와 제조간접원가의 경우는 원가의 투입시점이 비슷하므로 개별적인 완성도를 측정하는 것이 큰 의미가 없는 경우가 대부분이다. 따라서 실무에서는 보통 직접노무원가와 제조간접원가를 합한 가공원가에 대해서 완성도를 측정하며, 보통 총소요시간에서 기말 현재까지 경과된 시간을 기준으로 가공원가의 완성도를 측정한다.

만약 직접재료가 공정의 초기에 전량 투입되고 가공원가는 공정이 진행됨에 따라 균등하게 발생하며, 기말재공품의 가공원가완성도가 50%라고 한다면 기말재공품의 완성도는 직접재료원가에 대해서는 100%, 가공원가에 대해서는 50%가 된다.

기초재공품이 없는 경우 완성품의 완성품환산량은 완성품의 수량과 일치하므로, 그 수량 자체가 그대로 완성품환산량이 된다. 그러나 기말재공품은 아직 미완성이므로 기말재공품의 완성품환산량은 기말재공품의 수량과 달라진다.

이 경우 기말재공품의 완성품환산량은 기말재공품 수량에 완성도를 곱하여 계산한다. 즉, 완성품환산량은 원가요소별로 다음과 같이 계산한다.

완성품환산량＝완성품수량＋기말재공품의 완성품환산량
＝완성품수량＋기말재공품수량 × 완성도

예 제

완성품환산량의 계산

(주)아시아는 단일공정에서 단일제품을 대량으로 생산하고 있다. 직접재료는 공정의 초기에 전액 투입하며, 가공원가는 공정 전반에 걸쳐 균등하게 발생한다.

공정에 대한 자료는 다음과 같다.

기초재공품	없음
당기투입량	150,000개
당기투입원가 :	
직접재료원가	₩1,500,000
가공원가	₩1,485,000
당기완성품	120,000개
기말재공품 :	
수량	30,000개
가공원가완성도	50%

• 요구사항 •

직접재료원가와 가공원가 각각에 대해 완성품환산량을 구하시오.

풀 이

기말재공품의 가공원가완성도가 50%이므로 직접재료원가의 완성도는 100%, 가공원가의 완성도는 50%이다. 직접재료원가의 완성도가 100%인 이유는 직접재료가 공정의 초기에 전량 투입되었기 때문이다.

	(1단계)	(2단계) 완성품환산량	
	물량흐름	직접재료원가	가공원가
당기투입량	150,000개		
당기완성품	120,000개	120,000개(100%)	120,000개(100%)
기말재공품	30,000개	30,000개(100%)	15,000개(50%)
합계	150,000개	150,000개	135,000개

3 배분할 원가의 파악

이 단계는 완성품과 기말재공품에 배분할 원가를 파악하는 단계이다.

만약 기초재공품이 없다면 당기투입원가가 배분할 원가가 된다. 배분할 원가를 파악할 때도 원가요소별로 각각 파악하여야 한다.

왜냐하면 앞에서 설명한 바와 같이 직접재료원가와 가공원가의 완성도가 달라서 완성품환산량이 다르기 때문이다.

4 완성품환산량 단위당 원가계산

원가요소별로 배분할 원가(3단계)를 완성품환산량(2단계)으로 나누어 완성품환산량 단위당 원가를 계산한다.

$$
(원가요소별)\ 완성품환산량\ 단위당\ 원가 = \frac{(원가요소별)\ 배분할\ 원가}{(원가요소별)\ 완성품환산량}
$$

5 완성품과 기말재공품에 원가배분

완성품과 기말재공품에 원가를 배분하는 단계로서, 완성품원가와 기말재공품원가는 완성품과 기말재공품의 완성품환산량(2단계)에 완성품환산량 단위당 원가(4단계)를 곱하여 계산한다.

기초재공품이 없는 경우 완성품원가와 기말재공품원가는 다음과 같이 계산한다.

- 완성품원가 = Σ(완성품수량 × 완성품환산량 단위당 원가)
- 기말재공품원가 = Σ(기말재공품의 완성품환산량 × 완성품환산량 단위당 원가)

예제

기초재공품이 없을 경우 완성품원가와 기말재공품원가 계산

앞의 예제 [완성품환산량의 계산]의 자료를 이용하시오.

- 요구사항 •
1. 완성품원가와 기말재공품원가를 구하시오.
2. 공정의 원가흐름에 대해 분개하시오.

풀이

1. 공정의 제조원가보고서

	(1단계)	(2단계) 완성품환산량	
	물량흐름	직접재료원가	가공원가
당기투입량	150,000개		
당기완성품	120,000개	120,000개(100%)	120,000개(100%)
기말재공품	30,000개	30,000개(100%)	15,000개(50%)
	150,000개	150,000개	135,000개

(3단계) 배분할 원가

			합계
당기투입원가	₩1,500,000	₩1,485,000	₩2,985,000

(4단계) 완성품환산량 단위당 원가

완성품환산량	÷150,000개	÷135,000개
완성품환산량 단위당 원가	₩10	₩11

(5단계) 원가배분

완성품원가	120,000개×₩10 +	120,000개×₩11 =	₩2,520,000
기말재공품원가	30,000개×₩10 +	15,000개×₩11 =	465,000
			₩2,985,000

2. 공정의 원가흐름에 관한 분개
　① 직접재료원가의 투입
　　(차) 재공품　　　1,500,000　　　(대) 원재료　　　　　　　1,500,000
　② 가공원가의 투입
　　(차) 재공품　　　1,485,000　　　(대) 노무원가및제조간접원가　1,485,000
　③ 완성품원가의 제품계정 대체
　　(차) 제품　　　　2,520,000　　　(대) 재공품　　　　　　　2,520,000

이에 따라 재공품계정은 다음과 같다.

재공품

기초재공품	0	제품	2,520,000
직접재료원가	1,500,000		
가공원가	1,485,000	기말재공품	465,000
합계	2,985,000	합계	2,985,000

03　종합원가계산의 회계처리

　종합원가계산에서의 회계처리는 개별원가계산의 경우와 비슷하다. 다만, 기업은 제조공정별로 재공품계정을 설정하여 관리하므로, 제조공정이 하나인 경우에는 재공품계정도 하나이나 제조공정이 두 개인 경우에는 재공품계정도 두 개가 된다.
　제조공정이 두 개인 경우에 종합원가계산에서의 회계처리를 나타내면 다음과 같다.

▶ 제①공정에서 원가발생시

　(차) 재공품(①공정)　　　×××　　　(대) 원재료　　　　　　×××
　　　　　　　　　　　　　　　　　　　　노무원가　　　　　　×××
　　　　　　　　　　　　　　　　　　　　제조간접원가　　　　×××

▶ ①공정에서 ②공정으로 대체

　(차) 재공품(②공정)　　　×××　　　(대) 재공품(①공정)　　×××
　　　(전공정대체원가)　　　　　　　　　　(차공정대체원가)

▸ 제②공정에서 원가발생시

(차) 재공품(②공정)	×××	(대) 원재료	×××
		노무원가	×××
		제조간접원가	×××

▸ 제②공정에서 완성품원가의 제품대체

(차) 제품	×××	(대) 재공품(②공정)	×××

▸ 제품의 매출

(차) 매출원가	×××	(대) 제품	×××

04 종합원가계산의 방법

앞에서는 기초재공품이 없는 경우를 살펴보았다. 기초재공품이 없는 경우에는 원가흐름에 대한 가정이 필요 없다. 그러나 기초재공품이 존재하는 경우에는 기초재공품원가와 당기투입원가를 완성품과 기말재공품에 배분하기 위해서 원가흐름에 대한 가정이 필요하다.

원가흐름의 가정에는 평균법, 선입선출법, 후입선출법이 있으나, 후입선출법은 실제 물량흐름과 반대되는 가정이며 실무적으로 거의 사용되지 않으므로, 여기에서는 평균법과 선입선출법에 대해서 설명하도록 한다.

1 평균법

(1) 평균법의 개념

평균법(weighted average method)은 기초재공품원가와 당기투입원가를 구별하지 않고 이를 합한 총원가를 가중평균하여 완성품과 기말재공품에 배분하는 방법이다. 즉, 당기 이전의 기초재공품 작업분도 마치 당기에 작업이 이루어진 것으로 간주하는 방법이다.

[그림 2-12] 평균법의 원가흐름

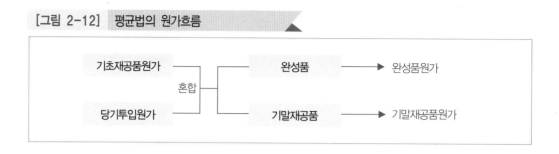

(2) 평균법의 절차

앞에서 설명한 기본적인 종합원가계산의 절차를 기초로 평균법에 의한 원가계산절차를 요약하면 다음과 같다.

▶ 제1단계 : 물량의 흐름 파악

물량의 흐름은 각 제조공정별로 다음과 같은 등식에 의하여 파악한다.

기초재공품수량＋당기투입량＝완성품수량＋기말재공품수량

▶ 제2단계 : 완성품환산량 계산

총완성품환산량(평균법에 의한 완성품환산량을 총완성품환산량이라고 함)을 계산한다. 총완성품환산량은 당기 말까지 공정에 투입된 원가가 모두 완성품을 생산하는데 사용되면 생산될 완성품수량을 말한다. 즉, 당기 말까지의 총작업분에 대한 완성품환산량이다.

총완성품환산량은 물량에 완성도를 곱하여 계산하는데, 여기서 완성도란 당기 말까지 완성품 1단위를 생산하는데 소요되는 원가의 몇 %가 투입되었는지를 의미한다.

완성품의 완성도는 원가의 투입시점과 관계없이 항상 100%이므로, 완성품의 총완성품환산량과 완성품의 수량은 항상 일치한다. 총완성품환산량을 구하는 방법은 다음과 같다.

총완성품환산량＝완성품수량＋기말재공품의 완성품환산량

▶ 제3단계 : 배분할 원가의 파악

평균법에서는 기초재공품원가도 당기에 투입한 것으로 간주하여 기초재공품원가와 당기투입원가를 합한 총원가를 배분할 원가로 본다.

총원가=기초재공품원가+당기투입원가

▸ **제4단계 : 완성품환산량 단위당 원가계산**

총원가(3단계)를 총완성품환산량(2단계)으로 나누어 완성품환산량 단위당 원가(가중평균 단가)를 계산한다.

$$(원가요소별) \ 완성품환산량 \ 단위당 \ 원가 = \frac{(원가요소별) \ 총원가}{(원가요소별) \ 총완성품환산량}$$

▸ **제5단계 : 완성품과 기말재공품에 원가배분**

완성품과 기말재공품에 총원가를 배분하는 것으로서, 완성품원가와 기말재공품원가는 완성품과 기말재공품의 완성품환산량(2단계)에 완성품환산량 단위당 원가(4단계)를 곱하여 계산한다.

- 완성품원가=Σ(완성품수량×완성품환산량 단위당 원가)
- 기말재공품원가=Σ(기말재공품의 완성품환산량×완성품환산량 단위당 원가)

예 제

평균법에 의한 종합원가계산

(주)신라는 종합원가계산제도를 채택하고 있으며, 물량의 흐름 및 원가관련정보는 다음과 같다. 한편, 직접재료는 공정의 초기에 전량 투입되고 가공원가는 공정 전반에 걸쳐 균등하게 발생한다.

기초재공품	2,000개 (완성도 80%)
당기투입량	18,000개
당기완성품	15,000개
기말재공품	5,000개 (완성도 60%)

당기투입원가
재료원가 ₩245,000
가공원가 ₩186,000

기초재공품원가

재료원가   15,000

가공원가   30,000

• 요구사항 •

평균법에 의한 원가계산절차를 표시하시오.

풀 이

	(1단계)	(2단계) 완성품환산량	
	물량흐름	직접재료원가	가공원가
기초재공품	2,000개		
당기투입량	18,000개		
	20,000개		
당기완성품	15,000개	15,000개(100%)	15,000개(100%)
기말재공품	5,000개	5,000개(100%)	3,000개(60%)
	20,000개	20,000개	18,000개

(3단계) 배분할 원가

	직접재료원가	가공원가	합계
기초재공품원가	₩15,000	₩30,000	₩45,000
당기투입원가	245,000	186,000	431,000
총원가	₩260,000	₩216,000	₩476,000

(4단계) 완성품환산량 단위당 원가

	직접재료원가	가공원가
완성품환산량	÷20,000개	÷18,000개
완성품환산량 단위당 원가	₩13	₩12

(5단계) 원가배분

완성품원가	15,000개×₩13 + 15,000개×₩12 =	₩375,000
기말재공품원가	5,000개×₩13 + 3,000개×₩12 =	101,000
		₩476,000

〈회계처리〉

(차) 제품   375,000   (대) 재공품   375,000

2 선입선출법

(1) 선입선출법의 개념

선입선출법(first-in first-out : FIFO)은 기초재공품이 먼저 완성된 것으로 가정하여 기초재공품원가는 모두 완성품원가에 포함시키고 당기투입원가를 완성품과 기말재공품에 배분하는 방법이다. 즉, 당기 이전의 기초재공품 작업분과 당기 작업분을 별도로 구분하는 방법이다.

[그림 2-13]   선입선출법의 원가흐름

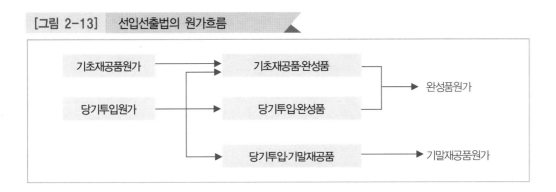

(2) 선입선출법의 절차

앞에서 설명한 기본적인 종합원가계산의 절차를 기초로 선입선출법에 의한 원가계산절차를 요약하면 다음과 같다.

▶ 제1단계 : 물량의 흐름 파악

완성품은 기초재공품과 당기투입분으로, 기말재공품은 모두 당기투입분으로 이루어진 것으로 보고 물량의 흐름을 파악한다.

기초재공품수량+당기투입량 = (기초재공품완성품수량+당기투입완성품수량)+기말재공품수량

▶ 제2단계 : 완성품환산량 계산

당기완성품환산량(선입선출법에 의한 완성품환산량을 당기완성품환산량이라고 함)을 계산한다. 당기완성품환산량은 당기 중에 공정에 투입된 원가가 모두 완성품을 생산하는데 사용되면 생산될 완성품수량을 말한다. 즉 당기 작업분에 대한 완성품환산량이다.

당기완성품환산량은 물량에 완성도를 곱하여 계산하는데, 여기서 완성도란 당기 중에 완성품 1단위를 생산하는데 소요되는 원가의 몇 %가 투입되었는지를 의미한다.

선입선출법은 기초재공품이 먼저 완성된다고 가정하므로 완성품의 당기완성품환산량을 구할 때 기초재공품완성품과 당기투입완성품을 구분하여 계산해야 한다. 기초재공품완성품은 당기 말까지 100% 완성되었으므로 100%에서 전기에 완성된 비율(전기완성도)을 차감한 비율이 당기 중에 완성시킨 비율이 된다. 반면에 당기투입완성품은 당기 중에 100% 완성시킨 것이므로 완성품환산량과 수량이 일치한다.

당기완성품환산량 = 기초재공품수량 × (1－전기완성도)＋당기투입완성품수량＋기말재공품의 완성품환산량
= 완성품수량＋기말재공품의 완성품환산량－기초재공품의 완성품환산량*

*기초재공품의 완성품환산량=기초재공품수량 × 전기완성도

▶ 제3단계 : 배분할 원가의 파악

선입선출법에서는 당기투입원가를 배분할 원가로 본다.

▶ 제4단계 : 원가요소별 완성품환산량 단위당 원가계산

당기투입원가(3단계)를 당기완성품환산량(2단계)으로 나누어 완성품환산량 단위당 원가(당기 단가)를 계산한다.

$$(\text{원가요소별}) \text{ 완성품환산량 단위당 원가} = \frac{(\text{원가요소별}) \text{ 당기투입원가}}{(\text{원가요소별}) \text{ 당기완성품환산량}}$$

▸ 제5단계 : 완성품과 기말재공품에 원가배분

기초재공품원가는 전액 완성품원가에 포함시키고, 당기투입원가를 완성품과 기말재공품에 배분한다. 따라서 완성품원가는 완성품의 완성품환산량(2단계)에 완성품환산량 단위당 원가(4단계)를 곱하여 계산한 당기투입원가의 배분액과 기초재공품원가의 합으로 구성된다. 반면에 기말재공품원가는 기말재공품의 완성품환산량(2단계)에 완성품환산량 단위당 원가(4단계)를 곱하여 계산한 당기투입원가의 배분액으로만 구성된다.

- 완성품원가 = 기초재공품원가+Σ(완성품의 완성품환산량×완성품환산량 단위당 원가)
- 기말재공품원가 = Σ(기말재공품의 완성품환산량×완성품환산량 단위당 원가)

예 제

선입선출법에 의한 종합원가계산

(주)발해는 종합원가계산제도를 채택하고 있으며, 물량의 흐름 및 원가관련정보는 다음과 같다. 한편, 직접재료는 공정의 초기에 전량 투입되고 가공원가는 공정 전반에 걸쳐 균등하게 발생한다.

기초재공품	200개 (완성도 60%)
당기투입량	2,400개
당기완성품	2,000개
기말재공품	600개 (완성도 70%)

당기투입원가	
재료원가	₩480,000
가공원가	₩345,000

기초재공품원가	
재료원가	₩180,000
가공원가	₩70,000

• 요구사항 •

선입선출법에 의한 원가계산절차를 표시하시오.

	(1단계)	(2단계) 완성품환산량	
	물량흐름	직접재료원가	가공원가
기초재공품	200개		
당기투입량	2,400개		
	2,600개		
당기완성품			
┌ 기초재공품	200개	0개(0%)	80개(40%)
└ 당기투입	1,800개	1,800개(100%)	1,800개(100%)
기말재공품	600개	600개(100%)	420개(70%)
	2,600개	2,400개	2,300개

(3단계) 배분할 원가			합계
기초재공품원가			₩250,000
당기투입원가	₩480,000	₩345,000	825,000
총원가			₩1,075,000

(4단계) 완성품환산량 단위당 원가		
완성품환산량	÷2,400개	÷2,300개
완성품환산량 단위당 원가	₩200	₩150

(5단계) 원가배분

완성품원가	₩250,000 +	1,800개×₩200 +	1,880개×₩150 =	₩892,000
기말재공품원가		600개×₩200 +	420개×₩150 =	183,000
				₩1,075,000

〈회계처리〉

(차) 제품	892,000	(대) 재공품	892,000

3 평균법과 선입선출법의 비교

평균법과 선입선출법의 가장 큰 차이점은 원가계산 시 기초재공품원가와 당기투입원가를 구분하느냐의 여부에 있다고 할 수 있다. 이런 차이점으로 인해 완성품환산량, 완성품환산량 단위당 원가, 완성품과 기말재공품으로의 원가배분금액이 달라지게 된다.

첫째, 완성품환산량이 달라진다. 평균법에서는 원가계산 시 기초재공품과 당기투입량을 구분하지 않고 기초재공품도 당기에 투입된 것처럼 간주하기 때문에 기초재공품의 완성도를 고려하지 않는다. 반면에 선입선출법은 기초재공품과 당기투입량을 구분하여 완성품환산량 계산 시 기초재공품의 전기완성도를 차감한다. 평균법과 선입선출법의 완성품환산량을 비교하면 다음과 같다.

총완성품환산량 = 완성품수량+기말재공품의 완성품환산량
당기완성품환산량 = 완성품수량+기말재공품의 완성품환산량−기초재공품의 완성품환산량
= 총완성품환산량−기초재공품의 완성품환산량

둘째, 완성품환산량 단위당 원가를 구하는 과정이 상이하다. 평균법에서는 총원가를 총완성품환산량으로 나누어 완성품환산량 단위당 원가를 구하는 반면에, 선입선출법에서는 당기투입원가를 당기완성품환산량으로 나누어 완성품환산량 단위당 원가를 구한다.

[그림 2-14] 평균법과 선입선출법의 비교

	〈평균법〉		〈선입선출법〉
	기초재공품원가		
+	당기투입원가		당기투입원가
=	총원가		
÷	총완성품환산량	÷	당기완성품환산량
=	완성품환산량 단위당 원가	=	완성품환산량 단위당 원가

셋째, 원가배분하는 과정이 상이하다. 평균법에서는 전기에 투입한 기초재공품원가와 당기투입원가의 합계액을 완성품원가와 기말재공품원가로 배분하는 반면에, 선입선출법에서는 기초재공품원가는 완성품원가에 포함시키고 당기투입원가는 완성품원가와 기말재공품원가로 배분한다.

평균법과 선입선출법의 차이를 정리하면 다음과 같다.

[표 2-6]   평균법과 선입선출법에 의한 종합원가계산의 차이

평균법	선입선출법

• 완성품환산량 산출시 기초재공품은 당기에 투입된 것으로 간주한다.
  총완성품환산량=완성품수량+기말재공품의 완성품환산량
• 배분할 원가는 기초재공품원가와 당기투입원가의 합계액이다.
• 완성품환산량 단위당 원가에는 전기의 원가가 포함되어 있다.
• 완성품원가는 완성품수량에 완성품환산량 단위당 원가를 곱한 금액이다.
	• 완성품환산량 산출시 기초재공품과 당기투입량을 구분한다.
	  당기완성품환산량=완성품수량+기말재공품의 완성품환산량−기초재공품의 완성품환산량
	• 배분할 원가는 당기투입원가이다.
	• 완성품환산량 단위당 원가는 당기투입원가로만 구성된다.
	• 완성품원가는 기초재공품원가와 당기투입원가 중 완성품에 배분된 금액의 합계이다.

평균법은 선입선출법에 비해 계산절차가 간단하지만 당기에 계산된 단위당 원가가 당기에 투입된 제조원가뿐만 아니라, 기초재공품에 포함되어 있던 당기 이전에 발생한 원가에 의해서도 영향을 받기 때문에 전기의 작업능률과 당기의 작업능률이 혼합되어 원가통제상으로 유용한 정보를 제공하지 못할 수 있다.

이러한 관점에서 선입선출법이 평균법에 비해 우수한 방법이라고 할 수 있지만 투입요소의 가격수준이나 생산과정이 안정적인 경우에는 두 방법 간에 큰 차이가 없으므로 실무에서는 평균법을 많이 사용하고 있다.

MEMO

01 다음 중 개별원가계산과 종합원가계산에 관한 설명으로 옳지 않은 것은?

① 소량주문생산의 경우에는 개별원가계산이 합리적이며, 연속대량생산의 경우에는 종합원가계산이 적합하다.
② 종합원가계산은 원가관리 및 통제가 제품별이나 작업별로 수행되므로 직접원가와 간접원가의 구분이 불필요하다.
③ 개별원가계산은 제품별로 손익분석 및 계산이 용이한 반면, 종합원가계산은 관리비용이 적다.
④ 조선업, 기계제작업 등에서는 개별원가계산을, 섬유업, 제분업 등에서는 종합원가계산을 사용한다.

02 다음 중 종합원가계산의 특징 및 장단점에 관한 설명으로 올바른 것을 모두 고르시오.

> ㄱ. 특정기간 동안 특정 공정에서 생산된 제품은 원가측면에서 서로가 동일하다고 가정한다. 즉 제품원가를 평균개념에 의해서 산출한다.
> ㄴ. 원가의 집계가 공정별로 이루어지는 것이 아니기 때문에 개별작업별로 작업지시서를 작성해야 한다.
> ㄷ. 동일제품을 연속적으로 대량생산하지만 일반적으로 어떤 공정에 있어서든지 기말시점에서는 부분적으로 가공이 완료되지 않은 재공품이 존재하게 된다.
> ㄹ. 원가통제와 성과평가가 공정별로 이루어지는 것이 아니라 개별작업별로 이루어진다.
> ㅁ. 기장절차가 간단한 편이므로 시간과 비용이 절약된다.

① ㄱ, ㄴ, ㄷ   ② ㄱ, ㄷ, ㅁ
③ ㄴ, ㄷ, ㄹ   ④ ㄷ, ㄹ, ㅁ

03 다음 중 종합원가계산 절차에 관한 설명으로 가장 올바르지 않은 것은?

① 완성품 환산량은 제조공정별로 집계된 제품원가를 완성품과 기말재공품에 배분하는 기준이 된다.
② 완성품 환산량의 계산 다음 단계에서 물량 흐름의 파악이 이루어진다.
③ 완성품과 기말재공품에 배분할 원가는 원가요소별로 각각 파악되어야 한다.
④ 종합원가계산 절차의 가장 마지막 단계는 완성품과 기말재공품에 원가를 배분하는 것이다.

04 다음 중 종합원가계산에 관한 설명으로 가장 올바르지 않은 것은?

① 특정기간 동안 특정공정에서 가공된 제품은 원가측면에서 서로가 동일하다고 가정한다. 즉 제품원가를 평균개념에 의해서 산출한다.
② 원가의 집계는 공정과 상관없이 개별작업별로 작업지시서를 통해 이루어진다.
③ 종합원가계산의 원가요소별 단위당 원가는 완성품환산량에 기초하여 계산된다.
④ 원가통제 및 성과평가는 개별 작업이 아닌 공정이나 부문별로 수행되는 것이 일반적이다.

05 다음 중 종합원가계산의 평균법과 선입선출법에 관한 설명으로 가장 옳은 것은?

① 선입선출법에 의한 종합원가계산은 기초재공품이 그 기간에 착수되어 생산된 것처럼 취급한다.
② 선입선출법이 적용되는 종합원가계산에서 기초재공품의 원가는 전부 당기의 완성품원가에 포함된다.
③ 기초재공품이 없는 경우 종합원가계산에서의 제조원가는 평균법과 선입선출법이 동일하게 계산된다.
④ 평균법이 적용되는 종합원가계산의 경우 완성품환산량은 당기 작업량을 의미한다.

06 다음 중 종합원가계산에 관한 설명이 가장 올바르지 않게 짝지어진 것은?

① 평균법 – 완성품환산량 산출시 기초재공품은 당기에 투입된 것으로 간주한다.
② 평균법 – 원가 통제의 관점에서 상대적으로 유용한 정보를 제공한다.
③ 선입선출법 – 완성품원가는 기초재공품원가와 당기 투입원가 중 완성품에 배분된 금액의 합계이다.
④ 선입선출법 – 기말재공품은 모두 당기 투입분으로 이루어진 것으로 보고 물량의 흐름을 파악한다.

07 다음 중 종합원가계산의 평균법과 선입선출법 비교에 관한 설명으로 가장 올바르지 않은 것은?

① 평균법의 경우 원가배분 대상액은 기초재공품원가와 당기투입원가의 합계액이지만, 선입선출법의 경우 기초재공품원가는 완성품원가의 일부가 되며, 당기투입원가는 완성품원가와 기말재공품원가에 배분한다.
② 평균법의 경우 완성품원가는 기초재공품원가와 당기투입원가 중 완성품에 배분된 금액의 합계이지만, 선입선출법의 경우 당기완성품수량에 완성품환산량 단위당 원가를 곱한 금액이다.
③ 평균법의 경우 완성품환산량 단위당 원가에는 전기의 원가가 포함되어 있지만, 선입선출법의 경우 당기투입원가로만 구성된다.
④ 평균법의 경우 완성품환산량 산출시 기초재공품은 당기에 착수된 것으로 간주한다. 즉, 평균법은 기초재공품의 완성도를 무시하지만, 선입선출법은 기초재공품과 당기투입량을 구분한다.

08 종합원가계산에서 선입선출법과 평균법에 의한 완성품환산량이 동일하게 산출되는 경우는?

① 기말재공품이 전혀 없는 경우
② 기초재공품이 모두 완성품이 되는 경우
③ 기말제품이 전혀 없는 경우
④ 기초재공품이 전혀 없는 경우

09 다음은 평균법에 의한 기말재공품원가를 계산하는 식을 나타낸 것이다. 괄호 안에 들어갈 내용으로 적절한 것은?

$$
(\text{기초재공품원가} + \text{당기투입원가}) \times \frac{\text{기말재공품의 완성품환산량}}{(\qquad\qquad\qquad)} = \text{기말재공품원가}
$$

① 기초재공품수량 + 당기투입량 − 기말재공품수량
② 완성품수량 + 기말재공품의 완성품환산량
③ 기초재공품의 완성품환산량 + 완성품수량 − 기말재공품의 완성품환산량
④ 완성품수량 + 기말재공품의 완성품환산량 − 기초재공품의 완성품환산량

10 다음은 선입선출법(FIFO)에 의한 기말재공품원가를 계산하는 식을 나타낸 것이다. 괄호 안에 들어갈 내용으로 적절한 것은?

$$당기투입원가 \times \frac{기말재공품의\ 완성품환산량}{(\qquad\qquad)} = 기말재공품원가$$

① 기초재공품수량 + 당기투입량 − 기말재공품수량
② 완성품수량 + 기말재공품의 완성품환산량
③ 기초재공품의 완성품환산량 + 완성품수량 − 기말재공품의 완성품환산량
④ 완성품수량 + 기말재공품의 완성품환산량 − 기초재공품의 완성품환산량

11 (주)삼일은 종합원가계산을 채택하고 있다. 원재료는 공정초기에 전량 투입되며, 가공원가는 공정 전반에 걸쳐 균등하게 발생할 경우 평균법에 의하여 완성품환산량을 구하면 얼마인가?

기초재공품	3,000개 (완성도 60%)
당기투입량	17,000개
당기완성품	15,000개
기말재공품	5,000개 (완성도 70%)

	재료원가	가공원가
①	17,000개	16,700개
②	17,000개	18,500개
③	20,000개	18,500개
④	20,000개	20,000개

12 (주)삼일은 종합원가계산제도를 채택하고 있다. 원재료는 공정초기에 전량 투입되며, 가공원가는 공정 전반에 걸쳐 균등하게 발생할 경우 선입선출법에 의하여 완성품환산량을 구하면 얼마인가?

기초재공품	20,000개 (완성도 30%)
당기착수량	70,000개
당기완성품	80,000개
기말재공품	10,000개 (완성도 80%)

	재료원가	가공원가
①	60,000개	60,000개
②	60,000개	68,000개
③	70,000개	68,000개
④	70,000개	82,000개

NEW

13 (주)삼일은 종합원가계산방법을 사용하고 있다. 재료는 공정초기에 전량 투입되며, 가공원가는 공정전반에 걸쳐 균등하게 발생한다. 다음 설명 중 옳지 않은 것은?

	물량자료	재료원가	가공원가
기초재공품	100개(60 %)	20,000원	9,000원
당기착수	200개	52,000원	34,200원
당기완성량	200개		
기말재공품	100개(40 %)		

① 선입선출법의 완성품 환산량은 재료원가 200개, 가공원가 180개이며 기초재공품의 완성품환산량은 재료원가 100개, 가공원가 60개이다. 선입선출법 완성품환산량에 기초재공품 완성품환산량을 가산하면 평균법 완성품환산량이다.

② 선입선출법의 경우 전기의 완성품환산량 단위당 원가는 재료원가 200원, 가공원가 150원이며, 당기의 완성품환산량 단위당 원가는 재료원가 260원, 가공원가 190원이다.

③ 선입선출법의 완성품에 포함된 재료원가가 평균법보다 작다.

④ 평균법의 완성품에 포함된 가공원가가 선입선출법보다 작다.

14 다음은 (주)삼일의 원가자료이다. 원재료는 공정의 초기에 전량 투입되고 가공원가는 공정 전반에 걸쳐 균등하게 발생한다.

기초재공품수량	600개 (60%)
당기완성품수량	2,000개
당기투입량	1,900개
기말재공품수량	500개 (70%)

(주)삼일의 종합원가계산 방법에 따른 가공원가 완성품환산량이 올바르게 연결된 것은?

① 평균법　　1,750개　　　　　② 평균법　　1,990개
③ 선입선출법　1,990개　　　　　④ 선입선출법　2,350개

NEW

15 다음은 (주)삼일의 원가자료이다. 원재료는 공정초기에 전량 투입되고 가공원가는 공정전반에 균등하게 발생된다. ㈜삼일이 선입선출법을 적용하여 계산한 가공원가의 당기 완성품환산량이 2,020개일 경우. 기초재공품의 완성도(%)를 계산하면 얼마인가?

〈수량〉			
기초재공품수량	400개 (? %)	완성수량	1,700개
당기투입량	2,100개	기말재공품수량	800개 (60%)

① 30 %　　　　　　　　　　② 40 %
③ 50 %　　　　　　　　　　④ 60 %

16 (주)삼일은 단일제품을 대량으로 생산하고 있으며, 평균법에 의한 종합원가계산을 채택하고 있다. 원재료는 공정초기에 전량 투입되고, 가공원가는 공정전반에 걸쳐 균등하게 발생하고 있다. 기초재공품이 4,000단위이고 당기착수량이 22,000단위이다. 기말재공품이 3,000단위이고, 완성도는 40 % 이다. 기초재공품에 포함된 가공원가가 28,000원이고, 당기발생 가공원가가 165,600원이면 기말재공품에 포함된 가공원가는 얼마인가?

① 9,600원 ② 9,680원
③ 10,800원 ④ 14,400원

17 제2공정에서 재료 X는 60% 진행시점에서 투입되며 가공원가는 일정하게 투입된다. 50%가 완료된 재공품의 완성품환산량에는 다음 중 어떤 원가가 포함되는가?

	재료원가	가공원가		재료원가	가공원가
①	불포함	불포함	②	포함	포함
③	포함	불포함	④	불포함	포함

18 (주)삼일은 종합원가계산제도를 채택하고 있다. 원재료는 공정 초기에 전량 투입되며, 가공원가는 공정 전반에 걸쳐 균등하게 발생한다. 평균법과 선입선출법에 따른 가공원가의 완성품환산량은 각각 65,000개와 53,000개이다. 기초재공품의 완성도가 60 % 라면, 기초재공품 수량은 몇 단위인가?

① 12,000개 ② 20,000개
③ 24,000개 ④ 30,000개

19 (주)삼일은 선입선출법을 이용한 종합원가계산제도를 채택하고 있다. 원재료는 공정초기에 전량 투입되고, 가공원가는 공정전반에 걸쳐 균등하게 발생하고 있다. 물량흐름 및 원가관련 정보가 다음과 같을 때, 당기완성품원가는 얼마인가?

	수량	완성도	재료원가	가공원가
기초재공품	3,000개	60 %	8,000원	10,000원
당기투입	30,000개	–	150,000원	320,400원
기말재공품	6,000개	25 %		

① 408,000원
③ 432,000원

② 422,400원
④ 440,400원

NEW

20 (주)삼일은 종합원가계산 방식을 채택하고 있으며, 선입선출법에 의해 완성품환산량을 계산한다. 재료는 공정 초기에 전량 투입되며 가공원가는 공정 전반에 걸쳐 균등하게 발생한다. 다음 자료를 이용하여 재료원가와 가공원가의 원가요소별 완성품환산량 단위당 원가를 계산하면 얼마인가?

수량	기초재공품 400개 (완성도 50 %)	완성품 1,000개
	착수량 800개	기말재공품 200개 (완성도80 %)

원가	재료원가	가공원가
기초재공품원가	200,000원	500,000원
당기 발생원가	2,000,000원	3,000,000원

① 재료원가 1,666.6원 / 가공원가 3,125원
② 재료원가 2,500원 / 가공원가 3,125원
③ 재료원가 2,500원 / 가공원가 3,750원
④ 재료원가 2,750원 / 가공원가 3,645.8원

NEW

21 (주)삼일은 선입선출법에 따라 종합원가계산을 하고 있다. 당월 완성품환산량 단위당 원가는 재료원가 5원, 가공원가 15원이며, 당월 중 생산과 관련된 자료는 다음과 같다. 원재료는 공정초기에 전량 투입되며, 가공원가는 공정 전반에 걸쳐 균등하게 발생할 경우 당월에 실제 발생한 가공원가는 얼마인가?

기초재공품	500단위 (완성도 40 %)
기말재공품	800단위 (완성도 50 %)
당기완성품	4,200단위

① 22,000원 ② 60,000원
③ 66,000원 ④ 80,000원

NEW

22 다음은 (주)삼일의 원가자료이다. 재료는 공정 초기에 전량 투입되며, 가공원가는 공정전반에 걸쳐 균등하게 발생한다. (주)삼일이 선입선출법을 사용할 경우 기말재공품의 완성도(%)는 얼마인가(단, 가공원가의 당기 완성품환산량은 1,720개라고 가정한다)?

〈수량〉			
기초재공품수량	200개 (60 %)	완성수량	1,600개
착수수량	1,800개	기말재공품수량	400개 (? %)

① 40 % ② 60 %
③ 80 % ④ 100 %

23 (주)삼일은 평균법을 이용한 종합원가계산제도를 채택하고 있다. 재료는 공정 초기에 전량 투입되며, 가공원가는 공정 전반에 걸쳐 발생한다. 당기 완성품원가와 기말재공품원가는 각각 얼마인가?

〈수량〉			
기초재공품	50개(완성도 40%)	당기완성품	400개
당기투입량	450개	기말재공품	100개(완성도 20%)

〈원가〉	재료원가	가공원가
기초재공품원가	8,000,000원	6,000,000원
당기발생원가	32,000,000원	24,240,000원

	당기완성품원가	기말재공품원가
①	60,800,000원	9,440,000원
②	56,192,000원	56,192,000원
③	60,800,000원	56,192,000원
④	56,192,000원	9,440,000원

NEW

24 (주)삼일은 종합원가계산을 채택하고 있으며, 선입선출법에 의하여 완성품환산량을 계산한다. 재료는 공정초기에 전량 투입되며 가공원가는 공정 전반에 걸쳐 균등하게 발생한다. (주)삼일의 완성품원가를 계산하면 얼마인가?

수량	기초재공품 400개 (완성도 50 %)	완성품 1,000개
	착수량 800개	기말재공품 200개 (완성도80 %)

구분	재료원가	가공원가
기초재공품원가	200,000원	500,000원
당기 발생원가	2,000,000원	3,000,000원

① 3,375,000원 ② 4,000,000원
③ 4,075,000원 ④ 4,700,000원

25 종합원가계산의 회계처리에서 원가흐름을 2개의 공정을 가정하고 분개하였다. 다음 중 각 상황에 대한 분개의 예시가 가장 올바르지 않은 것은?

① 제 1공정에서 원가 발생 시

(차) 재공품(1공정)	XXX	(대) 재료	XXX
		미지급임금	XXX
		제조간접원가	XXX

② 제 1공정에서 제 2공정으로 대체 시

(차) 재공품(2공정) (전공정대체원가)	XXX	(대) 재공품(1공정) (차공정대체원가)	XXX

③ 제 2공정에서 원가발생 시

(차) 재공품(2공정)	XXX	(대) 재료	XXX
		미지급임금	XXX
		제조간접원가	XXX

④ 제 2공정에서 완성품원가의 대체 시

(차) 배분제조비	XXX	(대) 재공품(2공정)	XXX

26 (주)삼일은 평균법에 의한 종합원가계산을 채택하고 있다. 기초와 기말의 재공품 물량은 동일하나 기초에 비하여 재공품 기말 잔액이 증가하였다. 다음 중 이 현상을 설명할 수 있는 것으로 가장 옳은 것은?

① 전년도에 비해 노무임률이 상승하였다.
② 전년도에 비해 제조간접원가가 감소하였다
③ 기초보다 기말의 재공품 완성도가 감소하였다.
④ 전년도에 비해 판매량이 감소하였다.

27 (주)삼일은 종합원가계산을 채택하고 있다. 기말재공품에 대한 완성도가 실제보다 과대평가 되어 있다면 이 오류가 각 항목에 끼치는 영향으로 가장 올바르지 않은 것은(기초재공품은 없다고 가정한다)?

① 기말재공품 완성품환산량은 실제보다 과대평가 되어 있을 것이다.
② 완성품환산량 단위당 원가는 실제보다 과소평가 되어 있을 것이다.
③ 완성품원가는 실제보다 과소평가되어 있을 것이다.
④ 기말재공품 원가는 실제보다 과소평가 되어 있을 것이다.

28 (주)삼일은 단일의 생산공장에서 단일의 제품을 생산하고 있다. 결산 시 원가계산을 실시함에 있어서 회계직원이 기말재공품에 대한 완성도를 실제 90% 보다 낮은 70%로 평가하여 결산을 하였다. 당기에 생산된 제품은 모두 판매되어 기말에 제품재고액은 없으며, 당해 재공품과 관련되는 상황 이외에 다른 오류는 없다. 이러한 재공품의 환산 오류결과로 표시된 결산재무제표에 대하여 가장 옳은 것은?

① 이익잉여금 과소계상
② 영업이익 과대계상
③ 매출원가 과소계상
④ 재고자산 과대계상

MEMO

물류원가계산

21세기는 고도로 발달된 네트워크시스템에 의하여 시간과 공간을 초월한 디지털경영시대이다. 이는 인터넷 기술의 발달과 더불어 운송수단의 발달을 그 원동력으로 볼 수 있는데 운송수단의 발달은 고객이 원하는 장소에 적시배달을 가능하게 해주는 기업의 물류활동을 증대시켰고, 그 결과 물류원가의 비중도 증대되었다. 여기서 물류원가란 물류활동을 수행하기 위하여 발생하거나 소비한 경제가치로 정의되는데, 제조원가, 판매비와관리비 또는 매입원가 등 계정과목에 관계없이 물류활동을 수행하기 위하여 발생하거나 소비한 경제가치 전부를 대상으로 한다.

과거에는 물류원가의 비중이 크지 않았기 때문에 재무회계방식에 의한 물류원가계산이 주류를 이루었다. 즉, 운반비, 보관비 등 물류관련 항목을 산정하여 제조간접비 혹은 손익계산서상 기간비용으로 처리하였다. 그러나 물류원가의 비중이 커진 오늘날의 상황에서 물류원가를 간접비나 기간비용으로 처리하는 것은 적절하지 않다. 최근 우리나라 국가 전체 물류원가가 GDP에서 차지하는 비중이 12.2%에 달하는 등 물류관련원가가 급상승하고 있어 관리의 필요성이 증대되고 있기 때문이다.

따라서 오늘날 많은 기업은 관리회계방식에 의한 물류원가회계를 도입하고 있는 추세에 있다. 여기서 물류원가란 아직까지 명확히 정의가 규명된 바는 없으나 전통적인 원가회계의 정의에 비추어 볼 때 전통적인 원가정보뿐만 아니라 물류활동과 관련한 원가를 추가적으로 인식, 측정, 제공하는 분야라고 정의할 수 있다. 이러한 물류원가회계는 물류 활동과 관련하여 발생하는 원가를 정확히 인식, 측정하여 특정 제품이나 공정에 정확하게 배분함으로써 기업의 의사결정을 향상시킬 수 있고, 더 나아가 물류원가와 수익성과의 연계에 그 초점을 맞추고 있다.

물류원가계산은 재무회계방식에 의한 물류원가 계산절차보다 비교적 정확한 물류원가계산을 가능하게 하고 물류원가정보를 활용하여 가격설정, 원가절감, 성과평가 등과 같은 경영의사결정을 수행하는데 매우 적합하다고 할 수 있다. 물류원가의 계산절차는 물류원가계산 목표의 명시, 물류원가자료의 식별과 수집, 물류원가 배부기준 선정, 물류원가 배부와 집계, 물류원가계산의 보고 등 총 5단계로 구분하여 나타낼 수 있다.

〈제1단계〉 물류원가계산 목표의 명시	〈제2단계〉 물류원가자료의 식별과 수집	〈제3단계〉 물류원가 배부기준 선정	〈제4단계〉 물류원가 배부와 집계	〈제5단계〉 물류원가계산의 보고
• 물류원가계산 목표 확인 • 물류원가계산 대상 결정 • 물류원가계산 범위 설정	• 물류원가계산 대상별 자료 식별 • 물류원가관련 회계 자료 수집 • 발생형태별 원가 자료 수집	• 물류원가배부기준 결정 -영역별 기준 -기능별 기준	• 물류영역별 집계 • 물류기능별 집계 • 자가, 위탁별 집계 • 물류관리목적별 집계	• 물류원가보고서 작성 • 문제점과 대책 제시 • 물류원가정보의 활용 및 피드백

[출처 : 서강관리회계연구회, 「새로운 한국의 원가관리」, 홍문사(2005)]

원가측정에
따른
원가계산방법

I 정상원가계산

01 정상원가계산의 의의

원가계산제도는 제품원가의 측정방법에 따라 실제원가계산, 정상원가계산, 표준원가계산의 세 가지로 구분된다.

실제원가계산(actual costing system)은 직접재료원가, 직접노무원가, 제조간접원가 등의 모든 제품원가 요소를 실제원가로 측정하는 방법이며, 정상원가계산(normal costing system)은 직접재료원가와 직접노무원가는 실제원가로 측정하지만 제조간접원가는 사전에 정해 놓은 제조간접원가 예정배부율에 의해 배부된 원가로 측정하는 방법이다.

정상원가계산은 실제원가계산의 다음과 같은 두 가지 문제점을 보완하기 위한 원가계산제도이다.

1 실제원가계산의 문제점

(1) 제품원가계산의 지연성

제조간접원가는 직접재료원가나 직접노무원가와 달리 개별제품에 직접 추적할 수 없으므로 일정한 배부기준에 의하여 배부하는 과정이 필요하다. 실제원가계산에 의할 경우 기말이 되어서야 제조간접원가의 실제발생액과 배부기준의 총계가 확정된다. 따라서 제조간접원가의 배부가 기말까지 지연되고 그 결과 제품원가계산이 지연된다.

(2) 제품원가의 변동성

실제원가계산에 의할 경우 1년 단위로 제품원가계산을 하게 되면 제품원가계산이 매우 지연됨으로 어느 정도 규모가 있는 기업은 보통 월별로 제품원가계산을 수행한다. 그런데 매월의 제조간접원가 실제발생액과 배부기준 총계가 달라지는 것이 보통이고 그 결과 제조간접원가 실제배부율도 매월 다르게 계산되므로 동일한 제품이라 하더라도 제조간접원가 배부액이 매월 달라지게 된다.

정상원가계산은 실제원가계산의 이러한 문제점을 보완하기 위하여 제조간접원가 예정배부율에 의한 배부를 함으로써 특정 작업이 종료됨과 동시에 제품원가를 계산할 수 있도록 하고 매월 제품원가가 변동하지 않도록 하는 원가계산제도이다.

2 정상원가계산의 정의

제품원가를 정상원가(normal cost)로 측정하는 원가계산제도로서 평준화원가계산이라고도 한다. 정상원가란 직접재료원가와 직접노무원가는 실제원가로 측정하지만 제조간접원가는 사전에 정해 놓은 제조간접원가 예정배부율에 의해 예정배부된 원가로 측정하는 것을 말한다.

02 정상원가계산의 절차

1 제조간접원가 예정배부율의 결정

정상원가계산을 적용하기 위해서는 우선 제조간접원가 예정배부율을 매 회계연도가 시작되기 전에 다음과 같이 결정하여야 한다.

$$제조간접원가\ 예정배부율 = \frac{제조간접원가\ 예산}{예정조업도}$$

제조간접원가 예정배부율은 연간 제조간접원가 예산을 연간 예정조업도로 나누어 계산하며 1년동안 계속 적용된다. 따라서 제조간접원가 예정배부율은 실제원가계산에서의 월별로 상이한 제조간접원가 실제배부율을 평준화한 것으로 생각할 수 있다.

공장 내에 제조부문이 여러 개가 있을 경우 제조간접원가 배부율은 CH 2에서 살펴본 것처럼 공장전체 제조간접원가 배부율과 부문별 제조간접원가 배부율이 있다. 정상원가계산 하에서 제조간접원가 예정배부율도 이와 마찬가지로 공장전체 제조간접원가 예정배부율과 부문별 제조간접원가 예정배부율이 있다.

제조간접원가 예정배부율

　(주)삼일은 20X1년 초에 영업을 개시하였다. 회사는 직접노무시간을 기준으로 하여 제조간접원가를 예정배부하는 정상원가계산제도를 채택하고 있다. 연초에 연간 제조간접원가 예산은 500,000원, 연간 예정직접노무시간은 10,000시간으로 예상하였다. 이 경우 20X1년의 직접노무시간당 제조간접원가 예정배부율은 얼마인가?

풀 이

$$제조간접원가\ 예정배부율 = \frac{500,000원}{10,000시간} = 50원/시간$$

2 작업별 제조원가 계산

　개별원가계산을 사용하는 기업에서 정상원가계산을 채택하는 경우 직접재료원가와 직접노무원가는 특정 작업에 직접 추적할 수 있으므로 발생한 실제원가를 바로 특정 작업에 부과하지만, 제조간접원가는 특정 작업이 종료됨과 동시에 사전에 정해 놓은 제조간접원가 예정배부율에 따라 특정 작업에 예정배부한다.

　특정 작업에 대한 제조간접원가 예정배부액은 특정 작업의 실제조업도에 제조간접원가 예정배부율을 곱하여 계산한다. 실제조업도에 곱하는 이유는 실제 작업한 만큼 제조간접원가가 배부되어야 하기 때문이다. 따라서 실제원가계산과 정상원가계산의 유일한 차이점은 제조간접원가 배부율을 사후에 계산한 실제배부율을 사용하는지, 아니면 사전에 계산한 예정배부율을 사용하는지 여부이다.

〈정상원가계산 하의 작업별 제조원가 계산〉

직접재료원가	특정 작업에 직접 부과(실제원가)
직접노무원가	특정 작업에 직접 부과(실제원가)
제조간접원가	특정 작업의 실제조업도 × 제조간접원가 예정배부율(예정배부액)

예 제

작업별 제조원가 계산

　(주)삼일은 20X1년 초에 영업을 개시하였다. 회사는 직접노무시간을 기준으로 하여 제조간접원가를 예정배부하고 있다. 연초에 연간 제조간접원가 예산은 480,000원, 연간 예정직접노무시간은 4,800시간으로 예상하였다.

　20X1년 중 작업번호가 #1, #2, #3인 세 가지 작업을 착수하여 작업 #1은 완성 및 판매되었고, #2는 완성되었으며, #3은 기말 현재까지 미완성 상태이다. 각 작업과 관련하여 발생한 1년 동안의 실제자료는 다음과 같다.

	#1	#2	#3
직접재료원가	500,000원	120,000원	180,000원
직접노무원가	400,000원	320,000원	80,000원
직접노무시간	2,000시간	1,600시간	400시간

　한편 20X1년 중 제조간접원가 실제발생액은 500,000원이다.

• 요구사항 •
1. 20X1년의 직접노무시간당 제조간접원가 예정배부율을 구하시오.
2. 제조간접원가를 예정배부하여 20X1년의 작업별 제조원가를 구하시오.

풀 이

1. 제조간접원가 예정배부율 $= \dfrac{480,000원}{4,800시간} = 100원/시간$

2. 작업별 제조원가

	#1	#2	#3
직접재료원가	500,000원	120,000원	180,000원
직접노무원가	400,000원	320,000원	80,000원
제조간접원가*	200,000원	160,000원	40,000원
	1,100,000원	600,000원	300,000원

* 작업별 실제직접노무시간 × 100원

03 | 제조간접원가 배부차이

정상원가계산 하에서 제조간접원가 예정배부율을 사용하여 제조간접원가를 배부할 경우 제조간접원가 실제발생액과 제조간접원가 예정배부액은 차이가 나게 된다. 이와 같은 제조간접원가 실제발생액과 제조간접원가 예정배부액의 차이를 제조간접원가 배부차이라고 한다.

제조간접원가 실제발생액보다 제조간접원가 예정배부액이 적을 경우에는 이를 과소배부 또는 부족배부라고 한다. 반대로 제조간접원가 실제발생액보다 제조간접원가 예정배부액이 많을 경우에는 이를 과대배부 또는 초과배부라고 한다.

제조간접원가 배부차이 = 제조간접원가 실제발생액 − 제조간접원가 예정배부액

구 분	용 어
제조간접원가 실제발생액 〉 제조간접원가 예정배부액	과소배부(부족배부)
제조간접원가 실제발생액 〈 제조간접원가 예정배부액	과대배부(초과배부)

[그림 3-1] 제조간접원가 배부차이

예 제

제조간접원가 배부차이

작업별 제조원가 계산의 예제를 참조하시오.

• 요구사항 •
20X1년의 제조간접원가 배부차이를 구하시오.

풀 이

제조간접원가 배부차이 = 500,000원−4,000시간* × 100원 = 100,000원 과소배부

* 실제직접노무시간 = 2,000시간 + 1,600시간 + 400시간 = 4,000시간

04 제조간접원가 배부차이의 조정

외부부고용 재무제표는 실제원가 또는 실제원가의 근사치로 작성되어야 한다. 따라서 기말에 정상원가를 실제원가 또는 실제원가의 근사치로 바꾸는 과정이 필요하다. 그런데 정상원가와 실제원가의 차이는 제조간접원가 배부차이이므로 결국 제조간접원가 배부차이를 조정하는 절차를 수행해야 한다.

제조간접원가 배부차이를 조정하는 방법은 비배분법(매출원가조정법, 기타손익법)과 비례배분법(총원가 비례배분법, 원가요소별 비례배분법)이 있다.

[그림 3-2] 제조간접원가 배부차이의 조정방법

1 비배분법

(1) 매출원가조정법

매출원가조정법이란 모든 제조간접원가 배부차이를 매출원가에 가감하는 방법으로서, 과소배부액은 매출원가에 가산하고 과대배부액은 매출원가에서 차감한다. 이 방법에 의할 경우 제조간접원가 배부차이는 모두 매출원가에서 조정되므로 재공품과 제품계정은 모두 정상원가로 기록된다.

(2) 기타손익법

기타손익법이란 모든 제조간접원가 배부차이를 기타손익으로 처리하는 방법이다. 즉, 과소배부액은 기타비용항목으로, 과대배부액은 기타수익항목으로 처리한다.

2 비례배분법

비례배분법이란 제조간접원가 배부차이를 매출원가, 제품 및 재공품에 배분하는 방법이다. 비례배분법을 사용하게 되면 매출원가조정법에 비하여 실제원가계산의 금액에 근접할 수 있다.

비례배분법은 배분기준에 따라 총원가 비례배분법과 원가요소별 비례배분법으로 나눌 수 있다.

(1) 총원가 비례배분법(total cost method)

총원가 비례배분법은 매출원가, 제품 및 재공품계정의 총원가(기말잔액)를 기준으로 제조간접원가 배부차이를 배분하는 방법이다. 본서에서는 자세한 설명을 생략하도록 한다.

(2) 원가요소별 비례배분법(cost element method)

원가요소별 비례배분법은 매출원가, 제품 및 재공품계정의 제조간접원가 예정배부액을 기준으로 제조간접원가 배부차이를 배분하는 방법이다. 본서에서는 자세한 설명을 생략하도록 한다.

01 다음 중 정상원가계산에 관한 설명으로 가장 올바르지 않은 것은?

① 정상원가와 실제원가의 차이는 제조간접원가 배부차이와 같다.

② 제조간접원가 실제 발생액이 예정 배부액보다 적을 경우 이를 과소배부라고 한다.

③ 매출원가조정법은 모든 배부차이를 매출원가에 가감하는 방법으로서 비배분법에 해당한다.

④ 비례배분법을 사용할 경우 매출원가조정법에 비하여 실제원가계산의 금액에 근접할 수 있다.

02 다음 중 정상원가계산에 관한 설명으로 옳지 않은 것은?

① 제조간접원가의 배부가 기말까지 지연되어 제품원가계산이 지연되는 표준원가계산의 문제점을 보완하기 위한 원가계산제도이다.

② 제품원가를 정상원가로 측정하는 원가계산제도로서 평준화원가계산이라고도 한다.

③ 직접재료원가와 직접노무원가는 실제원가로 측정하지만 제조간접원가는 사전에 정해 놓은 제조간접원가 예정배부율에 의해 예정배부된 원가로 측정한다.

④ 제조간접원가 예정배부율에 의한 배부를 함으로써 특정 작업이 종료됨과 동시에 제품원가를 계산할 수 있도록 하고 매월 제품원가가 변동하지 않도록 하는 원가계산제도이다.

03 (주)삼일은 직접노무시간을 기준으로 제조간접원가를 예정배부하고 있다. 20X1년도의 제조간접원가 예산은 3,600,000원이고, 예정직접노무시간은 18,000시간이었다. 또한 제조간접원가 실제발생액은 4,500,000원이고, 실제직접노무시간은 25,000시간이었다. 20X1년도의 제조간접원가 예정배부액은 얼마인가?

① 3,600,000원   ② 4,500,000원

③ 5,000,000원   ④ 6,000,000원

04 (주)삼일은 직접노동시간을 기준으로 제조간접원가를 예정배부하고 있으며 연간 제조간접원가는 2,000,000원으로, 연간 직접노동시간은 40,000시간으로 예상하고 있다. 20X1년 12월 중 작업지시서 #369와 #248을 시작하여 #369만 완성되었다면 12월말 재공품원가는 얼마인가?(단, 월초에 재공품은 없다고 가정한다)

	#369(완성)	#248(미완성)	계
직접재료원가	150,000원	90,000원	240,000원
직접노무원가	60,000원	30,000원	90,000원
실제직접노동시간	2,400시간	1,600시간	4,000시간

① 190,000원   ② 195,000원

③ 198,000원   ④ 200,000원

05 정상원가계산을 채택하고 있는 (주)삼일의 20X1년 원가자료가 아래와 같을 경우 제조간접비 배부차이로 가장 옳은 것은?

제조간접비 예산	255,000원
기준조업도(직접노동시간)	100,000시간
제조간접비 실제발생액	270,000원
실제직접노동시간	105,000시간

① 2,250원 과소배부

② 2,250원 과대배부

③ 2,550원 과소배부

④ 2,550원 과대배부

06 (주)삼일은 직접노동시간을 기준으로 제조간접원가를 예정배부하고 있으며 연간 제조간접원가는 2,000,000원, 연간 직접노동시간은 5,000 시간으로 예상하고 있으나 실제로는 4,000시간 발생하였다. 실제 제조간접원가가 2,000,000원이 발생한 경우 #A의 예정배부와 실제배부의 제조간접원가차이는 얼마인가?

	#A	#B	계
예상직접노동시간	3,000시간	2,000시간	5,000시간
실제직접노동시간	2,000시간	2,000시간	4,000시간

① 100,000원

② 200,000원

③ 300,000원

④ 400,000원

MEMO

Ⅱ 표준원가계산의 기초

01 표준원가계산의 의의

표준원가계산(standard costing system)은 제품원가를 미리 정해 놓은 표준원가(standard cost)로 측정하는 원가계산제도이다. 표준원가란 정상적이고 효율적인 영업상태에서 특정제품을 생산하는데 발생할 것으로 예상되는 원가이다.

표준원가계산은 실제원가계산의 문제점(제품원가계산의 지연성과 제품원가의 변동성)을 보완할 뿐만 아니라 실제원가와 표준원가를 비교하여 그 차이를 분석함으로써 원가통제에 도움을 주는 정보를 제공해 준다.

원가계산방법은 제품원가의 측정방법에 따라 실제원가계산, 정상원가계산, 표준원가계산의 세 가지로 나눌 수 있다. 이 방법들을 비교하면 아래 [표 3-1]과 같다.

[표 3-1] 제품원가의 측정방법에 따른 원가계산방법 비교

원가요소	실제원가계산	정상원가계산	표준원가계산
직접재료원가	실제원가	실제원가	표준원가
직접노무원가	실제원가	실제원가	표준원가
제조간접원가	실제원가(배부)	예정배부액	표준원가(배부)

02 표준원가계산의 목적

표준원가계산제도의 주요한 목적은 체계적인 원가관리에 있으며, 이외에도 일반적인 표준원가 또는 표준원가계산제도의 목적을 다음과 같이 정리할 수 있다.

1 원가관리와 통제

원가관리란 달성하고자 하는 목표로서의 합리적인 원가표준을 설정하고 원가의 실제발생액을 집계하여 이를 표준과 비교하여 차이를 산출하고, 구체적인 원인별로 차이를 분석하여 원가관리를 수행하는 담당자에게 적절한 정보를 제공하여 줌으로써 원가능률의 향상을 도모하는 것이다.

일반적으로 표준은 원가발생의 기대치를 표현하는 것이기 때문에 경영자는 표준원가와 실제원가의 차이 중 중요한 부분에 대해서만 관심을 가지고 개선책을 강구하는 예외에 의한 관리(management by exception)를 할 수 있게 된다. 또한 표준원가와 실제원가의 차이를 원가통제의 책임과 관련시켜 효과적인 원가통제를 수행할 수 있다.

이러한 차이분석의 결과는 경영자에게 보고되며, 그것은 차기의 표준이나 예산설정에 피드백되어 유용한 정보를 제공해 준다.

2 예산편성

기업이 예산을 편성하기 위해서는 매출액예산과 더불어 제조원가예산이 필수적이다. 일반적으로 이러한 제조원가예산수립을 위해서 통계적이고 과학적인 조사에 근거하지 않고 직관적인 예측에 의한 원가를 이용하는 경우가 많다. 그러나 예산관리를 효율적으로 수행하기 위해서는 합리적이고 신뢰성이 높은 표준원가를 이용하는 것이 바람직하다.

또한 사전에 설정된 표준원가를 적용함으로써 예산편성을 위한 원가자료를 수집하는데 소요되는 시간을 절약할 수 있다.

3 재무제표 작성

표준원가계산제도를 통해 재무제표상의 재고자산가액과 매출원가를 산출할 때 근거가 되는 원가정보를 제공할 수 있다. 실제원가는 작업상의 비효율과 우발적인 상황에 의해서 영향을 받지만, 표준원가는 과학적이고 통계적인 수치를 이용하기 때문에 보다 진실한 원가정보를 제공할 수 있다는 장점이 있다.

4 회계업무의 간소화 및 원가보고의 신속성

표준원가를 기준으로 제품원가계산을 하게 되면 원가흐름의 가정없이 재고자산의 수량만 파악되면 원가계산을 할 수 있으므로, 적시에 유용한 정보를 얻을 수 있고 기장업무가 간소해진다. 예를 들면, 실제개별원가계산에서는 제품완성시점과 각 작업지시서별 작업내역 및 단가기입완료시점 간에 차이가 있을 수 있다.

즉, 제품이 완성되어도 이러한 자료들의 입력이 끝나기 전까지는 제품별 원가계산을 할 수 없다. 그러나 표준원가계산에서는 미리 각 작업지시서별로 표준재료원가, 표준노무원가, 표준간접원가 등이 기입되기 때문에 출고량과 사용량만 파악하면 제품완성과 동시에 원가를 계산할 수 있다.

03 표준원가계산의 한계

표준원가계산제도를 도입할 때 관리회계의 측면에서 여러 가지 이점이 있지만, 다른 원가계산방법과 마찬가지로 다음과 같은 한계점을 가지고 있다.

첫째, 표준원가는 사전에 과학적이고 통계적인 방법으로 적정원가를 산정하는 것이 필수적이나 이러한 적정원가의 산정에 객관성이 보장되기 힘들고 많은 비용이 소요된다.

둘째, 표준원가는 한번 설정된 영구불변의 원가가 아니라 기업 내적인 요소나 기업 외부환경의 변화에 따라 수시로 수정을 필요로 하는 원가이다. 만약, 이러한 표준원가의 적정성을 사후 관리하지 않을 경우 미래원가계산을 왜곡할 소지가 있다.

셋째, 표준원가계산제도를 채택할 경우 비계량적인 정보를 무시할 가능성이 있다. 예를 들어 표준원가달성을 지나치게 강조할 경우 제품의 품질을 희생시킬 수 있고, 납품업체에 표준원가를 기초로 지나친 원가절감을 요구할 경우 관계가 악화될 수도 있다.

넷째, 표준원가계산에서 예외에 의한 관리기법을 사용할 때에는 어느 정도의 예외사항을 중요한 예외사항으로 판단하여 관리할 것인가를 결정해야 하나, 이러한 예외사항에 대해서 객관적인 기준이 없을 경우 대개 양적인 정보만으로 판단하기 때문에 질적인 예외사항을 무시하기 쉽다. 또한, 중요한 예외사항에 대해서만 관심을 집중하게 되면 허용범위 내에서 발생하는 실제원가의 증감추세와 같은 중요한 정보를 간과할 수 있다.

다섯째, 예외에 의한 관리는 근로자에게 동기부여 측면에서 문제가 발생할 수 있다. 만일 성과평가가 중요한 예외사항에 의해서만 결정된다면 근로자는 자신에게 불리한 예외사항을 숨기려고 할 것이고, 원가가 크게 절감된 예외사항에 대해서 보상을 받지 못한다면 이에 대한 불만이 누적되고 동기부여가 되지 않을 수 있기 때문이다.

04 표준원가의 종류

표준원가의 종류는 표준원가를 설정할 때에 가격, 능률, 조업도와 경영자의 목표에 관한 다양한 수준에서 어떠한 수치를 택하는가에 따라 이상적 표준, 정상적 표준, 현실적 표준으로 나눌 수 있다.

1 이상적 표준

이상적 표준(ideal standards)이란 기존의 설비와 제조공정에서 정상적인 기계고장, 정상감손 및 근로자의 휴식시간 등을 고려하지 않고 최선의 조건하에서만 달성할 수 있는 이상적인 목표하의 최저목표원가이다. 이러한 이상적 표준은 이를 달성하는 경우가 거의 없기 때문에 항상 불리한 차이가 발생되며, 이에 따라 종업원의 동기부여에 역효과를 초래한다. 또한 실제원가와의 차이가 크게 발생하므로 재고자산평가나 매출원가산정에 적합하지 않다. 그러나 이상적 표준이 전혀 의미가 없는 것은 아니고, 현실적 표준을 설정하기 위한 출발점으로서의 의미를 갖는다.

2 정상적 표준

정상적 표준(normal standards)이란 정상적인 조업수준이나 능률수준에 대하여 설정된 표준원가로서, 여기서 정상이란 경영활동에서 이상 또는 우발적인 상황을 제거한 것을 의미한다. 정상적 표준은 경영에 있어 비교적 장기간에 이르는 과거의 실적치를 통계적으로 평균화하고, 여기에 미래의 예상추세를 감안하여 결정된다. 따라서 경제상태가 비교적 안정된 경우에는 재고자산가액 산정과 매출원가계산에 가장 적합하며 원가관리를 위한 성과평가의 척도가 될 수 있다.

3 현실적 표준

현실적 표준(practical standards)이란 경영의 실제활동에서 열심히 노력하면 달성될 것으로 기대되는 표준원가이다. 이는 정상적인 기계고장과 근로자의 휴식시간을 허용하며, 작업에 참여하는 평균적인 근로자들이 합리적이면서 매우 효율적으로 노력을 하면 달성될 수 있는 표준이다. 이러한 현실적 표준과 실제원가와의 차이는 정상에서 벗어난 비효율로서, 차이발생에 대해 경영자의 주의를 환기시키는 신호가 된다는 점에서 경영자에게 매우 유용하다.

현실적 표준은 설정내용에 따라서 원가관리에 더욱 적합할 수 있고 예산관리에도 유용하게 이용될 수 있다. 현재 표준원가계산제도에서의 표준원가라 하면 일반적으로 현실적 표준원가를 의미한다.

05 표준원가의 설정

표준원가를 설정하기 위해서는 과거의 경험을 충분히 검토하여 다양한 자료를 수집해야 하고 경제환경의 변화, 수요공급의 특징, 기술의 진보, 역사적 자료, 유사기업의 표준, 시장예측 등을 함께 고려하여 표준을 설정해야 한다.

표준원가를 설정할 때에는 통상 현실적으로 달성 가능한 표준원가를 많이 사용한다. 이것은 현재의 경영조건에서 매우 효율적으로 경영이 수행될 때 달성할 수 있는 표준원가이다.

제품단위당 표준원가인 원가표준(cost standard)은 기본적으로 수량표준과 가격표준으로 이루어진다.

원가표준 = 수량표준 × 가격표준

따라서 실제산출량이 파악되면 실제산출량에 허용된 수량표준과 가격표준을 이용하여 제품의 표준원가를 산출하게 되며, 이를 실제발생한 원가와 비교하여 원가차이분석이 이루어지게 된다.

1 표준직접재료원가

제품단위당 표준직접재료원가는 표준직접재료수량과 재료단위당 표준가격을 통하여 결정된다.

단위당 표준직접재료원가 = 제품단위당 표준직접재료수량 × 재료단위당 표준가격

(1) 제품단위당 표준직접재료수량

제품단위당 표준직접재료수량은 제품 한 단위를 생산하기 위하여 필요한 직접재료의 표준수량을 의미하는 것으로서 작업폐물, 공손*, 감손**, 증발 등을 고려하여 과학적이고 통계적인 방법을 사용하여 설정한다. 표준원가의 설정대상이 되는 단위는 생산공정과 제품의 특성에 따라 달라지며, 일반적으로 제품 1단위가 사용된다. 그리고 동질적인 여러 종류의 재료가 대체적으로 사용되는 경우 제품단위당 재료의 표준배합비율을 결정하고, 각각의 재료에 대한 표준직접재료수량을 산출한다.

 * 공손: 품질 및 규격이 표준에 미달하는 불합격품
** 감손: 제품의 제조과정에서 증발 또는 유실 등으로 인하여 원재료가 감소되거나 제품화되지 않는 부분

(2) 재료단위당 표준가격

재료단위당 표준가격은 재료 1단위의 표준구입가격을 뜻하는 것으로서 수량표준을 설정할 때에는 생산공정과 작업을 분석해야 하는 어려움이 있으나, 가격표준은 외부시장이 존재하므로 시장가격을 기준으로 미래의 가격동향, 경제적 주문량 및 거래방법 등을 고려하여 결정한다.

2 표준직접노무원가

제품단위당 표준직접노무원가는 제품단위당 표준작업시간과 시간당 표준임률을 통하여 결정된다.

> 단위당 표준직접노무원가 = 제품단위당 표준작업시간 × 시간당 표준임률

(1) 제품단위당 표준작업시간

제품단위당 표준작업시간은 제품 한 단위를 생산하기 위하여 필요한 작업시간의 표준을 의미하는 것으로서 불가피한 대기시간, 근로자의 피로, 생리적 욕구 등을 고려하여 설정한다. 일반적으로 작업시간투입량과 산출물 사이의 관계는 상당히 안정적이므로 표준작업시간은 동작연구, 시간연구와 같은 산업공학적 방법으로 구할 수 있다. 그러나 작업시간과 산출물 사이의 관계를 측정하기 어려울 때에는 과거의 경험을 바탕으로 표준을 설정하는 방법을 사용하기도 한다. 또한 이러한 표준작업시간을 성과평가에 이용하기 위해서는 경영자와 근로자 쌍방이 수긍할 수 있는 범위 내에서 표준이 설정되어야 한다.

(2) 시간당 표준임률

시간당 표준임률을 설정할 때에는 기본급뿐만 아니라 상여, 수당, 복리후생비 등 인건비 성격을 지니는 다른 원가도 고려해야 한다. 임률은 작업숙련도나 근속연수, 부서에 따라 다르기 때문에 표준설정작업이 어려워 현실적으로는 동일부서 내의 근로자에 대해서 단일표준임률을 사용하는 경우가 많다.

3 표준제조간접원가

제조간접원가는 그 구성항목들이 매우 다양하며, 구성항목들의 원가행태도 상이하다는 특징을 지니고 있다. 그러므로 정확한 표준을 설정하기 위해서는 제조간접원가를 변동원가와 고정원가로 분류하는 것이 필수적이다. 변동제조간접원가는 조업도의 변동에 따라 원가총액이 비례적으로 변동하는 제조간접원가를 의미하며, 고정제조간접원가는 조업도의 변동과 관계없이 원가총액이 고정되어 있는 제조간접원가를 의미한다.

여기에서 말하는 조업도란 원가발생을 야기하는 원가동인으로서, 조업도를 선정할 때는 다음과 같은 점에 주의해야 한다.

첫째, 기준조업도와 제조간접원가의 발생 간에 인과관계가 존재해야 한다.
둘째, 기준조업도는 될 수 있으면 금액보다는 물량기준으로 설정해야 한다. 왜냐하면 금액을 기준조업도로 사용할 경우에는 물가변동의 영향을 받기 때문이다.
셋째, 기준조업도는 단순하고 이해하기 쉬워야 한다.

(1) 표준변동제조간접원가

제품단위당 표준변동제조간접원가는 제품단위당 표준조업도와 조업도단위당 표준배부율을 통하여 결정된다.

$$\text{단위당 표준변동제조간접원가} = \text{단위당 표준조업도} \times \text{표준배부율}$$

$$\text{표준배부율} = \frac{\text{변동제조간접원가예산}}{\text{기준조업도}}$$

단위당 표준조업도는 제품 한 단위를 생산하기 위해 허용된 표준조업도이고, 표준배부율은 사전에 설정된 변동제조간접원가예산을 기준조업도로 나누어 계산한다.

(2) 표준고정제조간접원가

제품단위당 표준고정제조간접원가는 제품단위당 표준조업도와 조업도단위당 예정배부율을 통하여 결정된다.

단위당 표준고정제조간접원가 = 단위당 표준조업도 × 예정배부율

$$\text{예정배부율} = \frac{\text{고정제조간접원가예산}}{\text{기준조업도}}$$

단위당 표준조업도는 제품 한 단위를 생산하기 위해 허용된 표준조업도이고, 예정배부율은 제품에 고정제조간접원가를 배부하기 위해 미리 결정된 고정제조간접원가 예정배부율이다.

4 표준원가표

제품단위당 표준원가는 제품단위당 표준직접재료원가, 표준직접노무원가, 표준제조간접원가를 합산하여 산정한 것으로서, 이때 제품단위당 각각의 표준원가를 항목별로 표시하여 계산하는 표를 표준원가계산표라 하며, 이를 예시하면 다음과 같다.

[표 3-1] 표준원가계산표

제품명 : ABC(1개)			
	표준수량(시간)	표준가격(임률)	표준원가
직접재료원가	3파운드	₩20/파운드	₩60
직접노무원가	4시간	₩5/시간	20
변동제조간접원가	4시간	₩4/시간	16
고정제조간접원가	4시간	₩3/시간	12
단위당 표준원가			₩108

NEW

01 다음 중 표준원가계산의 목적에 관한 설명으로 가장 올바르지 않은 것은?

① 신속한 원가 보고   ② 회계업무의 간소화
③ 적시성 있는 원가정보 제공   ④ 제품별 발생원가의 정확한 계산

NEW

02 다음 중 표준원가와 표준원가계산제도에 관한 설명으로 옳지 않은 것은?

① 표준원가계산제도는 원가절감을 위한 원가통제를 포함한다.
② 표준원가는 한번 설정된 영구불변의 원가가 아니라 기업 내적인 요소나 기업 외부환경의 변화에 따라 수시로 수정을 필요로 하는 원가이다.
③ 표준지표로 이상적 표준을 사용하게 되면 종업원들에게 강한 동기를 부여하는 효과가 있다.
④ 표준원가를 사용함으로써 예산편성을 위한 원가자료를 수집하는 데 소요되는 시간을 절약할 수 있다.

03 다음 중 표준원가와 표준원가계산에 관한 설명으로 가장 올바르지 않은 것은?

① 표준원가는 사전에 과학적이고 통계적인 방법으로 적정원가를 산정하는 것이 필수적이나, 표준원가의 산정에 객관성이 보장되기 힘들고 많은 비용이 소요되는 단점이 있을 수 있다.
② 표준원가는 기업 내적인 요소나 기업 외부환경의 변화에 따라 수시로 수정을 필요로 하는 원가이기 때문에, 사후 관리하지 않을 경우 향후 원가계산을 왜곡할 소지가 있다.
③ 표준원가의 달성을 위하여 납품업체에 표준원가를 기초로 지나친 원가절감을 요구할 경우 관계가 악화될 수 있으므로 신중을 기해야 한다.
④ 경영자는 금액의 중요성과 상관없이 표준원가와 실제원가의 모든 차이에 대해 반드시 관심을 가지고 개선책을 강구해야 한다.

04 다음 중 표준원가계산제도에 대한 설명으로 가장 올바르지 않은 것은?

① 비계량적인 정보를 활용하여 의사결정에 사용할 수 있다.
② 표준원가계산제도란 제품을 생산하는데 발생할 것으로 예상되는 원가를 사전에 결정하여 원가계산을 하는 제도이다.
③ 예외에 의한 관리로 효과적인 원가통제가 가능하다.
④ 사전에 설정된 표준원가를 적용하여 원가자료 수집에 소요되는 시간을 절약할 수 있다.

05 다음 중 표준원가계산의 한계점에 관한 설명으로 가장 올바르지 않은 것은?

① 표준원가가 적정하게 산정되었는지의 여부에 객관성이 보장되기 힘들고 많은 비용이 소요된다.
② 표준원가의 적정성을 사후 관리하지 않을 경우 미래원가계산을 왜곡할 소지가 있다.
③ 표준원가계산제도를 채택할 경우 계량적인 정보를 무시할 가능성이 있다.
④ 예외사항에 대해 객관적인 기준이 없을 경우 양적인 정보만으로 판단하기 때문에 질적인 예외사항을 무시하기 쉽다.

06 표준원가의 종류는 이상적표준, 정상적표준 및 현실적표준으로 구분할 수 있다. 다음 중 이상적표준을 기준으로 표준원가를 설정할 경우 나타날 수 있는 영향으로 가장 옳은 것은?

① 종업원의 동기부여 측면에서 가장 효과적이다.
② 이상적표준을 달성하는 경우가 거의 없기 때문에 불리한 차이가 발생할 가능성이 크다.
③ 실제원가와의 차이가 크지 않으므로 재고자산가액과 매출원가가 항상 적절하게 계상된다.
④ 근로자들의 임금상승 효과를 가져온다.

07 다음 중 표준원가의 종류에 관한 설명으로 가장 올바르지 않은 것은?

① 표준의 내용을 어떻게 설정하는가에 따라 원가관리에 더 적합할 수 있고 예산관리에 유용하게 이용될 수 있는 것은 이상적 표준이다.

② 차이분석 시 일반적으로 불리한 원가차이를 발생시켜 종업원의 동기부여에 역효과를 가져올 수 있는 것은 이상적 표준이다.

③ 기업 경영과 관련된 비교적 장기간의 과거 실적치를 통계적으로 평균화하고 미래 예상추세를 감안하여 결정되는 것은 정상적 표준이다.

④ 표준원가계산제도에서 표준원가는 일반적으로 현실적 표준원가를 의미하며 실제원가와 현실적 표준의 차이는 정상에서 벗어난 비효율을 의미한다.

MEMO

Ⅲ 표준원가계산과 원가차이분석

01 차이분석의 기초

차이분석이란 표준원가와 실제원가를 비교하여 그 차이를 분석하는 것으로서, 일종의 투입−산출 분석이다. 여기서 투입은 실제로 투입된 원가이며, 산출은 실제산출량의 생산에 허용된 표준원가이다. 즉, 특정기간 동안에 발생한 실제원가와 실제생산량에 허용된 표준원가를 비교하여 차이를 구하며, 이렇게 계산된 차이를 총차이라고 한다.

> 총차이 = 실제원가 − 실제산출량에 허용된 표준원가

1 유리한 차이와 불리한 차이

유리 또는 불리한 차이라는 용어는 예산이익과 실제이익의 차이가 영업이익에 미치는 영향을 말한다. 즉, 유리한 차이(favorable variance, F)란 영업이익을 증가시키는 차이이고, 불리한 차이(unfavorable variance, U)란 영업이익을 감소시키는 차이이다.

> 실제원가 < 표준원가 : 유리한 차이(F)
> 실제원가 > 표준원가 : 불리한 차이(U)

2 가격차이와 능률차이

- 가격차이 : 실제가격에 실제투입량을 곱한 금액과 표준가격에 실제투입량을 곱한 금액의 차이이다. 즉, 가격차이는 실제원가와 실제투입량에 대한 표준원가와의 차이이다.
- 능률차이 : 표준가격에 실제투입량을 곱한 금액과 표준가격에 표준투입량을 곱한 금액의 차이이다. 즉, 능률차이는 실제투입량에 대한 표준원가와 표준투입량에 대한 표준원가와의 차이이다. 여기서 표준투입량이란 실제산출량의 생산에 허용된 투입량을 말한다.

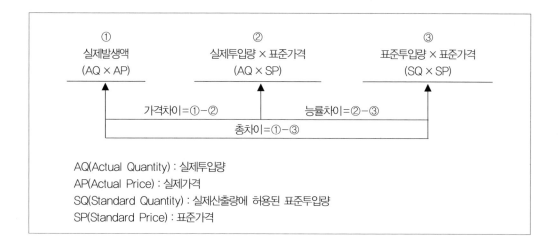

AQ(Actual Quantity) : 실제투입량
AP(Actual Price) : 실제가격
SQ(Standard Quantity) : 실제산출량에 허용된 표준투입량
SP(Standard Price) : 표준가격

위와 같이 가격차이와 능률차이를 분리하는 이유는 다음과 같다.

첫째, 일반적으로 원가의 구입에 대한 통제와 사용에 대한 통제는 각기 다른 시점에서 이루어져야
　　　한다. 즉, 구입가격에 대한 통제는 구입시점에서 이루어져야 하고 사용에 대한 통제는 사
　　　용시점에서 이루어져야 한다. 이것은 정보의 적시성과 관련되는 문제로 원가에 대한 통제
　　　및 관리는 차이가 발생하는 시점에 이루어져야 가장 효율적이기 때문이다.

둘째, 구입가격에 대한 책임을 지는 부서와 사용량에 대한 책임을 지는 부서가 서로 다르기 때문
　　　이다. 즉, 관리자는 자신이 통제 가능한 범위 내에서만 책임을 져야하기 때문에 차이의 책
　　　임소재에 따라 분리하는 것이 필요하다.

1 직접재료원가차이

직접재료원가차이는 실제직접재료원가와 실제산출량에 허용된 표준직접재료원가와의 차이를 말하며, 이것은 직접재료원가 가격차이와 직접재료원가 능률차이로 나누어진다.

(1) 직접재료원가 가격차이

표준원가계산제도에서의 직접재료원가 가격차이는 직접재료를 구입하는 시점에서 분리하는 방법과 사용하는 시점에서 분리하는 두 가지 방법이 있다.

1) 구입시점에서 분리하는 경우

가격차이를 구입시점에서 분리하는 경우에는 구입수량에 대하여 직접재료원가 가격차이를 계산한다.

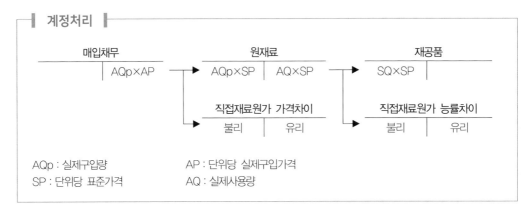

2) 사용시점에 분리하는 경우

가격차이를 사용시점에서 분리하는 경우에는 생산에 실제 투입된 재료수량에 대하여 직접재료원 가 가격차이를 계산한다. 이렇게 가격차이를 사용시점에 분리하게 되면 재료를 구입하는 시점에는 직접재료를 실제가격으로 기록하게 되므로 직접재료계정이 표준원가가 아닌 실제원가로 관리된다 는 단점이 있다. 또한 직접재료원가의 가격차이가 구입시점이 아닌 사용시점에서 파악되므로, 이에 대한 관리가 적시에 이루어질 수 없다는 단점이 있다.

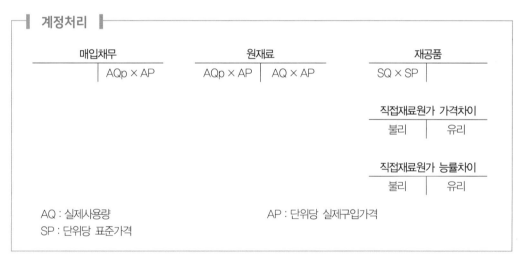

3) 두 방법의 비교

직접재료원가 가격차이는 사용시점까지 기다리지 말고 구입시점에서 분리하는 것이 바람직하다. 왜냐하면 가격차이를 구입시점에서 분리하면 구매담당자가 이를 즉시 인식하여 수정조치를 취할 수 있고, 구입시점에서 재료원가 가격차이를 파악하면 원재료계정을 표준원가로 기입하는 것이 가능하 게 되므로 생산투입시점에서의 재료원가계산과정이 매우 단순화되기 때문이다.

(2) 직접재료원가 능률차이

직접재료원가 능률차이는 가격차이의 분리시점과 상관없이 직접재료의 사용시점에 실제 사용된 재료수량을 기초로 계산한다.

(3) 차이의 발생원인

1) 직접재료원가 가격차이

직접재료원가 가격차이가 발생하는 원인은 다음과 같다.
첫째, 가격차이는 원재료 시장의 수요와 공급 상황에 따라 발생할 수 있다.
둘째, 원재료 구매담당자의 업무능력에 따라 유리하거나 불리한 가격차이가 발생할 수 있다.
셋째, 표준을 설정할 때 고려한 품질수준과 상이한 품질의 원재료를 구입함에 따라 가격차이가 발생할 수 있다.
넷째, 표준을 설정할 때와 다른 경기 변동에 따라 가격차이가 발생할 수 있다.

2) 직접재료원가 능률차이

직접재료원가 능률차이가 발생하는 원인은 다음과 같다.
첫째, 생산과정에서 원재료를 효율적으로 사용하지 못함으로써 능률차이가 발생할 수 있다.
둘째, 표준을 설정할 때와 다른 품질의 원재료를 사용함으로써 능률차이가 발생할 수 있다.
셋째, 점진적인 기술혁신에 의하여 능률차이가 발생할 수 있다.

일반적으로 직접재료원가 가격차이는 원재료 구매담당자가, 능률차이는 생산부문 담당자가 책임을 지지만 가격차이와 능률차이 사이에는 상호작용이 존재한다는 사실에 주의해야 한다.

예 제

직접재료원가차이

(주)아태는 표준원가계산제도를 채택하고 있으며, 당기의 예산생산량은 1,300개이나 실제생산량은 1,200개이다. 당기 중 직접재료 3,000ℓ를 ₩60,000에 외상으로 구입하여 2,500ℓ를 사용하였다. 직접재료의 기초재고는 없으며, 제품 단위당 표준직접재료원가는 아래와 같다.

직접재료원가 : 2ℓ ×₩18=₩36

• 요구사항 •
1. 직접재료원가 가격차이를 재료의 사용시점에 분리한다고 가정하시오.
 (1) 직접재료원가 가격차이와 능률차이를 계산하시오.
 (2) 직접재료의 구입시점과 사용시점의 분개를 하시오.
 (3) 직접재료의 장부상 기말잔액은 얼마인가?
2. 직접재료원가 가격차이를 구입시점에 분리한다고 가정하시오.
 (1) 직접재료원가 가격차이와 능률차이를 계산하시오.
 (2) 직접재료의 구입시점과 사용시점의 분개를 하시오.
 (3) 직접재료의 장부상 기말잔액(표준원가)은 얼마인가?

풀 이

1. 직접재료원가 가격차이를 사용시점에 분리하는 경우
 (1) 가격차이와 능률차이

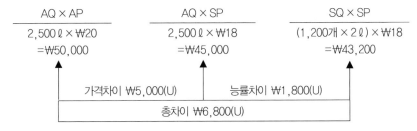

AQ × AP	AQ × SP	SQ × SP
2,500ℓ × ₩20	2,500ℓ × ₩18	(1,200개 × 2ℓ) × ₩18
=₩50,000	=₩45,000	=₩43,200

가격차이 ₩5,000(U)　　능률차이 ₩1,800(U)

총차이 ₩6,800(U)

 (2) 직접재료원가와 관련된 분개
  ① 구입시점
   (차) 원재료(AQp × AP)　　60,000　　(대) 매입채무(AQp × AP)　60,000
  ② 사용시점
   (차) 재공품(SQ × SP)　　43,200　　(대) 원재료(AQ × AP)　50,000
   　　가격차이　　　　　　 5,000
   　　능률차이　　　　　　 1,800
 (3) 직접재료의 장부상 기말잔액 : ₩60,000−₩50,000=₩10,000

2. 직접재료원가 가격차이를 구입시점에 분리하는 경우
   (1) 가격차이와 능률차이

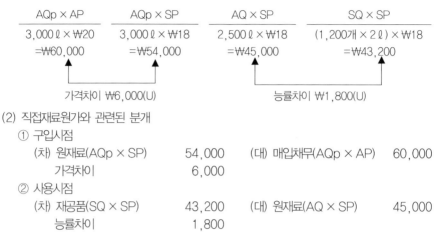

AQp × AP	AQp × SP	AQ × SP	SQ × SP
3,000ℓ × ₩20	3,000ℓ × ₩18	2,500ℓ × ₩18	(1,200개 × 2ℓ) × ₩18
=₩60,000	=₩54,000	=₩45,000	=₩43,200

가격차이 ₩6,000(U)   능률차이 ₩1,800(U)

   (2) 직접재료원가와 관련된 분개
     ① 구입시점
        (차) 원재료(AQp × SP)   54,000   (대) 매입채무(AQp × AP)   60,000
           가격차이   6,000
     ② 사용시점
        (차) 재공품(SQ × SP)   43,200   (대) 원재료(AQ × SP)   45,000
           능률차이   1,800
   (3) 직접재료의 장부상 기말잔액 : ₩54,000 − ₩45,000 = ₩9,000

2 직접노무원가차이

직접노무원가차이는 실제직접노무원가와 실제산출량에 허용된 표준직접노무원가와의 차이를 말하며, 이것은 직접노무원가 가격차이와 직접노무원가 능률차이로 나누어진다.

직접노무원가 가격차이는 직접노동시간이 실제시간으로 고정된 상태에서 임률변화가 원가에 미치는 영향을 나타내며, 직접노무원가 능률차이는 임률이 표준임률로 고정된 상태에서 실제투입시간과 허용된 표준시간의 차이가 원가에 미치는 영향을 나타낸다.

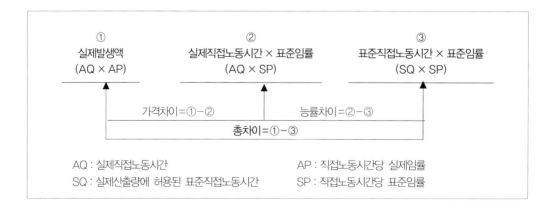

① 실제발생액 (AQ × AP)	② 실제직접노동시간 × 표준임률 (AQ × SP)	③ 표준직접노동시간 × 표준임률 (SQ × SP)

가격차이 = ① − ②   능률차이 = ② − ③
총차이 = ① − ③

AQ : 실제직접노동시간   AP : 직접노동시간당 실제임률
SQ : 실제산출량에 허용된 표준직접노동시간   SP : 직접노동시간당 표준임률

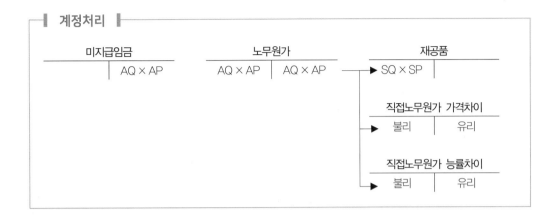

직접노무원가 가격차이가 발생하는 원인은 다음과 같다.

첫째, 가격차이는 생산에 투입되는 노동력의 질에 따라 발생할 수 있다. 예를 들어, 저임률의 미숙련 노동자가 투입되어도 될 작업에 고임률의 숙련노동자를 투입할 경우 가격차이가 발생하게 된다.

둘째, 생산부문에서 작업량의 증가에 따라 초과근무수당을 지급할 경우 가격차이가 발생할 수 있다.

셋째, 노사협상 등에 의하여 임금이 상승하여 가격차이가 발생할 수 있다.

한편, 직접노무원가 능률차이가 발생하는 원인은 다음과 같다.

첫째, 노동의 비능률적인 사용으로 인하여 능률차이가 발생할 수 있다. 예를 들어, 기술수준이 높은 근로자에 비해 기술수준이 낮은 근로자는 작업수행에 보다 많은 시간을 필요로 할 것이므로 능률차이가 발생하게 된다.

둘째, 생산에 투입되는 원재료의 품질정도에 따라 투입되는 노동시간이 영향을 받으므로, 이에 의해서도 능률차이가 발생할 수 있다.

셋째, 생산부문 책임자의 감독소홀이나 일정계획 등의 차질로 인하여 능률차이가 발생할 수 있다.

일반적으로 직접노무원가 가격차이는 인사부문의 담당자가, 능률차이는 생산부문 담당자가 책임을 지지만 직접재료원가차이 분석의 경우와 마찬가지로 직접노무원가차이를 분석할 때도 가격차이와 능률차이 사이의 상호작용에 주의해야 한다. 예를 들어, 노동의 비효율적인 사용에 의하여 직접노무원가 가격차이가 발생하였다면 생산부문 담당자도 자신의 통제영역에 해당되는 차이에 대하여 책임을 져야 한다는 것이다. 반대로 인사부문에서 작업수준이 낮은 노동력을 생산부문에 공급함으로써 직접노무원가 능률차이를 발생시켰다면, 당해 차이에 대하여 인사부문 담당자가 책임을 져야 할 것이다.

직접노무원가차이

　(주)을지는 당기에 제품 2,000개를 생산하였다. (주)을지의 한 개 제품 생산에는 3시간의 직접노동시간이 소요되며 시간당 표준임률은 ₩20이다.

　그러나 실제로 제품 2,000개를 생산하는데 5,800시간이 소요되었으며, 실제 발생한 직접노무원가는 ₩100,000이다.

　• 요구사항 •
1. 직접노무원가 가격차이와 능률차이를 계산하시오.
2. 직접노무원가 대체와 관련된 분개를 하시오.

풀 이

1. 가격차이와 능률차이

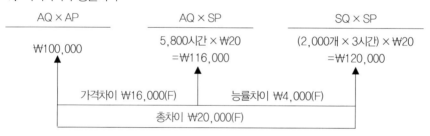

AQ × AP	AQ × SP	SQ × SP
₩100,000	5,800시간 × ₩20 =₩116,000	(2,000개 × 3시간) × ₩20 =₩120,000

가격차이 ₩16,000(F)　　능률차이 ₩4,000(F)

총차이 ₩20,000(F)

2. 직접노무원가 대체 분개
（차）재공품(SQ × SP)　　　120,000　　　（대）노무원가(AQ × AP)　　100,000
　　　　　　　　　　　　　　　　　　　　　　　가격차이　　　　　　16,000
　　　　　　　　　　　　　　　　　　　　　　　능률차이　　　　　　 4,000

3 변동제조간접원가차이

변동제조간접원가차이는 실제변동제조간접원가와 실제산출량에 허용된 표준변동제조간접원가의 차이로 계산한다. 이러한 변동제조간접원가 총차이는 변동제조간접원가 소비차이와 변동제조간접원가 능률차이로 나누어진다.

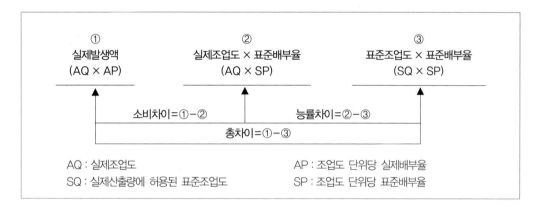

계정처리

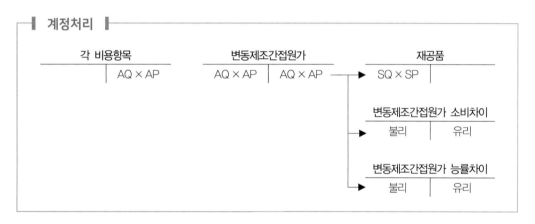

(1) 소비차이

소비차이란 변동제조간접원가 실제발생액과 실제조업도에 근거한 표준변동제조간접원가의 차이를 의미한다.

(2) 능률차이

능률차이란 실제조업도에 근거한 표준변동제조간접원가와 표준조업도에 근거한 표준변동제조간접원가의 차이를 의미한다. 표준조업도란 실제산출량에 허용된 표준조업도를 말한다. 능률차이는 실제조업도와 표준조업도를 비교하여 변동제조간접원가의 배부기준인 조업도가 얼마나 능률적으로 사용되었는지를 나타낸다.

(3) 차이의 발생원인

1) 소비차이

변동제조간접원가 소비차이가 발생하는 원인은 다음과 같다.

첫째, 변동제조간접원가를 구성하는 각 항목들의 가격차이 및 능률차이가 소비차이를 발생시킬 수 있다. 왜냐하면 변동제조간접원가 배부와 직접 관련되는 배부기준(조업도)의 통제와는 상관없이 변동제조간접원가를 구성하는 각 항목의 통제수준에 의해서도 변동제조간접원가가 영향을 받기 때문이다.

둘째, 변동제조간접원가 표준배부율을 잘못 설정하여 소비차이가 발생할 수 있다.

2) 능률차이

변동제조간접원가 능률차이가 발생하는 원인은 다음과 같다.

첫째, 만약 직접노동시간을 조업도로 사용한다면, 노동의 비능률적인 사용으로 인하여 직접노무원가는 물론 변동제조간접원가에서도 불리한 능률차이가 발생할 수 있다.

둘째, 만약 직접노동시간을 조업도로 사용한다면, 생산에 투입되는 원재료의 품질정도에 따라 투입되는 노동시간이 영향을 받으므로 이에 의해서도 변동제조간접원가 능률차이가 발생할 수 있다.

셋째, 생산부문 책임자의 감독소홀이나 일정계획 등의 차질로 인하여 변동제조간접원가 능률차이가 발생할 수 있다.

4 고정제조간접원가차이

고정제조간접원가차이는 고정제조간접원가 실제발생액과 배부액과의 차이이다. 이 경우에 고정제조간접원가 배부액은 실제산출량에 허용된 표준조업도에 고정제조간접원가 예정배부율을 곱한 금액이다.

$$고정제조간접원가\ 예정배부율\ =\ \frac{고정제조간접원가예산총액}{기준조업도}$$

이때 분모로 사용하는 기준조업도로는 여러 가지가 있을 수 있으며, 실무에서는 주로 직접노무원가, 직접노동시간, 기계작업시간 등을 사용하고 있다.

(1) 예산차이

예산차이란 고정제조간접원가 실제발생액과 예산과의 차이로서 다른 원가차이와는 달리 가격차이와 능률차이로 분리할 수 없다. 왜냐하면 고정제조간접원가는 조업도와 관계없이 일정하게 발생하므로 투입-산출관계가 존재하지 않기 때문에 능률적 관리에 의해 원가를 감소시킨다는 것이 불가능하기 때문이다. 따라서 원가통제목적상 실제발생액과 예산을 총액으로 비교하여 그 차이 전액을 예산차이로 관리한다.

(2) 조업도차이

제품원가계산목적으로 단위당 고정제조간접원가 예정배부율을 사용하는 경우에는 실제산출량이 달라지더라도 단위당 고정제조간접원가 예정배부율은 항상 일정하게 된다. 따라서 단위당 고정제조간접원가 예정배부율에 실제산출량에 허용된 표준조업도를 곱하여 계산하는 고정제조간접원가 배부액은 실제산출량에 따라 비례적으로 변화하게 된다.

[그림 3-3] 고정제조간접원가의 배부

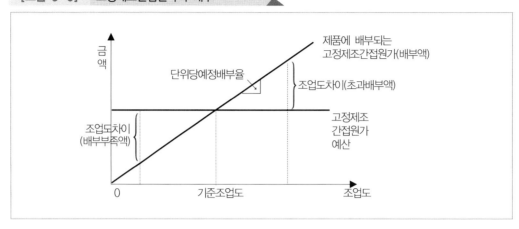

위의 그림에서처럼 만일 기준조업도가 실제산출량에 허용된 표준조업도와 일치하지 않으면, 고정제조간접원가예산과 고정제조간접원가배부액이 서로 달라지게 된다. 그러므로 표준원가계산제도에서 제품원가계산목적으로 고정제조간접원가를 예정배부할 경우에는 고정제조간접원가의 예산과 배부액 사이에 차이가 발생하게 되며, 이러한 차이를 조업도차이라 한다.

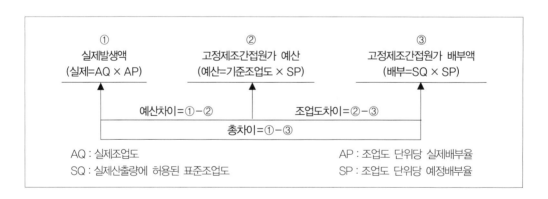

│ 계정처리 │

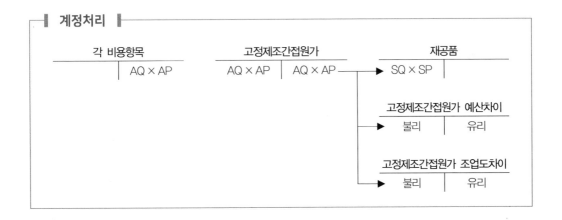

(3) 차이의 발생원인

고정제조간접원가는 직접원가나 변동제조간접원가와는 달리 투입과 산출사이에 비례관계가 나타나지 않으며, 조업도와 관계없이 일정하게 발생한다. 결국 이와 같은 특성을 가진 고정제조간접원가는 생산과정에서의 능률적인 관리를 통하여 그 발생액을 변화시킬 수 없으므로 고정제조간접원가 능률차이는 발생하지 않는다. 따라서 고정제조간접원가차이는 원가통제 목적상 실제 고정제조간접원가 발생액과 고정제조간접원가 예산을 비교하여 그 차이를 예산차이로 관리하게 된다. 또한, 고정제조간접원가 예정배부율에 의한 고정제조간접원가 배부액과 예산의 차이는 실제생산량에 허용된 표준조업도와 기준조업도의 차이로 인하여 발생하는 것으로 이를 조업도차이로 관리한다.

│ 예제 │

제조간접원가 차이

다음은 (주)양지의 당기 중 실제로 발생한 제조간접원가와 관련된 자료이다.

변동제조간접원가 실제발생액	₩19,000
고정제조간접원가 실제발생액	27,000
제품 생산량	300단위
직접노동시간	1,200시간

(주)양지가 설정한 예산에 의하면 직접노동시간은 1,500시간, 변동제조간접원가는 ₩30,000, 고정제조간접원가는 ₩37,500이다. 제품 한 단위 생산에 소요되는 표준직접노동시간은 3.5시간이며, 당월의 제조간접원가 배부액은 ₩47,500이다.

• 요구사항 •
1. 변동제조간접원가 표준배부율과 고정제조간접원가 예정배부율을 구하시오.
2. 제조간접원가 배부액 ₩47,250의 계산근거를 밝히시오.
3. 변동제조간접원가 소비차이와 능률차이를 계산하시오.
4. 변동제조간접원가 대체와 관련된 분개를 하시오.
5. 고정제조간접원가 예산차이와 조업도차이를 계산하시오.
6. 고정제조간접원가 대체와 관련된 분개를 하시오.

> **풀 이**

1. 변동제조간접원가 표준배부율 : ₩30,000÷1,500시간=₩20/시간
   고정제조간접원가 예정배부율 : ₩37,500÷1,500시간=₩25/시간
2. 제조간접원가 배부액 : 300단위 × 3.5시간 × (₩20+₩25)=₩47,250
3. 변동제조간접원가 소비차이와 능률차이

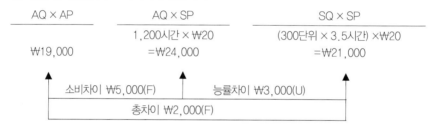

AQ × AP	AQ × SP	SQ × SP
	1,200시간 × ₩20	(300단위 × 3.5시간) ×₩20
₩19,000	=₩24,000	=₩21,000

소비차이 ₩5,000(F) 능률차이 ₩3,000(U)
총차이 ₩2,000(F)

4. 변동제조간접원가와 대체 분개

| (차) 재공품(SQ × SP) | 21,000 | (대) 변동제조간접원가 | 19,000 |
| 능률차이 | 3,000 | 소비차이 | 5,000 |

5. 고정제조간접원가 예산차이와 조업도차이

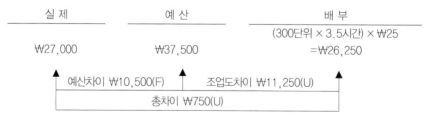

실 제	예 산	배 부
		(300단위 × 3.5시간) × ₩25
₩27,000	₩37,500	=₩26,250

예산차이 ₩10,500(F) 조업도차이 ₩11,250(U)
총차이 ₩750(U)

6. 고정제조간접원가와 대체 분개

| (차) 재공품(SQ × SP) | 26,250 | (대) 고정제조간접원가 | 27,000 |
| 조업도차이 | 11,250 | 예산차이 | 10,500 |

03 간접원가차이의 분석방법

1 4분법

총제조간접원가를 변동제조간접원가와 고정제조간접원가로 나누어서 차이를 계산하는 방법을 4분법이라고 한다. 4분법을 사용하기 위해서는 변동제조간접원가와 고정제조간접원가의 실제발생액을 명확히 구분할 수 있어야 한다. 그러나 실무적으로 준변동원가 같은 항목은 구분이 어렵기 때문에 아래에서 설명되는 간편법을 사용하기도 한다.

[그림 3-4]   4분법

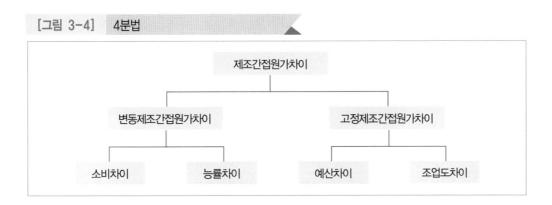

[변동제조간접원가차이]

[고정제조간접원가차이]

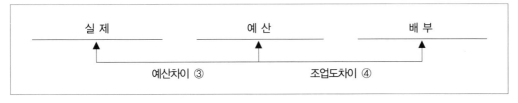

2 3분법

3분법에서는 제조간접원가를 임의로 변동원가부분과 고정원가부분으로 구분하지 않고 제조간접원가 발생총액을 그대로 이용한다. 3분법과 4분법의 유일한 차이는 변동제조간접원가 소비차이와 고정제조간접원가 예산차이를 하나로 묶어서 제조간접원가 소비차이로 인식한다는 점이다.

[그림 3-5] **3분법**

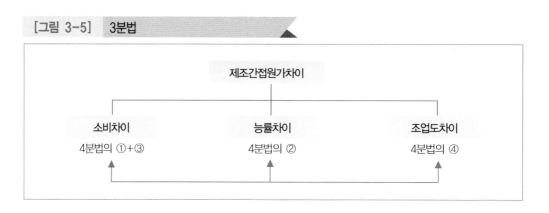

3 2분법

2분법은 실제제조간접원가를 변동원가부분과 고정원가부분으로 분리하지 않고, 제조간접원가차이를 제조간접원가 예산차이와 제조간접원가 조업도차이의 두 가지로 구분하는 방법이다.

[그림 3-6] **2분법**

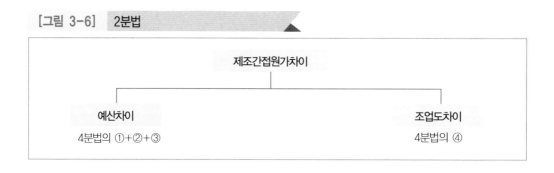

4 1분법

1분법은 제조간접원가차이를 여러 가지로 분리하지 않고, 실제제조간접원가에서 제조간접원가 배부액을 차감한 배부차이만을 인식하는 방법이다.

제조간접원가 과대배부액 : 제조간접원가 실제발생액 < 제조간접원가 배부액
제조간접원가 과소배부액 : 제조간접원가 실제발생액 > 제조간접원가 배부액

3분법, 2분법, 1분법의 차이분석을 하는 방법은 다음과 같다.

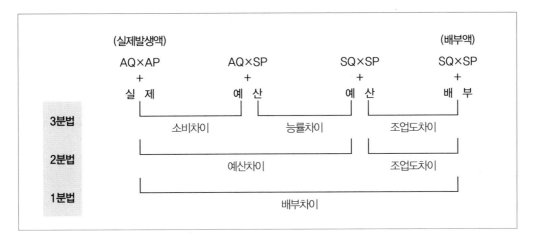

제조간접원가의 차이분석

　(주)태극은 표준원가계산제도를 채택하고 있으며 원가관리를 위해 연간 ₩500,000에 기계시간당 3을 더한 제조간접원가예산을 설정하였다.

　기준조업도는 250,000기계시간, 실제제조간접원가는 ₩1,200,000이며, 실제생산량에 허용된 표준기계시간은 200,000시간이고, 실제기계시간은 180,000시간이었다.

* 요구사항 *

1. 기계시간당 고정제조간접원가 예정배부율은 얼마인가?
2. 제조간접원가 차이분석을 3분법, 2분법 및 1분법을 사용하여 분석하시오.
3. 제조간접원가 차이분석을 4분법으로 할 수 없는 이유는 무엇인가?

풀 이

1. 고정제조간접원가배부율 $= \dfrac{₩500,000}{250,000시간} = ₩2/시간$

2. 제조간접원가 차이분석

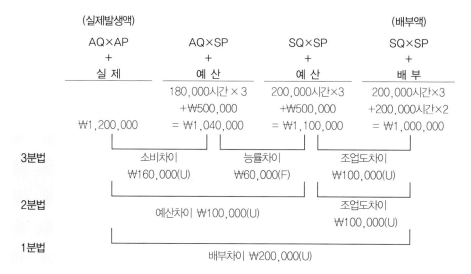

3. 실제제조간접원가 발생액이 변동제조간접원가와 고정제조간접원가로 구분되지 않았기 때문이다.

04 원가차이의 배분

기중에 내부관리목적으로 표준원가계산을 사용했더라도 외부공표용 재무제표를 작성하기 위해서는 실제원가로 전환해야 한다.

이를 회계처리하는 방법은 다음과 같이 비배분법과 비례배분법으로 분류할 수 있다.

[그림 3-7] 원가차이의 조정방법

1 비배분법

(1) 매출원가조정법

매출원가조정법이란 모든 원가차이를 매출원가에 가감하는 방법으로서, 불리한 원가차이는 매출원가에 가산하고 유리한 원가차이는 매출원가에서 차감한다. 이 방법에 의할 경우 원가차이는 모두 매출원가에서 조정되므로 재공품과 제품계정은 모두 표준원가로 기록된다.

(2) 기타손익법

기타손익법이란 모든 원가차이를 기타손익으로 처리하는 방법이다. 즉, 불리한 차이는 기타비용항목으로, 유리한 차이는 기타수익항목으로 처리한다.

이 방법의 이론적 근거는 표준원가계산에서 표준은 정상적인 공손이나 비능률을 감안하여 설정한 것이기 때문에 이를 벗어난 차이에 대해서는 원가성이 없다고 보아 별도의 항목인 기타손익항목으로 표시해야 한다는 것이다.

2 비례배분법

비례배분법이란 실제원가와 표준원가의 차이를 매출원가와 재고자산의 금액에 비례하여 배분하는 방법이다. 비례배분법을 사용하게 되면 매출원가조정법에 비하여 실제원가계산제도의 금액에 근접할 수 있다.

비례배분법은 배분기준에 따라 총원가 비례배분법과 원가요소별 비례배분법으로 나눌 수 있다.

(1) 총원가 비례배분법(total cost method)

총원가 비례배분법은 재고자산계정과 매출원가계정의 총원가(기말잔액)를 기준으로 원가차이를 배분하는 방법이다. 본서에서는 자세한 설명을 생략하도록 한다.

(2) 원가요소별 비례배분법(cost element method)

원가요소별 비례배분법은 재고자산계정과 매출원가계정의 원가요소(직접재료원가, 직접노무원가, 제조간접원가)를 기준으로 각 해당되는 원가요소의 원가차이를 배분하는 방법이다. 본서에서는 자세한 설명을 생략하도록 한다.

05 원가차이의 개선방안

표준원가를 적용해서 원가차이가 발생하면 기업은 원가차이를 줄이려는 노력을 하게 된다. 원가차이를 줄이는 개선방안은 단순히 개별적인 원가차이를 감소시키는 것이 아니라 기업 전체의 관점에서 총원가를 감소시키도록 노력해야 한다. 왜냐하면 원가차이는 개별적으로 발생하는 것이 아니라 상호 관련성이 있기 때문에 개별적인 원가차이를 감소시킨다고 해서 그것이 기업 전체의 총원가를 감소시키는 것이 아니기 때문이다. 따라서 상호 연관된 원가차이를 최소화하여 기업 전체의 총원가를 줄이려는 노력을 해야 하는 것이다.

예를 들어, 직접재료원가의 능률차이는 단순히 직접재료의 비효율적 사용에서 발생하는 것이 아니라 조직 전체에서 다음과 같은 원인 때문에 발생할 수 있다.

- 제품이나 공정의 잘못된 설계
- 제조분야의 잘못된 작업
- 노동자와 기계의 부적절한 배치

- 판매부문의 긴급주문으로 인한 생산일정의 혼란
- 미숙련공에 의한 작업

또한, 직접재료의 능률차이가 직접재료의 구입가격차이에서 발생할 수도 있다. 만약 구매부서에서 유리한 가격차이를 발생시키려고 품질이 떨어지는 원재료를 구입한다면 이로 인해 제품생산 시 원재료를 더 많이 투입해야 함으로써 불리한 직접재료원가 능률차이가 발생할 수 있다. 따라서 원가차이를 개선하는데 있어서 반드시 전사적 관점에서 노력을 기울여야 한다.

사례연구 　 표준원가계산

주식회사 삼일은 표준원가계산제도를 채택하고 있으며, 회사가 생산하는 제품 단위당 표준원가는 다음과 같다.

	표준수량	표준가격	표준원가
직접재료원가	4톤	₩5/톤	₩20
직접노무원가	1시간	₩24/시간	24
제조간접원가	4톤	₩9/톤	36
제품 단위당 표준원가			₩80

회사는 원재료사용량을 기준으로 하여 제조간접원가를 배부하고 있다. 월간 고정제조간접원가예산과 예산조업도는 각각 ₩300,000과 제품 25,000개이다. 고정제조간접원가 예정배부율을 산정하는데 사용된 기준조업도는 예산조업도이다.

20×1년 4월의 생산 및 원가자료는 다음과 같다.
1. 원재료 톤당 실제구입가격은 ₩5.5이고, 직접노동시간당 실제임률은 ₩25이다.
2. 실제 발생한 고정제조간접원가는 ₩270,000, 총제조간접원가는 ₩720,000이다.
3. 4월의 실제생산량은 제품 20,000개이다.
4. 4월의 원가차이 중 일부는 다음과 같다.
　　직접재료원가 가격차이(사용시점에 분리)　₩36,000(불리)
　　직접노무원가 능률차이　　　　　　　　　　 96,000(유리)
5. 기초 및 기말재고자산은 없었다.

회사의 제조부문 감독관은 제조원가의 차이분석을 통해 차이의 합이 유리한 경우에 그 합의 20%를 성과급으로 받는다.

요구사항

1. 원재료의 실제사용량을 계산하시오.
2. 조업도 단위당 고정제조간접원가 예정배부율을 계산하시오.
3. 조업도 단위당 변동제조간접원가 표준배부율을 계산하시오.
4. 제조원가차이분석(4분법)

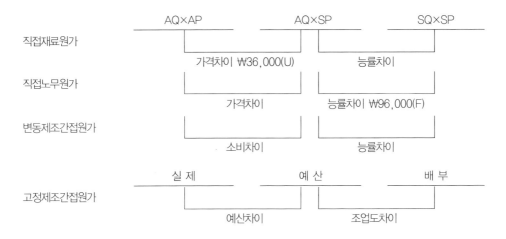

5. 제조원가 차이의 합과 감독관의 성과급이 얼마인지 계산하시오.

사례해답

1. 원재료의 실제사용량을 x라고 하면,

$5.5x - 5x = $ ₩36,000   ∴ $x = $ 72,000톤

2. 고정제조간접원가 예정배부율 = 고정제조간접원가예산÷기준조업도

                     = ₩300,000÷(25,000개×4톤) = ₩3/톤

3. 변동제조간접원가 표준배부율 = 제조간접원가배부율 − 고정제조간접원가배부율

                     = ₩9 − ₩3 = ₩6/톤

4.

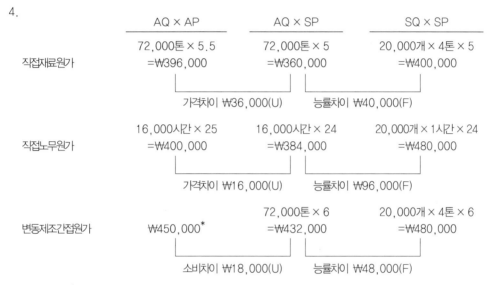

* 변동제조간접원가 실제발생액 = ₩720,000 − ₩270,000 = ₩450,000

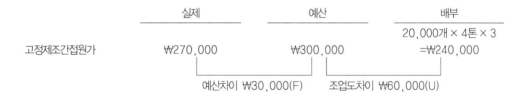

5. 8개 차이의 합이 ₩84,000(유리)이므로, 제조부문 감독관이 받을 성과급은 ₩16,800이다.

01 다음 중 차이분석에 관한 설명으로 올바르지 않은 것은 모두 몇 개인가?

> 가. 차이분석이란 표준원가와 실제원가를 비교하여 그 차이를 분석하는 것으로서, 일종의 투입–산출 분석이다.
> 나. 직접재료원가 차이분석시 표준투입량은 사전에 미리 설정해 놓은 최대 조업도에 대한 표준투입량이다.
> 다. 가격차이는 실제원가와 실제투입량에 대한 표준원가와의 차이이다.
> 라. 능률차이는 실제투입량에 대한 표준원가와 표준투입량에 대한 표준원가와의 차이이다.

① 0개   ② 1개
③ 2개   ④ 3개

02 다음 중 표준원가계산제도에 관한 설명으로 옳지 않은 것을 모두 고르면?

> ㄱ. 변동원가계산제도에서 적용할 수 있다.
> ㄴ. 직접재료원가 가격차이를 원재료 구입시점에서 분리하든 사용시점에서 분리하든 직접재료원가 능률차이에는 영향을 주지 않는다.
> ㄷ. 원가통제를 포함한 표준원가시스템을 잘 활용하여도 원가절감을 유도할 수는 없다.
> ㄹ. 기말에 원가차이를 매출원가에서 조정할 경우 불리한 차이는 매출원가에서 차감하고 유리한 차이는 매출원가에 가산한다.

① ㄱ, ㄷ   ② ㄱ, ㄹ
③ ㄴ, ㄷ   ④ ㄷ, ㄹ

03 (주)삼일의 생산 및 원가와 관련된 자료는 다음과 같다. 이와 관련된 설명으로 가장 올바르지 않은 것은?(단, 직접재료원가의 가격차이를 사용시점에 분리한다)

실제 생산량: 1,100개
단위당 실제 직접재료 사용량: 3.2 Kg
Kg당 실제 직접재료원가: 28원

단위당 표준 직접재료 사용량: 3 Kg
Kg당 표준 직접재료원가: 30원

① 직접재료원가 표준원가는 99,000원이다.
② 직접재료원가 실제원가는 92,400원이다.
③ 직접재료원가 가격차이는 7,040원 유리하게 나타난다.
④ 직접재료원가 능률차이는 6,600원 불리하게 나타난다.

04 다음 중 직접재료원가 가격차이가 발생하는 원인에 대한 설명으로 가장 올바르지 않은 것은?

① 원재료 시장의 수요와 공급 상황에 따라 발생할 수 있다.
② 원재료 구매담당자의 업무능력에 따라 유리하거나 불리한 가격차이가 발생할 수 있다.
③ 표준을 설정할 때 고려한 품질 수준과 상이한 품질의 원재료를 구입함에 따라 가격차이가 발생할 수 있다.
④ 생산과정에서 원재료를 효율적으로 사용하지 못함으로써 발생할 수 있다.

05 (주)삼일의 직접재료원가에 관한 자료는 다음과 같다. 직접재료원가의 능률차이는 얼마인가?

제품예산생산량	2,000개
제품실제생산량	2,500개
kg당 실제재료원가	400원
제품 1개당 표준투입수량	4 kg
직접재료원가 kg당 표준가격	300원
직접재료원가 가격차이(불리한차이)	900,000원

① 300,000원(유리) ② 300,000원(불리)
③ 600,000원(유리) ④ 600,000원(불리)

06 (주)삼일의 원가계산자료가 다음과 같을 때, 직접재료원가 차이를 계산한 것으로 가장 옳은 것은?(단, (주)삼일은 가격차이를 구입시점에 분리한다)

예산생산량	2,000개
실제생산량	1,800개
직접재료 구입량	5,400kg(648,000원)
직접재료 사용량	5,200kg
단위당 표준 직접재료원가	2.5kg(100원/kg)

① 가격차이 – 104,000원(불리한 차이)
② 가격차이 – 108,000원(불리한 차이)
③ 능률차이 – 20,000원(불리한 차이)
④ 능률차이 – 70,000원(유리한 차이)

07 (주)삼일은 표준원가계산제도를 채택하고 있다. 20X1년 직접재료원가와 관련된 표준 및 실제원가 자료가 다음과 같을 때, 20X1년의 실제 제품생산량은 몇 단위인가?

실제 발생 직접재료원가	28,000원
직접재료단위당 실제구입원가	35원
제품단위당 표준재료투입량	9개
직접재료원가 가격차이	4,000 불리
직접재료원가 수량차이	3,000 유리

① 80단위   ② 90단위

③ 100단위   ④ 110단위

NEW

08 (주)삼일은 표준원가계산제도를 채택하고 있다. 다음은 재료비 표준원가와 실제원가의 차이에 관한 자료이다. 자료를 바탕으로 (주)삼일의 제품 2,000단위 표준재료비는 얼마인가?

[실제원가]	
직접재료원가 실제사용량	3,200 kg, 11원/kg
실제완성품 생산수량	2,000단위
[재료비 원가차이]	
직접재료비 가격차이	9,600원 (유리한 차이)
직접재료비 능률차이	2,800원 (불리한 차이)

① 42,000원   ② 44,800원

③ 35,200원   ④ 47,600원

09 다음은 표준원가계산제도를 채택하고 있는 (주)삼일의 재료비 표준원가와 실제원가의 차이에 관한 자료이다.

[실제원가]	
직접재료원가 실제사용량	3,200kg, 11원/kg
실제완성품 생산수량	2,000단위
[재료비 원가차이]	
직접재료비 가격차이	9,600원 (유리한 차이)
직접재료비 능률차이	2,800원 (불리한 차이)

(주)삼일의 제품 1단위당 직접재료 표준투입량은 얼마인가?

① 1.3 kg   ② 1.5 kg
③ 2.0 kg   ④ 2.5 kg

10 다음 중 차이분석의 가격차이와 능률차이 계산방법으로 가장 옳은 것은?

① 가격차이 = (표준가격 – 실제가격) X 표준투입량
② 능률차이 = (실제투입량 – 표준투입량) X 표준가격
③ 가격차이 = (표준가격 – 표준투입량) X 실제가격
④ 능률차이 = (표준가격 – 실제가격) X 표준투입량

11 (주)삼일이 생산하고 있는 제품 X에 대한 직접노무원가 표준원가 및 실제원가발생액은 다음과 같다.

	표준원가
제품단위당 직접노동시간	5시간
직접노동시간당 임률	₩12
	실제원가
제품생산량	900개
직접노동시간	4,680시간
직접노동시간당 임률	₩11

직접노무원가 가격차이와 능률차이를 계산하면 각각 얼마인가?

	가격차이	능률차이		가격차이	능률차이
①	₩4,680 유리	₩2,160 유리	②	₩4,680 유리	₩2,160 불리
③	₩4,680 불리	₩2,160 불리	④	₩4,680 불리	₩2,160 유리

12 다음은 20X1년 (주)삼일의 직접노무원가에 관한 자료이다. 20X1년 (주)삼일의 제품단위당 실제 작업시간은 얼마인가?

1. 실제제품생산량	5,000개
2. 실제직접노무원가 발생액	22,000,000원
3. 제품단위당 표준시간	4시간
ㄱ. 직접노무원가 가격차이	2,000,000원(유리)
ㄴ. 직접노무원가 능률차이	4,800,000원(불리)

① 5시간   ② 5.25시간

③ 6.25시간   ④ 6.5시간

13 (주)삼일의 20X1년 4월 직접노무비의 자료는 다음과 같다. 직접노무비 능률차이는 얼마인가?

직접노무비 임률차이	3,000원(불리)	실제발생액	126,000원
실제직접노동시간	40,000시간	표준직접노동시간	41,000시간

① 3,000원 불리　　　　　　　② 3,000원 유리

③ 3,075원 불리　　　　　　　④ 3,075원 유리

14 다음은 (주)삼일의 20X1년 1월 직접노무원가에 관한 자료이다.

실제직접노무원가	20,000원
직접노무원가 임률(가격)차이	2,000원 (유리)
직접노무원가 능률차이	2,750원 (불리)

1월의 실제직접노무시간이 2,000시간이었을 때 실제생산량에 허용된 표준직접노무시간은 얼마인가?

① 1,500시간　　　　　　　② 1,750시간

③ 1,800시간　　　　　　　④ 2,200시간

15 다음 중 직접노무원가 능률차이의 발생 원인으로 가장 올바르지 않은 것은?

① 단순한 작업에 고임률의 숙련된 노동자를 투입

② 노동의 비능률적 사용

③ 생산에 투입되는 원재료의 품질 향상

④ 생산부문 책임자의 감독 소홀

16 다음은 동일한 제품을 대량생산하고 있는 (주)삼일의 표준원가 차이분석 보고서의 일부이다. 보고서에 대한 분석내용으로 가장 올바르지 않은 것은?

〈표준원가 차이분석 보고서〉

1. 연초 설정 단위당 표준원가

	표준수량	표준가격	표준원가
직접재료원가	10 kg	50원/kg	500원
직접노무원가	10시간	40원/시간	400원
제조간접원가	10 kg	80원/kg	800원
제품 단위당 표준원가			1,700원

2. 연말 수원공장 단위당 실제원가

	실제수량	실제가격	실제원가
직접재료원가	9 kg	52원/kg	468원
직접노무원가	10시간	39원/시간	390원
제조간접원가			720원
제품 단위당 실제원가			1,578원

3. 연말 평택공장 단위당 실제원가

	실제수량	실제가격	실제원가
직접재료원가	12 kg	49원/kg	588원
직접노무원가	11시간	40원/시간	440원
제조간접원가			900원
제품 단위당 실제원가			1,928원

① 원가 절감 측면에서 수원공장이 평택공장에 비해 효율적으로 생산하였다.
② 수원공장이 직접재료원가 수량측면에서 평택공장보다 효율적이다.
③ 수원공장이 직접노무원가 수량측면에서 평택공장보다 비효율적이다.
④ 수원공장이 제조간접원가 측면에서 평택공장보다 효율적이다.

17 다음 중 차이분석에 관한 설명으로 가장 올바르지 않은 것은?

① 고정제조간접원가는 조업도와 관계없이 일정하게 발생하므로 원가통제 목적상 실제 고정 제조간접원가 발생액과 고정제조간접원가 예산을 총액으로 비교하여 그 차이를 예산차이 로 관리하게 된다.

② 생산부문 책임자의 감독소홀이나 일정계획의 차질 등으로 인해 변동제조간접원가 능률차 이가 발생할 수 있다.

③ 생산에 투입되는 노동력의 질에 따라 직접노무원가 가격차이가 발생할 수 있다.

④ 생산과정에서 원재료를 효율적으로 사용하지 못함으로써 직접재료원가 가격차이가 발생 할 수 있다.

18 (주)삼일의 표준원가계산제도는 제조간접원가의 배부에 있어서 직접작업시간을 배부기준으로 사용한다. 다음은 이 회사의 원가차이분석에 필요한 자료이다.

제조간접비 실제발생액	₩15,000
고정제조간접비 실제발생액	₩7,200
실제작업시간	3,500시간
표준작업시간	3,800시간
변동제조간접비 표준배부율	작업시간당 ₩2.5

변동제조간접비 소비차이는 얼마인가?

① ₩950 불리
② ₩750 불리
③ ₩750 유리
④ ₩950 유리

19 (주)삼일의 7월 제조활동과 관련된 자료이다. 변동제조간접원가 소비차이는 얼마인가?

> 제품의 생산량 1,000단위
> 생산량 단위당 실제노동시간 10시간, 단위당 표준노동시간 11시간
> 노동시간당 표준임률 @50원
> 변동제조간접원가 표준 노동시간당 @20원
> 실제 변동제조간접원가는 직접노무원가 실제발생액의 40 %
> 직접노무원가 가격차이 50,000원(유리)

① 20,000원 유리　　　　　　　　② 20,000원 불리
③ 40,000원 불리　　　　　　　　④ 40,000원 유리

20 (주)삼일의 변동제조간접원가와 관련한 자료가 다음과 같을 때 변동제조간접원가 실제 발생액은 얼마인가?

실제작업시간기준 변동제조간접원가 예산	185,000원
변동제조간접원가 소비차이	15,000원(유리)

① 170,000원　　　　　　　　② 185,000원
③ 214,000원　　　　　　　　④ 234,000원

21 (주)삼일의 변동제조간접원가와 관련된 자료가 다음과 같을 때 실제생산량에 허용된 변동제조간접원가 예산은 얼마인가?

변동제조간접원가 실제발생액	₩2,000,000
실제작업시간기준 변동제조간접원가 예산	₩2,400,000
변동제조간접원가 능률차이	₩200,000(불리)

① ₩2,200,000　　　　　　　　② ₩2,400,000
③ ₩2,600,000　　　　　　　　④ ₩2,800,000

22 (주)삼일의 표준원가 관련자료는 다음과 같다.

변동제조간접원가 표준배부율	₩100/시간
변동제조간접원가 소비차이	₩10,000(불리)
변동제조간접원가 능률차이	₩5,000(유리)
실제변동제조간접원가 발생액	₩160,000

실제생산량에 허용된 표준시간은 얼마인가?

① 1,450시간　　　　　　　　② 1,550시간
③ 1,650시간　　　　　　　　④ 1,750시간

23 (주)삼일은 제조간접비를 직접노무시간에 따라 배부하며, 제품 1단위를 생산하는데 표준직접노무시간은 3시간이다. 20X1년 9월의 발생자료와 변동제조간접원가 차이분석은 다음과 같다.

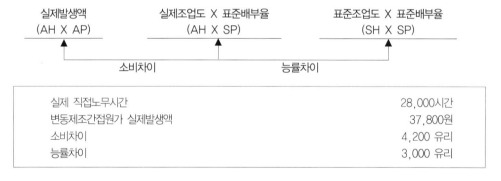

실제 직접노무시간	28,000시간
변동제조간접원가 실제발생액	37,800원
소비차이	4,200 유리
능률차이	3,000 유리

(주)삼일의 20X1년 9월 실제 제품생산량은 몇 단위인가?

① 8,500단위　　　　　　　　② 9,000단위
③ 9,500단위　　　　　　　　④ 10,000단위

24 (주)삼일은 직접노무비와 변동제조간접원가의 표준원가 산정에 동일한 조업도를 적용하고 있다. 다음 자료에 의하여 실제 발생한 총 직접노무원가는 얼마인가?

변동제조간접원가 실제발생액: 175,000원	변동제조간접원가 소비차이: 25,000원(유리)
변동제조간접원가 표준배부율: 80원	직접노무원가 실제임률: 30원

① 70,000원   ② 72,500원

③ 75,000원   ④ 77,500원

25 (주)삼일은 변동제조간접원가의 배부기준으로 직접노동시간을 사용하고 있다. 직접노무원가 가격차이가 ₩50,000(유리), 직접노무원가 능률차이가 ₩30,000(불리), 직접재료원가 능률차이가 ₩10,000(유리)이 발생하였다고 할 때, 다음 중 가장 올바른 것은?

① 직접재료원가 가격차이가 불리하게 나타난다.
② 변동제조간접원가 소비차이(예산차이)가 불리하게 나타난다.
③ 변동제조간접원가 능률차이가 불리하게 나타난다.
④ 고정제조간접원가 조업도차이가 유리하게 나타난다.

26 다음 중 표준원가의 차이분석에 관한 설명으로 가장 올바르지 않은 것은?

① 고정제조간접원가 예산의 기준조업도를 최대 생산가능조업도로 할 경우 불리한 고정제조간접원가 조업도차이는 발생하지 않는다.
② 실제 고정제조간접원가 발생액과 고정제조간접원가 예산의 차이를 고정제조간접원가 예산차이라고 한다.
③ 고정제조간접원가 예정배부율에 의한 고정제조간접원가 배부액과 고정제조간접원가 예산의 차이를 고정제조간접원가 조업도차이라고 한다.
④ 조업도와 관계없이 일정하게 발생하는 고정제조간접원가는 생산활동의 능률적인 관리를 통해 발생액을 변화시킬 수 없으므로 고정제조간접원가 능률차이는 발생하지 않는다.

27 다음 중 표준제조간접원가를 결정하기 위한 기준조업도와 관련된 내용으로 가장 올바르지 않은 것은?

① 기준조업도는 단순하고 이해하기 쉬워야 한다.
② 기준조업도는 물량 기준보다는 금액 기준으로 설정하는 것이 바람직하다.
③ 기준조업도와 제조간접원가의 발생 사이에는 인과관계가 존재하여야 한다.
④ 사전에 설정된 제조간접원가 예산을 기준조업도로 나누어 표준배부율을 계산한다.

NEW

28 (주)삼일의 기준조업도 정상작업시간은 월 620시간이며, 3월 중 발생한 제조간접원가 자료는 다음과 같다. 3월 중 제조간접원가의 조업도차이를 계산하면 얼마인가?

실제 제품생산량	400단위
고정제조간접원가 예산액	638,600원
실제 고정제조간접원가	680,000원
제품 단위당 표준작업시간	제1.5시간

① 20,600원 유리   ② 20,600원 불리

③ 41,400원 유리   ④ 41,400원 불리

29 (주)삼일의 생산 및 원가와 관련된 자료는 다음과 같다.

기준조업도(직접노동시간)	10,000시간
제품 단위당 표준노동시간	9시간
제품의 실제 생산량	1,200단위
고정제조간접원가 실제발생액	1,870,000원
고정제조간접원가 예산차이	130,000원(유리)

이와 관련된 설명 중 가장 올바르지 않은 것은?

① 고정제조간접원가 표준원가는 2,160,000원이다.

② 실제생산량에 허용된 표준조업도는 10,000시간이다.

③ 고정제조간접원가 총차이는 290,000원 유리하게 나타난다.

④ 고정제조간접원가 조업도차이는 160,000원 유리하게 나타난다.

30 4분법에 의하여 제조간접원가차이를 분석하는 (주)삼일은 최대조업도의 70%를 기준으로 제조간접원가를 배부하여 당해 연도에 불리한 예산차이 및 조업도차이를 보고하였다. 만약 최대조업도의 90%를 기준으로 제조간접원가를 배부하였다면 예산 및 조업도의 불리한 차이는 어떻게 영향을 받았을 것인가?

	예산차이	조업도차이
①	증가	증가
②	증가	불변
③	불변	증가
④	불변	불변

31 (주)삼일은 5,000개를 기준으로 제조간접원가에 대한 표준원가를 설정하고 있으며, 이와 관련된 자료는 다음과 같다.

제조간접원가	₩1,000,000＋₩100×직접노동시간
제품단위당 표준직접노동시간	5시간
실제제조간접원가발생액	₩7,000,000
	(고정제조간접원가 ₩1,500,000 포함)
실제직접노동시간	51,000시간
실제생산량	10,000개

4분법을 이용한 차이분석 중 틀린 것은?

① 변동제조간접원가 소비차이 ₩400,000 유리
② 고정제조간접원가 예산차이 ₩500,000 불리
③ 변동제조간접원가 능률차이 ₩100,000 불리
④ 고정제조간접원가 조업도차이 ₩1,000,000 유리

32 (주)삼일의 제조간접원가에 대한 자료는 다음과 같다.

실제제조간접원가발생액	₩155,000
고정제조간접원가예산	₩80,000
실제직접노동시간	8,000시간
표준직접노동시간	7,500시간
직접노동시간당 변동제조간접원가 표준배부율	₩10
직접노동시간당 고정제조간접원가 예정배부율	₩8

3분법에 의하여 제조간접원가차이를 분석할 때 소비차이는 얼마인가?

① ₩4,000 유리
② ₩4,000 불리
③ ₩5,000 유리
④ ₩5,000 불리

33 다음 중 2분법에 의한 제조간접원가차이 분석에 대한 설명으로 가장 옳은 것은?

① 예산차이에는 변동제조간접원가차이만이 포함되며, 조업도차이에는 고정제조간접원가차이만이 포함된다.
② 예산차이에는 변동제조간접원가차이와 고정제조간접원가차이의 일부가 포함되며, 조업도차이에는 고정제조간접원가차이의 일부만이 포함된다.
③ 예산차이에는 변동제조간접원가차이의 일부만이 포함되며, 조업도차이에는 변동제조간접원가차이의 일부와 고정제조간접원가차이가 포함된다.
④ 예산차이와 조업도차이에는 모두 변동제조간접원가차이와 고정제조간접원가차이가 포함된다.

34 다음 중 원가차이의 배분방법에 관한 설명으로 가장 올바르지 않은 것은?

① 매출원가조정법이란 모든 원가차이를 매출원가에 가감하는 방법으로서, 불리한 원가차이는 매출원가에 가산하고 유리한 원가차이는 매출원가에서 차감한다.

② 기타손익법은 비례배분법에 해당하며, 이 방법에 의할 경우 재공품과 제품계정은 모두 표준원가로 기록된다.

③ 총원가 비례배분법은 재고자산 계정과 매출원가 계정의 총원가(기말잔액)를 기준으로 원가차이를 배분하는 방법이다.

④ 원가요소별 비례배분법은 재고자산 계정과 매출원가 계정의 원가요소를 기준으로 각 해당되는 원가요소의 원가차이를 배분하는 방법이다.

MEMO

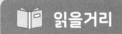

스타벅스, 맥도날드, 존슨앤존슨에 차이분석이 필요한 이유

회계와 관련된 많은 과정 중에서 실제성과를 예산성과와 비교하는 것처럼 경영자에게 관심과 걱정을 끌어내는 일은 별로 없다. 그 이유는 경영자는 협상에 의해 결정된 예산을 달성할 책임이 있고, 동료들에게 실패한 것으로 보이는 것을 원하지 않기 때문이다. 그러나 차이분석의 주요 목적은 책임을 전가하는 것이 아니라 배우기 위한 것이며, 궁극적으로는 개선이 이루어지도록 조화시키는 것이 최고경영자와 회계담당자의 책임인 것이다. 스타벅스의 경영자는 새로 운영하는 상점의 매출이 기대치에 도달하거나 초과하도록 할 책임이 있다. 2004년 3월 계획된 매출 증가율은 연 12%로 월 수익증가로는 $494,000,000에 해당하는 금액이었다. 스타벅스는 2004년 현재 세계적으로 약 8,000개의 상점이 있으며 앞으로 25,000개로 늘릴 계획인데 이는 맥도날드의 상점수에 근접하는 숫자이다. 관리회계담당자는 직접 예산성과를 수립하고 각 상점의 실제 성과를 감독하고 있다.

스타벅스, 맥도날드 또는 어떤 회사이든지 관리회계담당자는 차이에 대하여 분명하고 정확하게 설명할 수 있어야 한다. 그들은 이러한 일이 건설적이며, 도움이 되도록 신중하게 행해야 한다. 단순히 문제점을 지적하는 대신 차이의 이유를 이해하고 해결책을 찾고 문제점을 극복하기 위한 계획을 수립해야 한다. 관리회계담당자는 부정적인 성과에 집착하기보다는 긍정적인 결과를 논해야 한다. 이상적으로는, 예산성과와 실제성과와의 차이분석은 전사적으로 도입되어서 책임을 분담하고 조직의 각 부문으로부터 아이디어가 모아져야 한다. 예를 들면 맥도날드는 스타벅스와의 치열한 경쟁 때문에 커피를 체계적으로 고급화시키고 있다.

관리회계담당자가 차이분석을 학습의 기회로 삼는 또 다른 조직은 거대 제약회사이며 일상소비품 제조회사인 존슨앤존슨이다. 존슨앤존슨은 고도의 분업화된 조직으로 수백 개의 자회사를 통하여 운영되고 있다. 자회사의 관리회계담당자는 경영자가 문제점을 찾아내고 수정하는데 차이를 이용한다. 이러한 일은 자회사의 모든 고위경영자들이 함께 모이는 회의에서 행해진다. 존슨앤존슨의 한 임원이 다음과 같이 말했다. "경영자들은 원가, 추세, 생산효율성, 마케팅계획, 그리고 경쟁적인 상황에 대하여 깊이 검토하도록 요구받는다. 이 차이분석 회의는 우리에게 영업변화의 상승국면과 하강국면을 바라보아야 하고, 또 어떻게 반응해야 하는지와 창조적인 생각을 하게 해준다."

이처럼 차이분석은 조직의 성공을 좌우한다. 관리회계담당자는 주저없이 숫자를 정확하게 제시하고 성과에 대하여 현실적으로 받아들이도록 설득해야 한다. 과거의 실수로부터 배우고 바로 수정하도록 하는 것은 관리회계담당자가 동기부여자, 의사소통자 및 협력자의 역할을 성공적으로 수행할 때 이루어진다.

[출처 : Planning and Control System, Harvard Business School case number 9-187-081]

Chapter

원가구성에
따른
원가계산방법

4

I 전부원가계산과 변동, 초변동원가계산

01 전부원가계산과 변동, 초변동원가계산의 의의

1 전부원가계산

전부원가계산(absorption costing)이란 제조원가 전부 즉, 직접재료원가, 직접노무원가, 변동제조간접원가, 고정제조간접원가를 제품원가로 보는 원가계산방법이다.

[그림 4-1] 전부원가계산의 원가흐름

이러한 전부원가계산을 이용하여 작성하는 손익계산서를 전통적 손익계산서 또는 기능적 손익계산서(functional income statement)라고 하며, 기업외부의 회계정보이용자를 위하여 공시하는 목적으로 사용된다.

[표 4-1] 전부원가계산에 의한 손익계산서

1. 매출액		×××
2. 매출원가		
기초제품재고액	×××	
당기제품제조원가	×××	
계	×××	
기말제품재고액	(−) ×××	×××
3. 매출총이익		×××
4. 판매비와관리비		×××
5. 영업이익		×××

전부원가계산제도는 원가부착개념(cost attach concept)에 근거를 두고 있다. 원가부착개념이란 제품생산과 관련한 원가는 원가의 행태에 관계없이 모두 제품의 원가로 보는 것이다. 즉, 고정제조간접원가도 당연히 제품생산에 필수적으로 수반되는 원가이기 때문에 자산성을 인정하여 재고자산의 가액에 포함시키는 것이다.

2 변동원가계산

변동원가계산(variable costing)이란 제조원가를 변동원가와 고정원가로 구분하여 변동제조원가만을 제품원가에 포함시키고, 고정제조간접원가는 기간원가로 처리하는 원가계산방법이다. 변동원가계산을 직접원가계산(direct costing)이라고도 한다.

[그림 4-2] 변동원가계산의 원가흐름

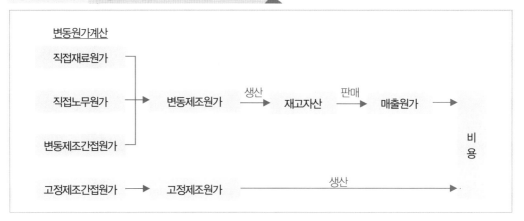

이러한 변동원가계산을 이용하여 작성하는 손익계산서를 공헌이익 손익계산서(contribution income statement)라고 하며, 매출액으로부터 변동원가를 차감하여 공헌이익을 계산하고 그 공헌이익으로부터 고정원가를 차감하여 영업이익을 계산한다.

[표 4-2] 변동원가계산에 의한 손익계산서

1. 매출액		×××
2. 변동원가		
(1) 변동매출원가		
기초제품재고액	×××	
당기제품제조원가	×××	
계	×××	
기말제품재고액	(−) ×××	
	×××	
(2) 변동판매비와관리비	×××	×××
3. 공헌이익		×××
4. 고정원가		
(1) 고정제조간접원가	×××	
(2) 고정판매비와관리비	×××	×××
5. 영업이익		×××

변동원가계산제도는 원가회피개념(cost avoidance concept)에 근거를 두고 있다. 원가회피 개념이란 발생한 원가가 미래에 동일한 원가의 발생을 방지할 수 없다면, 그 원가는 자산성을 인정할 수 없다는 것이다. 즉, 고정제조간접원가의 경우 제품의 생산량과 관련이 있다기보다는 설비능력과 밀접한 관련이 있으며, 조업도 변동에 따라 원가가 변동하지 않고 시간이 경과함에 따라 회피할 수 없는 원가이기 때문에 재고자산의 가액에 포함시켜서는 안되며 기간원가로 처리해야 한다는 것이다.

3 초변동원가계산

초변동원가계산은 직접재료원가만을 제품원가로 간주하고, 나머지 모든 원가를 기간원가로 처리하는 원가계산방법이다. 최근 생산방식은 자동화된 설비로 생산하는 장치산업이 주를 이루고 있기 때문에 직접노무원가가 거의 발생하지 않고 발생하는 직접노무원가 역시 주로 자동화 설비의 운영, 점검, 보수, 유지 업무이므로 생산량과 무관하게 고정원가화되어 있다.

제조간접원가 또한 대부분의 값비싼 설비의 감가상각비와 수선유지비가 차지하고 있기 때문에 고정원가화되었다 할 수 있다. 따라서 이와 같은 환경흐름을 반영한 초변동원가계산에서는 직접재료원가만을 단기적 관점에서 진실한 변동원가로 간주하고, 직접노무원가나 제조간접원가는 고정원가로 간주한다. 초변동원가계산에서는 직접재료원가 이외의 나머지 모든 원가를 운영비용이라고 하고 기간원가로 처리한다.

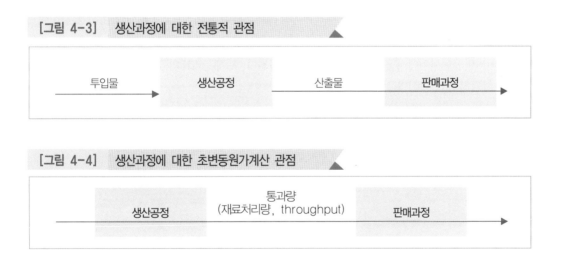

[그림 4-3] 생산과정에 대한 전통적 관점

투입물 → 생산공정 → 산출물 → 판매과정

[그림 4-4] 생산과정에 대한 초변동원가계산 관점

생산공정 → 통과량 (재료처리량, throughput) → 판매과정

제조원가	전부원가계산, 변동원가계산	초변동원가계산
직접재료원가		변동원가
직접노무원가	변동원가	
변동제조간접원가		고정원가(운영비용)
고정제조간접원가	고정원가	

[표 4-3] 초변동원가계산손익계산서 ▲

1. 매출액	×××
2. 직접재료원가	×××
3. 재료처리량공헌이익(현금창출공헌이익)	×××
4. 운영비용	×××
5. 영업이익	×××

초변동원가계산에 의한 영업이익 = 판매수량 × 단위당 재료처리량공헌이익 − 운영비용

초변동원가계산에서는 변동원가계산과 마찬가지로 원가회피개념(cost avoidance concept)에 근거를 두고 있으며, 불필요한 재고를 더욱 더 강하게 감소시킬 유인을 제공한다. 초변동원가계산에서는 직접재료원가만을 변동원가로 간주하므로 매출액에서 직접재료원가를 차감하여 공헌이익을 산출하는데, 이를 재료처리량공헌이익 또는 현금창출공헌이익이라고 한다.

재료처리량공헌이익에서 직접노무원가, 제조간접원가, 판매관리비와 같은 고정원가 성격의 운영비용을 차감하여 영업이익을 계산한다.

각 원가계산방법의 수익·비용 분류와 활용은 다음과 같다.

	전부원가계산	변동원가계산	초변동원가계산
수익	수익	수익	수익
비용	직접재료원가 직접노무원가 변동제조간접원가 고정제조간접원가	직접재료원가 직접노무원가 변동제조간접원가 변동판매비와관리비	직접재료원가
의사결정에 활용할 이익	매출총이익	공헌이익	재료처리량공헌이익
	판매비와관리비	고정제조간접원가 고정판매비와관리비	운영비용
	이익	이익	이익
활용도	재무회계의 원가계산구조	특별주문의사결정 단기적 가격결정	병목자원해결

4 원가시스템의 요약

(1) 원가시스템의 조합

지금까지 설명한 여러 원가계산방법들은 상호간 결합하여 적용할 수 있다. 이를 요약하면 다음과 같다.

[그림 4-5] 원가시스템의 조합

위의 원가계산방법들은 서로 독립적으로 쓰이는 것이 아니라, 각 분류기준별로 회사의 실정에 맞게 조합하여 여러 가지 원가계산방법으로 만들어 낼 수 있다.

(2) 각 원가계산방법하의 재고자산의 구성요소

전부원가계산, 변동원가계산, 초변동원가계산하의 재고자산 구성요소는 다음과 같이 정리할 수 있다.

[표 4-4] 재고자산 구성요소

구분	전부원가계산	변동원가계산	초변동원가계산
직접재료원가	실제사용량 × 실제가격	실제사용량 × 실제가격	실제사용량 × 실제가격
직접노무원가	실제노무시간 × 실제임률	실제노무시간 × 실제임률	기간원가
변동제조간접원가	실제조업도 × 실제배부율	실제조업도 × 실제배부율	기간원가
고정제조간접원가	실제조업도 × 실제배부율	기간원가	기간원가

02 변동원가계산의 유용성과 한계

1 변동원가계산의 유용성

일반적으로 인정된 회계원칙에서는 외부보고 목적으로 전부원가계산방법을 사용하고 있다. 그러나 CVP분석이나 가격결정 등 경영자의 관리적 의사결정에는 변동원가계산에 의한 원가정보가 매우 유용하다. 또한 변동원가계산제도를 사용하더라도 외부보고 목적으로 변동원가계산제도에 의한 영업이익을 전부원가계산제도로 전환하는 것이 어렵지 않기 때문에 내부적으로 변동원가계산제도를 유지·관리하는 것이 필요하다.

변동원가계산제도의 장점과 유용성을 살펴보면 다음과 같다.
- 이익계획과 예산편성에 필요한 원가−조업도−이익에 관련된 자료를 변동원가계산제도에 의한 공헌손익계산서로부터 쉽게 얻을 수 있다.
- 특정기간의 이익이 생산량에 의해 영향을 받지 않는다. 즉, 제품의 판매가격, 원가, 매출배합 등이 일정하다면 변동원가계산제도에 의한 이익은 오직 판매량에 의해 결정되기 때문에 매출액의 변동과 동일한 방향으로 변화하게 된다.

- 변동원가계산제도에서의 이익은 매출액과 동일한 방향으로 움직이므로 경영자의 입장에서 이 해하기 쉽다.
- 공통적인 고정원가를 부문이나 제품에 배분하지 않기 때문에 부문별, 제품별 의사결정 문제에 왜곡을 초래하지 않는다.
- 특정기간의 고정원가가 손익계산서에 총액으로 표시되기 때문에 고정원가가 이익에 미치는 영 향을 쉽게 알 수 있다.
- 변동원가계산을 표준원가 및 변동예산과 같이 사용하면 원가통제와 성과평가에 유용하게 활용 할 수 있다.

2 변동원가계산의 한계

변동원가계산과 이에 의한 공헌이익 손익계산서가 경영관리에 유용한 수단이기는 하나, 다음과 같은 한계점을 지니고 있다.

- 변동원가계산만을 의사결정에 사용하면 고정원가의 중요성을 간과하기 쉬워 잘못된 의사결정 을 할 수 있다. 즉, 제품의 가격은 고정원가를 회수할 수 있도록 결정되어야 하나 변동원가만을 이용하면 장기적인 가격결정에 왜곡이 생길 수 있다.
- 일반적으로 인정된 회계원칙이 아니므로 기업회계측면의 외부보고자료로서 이용될 수 없다.
- 변동원가계산의 기초가 되는 원가행태구분이 쉽지 않다. 즉, 전체원가 중에서 변동원가와 고정 원가를 구분해내기가 현실적으로 어렵다.
- 장기계획에서는 거의 모든 비용들을 변동원가로 간주할 수 있다. 왜냐하면 단기적으로는 고정 원가라 하더라도 장기적인 관점에서는 계획생산량에 필요한 수준으로 고정원가를 조정할 수 있 기 때문이다.

03 초변동원가계산의 유용성과 한계

1 초변동원가계산의 유용성

초변동원가계산은 제품단위수준 변동원가만을 변동원가로 간주하고 수익으로 계상되는 매출에서 비용으로 계상되는 직접재료원가만을 차감하여 계산된 획득한 현금을 의미하는 재료처리량공헌이익(현금창출공헌이익)을 증대시키는데 목적이 있는 원가계산방법으로, 다음과 같은 유용성과 장점이 있다.

- 재고자산보유를 최소화하도록 유인을 제공한다. 초변동원가계산에서는 생산량이 증가할수록 영업이익이 감소되므로 경영자가 불필요한 제품 생산을 최소화하고 판매에 보다 집중하도록 유도한다.
- 혼합원가의 주관적 구분이 불필요하다. 제조간접원가에 포함되는 혼합원가를 임의로 고정원가와 변동원가로 구분할 필요없이 모두 기간비용으로 처리하기에 변동원가계산에서 발생할 수 있는 자의적인 해석이 개입될 여지가 없다.

2 초변동원가계산의 한계

고정원가로 간주하는 운영비용의 중요성을 간과한다. 장기적인 관점에서 운영비용은 추가적인 지출이 필요한 비용이므로 제품의 장기적인 가격결정이나 의사결정에는 전부원가계산방법같이 운영비용을 포함하는 원가를 사용하는 것이 바람직하다.

재고의 최소화로 시장변화에 민첩하게 대처하지 못하여 영업이익이 악화될 수 있다. 수요변동이 심한 산업에서는 적정재고를 보유하는 것이 변화에 민첩하게 대처하여 영업이익을 증가시키지만, 초변동원가계산은 재고최소화를 유인하므로 시장변화에 대한 대응 능력이 떨어져 영업이익이 나빠질 수 있다.

3 각 원가계산방법의 차이점 요약

구분	전부원가계산	변동원가계산	초변동원가계산
기본 및 활용목적	외부보고 장기의사결정	내부계획과 통제 단기의사결정	내부계획과 통제 단기의사결정
제품원가	직접재료원가 직접노무원가 변동제조간접원가 고정제조간접원가	직접재료원가 직접노무원가 변동제조간접원가	직접재료원가
기간비용	판매비와관리비	고정제조간접원가 판매비와관리비	직접노무원가 제조간접원가 판매비와관리비
이론적인 근거	고정제조간접원가도 제품의 제조와 관련이 있으므로 제품원가로 처리해야 한다.	고정제조간접원가는 원가회피 가능성이 없으므로 기간비용 으로 처리해야 한다.	고정화된 직접노무원가와 제조간접원가는 원가회피 가능성이 없으므로 기간비용 으로 처리해야 한다.
이익의 결정요인	판매량과 생산량	판매량	판매량과 생산량
손익계산서의 양식	매출액 매출원가 ――――― 매출총이익 판매비와관리비 ――――― 영업이익	매출액 변동원가 ――――― 공헌이익 고정원가 ――――― 영업이익	매출액 직접재료원가 ――――― 재료처리량공헌이익 운영비용 ――――― 영업이익

04 각 원가계산방법의 영업이익 비교

각 원가계산방법은 제품원가의 구성이 다르기 때문에 재고자산의 수량변동에 따라 영업이익에 차이가 발생하게 된다. 이하에서는 생산량과 판매량의 변동에 따른 영업이익의 변화를 살펴보기로 한다.

1 생산량이 일정할 때 판매량의 변동과 영업이익의 변화

생산량이 일정하고 판매량만 변동할 경우, 각 원가계산방법에 의한 영업이익의 변화를 비교해 보자.

(1) 생산량과 판매량이 같은 경우

생산량과 판매량이 같은 경우, 즉 기초재고수량과 기말재고수량이 동일할 경우에는 전부원가계산, 변동원가계산, 초변동원가계산에 의한 영업이익이 일반적으로 동일하다.

예 제

생산량과 판매량이 같은 경우 영업이익 비교

(주)대한의 단위당 변동원가와 고정원가 총액은 다음과 같다.

	변동원가	고정원가
직접재료원가	₩30	–
직접노무원가	20	–
변동제조간접원가	15	–
고정제조간접원가	–	₩500,000
변동판매비와관리비	10	–
고정판매비와관리비	–	400,000

20×1년 기초제품과 기말제품은 없으며, 50,000개를 생산하여 전량 판매하였다. 단위당 판매가격은 ₩100이다.

• 요구사항 •

1. 전부원가계산에 의한 20×1년 손익계산서를 작성하시오.
2. 변동원가계산에 의한 20×1년 손익계산서를 작성하시오.
3. 초변동원가계산에 의한 20×1년 손익계산서를 작성하시오.

풀 이

---

1. 전부원가계산

Ⅰ. 매출액			₩5,000,000
Ⅱ. 매출원가			
기초제품재고액		₩0	
당기제품제조원가(50,000개 × ₩75*)		₩3,750,000	
기말제품재고액		₩0	₩3,750,000
Ⅲ. 매출총이익			₩1,250,000
Ⅳ. 판매관리비			
변동판매비와관리비(50,000개 × ₩10)		₩500,000	
고정판매비와관리비		₩400,000	₩900,000
Ⅴ. 영업이익			₩350,000

  * 고정제조간접원가 배부율＝₩500,000÷50,000개＝₩10
  　제품단위당 제조원가＝₩65(변동제조원가)＋₩10＝₩75

2. 변동원가계산

Ⅰ. 매출액		₩5,000,000
Ⅱ. 변동원가		
변동매출원가		
기초제품재고액	₩0	
당기제품제조원가(50,000개 × ₩65)	₩3,250,000	
기말제품재고액	₩0	
	₩3,250,000	
변동판매비와관리비	₩500,000	₩3,750,000
Ⅲ. 공헌이익		₩1,250,000
Ⅳ. 고정원가		
고정제조간접원가	₩500,000	
고정판매비와관리비	₩400,000	₩900,000
Ⅴ. 영업이익		₩350,000

3. 초변동원가계산

Ⅰ. 매출액		₩5,000,000
Ⅱ. 직접재료원가(50,000개×₩30)		₩1,500,000
Ⅲ. 재료처리량공헌이익		₩3,500,000
Ⅳ. 운영비용		
직접노무원가(50,000개×₩20)	₩1,000,000	
변동제조간접원가(50,000개×₩15)	₩750,000	
변동판매비와관리비(50,000개×₩10)	₩500,000	
고정제조간접원가	₩500,000	
고정판매비와관리비	₩400,000	₩3,150,000
Ⅴ. 영업이익		₩350,000

위 예제에서 살펴본 것처럼 생산량과 판매량이 같은 경우 전부원가계산, 변동원가계산, 초변동원가계산에서의 영업이익이 일반적으로 같게 된다.

(2) 생산량이 판매량보다 많은 경우

생산량이 판매량보다 많은 경우, 즉 기초재고수량보다 기말재고수량이 많을 경우에는 전부원가계산에 의한 영업이익이 변동원가계산에 의한 영업이익보다 더 크고, 변동원가계산에 의한 영업이익이 초변동원가계산에 의한 영업이익보다 더 크다.

생산량이 판매량보다 많은 경우 영업이익 비교

(주)한라산의 원가구조는 앞의 예제 [생산량과 판매량이 같은 경우 영업이익 비교]와 같고, 20×1년의 제품변동은 다음과 같았다.

기초제품수량	0개
당기생산량	50,000개
당기판매량	40,000개
기말제품수량	10,000개

• 요구사항 •

1. 전부원가계산에 의한 20×1년 손익계산서를 작성하시오.
2. 변동원가계산에 의한 20×1년 손익계산서를 작성하시오.
3. 초변동원가계산에 의한 20×1년 손익계산서를 작성하시오.

풀 이

1. 전부원가계산

Ⅰ. 매출액(40,000개 × ₩100)		₩4,000,000
Ⅱ. 매출원가		
기초제품재고액	₩0	
당기제품제조원가(50,000개 × ₩75*)	₩3,750,000	
기말제품재고액(10,000개 × ₩75*)	₩750,000	₩3,000,000
Ⅲ. 매출총이익		₩1,000,000
Ⅳ. 판매관리비		
변동판매비와관리비(40,000개 × ₩10)	₩400,000	
고정판매비와관리비	₩400,000	₩800,000
Ⅴ. 영업이익		₩200,000

* 고정제조간접원가 배부율＝₩500,000÷50,000개＝₩10
　제품단위당 제조원가＝₩65(변동제조원가)＋₩10＝₩75

2. 변동원가계산

Ⅰ. 매출액			₩4,000,000
Ⅱ. 변동원가			
변동매출원가			
기초제품재고액		₩0	
당기제품제조원가(50,000개 × ₩65)		₩3,250,000	
기말제품재고액(10,000개 × ₩65)		₩650,000	
		₩2,600,000	
변동판매비와관리비		₩400,000	₩3,000,000
Ⅲ. 공헌이익			₩1,000,000
Ⅳ. 고정원가			
고정제조간접원가		₩500,000	
고정판매비와관리비		₩400,000	₩900,000
Ⅴ. 영업이익			₩100,000

3. 초변동원가계산

Ⅰ. 매출액			₩4,000,000
Ⅱ. 직접재료원가			
기초제품재고액		₩0	
당기제품제조원가(50,000개×₩30)		₩1,500,000	
기말제품재고액(10,000개×₩30)		₩300,000	₩1,200,000
Ⅲ. 재료처리량공헌이익			₩2,800,000
Ⅳ. 운영비용			
직접노무원가(50,000개×₩20)		₩1,000,000	
변동제조간접원가(50,000개×₩15)		₩750,000	
변동판매비와관리비(40,000개×₩10)		₩400,000	
고정제조간접원가		₩500,000	
고정판매비와관리비		₩400,000	₩3,050,000
Ⅴ. 영업이익			₩(250,000)

위 예제에서 살펴본 것처럼 생산량이 판매량보다 많은 경우 전부원가계산에 의한 영업이익이 변동원가계산에 의한 영업이익보다 크다. 그 이유는 전부원가계산에서 기말제품에 배부된 고정제조간접원가가 비용화되지 않기 때문이다. 즉, 두 방법의 영업이익차이 ₩100,000(₩200,000−₩100,000)은 전부원가계산에서 기말제품에 배부된 고정제조간접원가(10,000개×₩10)임을 알 수 있다.

또한 생산량이 판매량보다 많은 경우 변동원가계산에 의한 영업이익이 초변동원가계산에 의한 영업이익보다 크다. 이는 변동원가계산에서 기말제품에 포함된 직접노무원가와 변동제조간접원가가 비용화되지 않기 때문이다. 즉, 두 방법의 영업이익차이 ₩350,000(₩100,000-(₩250,000))은 변동원가계산에서 기말제품에 포함된 직접노무원가와 변동제조간접원가(10,000개×(₩20+₩15))임을 알 수 있다.

(3) 생산량이 판매량보다 적은 경우

생산량이 판매량보다 적은 경우 즉, 기초재고수량이 기말재고수량보다 많을 경우에는 전부원가계산에 의한 영업이익이 변동원가계산에 의한 영업이익보다 더 적고 변동원가계산에 의한 영업이익이 초변동원가계산에 의한 영업이익보다 더 적다.

예제

생산량이 판매량보다 적은 경우 영업이익 비교

(주)지리산의 원가구조는 앞의 예제 [생산량과 판매량이 같은 경우 영업이익 비교]와 같고, 20×1년의 제품변동은 다음과 같았다.

기초제품수량	10,000개
당기생산량	50,000개
당기판매량	60,000개
기말제품수량	0개

단, 기초제품의 단위당 변동제조원가 및 고정제조간접원가 배부율은 당기와 같다.

• 요구사항 •
1. 전부원가계산에 의한 20×1년 손익계산서를 작성하시오.
2. 변동원가계산에 의한 20×1년 손익계산서를 작성하시오.
3. 초변동원가계산에 의한 20×1년 손익계산서를 작성하시오.

풀이

1. 전부원가계산

Ⅰ. 매출액(60,000개 × ₩100)		₩6,000,000
Ⅱ. 매출원가		
기초제품재고액(10,000개 × ₩75*)	₩750,000	
당기제품제조원가(50,000개 × ₩75*)	₩3,750,000	
기말제품재고액	₩0	₩4,500,000

Ⅲ. 매출총이익		₩1,500,000
Ⅳ. 판매관리비		
변동판매비와관리비(60,000개 × ₩10)	₩600,000	
고정판매비와관리비	₩400,000	₩1,000,000
Ⅴ. 영업이익		₩500,000

* 고정제조간접원가 배부율＝₩500,000÷50,000개＝₩10
　제품단위당 제조원가＝₩65(변동제조원가)＋₩10＝₩75

2. 변동원가계산

Ⅰ. 매출액		₩6,000,000
Ⅱ. 변동원가		
변동매출원가		
기초제품재고액(10,000개 × ₩65)	₩650,000	
당기제품제조원가(50,000개 × ₩65)	₩3,250,000	
기말제품재고액	₩0	
	₩3,900,000	
변동판매비와관리비	₩600,000	₩4,500,000
Ⅲ. 공헌이익		₩1,500,000
Ⅳ. 고정원가		
고정제조간접원가	₩500,000	
고정판매비와관리비	₩400,000	₩900,000
Ⅴ. 영업이익		₩600,000

3. 초변동원가계산

Ⅰ. 매출액		₩6,000,000
Ⅱ. 직접재료원가		
기초제품재고액(10,000개×₩30)	₩300,000	
당기제품제조원가(50,000개×₩30)	₩1,500,000	
기말제품재고액	₩0	₩1,800,000
Ⅲ. 재료처리량공헌이익		₩4,200,000
Ⅳ. 운영비용		
직접노무원가(50,000개×₩20)	₩1,000,000	
변동제조간접원가(50,000개×₩15)	₩750,000	
변동판매비와관리비(60,000개×₩10)	₩600,000	
고정제조간접원가	₩500,000	
고정판매비와관리비	₩400,000	₩3,250,000
Ⅴ. 영업이익		₩950,000

위 예제에서 살펴본 것처럼 생산량이 판매량보다 적은 경우 변동원가계산에 의한 영업이익이 전부원가계산에 의한 영업이익보다 크다. 그 이유는 전부원가계산에서 기초제품에 배부되었던 고정제조간접원가가 당기에 비용화되어 그만큼 영업이익이 적어지기 때문이다. 즉, 두 방법의 영업이익차이 ₩100,000(₩600,000−₩500,000)은 전부원가계산에서 기초제품에 배부되었던 고정제조간접원가(10,000개 × ₩10)임을 알 수 있다. 또한 초변동원가계산에 의한 영업이익이 변동원가계산에 의한 영업이익보다 크다. 그 이유는 변동원가계산에서 기초제품에 포함되었던 직접노무원가와 변동제조간접원가가 당기에 비용화되어 그만큼 영업이익이 작아지기 때문이다. 역시 두 방법의 영업이익차이 ₩350,000(₩950,000−₩600,000)은 변동원가계산에서 기초제품에 포함되었던 직접노무원가와 변동제조간접원가(10,000개×(₩20+₩15))임을 알 수 있다.

2 판매량이 일정할 때 생산량의 변동과 영업이익의 비교

판매량이 일정하고 생산량만 변동할 경우, 각 원가계산방법에 의한 영업이익의 변화를 비교해 보자. 앞에서는 한 해를 기준으로 살펴보았으나, 여기서는 3년간의 생산량 변동을 동태적으로 살펴보자.

예제

판매량이 일정할 때 생산량의 변동과 영업이익의 비교

(주)지리산의 원가구조와 20×0년, 20×1년, 20×2년의 제품변동은 다음과 같다.

단위당 판매가격	₩100	고정제조간접원가	₩600,000
단위당 직접재료원가	₩30	고정판매관리비	₩400,000
단위당 변동가공원가	₩35		
단위당 변동판매관리비	₩10		

	20×0년	20×1년	20×2년
기초제품수량	0개	10,000개	10,000개
당기생산량	50,000개	40,000개	30,000개
당기판매량	40,000개	40,000개	40,000개
기말제품수량	10,000개	10,000개	0개

• 요구사항 •
제품에는 선입선출법이 적용된다고 가정하여,
1. 전부원가계산에 의한 각 연도의 영업이익을 구하시오.
2. 변동원가계산에 의한 각 연도의 영업이익을 구하시오.
3. 초변동원가계산에 의한 각 연도의 영업이익을 구하시오.

풀 이

1. 전부원가계산

	20×0년	20×1년	20×2년
매출액	₩4,000,000	₩4,000,000	₩4,000,000
매출원가*	3,080,00	3,170,000	3,350,000
매출총이익	920,000	830,000	650,000
판매비와관리비			
변동판매비와관리비	400,000	400,000	400,000
고정판매비와관리비	400,000	400,000	400,000
영업이익(손실)	₩120,000	₩30,000	₩(150,000)

* 매출원가

20×0년	
기초제품재고액	0
당기제품제조원가(50,000개 × 77**)	3,850,000
기말제품재고액(10,000개 × 77**)	770,000
매출원가	3,080,000

** 고정제조간접원가 배부율=₩600,000÷50,000개=₩12
단위당 제품제조원가=₩65(단위당 변동제조원가)+₩12=₩77

20×1년	
기초제품재고액	770,000
당기제품제조원가(40,000개 × 80***)	3,200,000
기말제품재고액(10,000개 × 80***)	800,000
매출원가	3,170,000

*** 고정제조간접원가 배부율=₩600,000÷40,000개=₩15
단위당 제품제조원가=₩65(단위당 변동제조원가)+₩15=₩80

20×2년	
기초제품재고액	800,000
당기제품제조원가(30,000개 × 85****)	2,550,000
기말제품제조액	0
매출원가	3,350,000

**** 고정제조간접원가 배부율=₩600,000÷30,000개=₩20
단위당 제품제조원가=₩65(단위당 변동제조원가)+₩20=₩85

2. 변동원가계산

	20×0년	20×1년	20×2년
매출액	₩4,000,000	₩4,000,000	₩4,000,000
변동원가			
변동매출원가*	2,600,000	2,600,000	2,600,000
변동판매비와관리비	400,000	400,000	400,000
공헌이익	₩1,000,000	₩1,000,000	₩1,000,000
고정원가			
고정제조간접원가	600,000	600,000	600,000
고정판매비와관리비	400,000	400,000	400,000
영업이익(손실)	₩0	₩0	₩0

* 변동매출원가＝₩65(단위당 변동제조원가)×40,000개＝₩2,600,000

3. 초변동원가계산

	20×0년	20×1년	20×2년
매출액	₩4,000,000	₩4,000,000	₩4,000,000
직접재료원가*	1,200,000	1,200,000	1,200,000
재료처리량 공헌이익	2,800,000	2,800,000	2,800,000
고정원가			
변동가공원가	1,750,000	1,400,000	1,050,000
변동판매비와관리비	400,000	400,000	400,000
고정제조간접원가	600,000	600,000	600,000
고정판매비와관리비	400,000	400,000	400,000
영업이익(손실)	₩(350,000)	₩0	₩350,000

* 직접재료원가＝₩30(단위당 직접재료원가)×40,000개＝₩1,200,000

위 예제의 결과에서 알 수 있듯이 전부원가계산은 매년 판매량이 일정하더라도 생산량이 변동하면 영업이익이 달라진다. 이에 반해 변동원가계산은 매년 생산량이 변동하더라도 판매량이 일정하면 영업이익이 변하지 않는다. 이러한 이유 때문에 오직 판매량에 의해서만 이익이 영향을 받는 변동원가계산이 판매량은 물론 생산량에 의해서도 영향을 받는 전부원가계산보다 경영성과 평가면에서 우월하다고 볼 수 있다.

전부원가계산은 고정제조간접원가를 제품에 배부하므로 생산량이 많을수록 고정제조간접원가 배부율이 낮아지며, 이로 인해 제품의 단위당 제조원가가 낮아진다. 반대로 생산량이 적을수록 고정제조간접원가 배부율이 높아지고, 이로 인해 제품의 단위당 제조원가가 높아진다. 예제에서도 판매량은 일정한데 생산량이 감소하면 전부원가계산의 영업이익이 감소하였다. 이런 점 때문에 전부원가계산에서는 생산량을 증가시키려는 유인이 발생하고, 불필요한 재고가 누적되어 재고유지비가 증가하며 재고자산이 진부화되는 등의 손실을 초래할 수 있다.

예제에서 하나 더 유의할 부분은 생산량과 판매량이 같았던 20×1년도의 영업이익이다. 앞에서 생산량과 판매량이 같으면 일반적으로 전부원가계산과 변동원가계산, 초변동원가계산에서 영업이익이 같다고 했는데, 여기서는 전부원가계산에서 ₩30,000, 변동원가계산과 초변동원가계산에서 ₩0으로 영업이익이 달랐다. 그 이유는 생산량과 판매량은 같았으나 전부원가계산에서 기초제품과 기말제품 10,000개에 배부된 고정제조간접원가가 서로 달랐기 때문이다. 즉, 기초제품에는 ₩120,000 (10,000개 × ₩12(20×0년의 고정제조간접원가 배부율)), 기말제품에는 ₩150,000(10,000개 × ₩15 (20×1년의 고정제조간접원가 배부율))의 고정제조간접원가가 배부되었고 이러한 ₩30,000의 차이가 영업이익의 차이로 나타났다.

05 변동원가계산과 전부원가계산에 의한 이익의 조정

변동원가계산에 의한 영업이익과 전부원가계산에 의한 영업이익의 차이는 근본적으로 고정제조간접원가의 비용화 시점 때문에 발생한다. 만약 생산량과 판매량이 동일하다면 두 방법하에서의 영업이익이 동일하지만, 생산량과 판매량이 다를 경우에는 두 방법하에서의 영업이익에 차이가 나게된다. 이를 요약하면 다음과 같다.

재고자산의 변화	영업이익의 비교
생산량 = 판매량(기초재고량 = 기말재고량)	전부원가계산의 영업이익 = 변동원가계산의 영업이익
생산량 〉 판매량(기초재고량 〈 기말재고량)	〉
생산량 〈 판매량(기초재고량 〉 기말재고량)	〈

앞에서 살펴보았듯이 외부보고용으로는 전부원가계산을 사용해야 한다. 그러나 변동원가계산을 사용하는 회사도 회계기간 말에 약간의 수정을 해주면 전부원가계산에 의한 원가자료를 만들 수 있기 때문에 변동원가계산을 사용하는 회사가 기중에 두 가지 방법의 회계기록을 유지할 필요는 없다.

변동원가 손익계산서를 전부원가 손익계산서로 전환하는 절차의 핵심은 고정제조간접원가 중 변동원가계산하에서 제품원가에 포함되지 않았던 부분을 기말재고자산과 매출원가에 안분하여 가산하는 것이다.

변동원가에 의한 영업이익을 전부원가에 의한 영업이익으로 전환하는 공식은 다음과 같다.

변동원가계산의 영업이익
+ 기말재고자산에 포함된 고정제조간접원가
- 기초재고자산에 포함된 고정제조간접원가
─────────────────────────────
전부원가계산의 영업이익

위의 식에서 단위당 고정제조간접원가가 기초와 기말에 동일하다면, 다음과 같은 식으로도 표현할 수 있다.

변동원가계산의 영업이익
+ (기말재고-기초재고) × 단위당 고정제조간접원가
─────────────────────────────
전부원가계산의 영업이익

한 가지 유의할 사항은 회사가 재고자산 평가방법으로 선입선출법을 채택하고 있다면 위와 같은 식으로 변동원가 손익계산서를 전부원가 손익계산서로 간단하게 변환할 수 있지만, 만약 재고자산 평가방법으로 후입선출법이나 평균법을 채택하고 있을 경우에는 두 원가계산하의 영업이익의 차이가 수년간에 걸쳐 이연되는 고정원가의 함수가 될 것이므로 매우 복잡하게 된다는 점이다.

06 초변동원가계산과 변동, 전부원가계산에 의한 이익의 조정

1 변동원가계산을 포함한 영업이익 전환

초변동원가계산의 영업이익
+ 기말재고자산에 포함된 변동가공원가*
− 기초재고자산에 포함된 변동가공원가*
―――――――――――――――――
= 변동원가계산의 영업이익
+ 기말재고자산에 포함된 고정제조간접원가
− 기초재고자산에 포함된 고정제조간접원가
―――――――――――――――――
= 전부원가계산의 영업이익

} 이익조정 항목만큼
재고자산금액이 차이남.

* 변동원가계산의 재고자산에 포함된 직접노무원가와 변동제조간접원가

2 초변동원가계산의 영업이익에서 전부원가계산의 영업이익으로 직접 전환

초변동원가계산의 영업이익
+ 기말재고자산에 포함된 가공원가
− 기초재고자산에 포함된 가공원가*
―――――――――――――――――
= 전부원가계산의 영업이익

* 전부원가계산의 재고자산에 포함된 직접노무원가, 변동제조간접원가 및 고정제조간접원가

사무용 문구류를 제조하여 판매하는 주식회사 삼일은 표준원가계산시스템을 사용한다. 즉, 직접원가는 표준가격과 실제산출량에 허용되는 표준투입량을 곱한 금액으로 제품별로 추적되며, 제조간접원가는 간접원가표준배부율과 실제산출량에 허용되는 표준조업도를 곱한 금액으로 제품에 배부된다. 제조간접원가의 배부기준은 생산량이다. (주)삼일의 사장은 다이어리부문에 대한 20×1년도의 손익계산서를 작성하도록 지시하였으며, 연간 주요 운영자료는 다음과 같다.

기초제품재고량	0 (단위)
생산량	400
판매량	300
기말제품재고량	100

20×1년도의 수익과 표준원가에 대한 자료는 다음과 같다.

판매가격	(판매단위당)	₩50,000
변동제조원가		
직접재료원가		₩5,500
직접노무원가		2,000
변동제조간접원가		2,500
합계	(생산단위당)	₩10,000
변동판매비와관리비	(판매단위당)	₩9,500
고정제조간접원가		3,000,000
고정판매비와관리비		2,700,000

변동제조원가는 생산량에 비례하여 발생하고, 변동판매비와관리비는 판매량에 비례하여 발생한다.

주식회사 삼일에 대하여 다음의 내용을 가정한다.
① 재공품은 없다.
② 20×1년도의 생산에 대한 기준조업도는 400단위인데, 이는 20×1년도의 실제생산량과 동일하다.
③ 주식회사 삼일은 20×1년에 300단위를 판매하는 것으로 예산을 수립하였으며, 이는 20×1년도의 실제판매량과 같다.
④ 제조원가의 차이는 없다.

(주)삼일의 20×1년도 손익계산서를 전부원가계산, 변동원가계산, 초변동원가계산에 의하여 작성하시오.

사례해답

1. 전부원가계산

Ⅰ. 매출액(₩50,000×300)			₩15,000,000
Ⅱ. 매출원가			
1. 기초제품재고액		0	
2. 당기제품제조원가(400×₩17,500*)		7,000,000	
3. 기말제품재고액(100×₩17,500*)		(−)1,750,000	5,250,000
Ⅲ. 매출총이익			9,750,000
Ⅳ. 판매비와관리비			
1. 변동판매비와관리비(300×₩9,500)		2,850,000	
2. 고정판매비와관리비		2,700,000	5,550,000
Ⅴ. 영업이익			₩4,200,000

* 제품 단위당 고정제조간접원가 = ₩3,000,000÷400(단위)=₩7,500/단위
∴ 제품 단위당 제조원가=₩10,000+7,500=₩17,500

2. 변동원가계산

Ⅰ. 매출액(₩50,000×300)			₩15,000,000
Ⅱ. 변동매출원가			
1. 기초제품재고액		0	
2. 당기제품제조원가(400×₩10,000*)		4,000,000	
3. 기말제품재고액(100×₩10,000*)		(−)1,000,000	
		3,000,000	
변동판매비와관리비(₩9,500×300)		2,850,000	5,850,000
Ⅲ. 공헌이익			9,150,000
Ⅳ. 고정원가			
1. 고정제조간접원가		3,000,000	
2. 고정판매비와관리비		2,700,000	5,700,000
Ⅴ. 영업이익			₩3,450,000

* 제품 단위당 변동제조원가 = ₩10,000/단위

3. 초변동원가계산

I. 매출액(₩50,000×300)			₩15,000,000
II. 직접재료원가			
	1. 기초제품재고액	0	
	2. 당기제품제조원가(400×₩5,500*)	2,200,000	
	3. 기말제품재고액(100×₩5,500*)	550,000	1,650,000
III. 재료처리량공헌이익			13,350,000
IV. 운영비용			
	1. 직접노무원가(400×₩2,000)	800,000	
	2. 변동제조간접원가(400×₩2,500)	1,000,000	
	3. 고정제조간접원가	3,000,000	
	4. 변동판매비와관리비(300×₩9,500)	2,850,000	
	5. 고정판매비와관리비	2,700,000	10,350,000
V. 영업이익			₩3,000,000

* 제품 단위당 직접재료원가 = ₩5,500/단위

MEMO

01 전부원가계산에서 재고자산가액에 포함되는 원가항목을 모두 올바르게 나열한 것은?

① 직접재료원가
② 직접재료원가, 직접노무원가, 변동제조간접원가
③ 직접재료원가, 직접노무원가, 변동제조간접원가, 고정제조간접원가
④ 직접재료원가, 직접노무원가, 변동제조간접원가, 변동판매비와관리비

02 20X1년에 영업을 시작한 (주)삼일은 당기에 1,000단위의 제품을 생산하여 800단위의 제품을 판매하였다. 당기의 판매가격 및 원가자료가 다음과 같을 때, 전부원가계산의 영업이익은 얼마인가?

판매가격	100원
제품단위당 직접재료원가	25원
제품단위당 직접노무원가	20원
제품단위당 변동제조간접원가	6원
제품단위당 변동판매비와관리비	10원
고정제조간접원가	16,000원

① 15,200원   ② 18,400원
③ 19,200원   ④ 23,200원

03 변동원가계산에서 재고자산가액에 포함되는 원가항목을 모두 올바르게 나열한 것은?

① 직접재료원가, 직접노무원가
② 직접재료원가, 직접노무원가, 변동제조간접원가
③ 직접재료원가, 직접노무원가, 변동제조간접원가, 고정제조간접원가
④ 직접재료원가, 직접노무원가, 변동제조간접원가, 변동판매비와관리비

04 다음 중 변동원가계산의 한계에 관한 설명으로 가장 올바르지 않은 것은?

① 원가행태의 구분이 현실적으로 쉽지 않다.

② 일반적으로 인정된 회계원칙에 의한 외부보고용 회계정보로 활용될 수 없다.

③ 고정원가의 중요성을 간과할 수 있어 가격결정과 관련된 잘못된 의사결정을 할 수 있다.

④ 공통적인 고정원가를 부문이나 제품에 배부하므로 부문별, 제품별 의사결정 문제에 왜곡을 초래할 수 있다.

NEW

05 다음 중 괄호 안에 들어갈 알맞은 용어를 올바르게 짝지은 것은?

> 전부원가계산제도는 (A)개념에 근거를 두고 있다. (A)개념이란 제품생산과 관련한 원가는 원가의 행태에 관계없이 모두 제품의 원가로 보는 것이다. 변동원가계산제도는 (B)개념에 근거를 두고 있다. (B)개념이란 발생한 원가가 미래에 동일한 원가의 발생을 방지할 수 없다면 그 원가는 자산성을 인정할 수 없다는 것이다.

	A	B		A	B
①	원가부착	원가회피	②	원가회피	원가부착
③	원가부착	기간원가	④	원가회피	기간원가

06 다음 중 변동원가계산에 의한 손익계산서와 관련된 설명으로 가장 올바른 것은?

> ㄱ. 공헌이익을 계산한다.
> ㄴ. 변동제조간접원가를 기간비용으로 처리한다.
> ㄷ. 고정제조간접가는 공헌이익 산출에 포함되지 않는다.
> ㄹ. 제품생산량이 영업이익에 영향을 미친다.
> ㅁ. 판매비와관리비를 변동비와 고정비로 분리하여 보고한다.

① ㄱ, ㄴ, ㄷ   ② ㄱ, ㄷ, ㅁ

③ ㄴ, ㄷ, ㄹ   ④ ㄴ, ㄷ, ㅁ

07 변동원가계산에 대한 다음의 설명 중 옳지 않은 것은?

① 변동원가계산 손익계산서에는 이익계획 및 의사결정 목적에 유용하도록 변동비와 고정비가 분리되고 공헌이익이 보고된다.
② 변동원가계산에서는 일반적으로 고정제조간접원가를 기간비용으로 처리한다.
③ 변동원가계산에서는 판매량과 생산량의 관계에 신경을 쓸 필요 없이 판매량에 기초해서 공헌이익을 계산한다.
④ 변동원가계산에 의한 영업이익은 생산량에 따라 달라진다.

08 다음 설명 중 변동원가계산제도의 특징으로 옳은 것을 모두 고르면?

> 가. 이익에 영향을 미치는 주요 요인은 판매량이며 생산량은 이익에 영향을 미치지 않는다.
> 나. 변동원가계산제도는 기업회계기준에서 인정하는 원가계산제도이다.
> 다. 변동원가계산제도에서의 이익은 매출액과 동일한 방향으로 움직이므로 경영자의 입장에서 이해하기 쉽다.
> 라. 공통고정원가를 부문이나 제품별로 배분하기 때문에 부문별, 제품별 의사결정문제에 왜곡을 초래할 가능성이 존재한다.

① 가, 나   ② 가, 다
③ 가, 다, 라   ④ 나, 라

09 초변동원가계산에서 재고자산가액에 포함되는 원가항목을 모두 올바르게 나열한 것은?

① 직접재료원가
② 직접재료원가, 직접노무원가
③ 직접재료원가, 직접노무원가, 변동제조간접원가
④ 직접재료원가, 직접노무원가, 변동제조간접원가, 고정제조간접원가

10 다음 중 초변동원가계산에 관한 설명으로 가장 올바르지 않은 것은?

① 초변동원가계산에 의한 영업이익은 단위당 현금창출공헌이익에 판매수량을 곱하고 운영비용을 차감하여 계산한다.

② 생산량이 증가할수록 영업이익이 감소되므로 재고자산보유를 최소화하도록 유인을 제공한다.

③ 제조간접원가에 포함되는 혼합원가를 임의로 고정원가와 변동원가로 구분할 필요없이 모두 기간비용으로 처리하기에 혼합원가의 주관적 구분이 불필요하다.

④ 전부원가계산과 마찬가지로 원가부착개념에 근거를 두고 있다.

11 다음 중 초변동원가계산방법에 관한 설명으로 가장 올바르지 않은 것은?

① 매출액에서 판매된 제품의 직접재료원가를 차감하여 현금창출 공헌이익을 계산한다.

② 직접노무원가와 제조간접원가도 운영비용에 포함하여 기간비용으로 처리한다.

③ 초변동원가계산방법이 변동원가계산방법보다 불필요한 재고누적 방지효과가 크다.

④ 초변동원가계산방법도 외부보고목적의 재무제표 작성에 이용될 수 있다.

12 다음 변동원가계산과 전부원가계산의 차이점을 정리한 내용 중 가장 옳지 않은 것은?

구분	변동원가계산	전부원가계산
① 기본목적	내부계획과 통제 등 경영관리	외부보고목적
② 제품원가	직접재료원가 + 직접노무원가 + 변동제조간접원가	직접재료원가 + 직접노무원가 + 변동제조간접원가 + 고정제조간접원가
③ 보고양식	공헌이익접근법의 손익계산서	전통적 손익계산서
④ 이익결정요인	판매량	생산량

13 다음 원가구성에 따른 원가계산방법에 관한 설명으로 올바르지 않은 것을 모두 고르면?

> ㄱ. 전부원가계산과 초변동원가계산에서 이익의 결정 요인은 판매량과 생산량이다.
> ㄴ. 기초재고수량이 기말재고수량보다 적다면 초변동원가계산에 의한 영업이익이 변동원가계산에 의한
>   영업이익보다 크다.
> ㄷ. 원가부착개념에 근거를 두는 전부원가계산은 운영비용의 중요성을 간과한다는 한계점을 갖는다.
> ㄹ. CVP 분석이 목적이라면 재료처리량공헌이익이 표시되는 손익계산서가 가장 유용하다.

① ㄱ, ㄴ   ② ㄴ, ㄷ

③ ㄷ, ㄹ   ④ ㄴ, ㄷ, ㄹ

※ [문제 14~16] 다음 자료를 이용하여 물음에 답하시오.

(주)삼일은 올해 초에 영업활동을 시작하여 올해에 제품 500단위를 생산하였고, 단위당 판매가격은
₩1,000이다. 올해의 원가자료는 다음과 같다.

	변동비	고정비
직접재료원가	@₩300	–
직접노무원가	@₩200	–
제조간접원가	@₩100	₩100,000
판매비와관리비	@₩150	₩150,000

14 올해의 판매량이 400단위였다면, 전부원가계산에 의한 기말제품재고액은 얼마인가?

① ₩50,000   ② ₩60,000

③ ₩70,000   ④ ₩80,000

15 올해의 판매량이 400단위였다면, 변동원가계산에 의한 기말제품재고액은 얼마인가?

① ₩50,000   ② ₩60,000
③ ₩70,000   ④ ₩80,000

16 올해의 판매량이 400단위였다면, 초변동원가계산에 의한 기말제품재고액은 얼마인가?

① ₩20,000   ② ₩30,000
③ ₩40,000   ④ ₩50,000

17 (주)삼일은 당기 초에 영업활동을 시작하여 당기에 제품 500단위를 생산하였으며, 당기의 원가
자료는 다음과 같다.

단위당 직접재료원가	₩300
단위당 직접노무원가	₩200
단위당 변동제조간접원가	₩100
단위당 변동판매비와관리비	₩150
고정제조간접원가	₩100,000
고정판매비와관리비	₩150,000

당기 판매량이 300단위였다면 전부원가계산에 의한 기말제품재고액과 변동원가계산에 의한 기
말제품재고액의 차이는 얼마인가?

① ₩40,000   ② ₩60,000
③ ₩80,000   ④ ₩100,000

18 20X1년 (주)삼일은 신제품 A를 500단위 생산하였는데 이에 대한 단위당 변동제조원가는 ₩10 이고 단위당 고정제조간접원가는 ₩3이다. 20X1년 신제품에 대한 기초재고액은 없었으며 기말 재고 수량만이 100단위일 경우, 전부원가계산방법 대신에 변동원가계산방법을 적용한다면 20X1년 12월 31일의 기말재고액은 전부원가계산방법에 비해 얼마나 변동할 것인가?

① ₩100 증가   ② ₩100 감소
③ ₩300 증가   ④ ₩300 감소

NEW

19 다음 자료를 참고하여 (주)삼일의 전부원가계산에 따른 매출총이익, 변동원가계산에 따른 공헌이익, 초변동원가계산에 따른 재료처리량공헌이익을 각각 올바르게 계산한 것은 어느 것인가?

제품단위당 직접재료원가	100원 120원
제품단위당 직접노무원가	50원
제품단위당 변동제조간접원가	30원
제품단위당 변동판매비와관리비	500,000원
고정제조간접원가	400,000원
고정판매비와관리비	

기초제품과 기말제품은 없으며 (주)삼일은 당기 10,000개를 생산하여 전량 판매하였다. 제품 단위당 판매가격은 1,500원이다.

	전부원가계산 매출총이익	변동원가계산 공헌이익	초변동원가계산 재료처리량공헌이익
①	12,300,000원	12,300,000원	14,000,000원
②	12,300,000원	12,300,000원	12,800,000원
③	11,800,000원	12,000,000원	14,000,000원
④	11,800,000원	12,000,000원	12,800,000원

20 다음은 (주)삼일의 20X1년 동안의 손익에 대한 자료이다.

순매출액	5,000,000원	변동판매관리비	260,000원
변동제조원가	1,350,000원	고정판매관리비	550,000원
고정제조원가	500,000원	생산량	90,000단위
판매량	70,000단위	기초제품재고	없음

변동원가계산에 의한 (주)삼일의 기말제품재고액과 영업이익은 얼마인가?

	기말제품재고액	영업이익
①	300,000원	2,840,000원
②	300,000원	2,640,000원
③	350,000원	2,840,000원
④	350,000원	2,640,000원

21 (주)삼일의 7월 한달 간 변동원가계산에 대한 자료이다. 7월의 총매출액은 얼마인가?

제품 단위당 판매가격	7,000원
단위당 변동원가	4,500원
총고정원가	2,300,000원
영업이익	8,750,000원

① 19,890,000원 ② 30,940,000원
③ 38,590,000원 ④ 42,500,000원

22 삼일전자의 20X1년 2월의 제품 생산 및 판매와 관련된 자료는 다음과 같다.

생산량	3,000개
판매량	2,800개
판매가격	250원
직접재료원가	80원
직접노무원가	20원
변동제조간접원가	30원
고정제조간접원가	25원
단, 기초 제품재고는 없다.	

초변동원가계산을 이용한 삼일전자의 20X1년 2월의 재료처리량 공헌이익은 얼마인가?

① 336,000원　　　　　　　② 420,000원
③ 476,000원　　　　　　　④ 510,000원

23 다음 자료를 이용하여 초변동원가계산에 의한 영업이익을 계산하면 얼마인가?

판매수량 = 생산수량	20,000개
제품단위당 판매가격	₩400
제품단위당 직접재료원가	50
제품단위당 직접노무원가	30
제품단위당 변동제조간접원가	70
제품단위당 변동판매비와관리비	120
고정제조간접원가	500,000
고정판매비와 관리비	1,100,000

① ₩1,000,000　　　　　　② ₩2,600,000
③ ₩5,400,000　　　　　　④ ₩7,000,000

24 다음 중 원가계산방법과 특징이 짝지어진 것으로 가장 올바르지 않은 것은?

① 전부원가계산 – 기업 외부 공시 목적의 기능적 손익계산서를 작성하는데 이용된다.
② 변동원가계산 – 모든 제조간접원가는 기간원가로 처리된다.
③ 변동원가계산 – 공헌이익 손익계산서의 작성에 이용된다.
④ 초변동원가계산 – 원가회피 개념에 근거를 두고 있다.

25 다음 빈칸에 들어가는 말로 가장 올바르게 짝지어진 것은?

> 초변동원가계산에서의 순이익을 변동원가계산의 순이익으로 전환하기 위해서는 재고자산에 포함된 (ㄱ)을
> 가감해야 하고, 이를 다시 전부원가계산의 순이익으로 전환하기 위해서는 재고자산에 포함된 (ㄴ)을 조정
> 해 주어야 한다.

① ㄱ : 변동가공원가, ㄴ : 고정제조간접원가
② ㄱ : 가공원가,   ㄴ : 고정제조간접원가
③ ㄱ : 변동가공원가, ㄴ : 제조간접원가
④ ㄱ : 가공원가,   ㄴ : 제조간접원가

26 다른 조건이 동일할 때 다음 중 어떠한 상황에서 전부원가계산에 의한 영업이익이 변동원가계산
에 의한 영업이익보다 크게 되는가?

① 고정제조간접원가가 증가할 때   ② 고정제조간접원가가 감소할 때
③ 판매량이 생산량보다 많을 때   ④ 생산량이 판매량보다 많을 때

27 (주)삼일의 20X1년 재고자산 물량 자료는 다음과 같다. (주)삼일의 제조간접비 및 판매비와관리비 중 약 50 % 는 변동비성 원가이다. 다음 중 각 원가계산 방법을 적용했을 때 당기 영업이익이 큰 순서대로 나열한 것으로 가장 옳은 것은?

기초재고수량	10,000개
당기제조	20,000개
당기판매	25,000개
기말재고수량	5,000개

① 초변동원가계산 〉 변동원가계산 〉 전부원가계산
② 전부원가계산 〉 변동원가계산 〉 초변동원가계산
③ 초변동원가계산 = 변동원가계산 〉 전부원가계산
④ 초변동원가계산 〉 변동원가계산 = 전부원가계산

28 전기와 당기의 단위당 고정제조간접원가가 동일하고 기초재고액보다 기말재고액이 큰 경우에 변동원가계산에 의한 순이익과 전부원가계산에 의한 순이익을 비교한 결과로 가장 옳은 것은?

① 변동원가계산에 의한 순이익이 더 크다.
② 전부원가계산에 의한 순이익이 더 크다.
③ 순이익은 같다.
④ 상황에 따라 이익의 크기가 달라진다.

29 (주)삼일전자의 20X1년 제품 생산 및 판매와 관련된 자료는 다음과 같다. 전부원가계산에 의한 영업이익이 260,000원일 경우, 변동원가계산을 이용한 (주)삼일전자의 20X1년 영업이익은 얼마인가?

매출량	3,000개(단위당 판매가격 200원)
기말 제품재고량	500개(단, 기초제품재고는 없다)
변동판매관리비	50,000원
단위당 변동직접원가	60원
단위당 변동제조간접원가	20원
단위당 고정제조간접원가	5원
단, 고정판매관리비는 발생하였으나 금액은 알 수 없다.	

① 220,000원   ② 257,500원

③ 258,000원   ④ 260,000원

30 (주)삼일은 단일제품을 생산·판매하고 있다. 20X1년 생산량은 500단위이고 판매량은 300단위이며, 원가자료는 다음과 같다

항 목	단위당 원가
변동제조원가	23,000원
변동판매관리비	5,000원

연간 고정제조간접가는 1,000,000원이고 고정판매관리비는 500,000원이라면, 당기의 전부원가계산에 의한 영업이익과 변동원가계산에 의한 영업이익의 차이는?(단, 기초재고수량은 없으며, 단위당 판매가격은 50,000원임)

① 200,000원   ② 400,000원

③ 500,000원   ④ 700,000원

31 (주)삼일의 원가 관련 자료를 기초로 전부원가계산에 의한 순이익을 계산하면 얼마인가?

기초 재고자산에 포함된 가공원가	3,000,000원
기말 재고자산에 포함된 가공원가	1,500,000원
초변동원가계산의 순이익	5,000,000원

① 500,000원   ② 3,500,000원

③ 6,500,000원   ④ 9,500,000원

32 다음은 올해 개업한 (주)삼일의 원가자료이다. 전부원가계산하의 영업이익이 변동원가계산하의 영업이익보다 20,400원이 많다면, 당기 생산수량은 몇 개인가?

매출액	391,500원	단위당 판매가격	900원
단위당 변동제조원가	300원	단위당 고정제조간접원가	240원

① 80개   ② 350개

③ 430개   ④ 520개

33 20X1년 3월에 영업을 시작한 (주)삼일은 선입선출법에 의한 실제원가계산제도를 채택하고 있으며, 20X1년 3월과 4월의 생산과 판매에 관한 자료는 다음과 같다. 20X1년 4월 중 전부원가계산에 의한 영업이익이 변동원가계산에 의한 영업이익보다 200,000원 작다고 할 때, 3월 고정제조간접원가는 얼마인가?

	3월	4월
생 산 량	8,000단위	9,000단위
판 매 량	7,000단위	10,000단위

① 1,200,000원   ② 1,600,000원
③ 1,800,000원   ④ 2,000,000원

34 (주)삼일은 당기에 영업을 개시하여 단일 종류의 제품 50,000 단위를 생산하였다. 당기 영업이익으로 200,000 원을 외부보고 하였는데 이는 변동원가계산에 의한 영업이익보다 90,000 원 더 큰 것이다. 당기 (주)삼일의 원가 구성이 다음과 같을 때, 당기의 (ㄱ)판매수량과 (ㄴ)단위당 판매 가격은 각각 얼마인가?

	변동원가	고정원가
직접재료원가	30원/개	–
직접노무원가	20원/개	–
변동제조간접원가	15원/개	–
고정제조간접원가	–	500,000원
변동판매비와관리비	10원/개	–
고정판매비와관리비	–	415,000원

	(ㄱ)	(ㄴ)		(ㄱ)	(ㄴ)
①	41,000개	95원	②	41,000개	100원
③	48,000개	95원	④	48,000개	100원

Chapter

5

새로운
원가계산방법

I 활동기준원가계산

01 활동기준원가계산의 개념

1 활동기준원가계산의 의의

활동기준원가계산(activity-based costing, ABC)이란 보다 정확한 원가계산을 위해 기업의 기능을 여러 가지 활동으로 구분한 다음, 활동을 기본적인 원가대상으로 삼아 원가를 집계하고 이를 토대로 하여 다른 원가대상들(제품, 고객, 서비스 등)의 원가를 계산하는 원가계산방법이다.

활동기준원가계산은 '제품은 활동을 소비하고, 활동은 자원을 소비한다.'는 사고에 근거하여 제품을 생산하기 위해서 소비된 활동을 측정함으로써 제품원가를 보다 정확하게 계산하는 방법이라고 할 수 있다.

2 활동기준원가계산의 도입배경

(1) 전통적 배부기준에 대한 비판(새로운 배부기준의 필요성)

전통적 원가계산은 제조간접원가가 조업도(생산량)에 비례한다는 가정하에 직접노무원가, 직접노동시간, 기계시간과 같은 생산량과 비례관계에 있는 배부기준에 의하여 제조간접원가를 배부한다. 이에 따라 생산량이 많은 제품에 상대적으로 많은 제조간접원가가 배부되고 생산량이 적은 제품에는 상대적으로 제조간접원가가 적게 배부되었다. 또한 과거의 소품종 대량생산체제와는 달리 고객의 다양한 소비욕구로 인한 현대의 다품종 소량생산체제하에서는 빈번한 구매주문, 작업준비, 품질검사 등으로 인한 제조간접원가의 발생이 점점 증가한다. 그럼에도 불구하고 전통적 원가계산제도는 이들 활동이 원가에 미치는 영향을 무시하고 단순히 직접노무원가, 직접노동시간, 기계시간 등 조업도(배부기준)를 기준으로 제조간접원가를 제품에 배부한다.

그로인해 구매주문, 작업준비, 품질검사 등의 활동을 통해 제조간접원가를 증가시키는 다품종 소량생산제품에 제조간접원가가 과소배부되어 실제보다 원가가 과소평가되고, 반대의 경우에는 오히려 과대평가되어 제품원가를 왜곡시키는 경향이 증가되었다.

활동기준원가계산제도하에서는 이러한 원가왜곡(cost distortion)을 줄이기 위해 각각의 활동별로 원가를 집계한 후, 원가동인을 배부기준으로 하여 소비된 활동에 따라 제조간접원가를 제품에 배부한다. 활동기준원가계산은 제조간접원가의 추적가능성을 향상시켜 보다 정확한 원가자료를 산출해 내는 것이 중요한 장점이며, 이러한 장점 때문에 다품종 소량생산을 주로 하고 원가요소 중 제조간접원가의 비중이 큰 기업에 매우 적합하다.

(2) 직접노무원가의 감소, 제조간접원가의 증가

산업이 고도화되고 고객의 요구가 다양해짐에 따라 제조환경이 다품종 소량생산으로 바뀌고 있으며 유연생산시스템, 컴퓨터통합생산시스템 등 생산기술이 발달하고 제조과정이 자동화됨으로 인하여 제조원가에서 직접노무원가가 차지하는 비중은 줄어든 반면 제조간접원가의 비중은 과거에 비해 훨씬 커졌다. 이와 같이 늘어난 제조간접원가를 전통적 원가배부기준인 직접노무원가, 직접노동시간, 기계시간 등을 기준으로 제품에 배부하는 방법으로는 제품원가를 정확히 계산하는 것이 힘들게 되어 새로운 원가계산제도가 필요하게 되었다.

(3) 원가개념의 확대-수명주기원가계산의 등장

종전에는 제품의 제조과정이 기업활동의 대부분을 차지하였으므로 제조원가만으로 제품원가를 계산할 수 있었으나, 최근에는 제조원가뿐만 아니라 연구개발, 설계, 마케팅, 유통, 고객서비스 등의 기타원가가 제품원가 내에서 큰 비중을 차지하게 되었다. 따라서 종전처럼 제조원가만으로 제품원가를 계산할 경우 제품과 관련된 원가는 실제보다 과소평가되어 원가계산, 의사결정, 성과평가 등을 정확히 할 수 없게 되었다. 그러므로 최근에는 제조원가뿐만 아니라 이러한 기타 원가도 제품과 관련된 원가로 인식하여 파악하게 되었다.

이와 같이 제품의 연구개발단계에서부터 폐기까지의 원가를 종합적으로 고려하는 수명주기원가계산(life cycle costing)이 등장하게 되면서 원가를 좀 더 정확하게 파악하자는 욕구가 증가하게 되었다.

(4) 정보수집기술의 발달

컴퓨터통합생산시스템의 도입으로 제조와 관련된 여러 활동에 대한 정보망이 구축되어 활동의 분석 및 이들 활동과 관련된 원가를 적은 비용으로 손쉽게 수집하여 이용하는 것이 가능하게 되었다. 활동기준원가계산이 애초 목표한 효과를 거두기 위해서는 기업에서 수행되는 주요 활동에 대한 자료가 적시에 확보되어야 한다. 이처럼 필요한 자료를 가장 정확하고 신속하게 수집할 수 있게 해주는 정보수집기술은 활동기준원가계산에 있어 필수적인 요소이다.

02 활동기준원가계산의 절차

1단계 : 활동분석(activity analysis) – 기업의 기능을 여러 가지 활동으로 구분하여 분석한다. 활동이란 자원을 사용하여 가치를 창출하는 작업으로서, ABC에서는 다음과 같이 크게 4가지로 나눈다.

① 단위수준활동

　　제품생산량에 따라 비례하는 활동

　　예 : 직접재료원가투입활동, 동력소비활동, 직접노무활동, 기계활동 등

② 배치(batch)수준활동

　　일정량(batch)에 대한 생산이 이루어질 때마다 수행되는 활동

　　예 : 구매주문활동, 작업준비활동, 품질검사활동, 금형교환활동 등

③ 제품유지활동

　　제품종류에 따라 특정제품을 회사의 생산 품목으로 유지하는 활동

　　예 : 특정제품의 설계와 연구개발 및 A/S활동 등

④ 설비유지활동

　　다양한 제품생산을 위하여 기본적인 설비유지를 위한 활동

　　예 : 공장관리활동, 건물임차활동, 안전유지활동 등

[표 5-1] 활동중심점, 원가동인과 추적가능한 원가의 활동중심점

활동중심점	원가동인	추적가능한 원가
단위수준활동	기계시간 노동시간 생산량	노무원가 동력원가 공장소모품
배치수준활동	주문횟수 검사시간 작업준비횟수	주문원가 품질검사원가(표본검사) 작업준비원가 재료취급원가
제품유지활동	시험횟수 시험시간 부품종류수	제품설계원가 설비시험원가 부품관리원가
설비유지활동	기계시간 노동시간 종업원수	공장감독자급여 공장감가상각비 종업원훈련원가

2단계 : 각 활동별로 제조간접원가를 집계

3단계 : 활동별 원가동인(배부기준)의 결정 – 원가를 가장 직접적으로 변동시키는 것이 무엇인가를 파악

4단계 : 활동별 제조간접원가 배부율 계산

$$\text{활동별 제조간접원가배부율} = \frac{\text{활동별 제조간접원가}}{\text{활동별 배부기준(원가동인)}}$$

5단계 : 원가대상(제품, 고객, 서비스 등)별 원가계산

원가대상(제품, 고객, 서비스 등)별 배부액

$= \Sigma$(소비된 활동수 × 활동별 제조간접원가배부율)

활동기준원가계산제도는 개별원가계산을 사용하는 기업은 물론 종합원가계산을 사용하는 기업에서도 적용할 수 있으며, 제조업뿐만 아니라 서비스업도 적용가능하다.

전통적 원가계산제도와 활동기준원가계산제도의 차이점을 살펴보면 다음과 같다.

[표 5-2]

	전통적 원가계산제도	활동기준원가계산제도
원가집합과 배부기준의 수	공장전체 또는 부문 같은 하나 또는 소수의 제조간접원가 집합과 배부기준이 존재함.	활동분야들이 많기 때문에 다수의 제조간접원가 집합 및 다양한 배부기준이 존재함.
배부기준과 원가요인	제조간접원가 배부기준이 원가동인일 수도 있고 아닐 수도 있음(인과관계가 약함).	활동별 원가동인을 제조간접원가 배부기준으로 함(인과관계가 강함).
배부기준의 성격	제조간접원가의 배부기준은 주로 직접노무비 같은 재무적인 측정치임.	제조간접원가의 배부기준은 주로 부품의 수, 검사횟수, 작업준비시간 등과 같은 비재무적인 측정치임.

03 활동기준원가계산의 장단점

활동기준원가계산의 도입배경에서 살펴보았듯이 활동기준원가계산은 많은 유용성을 가지고 있다. 활동기준원가계산의 장점을 간략히 언급하면 다음과 같다.

① 제조간접원가를 활동을 기준으로 배부함으로써 원가계산이 정확해진다.

원가를 다양하고 세분화한 원가대상인 활동별로 집계하고 각 활동별로 적절한 배부기준을 사용하여 원가를 배부하기 때문에 종전에는 제품별로 추적불가능하던 제조간접원가(예 : 동력비, 작업준비비, 품질검사비)도 활동기준원가계산하에서는 특정제품별로 집계되어 개별제품에 추적가능한 직접원가로 인식되어 원가계산이 보다 정확해진다.

② 활동기준원가계산으로 인한 원가절감이 가능하다.

제품원가를 계산하기 위해 활동을 분석하는 과정에서 부가가치활동(value added activity)과 비부가가치활동(non-value added activity)을 구분하여 비부가가치활동을 제거하거나 감소시킴으로써 생산시간을 단축할 수도 있고 활동별로 원가를 관리함으로써 상대적으로 많은 원가를 발생시키는 활동들을 줄여나갈 수 있다.

③ 활동기준원가계산은 의사결정과 성과평가에 유용하다. 즉, 정확한 원가대상(제품, 고객, 부문, 서비스)의 원가계산이 가능하고 이를 기초로 각 제품의 수익성에 대한 의사결정을 올바르게 할 수 있게 해주며 성과평가가 활동별로 가능하여 성과평가에 대한 불만이 감소된다. 고객도 원가대상으로 취급함으로써 고객별로 원가계산이 가능하며 개별고객의 수익성을 정확히 판별할 수 있어 주요고객의 판별과 고객서비스의 가격을 적정하게 결정할 수 있다.

④ 활동기준원가계산은 장기적으로 회사 전체의 효율성을 향상시킨다.

원가절감이나 성과평가를 위하여 부품의 수, 품질검사기간, 작업준비횟수 등의 비재무적인 측정치를 강조함으로써 이익이나 원가 등 재무적 측정치를 강조한 과거의 전통적 원가계산방식에 비해 현장관리자가 이해하고 받아들이기가 용이하며 의사소통이 원활해진다.

⑤ 종래의 제조간접원가배부방법은 재무회계목적의 원가정보만을 제공하였으나, 활동기준원가계산은 활동에 대한 정보를 제공함으로써 관리회계목적의 정보도 제공할 수 있다.

활동기준원가계산제도는 위와 같은 장점을 지니는 동시에 다음과 같은 단점도 있다.

① 활동분석과 원가동인의 파악에 소요되는 비용과 시간이 크다.

② 제조간접원가 중 원가동인을 파악할 수 없는 설비유지활동(예 : 공장의 감독자급여, 공장감가상각비)에 대해서는 직접노무원가, 직접노동시간, 기계시간 등과 같은 전통적 배부기준을 사용하여 배부할 수밖에 없다.

③ 제조간접원가를 발생시키는 기업의 활동을 명확하게 정의하고 구분하는 기준이 존재하지 않는다.

④ 새로운 체제로 전환하게 되면 기존 체제에 익숙한 구성원들이 반발할 수 있다.

나즌세무법인은 기업의 세무관련 조언을 해주고 있다. 이 회사는 고객들에게 전문서비스에 소요된 직접시간과 보조서비스(직접전문서비스원가의 30%)에 대해 요금을 부과한다. 회사에 있는 세 명의 전문가와 그들의 전문서비스에 소요된 시간당 요금은 다음과 같다.

전문가	시간당 요금(단위: 원)
김전문	500,000
박중간	120,000
이막내	80,000

나즌세무법인은 20×1년 12월 두 고객에 대한 청구서를 준비하였다. 각 고객별 전문서비스 시간은 다음과 같다.

전문가	고객당 시간	
	용산 상사	신촌 엔터테인먼트
김전문	15	2
박중간	3	8
이막내	22	30
합계	40	40

고객회사	직접전문서비스			보조서비스		
	시간당 요금	고객당 시간	합계	비율	합계	청구금액(원)
용산						
김전문	500,000	15	7,500,000	30%	2,250,000	9,750,000
박중간	120,000	3	360,000	30%	108,000	468,000
이막내	80,000	22	1,760,000	30%	528,000	2,288,000
					총 합계	12,506,000
신촌						
김전문	500,000	2	1,000,000	30%	300,000	1,300,000
박중간	120,000	8	960,000	30%	288,000	1,248,000
이막내	80,000	30	2,400,000	30%	720,000	3,120,000
					총 합계	5,668,000

용산과 신촌 모두 40시간의 전문서비스시간을 이용하고 있다. 그러나 용산은 시간 요금이 비싼 김전문의 서비스시간이 더 많으므로, 전문서비스 '원가'기준으로 보조서비스원가를 배부 시 높은 보조서비스요금이 부과된다. 만약 보조서비스요금이 직접전문서비스 '시간'을 기준으로 시간당 50,000원으로 청구된다면 금액은 다음과 같이 달라진다.

고객회사	직접전문서비스			보조서비스		청구금액(단위:천 원)
	시간당 요금	고객당 시간	합계	금액	합계	
용산						
김전문	500,000	15	7,500,000	50,000	750,000	8,250,000
박중간	120,000	3	360,000	50,000	150,000	510,000
이막내	80,000	22	1,760,000	50,000	1,100,000	2,870,000
					총 합계	11,630,000
신촌						
김전문	500,000	2	1,000,000	50,000	100,000	1,100,000
박중간	120,000	8	960,000	50,000	400,000	1,360,000
이막내	80,000	30	2,400,000	50,000	1,500,000	3,900,000
					총 합계	6,360,000

간접원가(보조서비스원가)의 원가동인이 전문서비스원가인지 전문서비스시간인지에 따라서 컨설팅 비용에 차이가 발생하므로, 회사는 간접원가의 원가동인이 무엇인지를 살펴보아야 한다.

원가동인을 결정하기 위해 사용할 수 있는 방법은 다음과 같다.

① 김전문이 시간당 더 많은 보조서비스를 필요로 하는지 알기 위해 보조서비스 부문 원가 범주에 있는 직원을 면담한다. 김전문이 이막내보다 시간당 6.25배(500,000원/80,000원)만큼 보조서비스비용을 필요로 하는지 알아본다.

② 고객을 위해 수행한 업무를 분석한다.

예를 들어, 보조원가에 컴퓨터 관련비용의 비중이 가장 크다면, 소모된 컴퓨터자원과 전문가 참여비율이 체계적 관계가 있는지 분석한다.

01 다음 중 활동기준원가계산의 도입배경에 관한 설명으로 가장 올바르지 않은 것은?

① 다품종 소량생산체제로의 제조환경 변화로 단일배부기준에 의한 원가의 배부가 원가의 왜곡현상을 초래하였다.

② 제조간접원가의 비중이 감소하는 반면 직접노동의 투입량이 증가됨에 따라 새로운 원가 배부기준이 필요하게 되었다.

③ 최근에는 제조원가뿐만 아니라 연구개발, 제품설계, 마케팅 등의 기타원가를 포함한 정확한 원가계산이 요구되었다.

④ 컴퓨터통합시스템의 도입으로 제조와 관련된 활동에 대한 정보와 관련 원가를 수집하는 것이 용이해졌다.

02 다음 중 활동기준원가계산의 장점으로 가장 올바르지 않은 것은?

① 제조간접원가를 활동을 기준으로 배부함으로써 원가계산이 정확해진다.

② 활동분석과 원가동인의 파악에 소요되는 비용과 시간이 거의 발생하지 않는다.

③ 활동기준원가계산으로 인한 원가절감이 가능하다.

④ 활동기준원가계산은 장기적으로 회사 전체의 효율성을 향상시킨다.

03 다음 중 활동기준원가계산에 관한 설명으로 옳지 않은 것은?

① 활동기준원가계산은 기업의 기능을 여러가지 활동으로 구분한 다음, 활동을 기본적인 원가대상으로 삼아 원가를 집계하고 이를 토대로 하여 다른 원가대상들의 원가를 보다 정확하게 계산할 수 있다.

② 활동기준원가계산은 제조간접원가의 추적가능성을 향상시켜 보다 정확한 원가자료를 산출할 수 있다.

③ 활동기준원가계산은 소품종 다량생산 시스템하에서 제조간접원가의 비중이 낮은 기업에 적합하다.

④ 활동기준원가계산은 '제품은 활동을 소비하고, 활동은 자원을 소비한다.'는 사고에 근거한다.

04 활동기준원가계산제도(ABC)의 설명으로 가장 올바르지 않은 것은?

① 배부기준으로 재무적 측정치뿐만 아니라 다양한 비재무적 측정치도 사용한다.
② 제품뿐만 아니라 고객 등 다양한 원가대상의 원가계산 및 원가분석이 가능하다.
③ 제조원가뿐만 아니라 연구개발, 설계, 마케팅, 유통, 고객서비스와 관련된 원가정보를 제공한다.
④ 활동분석을 실시하여 활동을 단위수준활동, 배치수준활동, 제품유지활동 및 품질유지활동의 네 가지로 분류한다.

05 다음 활동기준원가계산(ABC)의 절차를 올바르게 나타낸 것은 무엇인가?

ⓐ 원가대상별 원가계산	ⓑ 활동분석
ⓒ 제조간접원가 배부율 계산	ⓓ 활동별 원가동인(배부기준)의 결정
ⓔ 각 활동별로 제조간접원가를 집계	

① ⓔ－ⓑ－ⓓ－ⓒ－ⓐ   ② ⓑ－ⓔ－ⓓ－ⓒ－ⓐ
③ ⓑ－ⓔ－ⓒ－ⓓ－ⓐ   ④ ⓑ－ⓒ－ⓓ－ⓔ－ⓐ

06 활동기준원가계산의 첫 번째 절차는 활동분석을 실시하여 활동을 4가지로 분류하는 것이다. 다음에서 설명하고 있는 활동중심점으로 가장 옳은 것은?

* 제품종류에 따라 특정제품을 회사의 생산품목으로 유지하는 활동
* (예)특정제품의 설계와 연구개발 및 A/S활동

① 제품유지활동   ② 배치(batch)수준활동
③ 단위수준활동   ④ 설비유지활동

07 활동기준원가계산(Activity-Based Costing)의 활동분석 단계에서는 기업의 기능을 여러가지 활동으로 구분하여 분석한다. 다음 중 배치(batch)수준 활동에 해당하는 것으로 옳은 것은?

① 작업준비활동　　　　　　　② 연구개발활동
③ 건물임차활동　　　　　　　④ 동력소비활동

08 다음 중 활동기준원가계산(ABC)에 관한 설명으로 가장 올바르지 않은 것은?

① 제품원가를 계산하기 위한 활동은 분석이 가능하나 고객이나 서비스 등의 원가대상에 대해서는 활동분석이 불가능하여 활동기준원가계산을 적용할 수 없다.
② 각 활동별로 적절한 배부기준을 사용하여 원가를 배부하기 때문에 종전에는 제품별로 추적불가능하던 제조간접원가도 개별제품에 추적가능한 직접원가로 인식되어져 원가계산이 보다 정확해진다.
③ 활동기준원가계산을 통해 산출된 정보는 원가계산뿐만 아니라 관리회계의 의사결정과 성과평가에도 활용할 수 있다.
④ 활동분석과 원가동인의 파악에 소요되는 비용과 시간이 크다는 단점이 존재한다.

09 (주)삼일은 다음과 같이 활동기준원가계산(ABC)제도를 운영하고 있다. 20X1년 9월에 제품 20단위가 생산되었으며, 각 단위에는 10개의 부품과 5시간의 기계시간이 소요된다. 완성된 단위당 직접재료원가는 50,000원이며, 다른 모든 원가는 가공원가로 분류된다.

제조관련활동	배부기준으로 사용되는 원가요소	배부기준 단위당 가공원가
기계활동	기계사용시간	400원
조립활동	부품의 수	10,000원
검사활동	완성단위의 수	5,000원

9월에 생산된 제품 20단위의 총제조원가는 얼마인가?

① 2,140,000원 ② 2,640,000원
③ 3,140,000원 ④ 3,640,000원

10 (주)삼일은 활동기준원가계산을 사용하며, 제조과정은 다음의 3가지 활동으로 구분된다.

활동	원가동인	연간 원가동인수	연간 가공원가총액
세척	재료의 부피	100,000리터	200,000원
압착	압착기계시간	45,000시간	900,000원
분쇄	분쇄기계시	21,000시간	546,000원

제품 한 단위당 재료부피는 30리터, 압착기계시간은 10시간, 분쇄기계시간은 5시간이다. X 제품의 단위당 판매가격과 재료원가가 각각 2,000원과 400원일 경우 제품의 단위당 공헌이익은 얼마인가?

①   390원 ②   800원
③ 1,210원 ④ 1,600원

11 (주)삼일은 활동기준원가계산제도(ABC)를 사용하며, 작업활동별 예산자료와 생산관련자료는 다음과 같다.

〈작업활동별 예산자료(제조간접원가)〉

작업활동	배부기준	배부기준당 예정원가
포 장	생산수량	300원
재료처리	부품의 수	15원
절 삭	부품의 수	20원
조 립	직접작업시간	150원

〈생산관련자료〉

제 품	보 급 형	특 수 형
생산수량	5,000개	4,000개
부품의 수	90,000개	80,000개
직접작업시간	6,000시간	4,000시간
직접재료원가	6,000,000원	8,000,000원
직접노무원가	5,000,000원	4,000,000원

(주)삼일이 생산하는 제품 중 보급형 제품의 단위당 제조원가를 계산하면 얼마인가?

① 2,200원 ② 2,671원
③ 3,310원 ④ 4,150원

Chapter

계획과 통제

I 원가추정

01 원가추정의 의의

조업도(독립변수)와 원가(종속변수) 사이의 관계를 규명하여 원가함수를 추정(원가행태결정)하는 것이다. 원가추정의 목적은 계획과 통제 및 의사결정에 유용한 미래원가를 추정하기 위함이다.

원가추정은 다음의 두 가지 가정을 전제로 한다.

① 원가에 영향을 미치는 요인은 조업도뿐이다. 즉, 조업도만이 유일한 독립변수이다.
② 원가행태가 관련범위 내에서 선형(직선)이다. 즉, 관련범위 내에서는 단위당 변동원가와 총고 정원가가 일정하다.

02 원가함수

원가함수(cost function)는 원가추정의 가정에 따라 총원가의 원가행태를 함수로 표시한 것이 다. 원가함수는 다음과 같다.

$$y' = a + bx$$

단, x: 조업도　　　　　a: 총고정원가 추정치
　　y': 총원가 추정치　　b: 단위당 변동원가 추정치

위의 식에서 x는 독립변수로서 종속변수의 변화를 설명해 주는 요인을 말하며 조업도(생산량, 판매량, 매출액, 직접노무시간, 기계시간 등)를 의미한다. y는 종속변수로서 독립변수의 변화에 의하여 결정되는 변수를 말하며 추정하고자 하는 총원가를 의미한다.

원가함수를 추정할 때에는 ① 독립변수와 종속변수 사이에 경제적, 논리적으로 타당한 인과관계가 존재하여야 하며 ② 독립변수가 종속변수의 변동을 잘 설명할 수 있어야 한다.

원가함수를 그래프로 표시하면 [그림 6-1]과 같다.

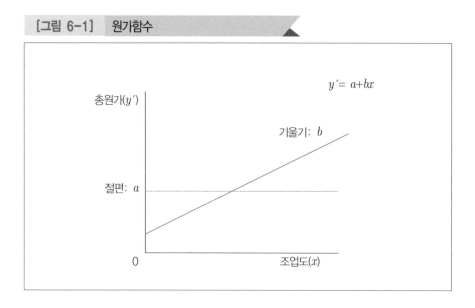

[그림 6-1] 원가함수

$$y' = a + bx$$

총원가(y')

기울기: b

절편: a

0   조업도(x)

03 원가추정방법

원가추정방법은 공학적 방법, 계정분석법, 산포도법, 고저점법, 회귀분석법 등이 있다.

1 공학적 방법

(1) 의의

투입과 산출 사이의 관계를 계량적으로 분석하여 원가함수를 추정하는 방법으로서 과거의 자료를 이용할 수 없는 경우에도 이용 가능한 유일한 방법이다(공학적 방법을 제외한 나머지 방법은 과거의 자료를 이용하여 원가함수를 추정하는 방법임).

(2) 장단점

장 점	단 점
• 정확성이 높다. • 과거의 원가 자료를 이용할 수 없는 경우에도 사용 가능하다.	• 제조간접원가의 추정에는 적용이 어렵다. • 시간과 비용이 많이 소요된다.

2 계정분석법

(1) 의의

분석자의 전문적 판단에 따라 각 계정과목에 기록된 원가를 변동원가와 고정원가로 분석하여 원가함수를 추정하는 방법이다.

(2) 장단점

장 점	단 점
• 시간과 비용이 적게 소요된다.	• 단일기간의 원가자료를 이용하기 때문에 비정상적인 상황이 반영될 수 있다. • 분석자의 주관적 판단이 개입될 수 있다.

3 산포도법

(1) 의의

조업도와 원가의 실제치를 도표에 점으로 표시하고 눈대중으로 이러한 점들을 대표하는 원가추정선을 도출하여 원가함수를 추정하는 방법이다.

(2) 장단점

장 점	단 점
• 적용이 간단하고 이해하기 쉽다. • 시간과 비용이 적게 소요된다. • 예비적 검토시 많이 활용될 수 있다.	• 분석자의 주관적 판단이 개입될 수 있다.

4 고저점법

(1) 의의

최고조업도와 최저조업도의 원가자료를 이용하여 원가함수를 추정하는 방법이다.

최고조업도와 최저조업도에서의 총고정원가 추정치가 동일하다고 가정하면 이들 조업도에서의 총원가 추정치의 차이는 모두 총변동원가 추정치의 차이라고 할 수 있다. 따라서 단위당 변동원가 추정치와 총고정원가 추정치는 다음과 같이 계산된다.

$$단위당\ 변동원가\ 추정치(b) = \frac{최고조업도의\ 총원가 - 최저조업도의\ 총원가}{최고조업도 - 최저조업도}$$

$$총고정원가\ 추정치(a) = 최저조업도의\ 총원가 - b \times 최저조업도$$
$$= 최고조업도의\ 총원가 - b \times 최고조업도$$

참고로 아래 [그림 6-2]는 고저점법에 의한 원가추정을 그래프로 표시한 것이다.

[그림 6-2] 고저점법

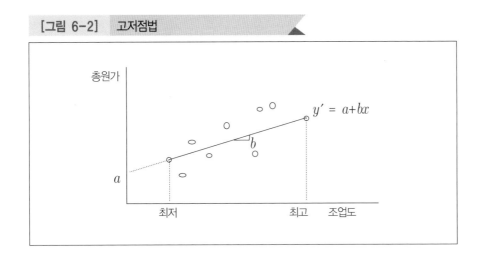

(2) 장단점

장 점	단 점
• 객관적이다.	• 비정상적인 결과가 도출될 수 있다.
• 시간과 비용이 적게 소요된다.	• 원가함수가 모든 원가자료를 대표하지 못한다.

고저점법

(주)삼일은 단일제품을 생산·판매하고 있다. (주)삼일의 제조간접원가에 대한 원가동인은 직접노무시간이며, 고저점법에 의하여 원가를 추정하고 있다. 과거 6개월 동안 제품의 제조간접원가와 직접노무시간에 대한 자료는 다음과 같다.

	직접노무시간	제조간접원가
1월	120시간	14,000원
2월	100시간	17,000원
3월	135시간	18,000원
4월	150시간	19,000원
5월	125시간	16,000원
6월	140시간	20,000원

• 요구사항 •

(주)삼일의 제조간접원가에 관한 원가함수를 추정하시오.

풀 이

최고조업도인 4월과 최저조업도인 2월의 자료를 이용하여 원가함수를 추정한다.

	최고조업도	최저조업도
해당월	4월	2월
직접노무시간(x)	150시간	100시간
제조간접원가(y)	19,000원	17,000원

$$\text{직접노무시간당 변동제조간접원가}(b) = \frac{19{,}000원 - 17{,}000원}{150시간 - 100시간} = 40원/시간$$

$$\text{총고정제조간접원가}(a) = 17{,}000원 - 40원 \times 100시간 = 13{,}000원$$
$$= 19{,}000원 - 40원 \times 150시간 = 13{,}000원$$

$$\therefore \ \text{제조간접원가}(y') = 13{,}000원 + 40원 \times x$$

5 회귀분석법

(1) 의의

독립변수가 한 단위 변화함에 따른 종속변수의 평균적 변화량을 측정하는 통계적 방법에 의하여 원가함수를 추정하는 방법이다.

(2) 장단점

장 점	단 점
• 객관적이다. • 정상적인 원가자료를 모두 이용한다. • 다양한 통계자료를 제공한다.	• 통계적 가정이 충족되지 않을 경우에는 무의미한 결과가 산출될 수 있다. • 적용이 어렵다.

01 다음 중 원가추정방법에 관한 설명으로 가장 올바르지 않은 것은?

① 공학적 방법은 과거의 원가 자료를 이용할 수 없는 경우에도 사용 가능한 원가추정방법이다.
② 계정분석법과 산포도법은 분석자의 주관적 판단이 개입될 수 있는 원가추정방법이다.
③ 고저점법은 최고원가와 최저원가의 조업도자료를 이용하여 원가함수를 추정하는 방법이다.
④ 고저점법과 회귀분석법은 객관적인 원가추정방법이다.

02 다음 중 원가추정에 대한 설명으로 가장 올바르지 않은 것은?

① 원가추정의 목적은 계획과 통제 및 의사결정에 유용한 미래원가를 추정하기 위함이다.
② 원가추정은 조업도와 원가 사이의 관계를 규명하여 원가함수를 추정하는 것이다.
③ 원가추정시 원가에 영향을 미치는 요인은 조업도 뿐이라고 가정한다.
④ 원가추정시 전범위에서 단위당 변동원가와 총고정원가가 일정하다고 가정한다.

NEW

03 (주)삼일의 과거 원가자료를 바탕으로 총제조간접원가를 추정한 원가함수는 다음과 같다. 이에 관한 설명으로 가장 올바르지 않은 것은?(단, 조업도는 기계시간이다.)

$$y = 200,000 + 38x$$

① 200,000은 총고정원가 추정치를 의미한다.
② x는 기계시간을 의미한다.
③ 38은 기계시간당 고정제조간접원가를 의미한다.
④ 조업도가 1,000기계시간일 경우 총제조간접비는 238,000 원으로 추정된다.

04 다음은 A제품의 20X1년과 20X2년의 생산 및 판매관련 자료이며, 총고정원가와 단위당 변동원가는 일정하였다.

구 분	생산량(=판매량)	총원가
20X1년	1,000단위	50,000,000원
20X2년	2,000단위	70,000,000원

고저점법에 의하여 A제품의 총고정원가를 추정하면 얼마인가?

① 20,000,000원   ② 25,000,000원
③ 30,000,000원   ④ 35,000,000원

05 (주)삼일은 단일 제품을 생산하여 판매하고 있으며 제조간접원가에 대한 원가동인은 기계가동시간이다. 과거 6개월간의 원가 자료가 다음과 같을 때, 고저점법으로 추정한 고정제조간접원가가 9,800,000 원이라면 5월의 총제조간접원가는 얼마인가?

대상기간	기계가동시간(h)	제조간접원가
1월	285	19,500,000원
2월	260	19,160,000원
3월	290	19,950,000원
4월	310	21,200,000원
5월	350	?
6월	305	20,600,000원

① 21,000,000원   ② 22,050,000원
③ 22,400,000원   ④ 22,750,000원

Ⅱ 원가·조업도·이익분석

01 원가·조업도·이익분석의 개요

원가 · 조업도 · 이익(Cost-Volume-Profit : CVP)분석은 조업도와 원가의 변화가 이익에 어떠한 영향을 미치는가를 분석하는 기법으로서, 기업의 단기이익계획수립에 광범위하게 사용된다.

CVP분석이 사용되는 대표적인 항목을 예로 들면 다음과 같다.
① 이익이 ₩0이 되는 조업도(판매량) 또는 매출액(손익분기점 : break-even point)
② 일정한 판매량에서 얻을 수 있는 이익
③ 일정한 목표이익을 달성하는데 필요한 매출액
④ 제품의 가격결정
⑤ 기업의 생산 및 판매계획 수립
⑥ 가격의 변화 및 원가의 변화가 이익과 손익분기점에 미치는 영향

02 CVP분석의 가정 및 한계

CVP분석은 여러 가지 제한된 가정을 기초로 하고 있는데, 이러한 가정은 CVP분석을 적용할 때 한계로 작용할 수도 있다. 이 중 중요한 가정을 살펴보면 다음과 같다.

첫째, 모든 원가는 변동원가와 고정원가로 분류할 수 있다고 가정한다. 그러므로 조업도의 변동과 관련된 원가행태에 대한 정확한 정보가 필수적이다. 그러나 현실적으로 준변동원가인 전기료, 수도료와 같이 특정원가가 고정원가에 해당하는지 또는 변동원가 성격을 갖는지를 판단하기가 애매한 경우가 많다.

둘째, 수익과 원가의 행태는 관련범위 내에서 선형이라고 가정한다. 즉, 단위당 판매단가는 판매량의 변동과 관계없이 일정하고, 단위당 변동원가 역시 조업도의 변동과 관계없이 항상 일정하다고 가정한다. 현실적으로 생산량이 증가하면 총원가의 기울기인 한계원가는 학습효과나 능률의 향상

등으로 인해 곡선의 형태를 가지는 경우가 대부분이지만, CVP분석은 주로 단기적 분석에 이용되므로 관련범위 내에서는 총수익과 총원가는 선형이라고 가정한다.

셋째, 생산량과 판매량은 같다고 가정한다. 즉, 생산량이 모두 판매된 것으로 가정함으로써 기초재고자산과 기말재고자산이 손익에 영향을 미치지 않는 것으로 간주한다.

넷째, 복수제품인 경우 매출배합은 일정하다고 가정한다. 매출배합이 일정하다는 것은 결국 한 종류의 제품만을 생산한다는 것과 동일한 개념이 된다. 만일 매출배합이 일정하지 않고 수시로 변경된다면 각기 다른 공헌이익을 가지는 여러 가지 제품의 판매량의 변화 때문에 하나의 손익분기점이 아닌 여러 개의 손익분기점이 도출되기 때문이다.

다섯째, 화폐의 시간가치를 고려하지 않는 분석이라는 가정이다. 즉, 현재가치개념을 사용하지 않고 명목가치로만 수익과 비용을 평가하여 의사결정을 한다는 뜻이다. 따라서 화폐의 시간가치를 배제하는 단기모델이라는 점과 화폐가치가 변할 수 있는 인플레이션을 무시한다는 한계점을 갖는다.

03 CVP분석의 기본개념

1 공헌이익

공헌이익(contribution margin)이란 매출액에서 변동원가를 차감한 금액을 말하는 것으로서, 고정원가를 회수하고 이익 창출에 공헌할 수 있는 금액을 뜻한다.

> 공헌이익＝매출액－변동원가

단위당 공헌이익(contribution margin per unit)이라 함은 단위당 판매가격에서 단위당 변동원가를 차감한 금액을 말하는 것으로서, 제조업에 있어서 단위당 공헌이익은 판매한 제품 한 단위가 고정원가를 회수하고 이익을 창출하는데 얼마만큼 공헌하는지를 나타내는 금액이다.

> 단위당 공헌이익＝단위당 판매가격－단위당 변동원가

공헌이익

(주)삼일은 단위당 판매가격이 ₩50인 제품을 생산하여 판매하고 있다. 이 회사는 제품 10,000
개를 생산하여 판매한다는 목표로 다음과 같이 예산을 수립했다.

Ⅰ. 매출액		₩500,000
Ⅱ. 매출원가		
직접재료원가	₩100,000	
직접노무원가	140,000	
변동제조간접원가	70,000	
고정제조간접원가	80,000	390,000
Ⅲ. 매출총이익		110,000
Ⅳ. 판매비와관리비		
변동판매비와관리비	15,000	
고정판매비와관리비	20,000	35,000
Ⅴ. 영업이익		₩75,000

• 요구사항 •

1. (주)삼일의 공헌이익을 구하시오.
2. (주)삼일의 단위당 공헌이익을 구하시오.

1. 공헌이익

Ⅰ. 매출액		₩500,000
Ⅱ. 변동원가		
직접재료원가	₩100,000	
직접노무원가	140,000	
변동제조간접원가	70,000	
변동판매비와관리비	15,000	325,000
Ⅲ. 공헌이익		₩175,000

2. 단위당 공헌이익

단위당 판매가격		₩50.0
단위당 변동원가	₩325,000÷10,000개	32.5
단위당 공헌이익		₩17.5

또는 공헌이익 ÷ 판매량=₩175,000 ÷ 10,000개=₩17.5

2 공헌이익률

공헌이익률(contribution margin ratio : CM%)이란 공헌이익의 개념을 비율개념으로 나타낸 것으로서, 총공헌이익을 총매출액으로 나누어서 계산할 수도 있고 단위당 공헌이익을 단위당 판매가격으로 나누어서 계산할 수도 있다.

$$공헌이익률 = \frac{총공헌이익}{총매출액} = \frac{단위당\ 공헌이익}{단위당\ 판매가격}$$

공헌이익률은 매출액 중 몇 퍼센트가 고정원가의 회수 및 이익창출에 공헌하였는가를 나타내는 것으로, 매출액의 변화가 기업의 순이익에 미치는 영향을 분석할 때 공헌이익보다 유용하게 사용된다. 예를 들어 공헌이익이 ₩10으로 동일한 A, B 두 제품이 있을 경우 어느 제품을 집중관리해야 하는지에 대한 의사결정시 공헌이익률은 합리적인 판단기준을 제공한다. 즉, A의 가격은 ₩50, B의 가격은 ₩40일 때 공헌이익률 개념을 도입하면 A의 공헌이익률은 20%, B의 공헌이익률은 25%로서 B를 집중관리하는 것이 필요하다는 판단을 할 수 있다.

이러한 공헌이익률은 기업의 생산형태 또는 원가구조와 밀접한 관련을 가지고 있다. 원가구조는 기업의 원가 항목 중에서 변동원가와 고정원가가 차지하는 상대적인 비율을 나타내는 개념으로, 일반적으로 노동집약적인 생산형태에서는 노무원가와 같은 변동원가의 비중이 높기 때문에 공헌이익률이 낮게 나타나고 자본집약적인 생산형태에서는 시설자금에 투자된 고정원가의 비중이 높기 때문에 공헌이익률이 높게 나타난다.

예 제

공헌이익률

(주)삼일은 단위당 판매가격이 ₩100이고 단위당 변동원가가 ₩80인 제품을 생산하여 판매하고 있다. 이 회사는 제품 1,000개를 판매한다는 목표로 다음과 같이 예산을 수립했다.

매출액	₩100,000
변동원가	80,000
공헌이익	20,000
고정원가	10,000
영업이익	₩10,000

• 요구사항 •

1. (주)삼일의 단위당 공헌이익을 구하시오.
2. (주)삼일의 공헌이익률을 구하시오.

풀 이

1. 단위당 공헌이익 = 단위당 판매가격 - 단위당 변동원가
   = ₩100 - ₩80 = ₩20

2. 공헌이익률 = $\dfrac{공헌이익}{매출액}$

   = $\dfrac{₩20,000}{₩100,000}$ = 20%

   = $\dfrac{단위당 공헌이익}{단위당 판매가격}$

   = $\dfrac{₩20}{₩100}$ = 20%

04 CVP분석

1 손익분기점(break-even point : BEP) 계산

(1) 등식을 이용한 손익분기점 계산

손익분기점은 총매출액이 변동원가와 고정원가를 포함한 총원가와 같아지는 판매량(또는 매출액) 즉, 이익이 ₩0이 되는 판매량(또는 매출액)을 말한다. 또한, 총공헌이익과 총고정원가가 같아지는 판매량(또는 매출액)으로도 정의할 수 있다. 이러한 손익분기점을 계산하는 방법을 알아보면 다음과 같다.

손익분기점은 이익을 0으로 만드는 판매량을 의미하므로, 이익을 π라 하면,

$$\pi = S - VC - FC$$
$$S - VC - FC = 0$$
$$S - VC = FC$$
$$P \cdot Q - V \cdot Q = FC$$
$$Q(P - V) = FC$$
$$Q = \frac{FC}{(P - V)}$$

S : 매출액, VC : 변동원가, V : 단위당 변동원가
FC : 고정원가, P : 단위당 판매가격, Q : 판매량, π : 이익(profit)

또한, 손익분기점에서의 매출액을 구하고자 할 때 위의 산식을 이용하면,

$$P \cdot Q = \frac{FC}{(P - V)} \times P \qquad P \cdot Q = \frac{FC \times P}{(P - V)}$$

$$P \cdot Q = \frac{FC \times P}{(P - V)} \div \frac{P}{P} \qquad P \cdot Q = \frac{FC}{(P - V)/P}$$

$$P \cdot Q = \frac{FC}{CM\%}$$

CM% : 공헌이익률

따라서 위의 산식을 정리하여 손익분기점 판매량과 매출액을 구하는 공식을 도출하면 다음과 같다.

$$\text{손익분기점 판매량} = \frac{\text{고정원가}}{\text{단위당 공헌이익}} = \frac{FC}{P-V}$$

$$\text{손익분기점 매출액} = \frac{\text{고정원가}}{\text{공헌이익률}} = \frac{FC}{CM\%}$$

예제

손익분기점 계산

(주)삼일은 단위당 판매가격이 ₩500이고 단위당 변동원가가 ₩30인 제품을 생산하여 판매하고 있다. 연간 고정원가는 ₩20,000이다. 연간 손익분기점 판매량과 매출액을 구하시오.

풀이

- 연간 손익분기점 판매량 $= \dfrac{\text{연간 고정원가}}{\text{단위당 공헌이익}} = \dfrac{₩20,000}{₩50-₩30} = 1,000$개

- 연간 손익분기점 매출액 $= \dfrac{\text{연간 고정원가}}{\text{공헌이익률}} = \dfrac{₩20,000}{40\%} = ₩50,000$

(2) 도표를 통한 손익분기점 계산

1) 원가 · 조업도 · 이익 도표(CVP도표)

CVP도표는 조업도의 변동에 따른 수익, 비용 및 이익의 변동을 도표로 나타낸 것으로서 경영자가 일정범위의 조업도에서 원가, 조업도, 이익의 관계를 명확하게 파악할 수 있도록 해준다는 점에서 매우 유용하다.

CVP도표의 작성방법은 다음과 같다.

① **좌표축의 표시** : 수평축에는 조업도를 수량으로 표시하고, 수직축에는 수익과 비용을 금액으로 표시한다.

② **수익선의 표시** : CVP분석에서는 단위당 판매가격은 일정하다고 가정하기 때문에 수익선은 원점을 지나는 직선이 된다. 그리고 이 직선의 기울기는 단위당 판매가격을 나타낸다.

③ **비용선의 표시** : CVP분석에서는 관련범위 내에서 고정원가와 단위당 변동원가가 일정하다고 가정하기 때문에 비용선은 수직축의 일정한 절편을 지나는 직선이 된다. 그리고 이 직선의 기울기는 단위당 변동원가가 된다.

[그림 6-3] 원가 · 조업도 · 이익 도표

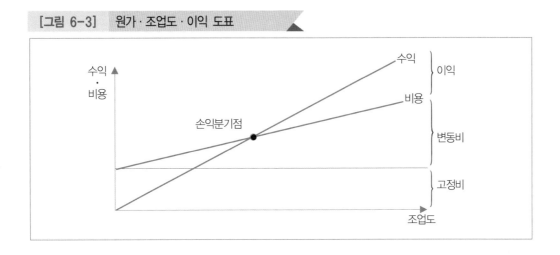

손익분기점은 총수익선과 총비용선이 만나는 점으로서, 이익이 ₩0이 되는 점을 의미하는데 손익분기점을 초과하는 조업도에서는 이익이 발생하고, 손익분기점에 미달하는 조업도에서는 손실이 발생함을 알 수 있다.

2) 이익 · 조업도 도표(PV도표)

PV도표는 CVP도표를 단순하게 바꾸어 조업도의 변화에 따라 이익이 얼마나 변하는가에 초점을 맞춘 것으로서, 전통적인 방법보다 해석하기가 쉽다는 장점이 있으나 매출액의 변화에 따라 원가가 어떻게 달라지는지가 명확하지 않다는 단점이 있다.

PV도표의 작성방법은 다음과 같다.

① **좌표축의 표시** : 수평축에는 조업도를 수량으로 표시하고, 수직축에는 이익 또는 손실을 금액으로 표시한다.

② **이익선의 표시** : CVP분석에서는 단위당 판매가격과 단위당 변동원가가 일정하다고 가정하기 때문에 단위당 공헌이익도 일정하게 되고 이익선도 수직축의 일정한 절편(고정원가만큼의 손실)과 수평축의 일정한 절편(손익분기점)을 지나는 직선이 된다. 그리고 이 직선의 기울기는 단위당 공헌이익을 의미한다.

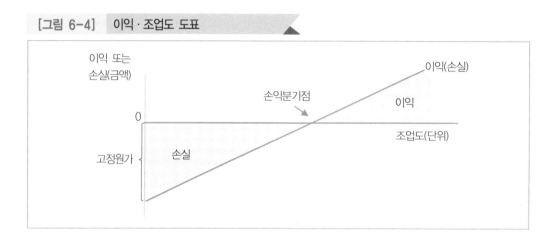

[그림 6-4] 이익·조업도 도표

도표에서 손익분기점에서의 판매량은 이익선이 조업도축과 만나는 교점이다. 또한 이익선과 X축인 조업도선의 수직거리는 특정판매량에서의 이익 또는 손실을 나타낸다.

2 목표이익(target net income) 분석

앞선 손익분기점 분석에서는 이익이 ₩0이 되는 판매량을 분석하였는데, 공헌이익을 이용한 CVP분석은 목표이익을 달성하기 위한 매출수준을 결정하는 데에도 이용할 수 있다.

회사의 목표이익을 TI(target net income)라 하면,

$$S-VC-FC = TI$$
$$P \cdot Q - V \cdot Q - FC = TI$$
$$P \cdot Q - V \cdot Q = FC+TI$$
$$Q(P-V) = FC+TI$$
$$Q = \frac{FC+TI}{(P-V)}$$

TI : 목표이익, S : 매출액, VC : 변동원가
V : 단위당 변동원가, FC : 고정원가, P : 단위당 판매가격
Q : 판매량

또한, 목표이익을 달성하기 위한 매출액을 구하고자 할 때 위의 산식을 이용하면,

$$\text{목표이익을 달성하기 위한 매출액} = P \cdot Q = \frac{FC+TI}{(P-V)} \times P$$
$$= \frac{FC+TI}{(P-V)/P}$$
$$= \frac{FC+TI}{CM\%}$$

CM% : 공헌이익률

따라서 위의 산식을 정리하여 목표이익을 달성하기 위한 판매량과 매출액을 구하는 공식을 도출하면 다음과 같다.

$$\text{목표 판매량} = \frac{\text{고정원가}+\text{목표이익}}{\text{단위당 공헌이익}}$$

$$\text{목표 매출액} = \frac{\text{고정원가}+\text{목표이익}}{\text{공헌이익률}}$$

목표이익분석

(주)삼일은 단위당 판매가격이 ₩30이고 단위당 변동원가가 ₩15인 제품을 생산하여 판매하고 있다. 연간 고정원가는 ₩15,000이다. ₩7,500의 목표이익을 달성하기 위한 연간 판매량을 구하시오.

풀 이

$$\text{목표이익을 달성하기 위한 연간 판매량} = \frac{\text{고정원가} + \text{목표이익}}{\text{단위당 공헌이익}}$$

$$= \frac{₩15,000 + ₩7,500}{₩30 - ₩15} = 1,500개$$

3 안전한계

안전한계(margin of safety : MS)란 손익분기점 매출액을 초과하는 매출액을 말한다. 즉, 이익달성의 위험정도를 나타내는 일종의 민감도분석형태의 지표이다.

$$\text{안전한계} = \text{매출액} - \text{손익분기점 매출액}$$

안전한계 역시 비율형태로 나타낼 수 있다. 안전한계금액을 매출액으로 나누면 안전한계율이 된다.

$$\text{안전한계율} = \frac{\text{안전한계}}{\text{매출액}} = \frac{\text{매출액} - \text{손익분기점 매출액}}{\text{매출액}}$$

안전한계는 손실을 발생시키지 않으면서 허용할 수 있는 매출액의 최대 감소액을 의미하므로 기업의 안전성을 측정하는 지표로 많이 사용된다. 즉, 안전한계가 높을수록 기업의 안전성이 높다고 말할 수 있으며, 안전한계가 낮을수록 기업의 안전성에 문제가 있다고 판단할 수 있다. 경영자가 좀 더 높은 안전한계수준을 원한다면 손익분기점을 낮추거나 회사의 전반적인 매출액을 늘리기 위한 노력을 해야 한다.

예 제

안전한계

(주)삼일은 단위당 판매가격이 ₩500이고 단위당 변동원가가 ₩350인 제품을 생산하여 판매하고 있다. 회사는 제품 2,000개를 판매한다는 목표로 예산을 다음과 같이 세웠다.

매출액	₩1,000,000
변동원가	700,000
공헌이익	300,000
고정원가	150,000
영업이익	₩150,000

• 요구사항 •
다음을 구하시오.
　1. 손익분기점 매출액
　2. 안전한계
　3. 안전한계율

풀 이

1. 손익분기점 매출액 $= \dfrac{\text{고정원가}}{\text{공헌이익률}} = \dfrac{\text{₩150,000}}{30\%} = $ ₩500,000

2. 안전한계 = 매출액－손익분기점 매출액 = ₩1,000,000－₩500,000 = ₩500,000

3. 안전한계율 $= \dfrac{\text{안전한계}}{\text{매출액}} = \dfrac{\text{₩500,000}}{\text{₩1,000,000}} = $ 50%

4 영업레버리지

레버리지(leverage)란 사전적인 의미로는 작은 힘으로 큰 물체를 움직일 수 있는 지레장치를 뜻하고, 경영학적 의미로는 매출이나 자산의 작은 증가로 큰 이익의 증가를 가져올 수 있는 방법을 의미한다. 레버리지의 종류에는 영업레버리지와 재무레버리지가 있는데, 여기서는 영업레버리지에 대해서 알아보자.

영업레버리지(operating leverage)는 고정원가로 인하여 매출액의 변화율보다 영업이익의 변화율이 더 커지는 현상을 말한다. 이러한 매출액 변화와 영업이익 변화와의 관계는 영업레버리지도(degree of operating leverage : DOL)를 이용하여 측정할 수 있다. 이 경우 영업레버리지도란 매출액의 변화율(△매출액/매출액)에 대한 영업이익의 변화율(△영업이익/영업이익)을 의미하며, 이를 산식으로 정리하면 영업이익에 대한 공헌이익의 비율이 된다.

$$\text{영업레버리지도} = \frac{\text{영업이익의 변화율}}{\text{매출액의 변화율}} = \frac{\text{공헌이익}}{\text{영업이익}}$$

DOL은 매출액의 변화율에 대한 영업이익의 변화율을 의미하므로, 다음과 같은 관계가 성립한다.

$$\text{영업이익의 변화율} = \text{매출액의 변화율} \times \text{영업레버리지도}$$

따라서 특정매출액에서의 DOL을 산출하게 되면 특정매출액에서 매출액이 변화함에 따른 영업이익의 변화를 알 수 있게 된다. 한편, DOL은 손익분기점 부근에서 가장 크고 매출액이 증가함에 따라 점점 작아진다.

이는 DOL의 계산식에서 영업이익이 분모에 위치한다는 점을 기억하면 쉽게 알 수 있다. 즉, 분모인 영업이익이 0이 되는 손익분기점에서의 DOL은 ∞가 되며, 손익분기점에서 멀어질수록 −1 또는 1의 값에 가까워지게 된다.

또 한 가지 알아두어야 할 것은 영업레버리지도가 높다는 것이 그 기업의 영업이익이 많다는 것을 나타내는 것은 아니며, 또한 기업운영이 좋다는 것을 나타내는 것도 아니라는 점이다. 그것은 다만 매출액이 증가하거나 감소함에 따라 영업이익이 좀 더 민감하게 반응한다는 것을 의미한다.

예 제

영업레버리지 분석

갑회사, 을회사 및 병회사의 영업활동에 관한 자료는 다음과 같다.

	갑회사	을회사	병회사
매출액	₩150,000	₩200,000	₩200,000
변동원가	90,000	80,000	50,000
공헌이익	60,000	120,000	150,000
고정원가	30,000	90,000	120,000
영업이익	₩30,000	₩30,000	₩30,000

• 요구사항 •
1. 각 회사별로 현재의 수준에서 영업레버리지도를 구하시오.
2. 매출액이 현재보다 15% 증가하는 경우 각 회사의 영업이익을 구하시오.

풀 이

1. 갑회사 : ₩60,000÷₩30,000 = 2
    을회사 : ₩120,000÷₩30,000 = 4
    병회사 : ₩150,000÷₩30,000 = 5

2. '매출액의 변화율 × 영업레버리지도=영업이익의 변화율'이므로, 매출액이 현재보다 15% 증가하는 경우 영업
    이익은 각각 30%(15%×2), 60%(15%×4), 75%(15%×5) 증가한다.
    갑회사 : ₩30,000 × (1+0.3) = ₩39,000
    을회사 : ₩30,000 × (1+0.6) = ₩48,000
    병회사 : ₩30,000 × (1+0.75) = ₩52,500

01 다음 중 CVP분석에 관한 설명으로 옳지 않은 것은?

① 공헌이익률은 원가구조와 밀접한 관련이 있으며 변동원가 비중이 높으면 공헌이익률이 낮게 나타난다.
② 영업레버리지도가 3이라는 의미는 매출액이 1 % 변화할 때 영업이익이 3 % 변화한다는 의미이다.
③ 법인세를 고려하는 경우 손익분기점 분석결과는 변화한다.
④ 복수제품인 경우 매출배합은 일정하다고 가정한다.

02 다음 중 CVP분석에 필요한 가정으로 가장 올바르지 않은 것은?

① 원가와 수익은 유일한 독립변수인 조업도에 의하여 결정된다.
② 모든 원가는 변동원가와 고정원가로 분류할 수 있다.
③ 제품의 종류가 복수인 경우에는 판매량 변화에 따라 매출의 배합이 변동한다.
④ 판매량만큼 생산하는 것으로 가정함으로써 기초재고자산과 기말재고자산의 변화가 손익에 영향을 미치지 않는 것으로 본다.

03 다음 중 CVP분석에 관한 설명으로 가장 올바르지 않은 것은?

① 단위당 판매단가는 판매량의 변동과 무관하게 일정하고, 단위당 변동원가도 조업도의 변동과 관계없이 항상 일정하다는 가정이 필요하다.
② 화폐의 시간가치를 고려하지 않으므로 장기적 의사결정에의 활용에 있어 한계점을 갖는다.
③ 다양한 조업도수준에서 원가와 이익의 관계를 분석하는데 유용하다.
④ 매출액의 변화가 기업의 순이익에 미치는 영향을 파악하는데 있어서는 공헌이익률보다 공헌이익 개념이 더 유용하다.

04 다음 자료를 이용하여 공헌이익률을 계산하면 얼마인가?

제품단위당 판매가격	400원
제품단위당 변동제조원가	150원
제품단위당 변동판매비	90원
고정제조간접원가	500,000원
고정판매비와관리비	1,500,000원

① 10 %　　　　　　　　　　② 20 %

③ 30 %　　　　　　　　　　④ 40 %

05 다음 자료를 이용하여 (주)삼일의 20X1년 손익분기점 매출액을 계산하면 얼마인가?

단위당 판매가격	1,500원
단위당 변동제조원가	700원
단위당 변동판매비와관리비	300원
연간 고정제조간접원가	1,100,000원
연간 고정판매비와관리비	1,275,000원

① 2,968,750원　　　　　　② 3,562,500원

③ 4,453,125원　　　　　　④ 7,125,000원

06 (주)삼일의 재무팀 직원들이 식사 중에 나눈 다음의 대화 중 가장 올바르지 않은 설명은 무엇인가?

> 대리 : 부장님, 이 식당은 맛집으로 소문이 나서 그런지 사람들이 정말 많네요.
>
> 부장 : 그래, 나도 항상 여기서 식사를 할 때마다 그런 생각이 들어.
>
> 대리 : 월 이익이 얼마일까요?
>
> 부장 : ① 냉면 한 그릇에 6,000원이고, 한 그릇을 만들 때마다 2,000원 정도의 비용이 들어갈 것으로 생각되니까, 단위당 공헌이익은 4,000원, 공헌이익률은 67 % 정도겠군.
>
> 대리 : ② 임대료와 인건비 등 고정비를 한달에 500만원 수준으로 가정하면 손익분기 판매량은 월 1,250그릇이 되네요.
>
> 부장 : ③ 그렇지, 목표이익이 1,000만원이라면 그것보다 2,000그릇을 더 팔아야겠군.
>
> 대리 : ④ 세금을 고려하면 목표 판매량은 더 많아져야 할테니 생각보다 쉽지 않겠어요.

07 다음은 신제품 도입과 관련한 (주)삼일의 회의내용이다. 다음 중 괄호 안에 들어갈 수량으로 가장 옳은 것은(단, 세금은 없는 것으로 가정한다)?

> 사   장 : 이전에 지시한 신제품 도입에 대한 타당성검토는 잘 이루어지고 있습니까?
>
> 상   무 : 일단 원가ㆍ조업도ㆍ이익(CVP)분석으로 대략적인 윤곽은 드러났습니다.
>
> 생산부장 : 신제품 제조원가에 대한 내역이 다음과 같이 조사되었습니다.
>
> | 제품 단위당 예상 판매가격 | 5,000원 |
> | --- | --- |
> | 제품 단위당 예상 변동원가 | 2,500원 |
> | 예상 총 고정원가 | 1.2억원 |
>
> 영업부장 : 사장님께서 지시하신 목표이익 1.8억원을 달성하기 위해서는 (   )를 생산하여 판매하면 됩니다.
>
> 사   장 : 좋습니다. 이것으로 오늘 회의는 마치겠습니다.

① 60,000개   ② 80,000개
③ 100,000개   ④ 120,000개

08 (주)삼일은 기업 전반에 대한 세무 및 회계서비스를 제공하려고 한다. 이 서비스의 손익분기점 매출액은 15,000원, 변동원가율은 60 %이다. (주)삼일이 동 서비스로부터 2,000원의 세전이익을 획득하기 위한 매출액은 얼마인가?

① 15,000개   ② 20,000개

③ 25,000개   ④ 42,500개

09 (주)삼일의 식품사업부를 총괄하는 김철수 전무는 해외식품사업부의 김영수 부장에게 총 매출액의 20%의 이익 달성을 지시하였다. 김영수 부장의 분석 결과 해외식품사업부의 변동비는 매출액의 70%, 연간 고정비는 30,000원이다. 총 매출액의 20%의 이익을 달성하기 위한 목표 매출액은 얼마인가?

① 150,000원   ② 200,000원

③ 250,000원   ④ 300,000원

10 다음 자료를 이용하여 손익분기점 판매량과 영업이익 1,300,000원을 달성하기 위한 판매량을 계산하면 얼마인가?

판매가격	4,000원/단위
변동제조원가	1,500원/단위
변동판매비와관리비	1,200원/단위
총고정제조간접원가	2,340,000원

	손익분기점 판매량	영업이익 달성 판매량
①	936개	1,456개
②	936개	1,936개
③	1,800개	2,125개
④	1,800개	2,800개

11 (주)삼일은 야구공을 제조하여 개당 10,000원에 판매하고 있다. 야구공 제조에 사용되는 변동원가는 개당 5,000원이고 고정원가는 한 달에 2,000,000원이다. (주)삼일이 월간 1,500,000원의 영업이익을 얻기 위해서는 몇 개의 야구공을 생산·판매하여야 하는가?

① 400개   ② 500개

③ 600개   ④ 700개

12 (주)삼일은 회계프로그램을 판매하는 회사로 단위당 판매가격은 100원이며, 단위당 변동원가는 60원이다. 연간 고정원가는 50,000원이며, 당기에 10,000원의 영업이익을 목표로 하고 있다. 이와 관련한 설명으로 가장 올바르지 않은 것은(단, 세금효과는 고려하지 않는다)?

① 공헌이익률은 40 % 이다.
② 단위당 공헌이익은 40원이다.
③ 손익분기점 매출액은 100,000원이다.
④ 목표이익을 달성하려면 150,000원의 매출을 달성해야 한다.

13 (주)삼일의 활동원가에 대한 자료는 다음과 같다. 재료처리에 대한 활동분석 결과, 재료처리활동원가는 변동원가와 고정원가의 행태를 모두 가지고 있는 원가로 파악되었다. 이 경우 (주)삼일의 1년간 손익분기점 판매수량은 얼마인가?

단위당 판매가격	3,000원
단위당 직접재료원가	1,200원
재료처리활동(과거자료)	
100개 생산	262,000원
200개 생산	342,000원

① 180단위   ② 182단위

③ 185단위   ④ 190단위

14 다음 원가-조업도-이익 도표에 관한 설명으로 가장 올바르지 않은 것은?

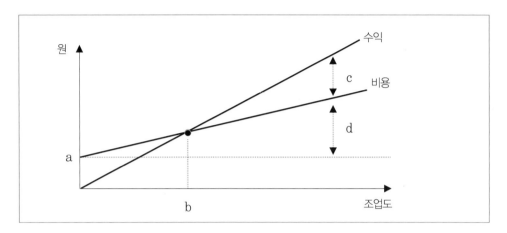

① a는 총고정원가를 의미한다.
② b는 손익분기점 판매량을 의미한다.
③ c는 공헌이익을 의미한다.
④ d는 총변동비를 의미한다.

15 (주)삼일의 20X1년도 매출액은 500,000원, 손익분기점 매출액은 350,000원, 공헌이익률은 30%이다. (주)삼일의 20X1년도 순이익은 얼마인가?

① 45,000원   ② 50,000원
③ 55,000원   ④ 60,000원

16 (주)삼일의 손익분기점 매출액은 ₩4,500,000이고, 공헌이익률은 30%이다. (주)삼일이 ₩600,000의 영업이익을 달성하고자 한다면 총매출액은 얼마이어야 하는가?

① ₩4,800,000   ② ₩5,200,000
③ ₩5,600,000   ④ ₩6,500,000

17 (주)삼일은 제품 10,000개를 판매하여 ₩2,000,000의 세전영업이익을 달성하는 것을 목표로 하고 있다. 이에 대한 고정원가는 ₩4,000,000이고 공헌이익률은 50%이다. (주)삼일의 제품 단위당 판매가격과 변동원가는 각각 얼마인가?(단, 회사는 단일제품을 생산, 판매하며 판매가격은 연중 일정하다.)

	판매가격	변동원가
①	₩1,200	₩600
②	₩1,200	₩800
③	₩2,400	₩800
④	₩2,400	₩900

18 다음은 (주)삼일의 영업활동에 대한 자료이다.

제품단위당 변동원가	₩60
공헌이익률	40%
손익분기점 매출액	₩1,000,000

제품단위당 판매가격과 변동원가가 변하지 않을 때 제품판매량이 5,000단위 증가한다면 영업이익이 변동되지 않게 고정원가를 추가적으로 얼마만큼 증가시킬 수 있는가?

① ₩100,000   ② ₩150,000

③ ₩200,000   ④ ₩250,000

19 공연기획사인 (주)삼일은 디너쇼를 기획하고 있는데 디너쇼와 관련된 예상비용은 다음과 같다.

1인당 저녁식사비	₩7,200
1인당 기념품	₩800
가수 출연료	₩200,000
행사장 대관료	₩300,000
티켓 발행 고정비	₩100,000

(주)삼일은 행사참석인원을 50명으로 예상하고 있다. (주)삼일이 손해를 보지 않기 위해서는 1인당 행사참석요금을 최소한 얼마로 책정하여야 하는가?(단, 1인당 저녁식사비와 기념품은 변동비이고 나머지 비용은 고정비임)

① ₩8,000 ② ₩10,800
③ ₩16,000 ④ ₩20,000

20 다음 중 단위당 판매가격과 단위당 변동원가가 불변이고 총고정원가가 감소할 경우 가장 옳은 것은?

① 공헌이익이 감소한다. ② 공헌이익이 증가한다.
③ 손익분기점 매출액이 증가한다. ④ 손익분기점 매출액이 감소한다.

21 고정원가를 20% 증가시키면 변동원가가 20% 감소한다고 할 때 다음 설명 중 맞는 것은?

① 변동비율이 높아진다.
② 손익분기점 판매량이 변한다.
③ 총원가가 변동하지 않으므로 순이익에는 영향이 없다.
④ 공헌이익률은 변하지 않는다.

22 (주)삼일의 제품에 대한 자료는 다음과 같다.

판매량	2,000단위
제품단위당 판매가격	₩1,000
제품단위당 변동원가	₩500
고정원가	₩500,000

제품의 판매가격을 10% 인하하면 판매량은 20% 증가할 것으로 예상된다. 만약 (주)삼일이 10%의 가격인하를 단행한다면 영업이익은 얼마가 될 것인가?

① ₩450,000 ② ₩460,000
③ ₩470,000 ④ ₩480,000

23 (주)삼일은 단위당 판매가격이 ₩500이고, 단위당 변동원가가 ₩400이며, 총고정원가가 ₩100,000이다. (주)삼일은 새로운 시설투자를 하려고 한다. 시설투자 후 고정원가는 20% 증가되는 반면에 변동원가가 25% 감소된다고 하면, 시설투자 전에 비하여 손익분기 판매량은 어떻게 될 것인가?

① 증가한다.
② 감소한다.
③ 변함없다.
④ 고정원가와 변동원가의 관계에 따라 달라진다.

24 20X1년도에 (주)삼일의 변동원가는 매출액의 60%였다. 20X2년도에 경영자가 단위당 판매가격을 10% 인상하였을 경우, 20X1년 대비 20X2년도의 공헌이익증가율은?(단, 판매량과 단위당 변동원가 및 고정원가는 동일하다고 가정한다.)

① 10% ② 15%
③ 20% ④ 25%

25 예산 또는 실제 매출액이 손익분기점 매출수준을 초과하는 부분으로 손실을 발생시키지 않으면서 허용할 수 있는 매출액의 최대 감소액을 의미하는 용어로 옳은 것은?

① 영업레버리지 ② 공헌이익
③ 예산 매출액 ④ 안전한계

26 다음은 (주)삼일의 차기 예산자료이다. (주)삼일의 안전한계율은 얼마인가?

매출액	2,000,000원
공헌이익률	30%
고정원가	450,000원

① 20% ② 25%
③ 30% ④ 35%

27 (주)삼일은 컴퓨터를 제조하여 판매하는 회사로 20X1년 예산을 수립할 때 제품 5,000개를 판매하는 기준으로 작성하였다(단, (주)삼일의 원가는 변동원가와 고정원가로만 표시한다). (주)삼일의 안전한계율은 얼마인가?

구분	계산내역	금액
매출액	5,000개 × @300 =	₩1,500,000
변동원가	5,000개 × @150 =	₩750,000
고정원가		₩150,000

① 40% ② 80%
③ 250% ④ 300%

28 다음 중 안전한계와 영업레버리지에 관한 설명으로 가장 올바르지 않은 것은?

① 안전한계는 손실을 발생시키지 않으면서 허용할 수 있는 매출액의 최대 감소액을 의미하므로 기업의 안전성을 측정하는 지표로 많이 사용된다.
② 안전한계가 높을수록 기업의 안전성이 높고, 안전한계가 낮을수록 기업의 안전성에 문제가 있다고 말할 수 있다.
③ 영업레버리지도는 손익분기점에서 가장 크고 매출액이 증가함에 따라 점점 작아진다.
④ 영업레버리지는 변동원가로 인하여 매출액의 변화액보다 영업이익의 변화액이 더 커지는 현상을 말한다.

29 다음 중 영업레버리지에 관한 설명으로 가장 올바르지 않은 것은?

① 영업레버리지란 고정원가로 인하여 매출액의 변화율보다 영업이익의 변화율이 더 커지는 현상을 말한다.
② 영업레버리지는 영업레버리지도로 측정하는데, 영업레버리지도는 공헌이익을 영업이익으로 나누어 계산한다.
③ 영업레버리지도가 높다는 것은 그 기업의 영업이익이 많다는 것을 의미한다.
④ 영업레버리지도는 손익분기점 근처에서 가장 크고 매출액이 증가함에 따라 점점 작아진다.

30 다음은 (주)삼일의 20X1년도 자료이다. 가장 올바르지 않은 것은?

매출액	50,000원
변동원가	30,000원
공헌이익	20,000원
고정원가	15,000원
영업이익	5,000원

① 공헌이익률은 40%이다.
② 안전한계율(margin of safety percentage)은 25%이다.
③ 손익분기점 매출액은 37,500원이다.
④ 영업레버리지도는 5이다.

31 (주)삼일의 20X1년 공헌이익은 400,000원이고, 영업이익은 100,000원이다. 만일 20X2년에 판매량이 40 % 증가한다면 영업이익의 증가율은 얼마가 될 것으로 예상되는가(단, 20X1년과 20X2년의 단위당 판매가격, 단위당 변동원가, 총고정원가는 동일하다고 가정한다)?

① 10% ② 40%
③ 60% ④ 160%

32 다음은 매출액과 영업이익이 동일한 (주)삼일과 (주)용산의 영업활동에 관한 자료이다.

	(주)삼일	(주)용산
매출액	₩2,000,000	₩2,000,000
변동원가	1,400,000	500,000
공헌이익	600,000	1,500,000
고정원가	300,000	1,200,000
영업이익	300,000	300,000

다음 중 (주)삼일과 (주)용산의 영업레버리지에 대한 설명으로 가장 올바르지 않은 것은?

① (주)삼일의 경우 매출액이 ₩2,000,000 증가하면 영업이익은 ₩900,000으로 증가한다.
② (주)용산의 경우 영업레버리지도는 5이다.
③ 영업레버리지도는 손익분기점 부근에서 가장 크고 매출액이 증가함에 따라 점점 1의 값에 가까워진다.
④ 경기침체로 인해 매출액이 감소할 때 (주)삼일의 영업이익 감소율이 (주)용산의 영업이익 감소율보다 항상 크다.

Ⅲ 예산

01 예산의 의의

기업은 미래의 불확실성에 대처하기 위하여 계획을 수립하며, 이러한 계획의 일부분으로서 예산을 편성한다. 예산(budget)이란 기업의 공식적인 경영계획을 화폐단위로 표현한 것을 말한다.

예산은 크게 계획을 수립하게 하고, 성과평가의 기준을 제공하며, 조직구성원에게 동기를 부여함과 동시에 의사전달과 조정의 역할을 수행한다.

02 예산의 종류

기업의 단기이익계획수립에 전술한 CVP분석이 많이 활용된다. 이하에서는 예산을 다양하게 분류하도록 한다.

1 예산편성대상에 따른 분류

① 종합예산

기업전체를 대상으로 작성되는 예산으로서, 모든 부문예산을 종합한 것이다.

② 부문예산

기업 내의 특정 부문을 대상으로 작성되는 예산이다.

2 예산편성성격에 따른 분류

① 운영예산(영업예산)

구매, 생산, 판매 등의 영업활동에 대한 예산이다.

② 재무예산

설비투자, 자본조달 등의 투자와 재무활동에 대한 예산이다.

3 예산편성방법에 따른 분류

① 고정예산

조업도의 변동을 고려하지 않고 특정조업도를 기준으로 작성되는 예산이다.

② 변동예산

고정예산과 달리 조업도의 변동에 따라 조정되어 작성되는 예산이다.
고정예산과 변동예산은 성과평가 시에 중요한 예산으로서, 책임회계와 성과평가에서 자세히 논하도록 한다.

Ⅳ 책임회계제도와 성과평가

01 책임회계제도의 의의

책임회계제도(responsibility accounting system)란 각 책임중심점별로 계획과 실적을 측정하여 비교함으로써 책임중심점 관리자에 대한 성과평가(performance evaluation)를 행하려는 회계제도이다. 즉, 관리자 개인을 중심으로 기업의 각 조직단위별로 권한과 책임을 부여(decentralization)하고, 이들 각 책임중심점의 성과평가를 통해 책임이행여부를 묻는 제도이다.

여기서 성과평가란 책임중심점에 대한 계획과 실적의 차이를 분석하는 과정이고, 책임중심점(responsibility center)이란 경영관리자가 특정활동에 대해 통제할 책임을 지는 조직의 부문을 말한다.

02 책임회계제도의 전제조건

책임회계제도가 그 기능을 효율적으로 수행하기 위해서는 다음의 조건을 충족해야 한다.

첫째, 특정원가의 발생에 대한 책임소재가 명확해야 한다.
둘째, 각 책임중심점의 경영자가 권한을 위임받은 원가항목들에 대해 통제권을 행사할 수 있어야 한다.
셋째, 경영자의 성과를 표준과 비교하여 평가할 수 있는 예산자료가 존재해야 한다.

03 책임회계제도의 장점

기존의 전통적인 회계제도 대신에 책임회계제도를 채택하면 다음과 같은 장점이 있다.

첫째, 책임회계제도실시는 곧 권한과 책임의 위임을 의미한다. 따라서 책임회계는 분권화된 조직형태로 이루어지기 쉬운데 이 경우 신속한 의사결정 및 대응, 부문관리자에의 동기부여 등 분권화경영이 갖는 제반 장점도 갖게 된다.

둘째, 책임회계는 각 개인 및 조직단위별로 경영계획과 통제가 이루어지는 관리통제시스템의 최종단계이다. 따라서 책임회계단계에서는 책임회계 이전의 단계에서 적용된 공헌이익접근법, 변동원가계산, 표준원가계산 등의 모든 관리기법이 적용될 수 있다.

셋째, 전통적 회계에서는 제품원가계산과 재무보고목적을 위해 원가정보를 제공하였으나, 책임회계제도에서는 특정원가나 수익에 대해서 누가 책임져야 할 것인가를 명확히 규정하기 때문에 그 책임자로 하여금 원가와 수익의 관리를 효율적으로 수행할 수 있게 해준다.

넷째, 책임회계제도는 실제 성과와 예산과의 차이를 쉽게 파악할 수 있게 해줌으로써 경영자가 각 개인 및 조직단위별로 발생한 차이 중 어떤 부분에 더 많은 관심과 노력을 투입해야 하는지를 쉽게 알 수 있어 예외에 의한 관리(management by exceptions)가 가능하다.

04 원가의 통제가능성과 책임범위

1 원가의 통제가능성

원가의 통제가능성(controllability)이란 권한을 부여받은 책임범위의 원가항목들에 대해 책임중심점의 관리자가 발휘할 수 있는 영향력의 정도를 나타낸다. 즉, 특정원가에 대하여 통제가능성을 가지고 있다는 것은 그 원가의 발생에 대하여 책임을 지고 있는 관리자가 그 원가의 발생여부를 결정할 수 있다는 것을 의미한다.

원가의 통제가능성은 원가의 발생에 대하여 어느 정도의 영향력을 발휘할 수 있는가 하는 정도를 나타내는 것이기 때문에 절대적인 개념이 아닌 상대적인 개념이다. 따라서, 원가의 통제가능성을 명확히 구분하는 것은 쉬운 일이 아니며, 어떤 책임중심점을 평가하느냐에 따라서 동일한 원가라고 하더라도 통제가능성여부가 달라질 수 있다.

원가의 통제가능성의 구분이 어려운 경우를 정리하면 다음과 같다.

① 일반적으로 하나의 원가에 대하여 다수의 경영자가 영향력을 행사한다. 예를 들면, 원재료의 구입에 대해서는 구매부서가 책임을 지게 되고 원재료의 사용에 대해서는 생산부서가 책임을 지게 되는 것이다. 분권화가 광범위하게 시행되는 기업에서는 이러한 현상이 더욱 심화된다.

② 통제가능성은 시간이 경과함에 따라 달라질 수 있고 권한의 폭이 변경됨에 따라 달라질 수 있다. 즉, 단기간에는 통제불가능한 원가라 하더라도 충분한 시간이 주어지는 장기에 있어서는 통제가능한 원가가 될 수 있는 것이다.

2 책임범위

기업 내의 각 부서들은 하나의 독립적인 단위로서가 아니라, 상호의존적인 복합단위로서 경영활동을 수행한다. 이러한 복잡성과 상호관련성에 의한 경제적 활동으로 인하여 각 책임단위가 다른 책임단위의 영향을 전혀 받지 않고 독자적으로 활동을 수행하는 것은 거의 불가능하다. 따라서 각 책임단위의 책임범위를 구분하기 어려우며, 공평성에 의해 책임범위를 결정하는 것이 일반적이다. 이때 중요한 것은 어떻게 하면 조직단위 책임자들로 하여금 조직전체의 목적달성을 위해 노력을 기울이도록 할 것인가이다. 이는 곧 목표일치성(goal congruence)을 의미한다.

책임범위를 결정할 때 실무에서 일반적으로 쓰이고 있는 고려요인은 다음과 같다.

① 특정재료의 취득과 사용 모두에 대해서 통제권한을 가진 사람에게 관련원가에 대한 책임을 부여해야 한다.

② 자신의 의사결정에 의해 특정원가의 금액에 상당한 영향을 미칠 수 있는 사람에게 그 원가에 대한 책임을 부여해야 한다.

③ 직접적으로는 특정원가의 발생에 큰 영향을 미치지 않는 관리자라 하더라도 그 원가의 발생에 대해 그 관리자가 관심을 가져주는 것이 바람직한 경우에는 그 관리자에게 해당원가에 대한 책임을 부여할 수도 있다.

05 고정예산과 변동예산

1 고정예산

고정예산(static budget)이란 특정조업도를 기준으로 하여 사전에 수립되는 예산이다. 즉, 특정 기간 동안의 조업도(생산량)의 변화여부를 고려하지 않고 하나의 조업도수준을 기준으로 편성하는 예산으로, 실제 결과는 사전에 수립된 조업도 수준에서의 예산과 비교된다.

이와 같은 고정예산은 예산설정 기간에 예상된 특정조업도의 목표달성 정도에 대한 정보만 제공할 뿐 특정산출량에 대하여 사용된 투입량의 정도에 대한 정보를 제공하지 못한다.

따라서 고정예산은 통제를 위한 정보로서는 부적합하며, 경영관리적 측면에서도 큰 의미를 갖지 못한다.

2 변동예산

변동예산(flexible budget)이란 일정 범위의 조업도 변동에 따라 조정되어 작성되는 예산으로, 실제원가를 실제조업도수준의 예산원가와 비교하는 것이다. 따라서 사전에 계획된 목표의 달성정도는 물론 특정산출량에 대하여 사용된 투입량의 정도에 관한 정보도 제공하므로 경영관리적 측면에서 성과평가 및 통제에 유용하다.

06 책임중심점의 종류

책임중심점에서 책임이 부여된 각 부서(책임중심점)는 다음 그림과 같이 직접재료 등의 투입물을 인수하여 그들이 목표로 하는 산출물을 생산하는 과정을 수행한다.

[그림 6-5] 책임중심점의 업무 흐름

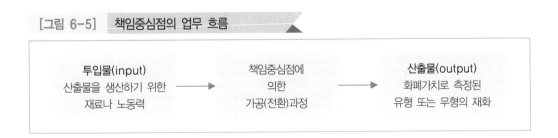

투입물(input)
산출물을 생산하기 위한
재료나 노동력

책임중심점에
의한
가공(전환)과정

산출물(output)
화폐가치로 측정된
유형 또는 무형의 재화

책임중심접근방법에 의해 예산을 편성하는 경우, 책임중심점에 투입되는 투입물과 산출물은 업종에 따라 다양할 것이기 때문에 공통의 측정단위인 화폐로 측정하는 것이 바람직하다.

책임회계제도하에서 성과평가는 해당 관리자가 직접적인 권한과 통제를 행사할 수 있는 책임중심점별로 이루어지며, 이러한 책임중심점은 책임의 성격 및 책임범위에 따라 원가중심점, 수익중심점, 이익중심점 및 투자중심점으로 분류된다.

1 원가중심점

원가중심점(cost center)이란 통제가능한 원가의 발생에 대해서만 책임을 지는 가장 작은 활동단위로서의 책임중심점이다. 가장 대표적인 원가중심점은 제조부문이라고 할 수 있다.

2 수익중심점

수익중심점(revenue center)이란 매출액에 대해서만 통제책임을 지는 책임중심점으로, 기업의 최종산출물인 제품 또는 서비스를 외부에 판매함으로써 판매수익을 창출하는데 일차적인 책임을 지고 있는 판매부서 및 영업소 등이 수익중심점의 예이다.

따라서 수익중심점은 산출물만을 화폐로 측정하여 통제할 뿐 투입물과 산출물 모두에 의해 결정되는 이익에 대해서는 책임을 지지 않는다. 그러나 매출액만으로 성과평가를 하면 기업전체적으로 잘못된 의사결정을 야기할 수 있다. 매출액이 성과평가의 기준이 된다면 불량채권의 발생, 원가절감의 경시 등 여러 가지 문제점에 노출될 수 있기 때문이다.

3 이익중심점

이익중심점(profit center)은 원가와 수익 모두에 대해서 통제책임을 지는 책임중심점이다. 이러한 이익중심점은 전체 조직이 될 수도 있지만 조직의 한 부분, 즉 판매부서, 각 지역단위, 각 점포단위 등으로 설정될 수도 있는데 보통 이럴 경우 책임중심점이란 이익중심점을 뜻하는 것이 일반적이다.

이러한 이익중심점은 수익중심점에 비해 유용한 성과평가기준이 된다. 성과평가의 기준을 이익으로 할 경우 해당 경영자는 공헌이익 개념에 의해서 관리를 수행할 것이고, 이로 인해 회사전체적 입장에서 최적의 의사결정에 근접할 수 있다.

4 투자중심점

투자중심점(investment center)이란 원가 및 수익뿐만 아니라 투자의사결정에 대해서도 책임을 지는 책임중심점으로서 가장 포괄적인 개념이다. 기업이 제품별 또는 지역별로 별도의 독립적인 조직으로 분리될 정도로 규모가 커져 제품별 또는 지역별 사업부로 분권화된 경우, 이 분권화조직이 투자중심점에 해당한다.

수익중심점이나 이익중심점을 성과평가할 때는 매출액이나 공헌이익 등을 고려하나, 투자중심점의 성과평가는 투자수익률(return on investment : ROI)이나 잔여이익(residual income : RI) 등 기타의 성과평가기법에 의해 결정된다. 그 이유는 투자중심점은 이익뿐만 아니라 투자의 사결정, 즉 자산의 활용도까지도 책임을 져야하기 때문이다.

여기서 투자수익률이란 단위투자액에 대한 이익을 나타내는 것으로 투자자산이 얼마나 효율적으로 사용되었는가를 알려주는 평가기법이며, 잔여이익은 투자액에 대해 요구되는 이익을 초과하는 이익의 정도를 나타내는 평가기법이다.

[그림 6-6] 조직도

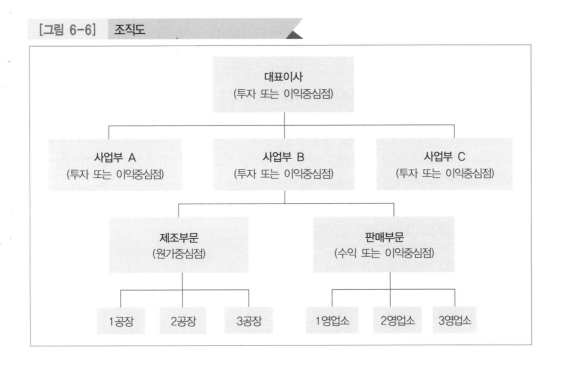

07 성과평가

1 성과평가의 의의

사전에 설정한 기업의 기대에 대한 달성정도를 성과라고 한다면, 성과평가는 기업이 사전에 설정한 기대를 각 책임중심점들이 얼마나 만족시켰는가를 측정하는 것이라고 할 수 있다. 이러한 성과평가제도는 기업의 소유주(주주)와 경영자 모두에게 중요한 사항이다.

성과평가제도를 통해 소유주는 경영자의 효율성과 능력을 파악할 수 있고, 소유자 자신의 이해와 일치되는 방향으로 경영자의 행동을 유도할 수 있으며, 경영자 또한 성과평가제도에 의해 자신의 보수가 결정되기 때문이다.

2 성과보고서

책임회계에 의한 성과평가를 위해서는 조직전체적으로 예산과 실적 간의 차이를 발견하고, 그 차이의 원인이 어떤 부문에서 어떠한 이유에 의해 발생하였는지 분석해야 한다.

성과보고서(performance report)는 이러한 목적을 달성하기 위하여 실적과 예산과의 차이를 비교하여 작성한 표이다. 이들 보고서가 예산과 실적치 간의 차이원인에 관한 추가정보와 더불어 해당 관리자에게 전달되면 관리자들은 현행 운영활동을 개선하기 위한 조치를 강구하거나 미래계획을 수정하여 이를 새로운 예산에 반영한다. 새로이 마련된 예산은 다시금 당기운영예산이 되는 순환주기가 계속되는 것이다.

[그림 6-7] 예산평가-성과평가 순환주기

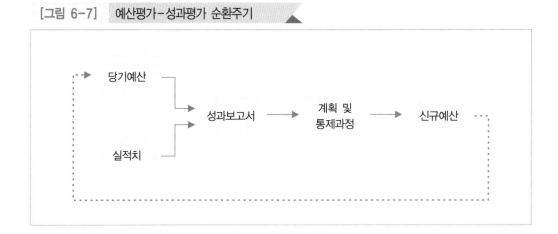

성과보고서 작성 시 주의할 사항은 각 경영자의 성과보고서에 통제불가능원가는 제외되거나 통제가능원가와 구분하여 표시되어야 한다는 것이다. 이유는 각 책임중심점은 통제가능항목에 의해 규정된 책임범위에 대해서만 책임을 지며, 각 책임중심점의 책임범위를 벗어나는 통제불가능항목에 대해서는 책임이 없기 때문에 통제불가능항목은 각 책임중심점의 성과평가 시 제외되는 것이 원칙이기 때문이다.

3 성과평가 시 고려해야 할 사항

효율적인 성과평가제도를 설계하기 위해 고려해야 할 점은 다음과 같다.

(1) 목표일치성

기업의 각 책임중심점들의 이익극대화가 기업전체적인 이익극대화와 같을 때 목표가 일치한다고 말할 수 있다. 즉, 효율적인 성과평가제도는 기업 구성원들의 성과극대화 노력이 기업전체목표의 극대화로 연결될 수 있도록 설계되어야 한다는 것이다.

(2) 성과평가의 오차

각 책임중심점의 성과평가를 수행하는 과정에서 성과측정의 오류가 발생하는 것이 일반적인데, 효율적인 성과평가제도는 성과평가치의 성과측정오류가 최소화되도록 설계되어야 한다.

(3) 적시성과 경제성

성과평가의 결과가 기업에 신속하게 보고되고 조정될 때 적시성이 있다고 한다. 따라서 성과평가를 수행하는 경우 많은 시간과 비용을 투입하면 더욱 정확한 평가는 가능할지 몰라도, 적시성과 경제성(비용 대 효익) 측면에서는 문제가 있을 수 있다. 반대로 적은 시간과 비용을 투입하면 적시성과 경제성은 얻을 수 있겠지만 정확한 성과평가는 어려울 것이다. 따라서 효율적인 성과평가제도는 적시성과 경제성을 적절히 고려해야 한다.

(4) 각 책임중심점의 행동에 미치는 영향

성과평가를 한다는 사실 자체가 각 책임중심점의 행동에 영향을 미치게 된다. 예를 들어, 매출액을 성과평가의 측정치로 설정한다면 각 책임중심점은 매출액을 다른 어떤 요소들보다도 중요시하게 될 것이다. 이에 따라 매출액 순이익률이나 채권의 안전성 등의 요인들이 무시되어 오히려 순이익이 감소할 수도 있다.

이와 같이 성과를 측정한다는 사실 자체가 피평가자의 행위에 영향을 미치는 현상을 하이젠버그 불확실성원칙(Heisenberg uncertainty principle)이라 한다. 따라서 효율적인 성과평가 제도는 각 책임중심점의 행동에 미치는 영향을 적절히 고려해야만 한다.

4 사업부별 성과평가

(1) 성과평가측정치로서의 이익

이익은 영리기업의 성과측정치로 널리 이용되는데, 이와 같이 회사전체의 성과측정치인 이익을 분권화된 사업부의 성과측정치로 사용함으로써 회사전체와 사업부 간의 목표일치성도 달성할 수 있다. 따라서 이익은 분권화된 사업부의 성과측정치로 가장 널리 사용되고 있다.

(2) 이익지수

공헌이익접근법에 의한 손익계산서의 작성을 통해 일반적으로 널리 사용되는 여러 가지 이익측정치들을 살펴보면 다음과 같다.

1) 공헌이익

공헌이익(contribution margin)은 이미 살펴보았듯이, 매출액에서 변동원가를 차감한 금액으로서 목표이익달성을 위한 조업도 선택, 제품배합의 결정 등 단기적 계획설정에 유용한 이익개념이다. 그러나 고정원가 중 일부는 통제가능원가이고 고정원가와 변동원가의 비율을 어느 정도 조절할 수 있기 때문에 사업부경영자의 성과평가에는 유용하지 못하다.

2) 사업부경영자의 공헌이익

공헌이익에서 사업부경영자가 통제할 수 있는 고정원가를 차감한 것으로 사업부경영자의 성과평가목적에 가장 적합한 이익개념이다. 왜냐하면 부문경영자가 통제가능한 모든 활동이 여기에 포함되어 있기 때문이다.

여기서 통제가능고정원가(controllable fixed costs)란 특정부문 경영자가 통제가능한 고정원가로서 부문경영자의 재량 권한에 의해 발생하는 고정원가이다. 그러나 이와 같은 이익개념은 통제가능원가와 통제불가능원가를 명확히 구분하기가 어렵고, 직접 통제할 수 있는 원가는 아니지만 해당 사업부 때문에 발생한 추적 또는 배분가능한 고정원가 등을 포함하지 않으므로 해당 사업부의 진정한 성과를 표시하지 못한다는 단점이 있다.

3) 사업부 공헌이익

사업부경영자 공헌이익에서 사업부가 단기적으로 통제할 수 없으나 사업부에 직접 추적 또는 배분 가능한 고정원가를 차감한 이익개념으로 사업부마진이라고도 한다. 이 사업부 공헌이익에는 특정사업부에서 발생한 모든 수익과 원가가 포함되기 때문에 사업부 자체의 수익성을 평가하는데 유용하다. 특히 특정사업부의 설비대체, 투자안 분석, 투자수익률 분석 등 장기적 의사결정에 중요한 정보를 제공한다.

그러나 특정사업부에 귀속시킬 수 있는 모든 원가를 고려하는 과정에서 특정사업부의 성과평가가 왜곡되지 않도록 원가배분에 세심한 주의를 요한다.

4) 공통고정원가

공통고정원가란 여러 사업부에서 공통적으로 사용되는 고정원가로서 특정사업부에 추적이 불가능한 원가이다. 예를 들면 본사건물의 감가상각비, 회사전체적인 광고선전비, 최고경영자의 급료 등이 포함된다.

이러한 공통고정원가는 여러 사업부에서 공통적으로 사용되는 고정원가이므로 특정사업부에 부과시키거나 임의로 배분해서는 안되며 총액으로 관리해야 한다.

이상에서 설명한 여러 가지 이익지수에서 사용되는 고정원가를 분류하면 다음과 같다.

[표 6-1] 고정원가의 분류

원가의 종류	통제가능성	추적가능성
통제가능고정원가	통제가능	추적가능
통제불능고정원가	통제불능	추적가능
공통고정원가	통제불능	추적불능

(3) 공헌이익 손익계산서

공헌이익 손익계산서를 작성하는 일반적 원칙은 다음과 같다.

① 사업부의 전체원가를 변동원가와 고정원가로 분류한다.

② 원가를 특정사업부가 통제가능한 원가와 통제불가능한 원가로 분류한다. 여기서 특정사업부의 성과평가에 적합한 원가는 통제가능한 원가이다.

③ 원가를 특정사업부에의 추적가능성에 따라 사업부원가와 공통원가로 분류한다. 여기서 특정사업부의 성과평가에 적합한 원가는 사업부원가이다.

④ 공헌이익 손익계산서는 하위 사업부에서부터 작성하여 이를 취합하여 상위 사업부 공헌이익 손익계산서를 작성한다.

매출액	×××
변동원가	(×××)
공헌이익	×××
추적가능 · 통제가능고정원가	(×××)
사업부경영자공헌이익	×××
추적가능 · 통제불능고정원가	(×××)
사업부공헌이익	×××
공통고정원가배분액	(×××)
법인세비용차감전순이익	×××
법인세비용	(×××)
순이익	×××

MEMO

01 다음 중 예산에 관한 설명으로 가장 올바르지 않은 것은?

① 예산이란 공식적인 경영계획을 화폐단위로 표현한 것이다.
② 예산은 조직원들에게 동기를 부여함과 동시에 의사전달과 조정의 역할을 수행한다.
③ 예산 편성성격에 따라 종합예산과 부문예산으로 분류된다.
④ 고정예산은 조업도의 변동을 고려하지 않고 특정조업도를 기준으로 작성된다.

02 다음 중 변동예산을 사용하는 목적에 관한 설명으로 가장 옳은 것은?

① 기준 조업도 수준에서 예산원가와 실제원가를 비교 평가하기 위하여
② 실제 조업도 수준에서 예산원가와 실제원가를 비교 평가하기 위하여
③ 하부 경영자들에게 권한을 위양하기 위하여
④ 예산설정에 소요되는 총시간을 감소시키기 위하여

03 책상을 생산해서 판매하는 (주)삼일은 20X1년의 종합예산을 편성하고자 한다. 이를 위해 수집한 자료는 다음과 같다.

(1) 20X0년도의 책상의 판매가격은 10,000원, 판매량은 1,000개였다. 20X1년도 판매가격은 20X0년 실질GDP 성장률 10 % 만큼을 인상하여 판매하고, 예상판매량도 실질GDP 성장률만큼 증가하리라 예상하고 있다.
(2) 제품의 기말재고 수량은 당해 예상판매량의 10 % 수준을 유지하도록 한다.

다음 중 (주)삼일의 20X1년의 판매예산으로 가장 옳은 것은?

① 11,900,000원
② 12,100,000원
③ 12,400,000원
④ 12,600,000원

NEW

04 다음 중 고정예산과 변동예산의 차이에 관한 설명으로 가장 옳은 것은?

① 고정예산의 범위는 회사전체인 반면, 변동예산의 범위는 특정부서에 한정된다.
② 변동예산은 변동원가만을 고려하고, 고정예산은 변동원가와 고정원가 모두를 고려한다.
③ 고정예산은 특정조업도를 기준으로 하여 사전에 수립되는 예산이고, 변동예산은 일정 범위의 조업도 변동에 따라 조정되어 작성되는 예산이다.
④ 변동예산에서는 권한이 하부 경영자들에게 위양되나, 고정예산에서는 그렇지 않다.

05 다음 중 원가와 수익 모두에 대해서 통제책임을 지는 책임중심점은 무엇인가?

① 이익중심점   ② 수익중심점
③ 원가중심점   ④ 생산중심점

06 다음 중 책임회계제도에 대한 설명으로 가장 올바르지 않은 것은?

① 책임중심점이란 경영관리자가 특정활동에 대해 통제할 책임을 지는 조직의 부문을 말한다.
② 책임회계제도가 그 기능을 효율적으로 수행하기 위해서는 각 책임중심점의 경영자가 권한을 위임받은 원가항목들에 대해 통제권을 행사할 수 없어야 한다.
③ 책임회계제도 하에서는 권한을 위임받은 관리자가 책임범위 내에서 독자적인 의사결정을 내릴 수 있다.
④ 책임중심점은 책임의 성격 및 책임범위에 따라 원가중심점, 수익중심점, 이익중심점 및 투자중심점으로 분류할 수 있다.

07 책임회계제도에 대한 설명 중 옳지 않은 것은?

① 책임회계의 평가지표는 각 책임단위가 통제할 수 있는 결과를 이용하며, 이를 통제가능성의 원칙이라고 한다.
② 투자중심점은 다른 유형의 책임중심점보다 가장 분권화된 중심점이다.
③ 원가중심점의 예로 제조부문, 구매부문, 인력관리부문, 재무부문 등이 있다.
④ 판매부문은 이익중심점으로 분류하기 보다는 수익중심점으로 분류하는 것이 좋다.

08 책임회계제도에 기반을 둔 경영체제가 운영되기 위해서는 책임중심점이 있어야 한다. 다음 중 책임중심점별로 통제책임을 지는 부문과 부서의 연결이 옳은 것은?

① 원가중심점 – 분권화된 조직
② 수익중심점 – 영업소
③ 이익중심점 – 제조부문
④ 투자중심점 – 판매부서

09 다음 중 책임회계제도의 성과평가시 고려해야 할 사항으로 가장 올바르지 않은 것은?

① 하이젠버그 불확실성원칙(Heisenberg uncertainty priciple)을 고려하여야 한다.
② 기업 구성원들의 성과극대화 노력이 기업전체목표의 극대화로 연결될 수 있도록 설계하여야 한다.
③ 정확한 성과평가 보다는 적시성과 경제성이 최우선적으로 고려되어야 한다.
④ 성과평가치의 성과측정오류가 최소화되도록 설계되어야 한다.

10 다음은 책임회계제도하에서 작성되는 책임중심점에 대한 성과보고서와 관련된 설명이다. 이 중 옳지 않은 것은?

① 통제가능원가, 통제불가능원가로 구분하여야 한다.
② 예외에 의한 관리가 가능하도록 작성하여야 한다.
③ 통제가능원가의 실적과 예산과의 차이를 포함시켜야 한다.
④ 해당 책임중심점에 배분된 고정제조간접원가는 통제가능원가에 포함시켜야 한다.

11 다음 중 책임회계에 근거한 성과보고서에 관한 설명으로 옳은 것은?

① 통제가능원가의 실제발생액과 예산과의 차이를 하부 경영자에게 비밀로 하는 것이 바람직하다.
② 공통원가의 배분을 피하고 각 부문의 통제가능원가만을 포함하는 것이 바람직하다.
③ 회사의 비공식적인 조직상의 권한과 책임에 따라 보고서를 작성하는 것이 바람직하다.
④ 통제가능원가와 통제불능원가를 반드시 구분할 필요는 없다.

12 다음 중 올해 처음 성과평가제도를 실시한 (주)삼일의 성과평가에 관한 내용으로 가장 올바른 것은?

① 구매팀장: 최근 글로벌 경기침체로 원유가격이 크게 떨어져 (주)삼일의 구매원가 하락으로 이어지자 다른 부서와 달리 구매팀장의 임금을 인상하였다.
② 영업부장: (주)삼일의 영업부장은 기말에 매출액을 늘리기 위해 대리점으로 밀어내기식 매출을 감행하여 매출액을 무려 120% 인상시키는 공로를 세워 이사로 승진하였다.
③ 부산공장장: 태풍의 피해로 부산 공장 가동이 10여 일간 중단되어 막대한 손실을 입은 (주)삼일은 그 책임을 물어 공장장을 해고하였다.
④ 채권회수팀장: 채권회수율과 고객관계(고객불만 전화의 횟수로 측정)에 의하여 성과평가를 받았으며 자체적으로 매너교육을 실시하여 채권회수율을 증가시킴과 동시에 고객불만 전화를 크게 감소시켜 좋은 성과평가 점수를 얻었다.

13 (주)삼일에 새로 부임한 최이사는 올해 철저한 성과평가제도의 도입을 검토하고 있다. 성과평가제도의 도입과 관련하여 가장 올바르지 않은 주장을 펼치고 있는 실무담당자는 누구인가?

> 정부장: 효율적인 성과평가제도는 기업 구성원들의 성과극대화 노력이 기업전체 목표의 극대화로 연결될 수 있도록 설계되어야 합니다.
>
> 유차장: 각 책임중심점의 성과평가를 수행하는 과정에서 성과측정의 오류가 발생하는 것이 일반적인데, 효율적인 성과평가제도는 성과평가치의 성과측정오류가 최소화되도록 설계되어야 합니다.
>
> 황대리: 많은 시간과 비용을 투입할수록 더욱 정확하고 공정한 성과평가가 가능하므로 성과평가제도의 운영을 적시성 및 경제성의 잣대로 바라보지 않도록 주의해야 합니다.
>
> 김사원: 성과평가를 한다는 사실 자체가 피평가자의 행위에 영향을 미치는 현상도 고려하여 이를 적절히 반영해야 합니다.

① 정부장   ② 유차장
③ 황대리   ④ 김사원

14 다음은 (주)삼일의 20X1년 이익중심점의 통제책임이 있는 A사업부의 공헌이익 손익계산서이다. A사업부의 성과평가목적에 가장 적합한 이익은 얼마인가?

매출액	5,000,000원
변동원가	2,000,000원
공헌이익	3,000,000원
추적가능 · 통제가능고정원가	500,000원
사업부경영자공헌이익	2,500,000원
추적가능 · 통제불능고정원가	500,000원
사업부공헌이익	2,000,000원
공통고정원가배분액	400,000원
법인세비용차감전순이익	1,600,000원
법인세비용	600,000원
순이익	1,000,000원

① 1,000,000원   ② 2,000,000원
③ 2,500,000원   ④ 3,000,000원

15 다음 중 사업부별 성과평가시 사업부경영자의 성과를 평가할 때 포함하여야 하는 원가는 무엇인가?

① 추적가능하고 통제가능한 고정원가
② 공통 고정원가
③ 통제불가능한 고정원가
④ 추적불가능한 고정원가

16 다음 중 책임중심점의 종류에 대한 설명으로 가장 올바르지 않은 것은?

① 원가중심점이란 통제 불가능한 원가의 발생에 대해서만 책임을 지는 가장 작은 활동단위로서의 책임중심점이다.
② 수익중심점은 매출액에서 대해서만 통제책임을 지는 책임중심점이다.
③ 이익중심점은 원가와 수익 모두에 대해서 통제책임을 지는 책임중심점이다.
④ 투자중심점은 원가 및 수익 뿐만 아니라 투자의사결정에 대해서도 책임을 지는 책임중심점이다.

V 분권화와 성과평가

01 분권화의 의의

분권화(decentralization)란 의사결정권한이 조직 전반에 걸쳐서 위임되어 있는 상태로서, 분권화의 핵심은 의사결정의 자유 정도에 있다. 따라서 완전한 분권화란 기업 경영자의 의사결정에 최소한의 제약과 최대한의 자유가 부여됨을 뜻한다.

분권화를 실시하는 단계는 다음과 같다.

첫째, 권한의 부여(granting authority)─상위경영자가 하위경영자에게 특정 업무를 수행할 수 있는 권한(authority)을 부여한다. 이 위임(delegation)은 기능적인 책임(functional responsibility)과 그 결과를 통제할 수 있는 권한도 부여한다.

둘째, 의무의 부과(assignment of duties)─상위경영자는 하위경영자에게 권한을 부여함과 동시에 이 권한과 관련된 의무(duties)도 부과한다.

셋째, 책임의 발생(responsibility creation)─하위경영자는 권한을 상위경영자로부터 부여받음으로써 이 권한에 대한 책임을 지게 되며, 성과평가(performance evaluation)도 받게 된다.

02 분권화의 효익

분권화를 통하여 얻을 수 있는 효익들은 다음과 같다.

첫째, 하위 경영자들이 최고경영자들보다 고객과 공급업체 및 종업원의 요구에 대응하기가 훨씬 더 수월하기 때문에 신속한 대응(timely response)을 할 수 있다.

둘째, 하위 경영자들에게 빠른 의사결정책임을 부여하는 기업이 상위 경영자들에게 의사결정책임을 부여하고자 시간을 소비하는 기업보다 경쟁적 우위를 점할 수 있어 보다 신속한 의사결정이 가능하다.

셋째, 하위 경영자들에게 보다 큰 재량권이 주어지면 보다 많은 동기부여(motivation)가 된다.

넷째, 분권화를 시행하게 되면 경영자에게 많은 책임이 주어지게 되고, 이에 따라 경영자로서의 능력개발을 촉진(management development)시킬 수 있으며 학습효과 측면에서도 유용하다.

다섯째, 분권화된 환경에서 소규모 하위단위 경영자들은 대규모 하위단위 경영자들보다 더 융통성 있고 민첩하게 시장 기회에 적응할 수 있다.

여섯째, 분권화를 통하여 최고경영자들은 하위단위의 일상적인 의사결정의 부담에서 벗어날 수 있기 때문에 조직전체의 전략적 계획에 보다 많은 시간과 노력을 집중시킬 수 있다.

03 분권화의 문제점

그러나 이와 같은 분권화에는 다음과 같은 문제점이 있다.

첫째, 분권화된 사업부는 기업전체의 관점에서 최적이 아닌 의사결정을 할 가능성이 있다 (dysfunctional decision making). 이와 같이 기업전체의 관점에서 역기능적인 의사결정을 준최적화(sub-optimization)라고 하며, 준최적화는 기업전체의 목표와 각 사업부의 목표 및 의사결정자들의 개별적인 목표 간에 조화 또는 일치가 결여된 경우와 개별 사업부의 의사결정이 기업의 다른 사업부에 미치는 영향에 관하여 기업전체적인 관점에서의 지침이 결여된 경우 등에서 발생한다.

둘째, 각 사업부에서 동일한 활동이 개별적으로 중복 수행될 수 있다. 예를 들어, 고도로 분권화된 각 사업부에서 개별적으로 중복된 스텝활동(회계, 노사관계, 법률 등)이 이루어질 수 있다.

셋째, 분권화된 각 사업부의 경영자들이 동일한 기업의 다른 사업부를 외부집단으로 간주하여 정보의 공유 등을 꺼려함에 따라 각 사업부 간 협력이 저해될 수 있다.

이와 같은 분권화의 장점과 단점을 적절히 고려하여 기업의 최고경영자는 각 사업부별로 분권화의 정도를 적절하게 결정해야 한다.

04 판매부서의 성과평가

1 수익중심점 및 이익중심점으로서의 판매부서

판매부서는 목표매출의 달성에 책임이 있으므로 수익중심점(revenue center) 또는 이익중심점(profit center)으로 운영될 수 있다. 그러나 수익중심점으로 판매부서를 운영하는 것보다 이익중심점으로 판매부서를 운영하는 것이 보다 바람직하다고 할 수 있다. 왜냐하면 수익에 대해서만 책임을 지는 수익중심점보다는 매출에 따른 수익뿐만 아니라 수익을 창출하는데 부수적으로 발생하는 비용에 대하여도 책임을 지게 함으로써 수익과 그에 관련된 비용을 함께 고려하는 이익중심점으로 판매부서를 운영하는 것이 보다 정확한 판매부서의 성과평가가 가능할 것이기 때문이다.

2 판매부서의 성과보고서

판매부서의 성과보고서를 작성할 때 유의사항은 다음과 같다.

첫째, 판매부서의 성과평가는 일반적으로 예산매출액과 실제매출액의 비교를 통해 이루어진다. 여기서 예산매출액은 고정예산으로 편성된 매출목표를 의미하는 것이 보통이다.

둘째, 생산부서의 성과보고서에 표시되는 실제변동원가는 제조과정에서 실제로 발생된 변동원가인 반면, 판매부서의 성과보고서에 포함되는 실제변동원가는 제조부서의 능률 또는 비능률에 의한 원가차이를 배제하기 위해 판매활동과 관련된 것만 실제변동원가이고 제조활동과 관련된 것은 표준변동원가로 기록된다.

셋째, 실제성과와 고정예산과의 비교는 매출액과 변동원가가 모두 포함된 공헌이익의 비교에서부터 출발한다.

위에서 설명한 바와 같이 판매부서의 성과보고서를 작성하면 예산매출액과 실제매출액의 차이가 발생하게 되는데, 그 차이의 원인과 책임을 분석하기 위해 다음과 같이 차이를 세분할 수 있다.

[그림 6-8] 판매부서의 차이분석

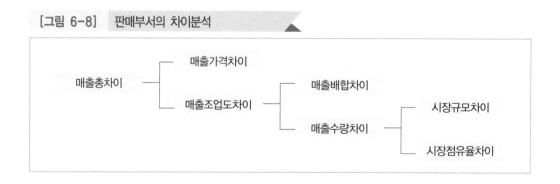

3 매출가격차이와 매출조업도차이

매출총차이(sales variance)는 실제매출액과 고정예산 매출액의 차이로서, 이 차이는 전적으로 판매가격이나 판매량의 차이에 의해 발생하는 것으로 보며 실제공헌이익과 예산공헌이익의 차이로서 측정된다. 여기서 주의할 점은 판매부문은 제품 생산과정에서 발생하는 차이에 대해서는 책임이 없으므로 실제 제품 단위당 변동원가가 아닌 표준 제품 단위당 변동원가를 사용하여 성과를 평가한다는 것이다.

매출총차이 = 매출가격차이+매출조업도차이
        = 실제판매량 × (실제판매가격−예산판매가격)+(실제판매량−예산판매량) × 예산공헌이익
        = AQ × (AP − BP) + (AQ −BQ) × (BP − SV)

    AQ=실제판매량
    BQ=예산판매량
    AP=단위당 실제판매가격
    BP=단위당 예산판매가격
    SV=단위당 표준변동원가

위에서 설명한 매출총차이는 크게 판매가격의 변화에 의한 매출가격차이(sales price variance)와 판매량의 변화에 의한 매출조업도차이(sales volume variance)로 분류할 수 있다. 매출가격차이는 아래의 식에서 보는 바와 같이 실제판매가격과 예산판매가격의 차이로 인하여 발생하며, 이때 판매량으로는 실제판매량을 사용한다.

매출가격차이 = 실제판매량 × (실제판매가격−표준변동원가)−실제판매량 × (예산판매가격−표준변동원가)
        = AQ × (AP−SV)−AQ × (BP−SV)
        = AQ × (AP−BP)

매출조업도차이는 아래의 식에서 보는 바와 같이 실제판매량과 예산판매량의 차이로 인하여 발생하며, 이때 공헌이익으로는 단위당 예산공헌이익을 사용한다.

매출조업도차이 = 실제판매량 × (예산판매가격−표준변동원가)−예산판매량 × (예산판매가격−표준변동원가)
        = AQ × (BP−SV)−BQ × (BP−SV)
        = (AQ−BQ) × (BP−SV)

판매부문은 목표매출의 달성에 책임이 있으므로, 생산부문의 성과평가에서 사용되었던 표준과는 달리 고정예산이 성과평가의 기준이 된다. 이에 따라 매출가격차이는 물론 매출조업도차이도 판매부문이 책임져야 할 통제가능한 차이가 된다.

위에서 설명한 매출총차이분석을 표로 정리하면 다음과 같다.

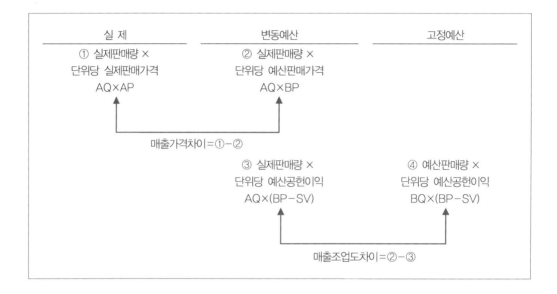

4 매출배합차이와 매출수량차이

기업이 2개 이상의 제품을 생산 판매하는 경우 예산매출액을 산정하려면 각 제품의 구성비율을 가정해야 한다. 이때 예상했던 구성비율과 실제 판매된 제품의 구성비율이 일치하지 않을 수 있다. 따라서 위에서 설명한 매출조업도차이는 다음과 같이 매출배합차이와 매출수량차이로 분류할 수 있다.

매출배합차이(sales mix variance)는 실제판매량에 기초한 변동예산의 공헌이익과 실제 제품 총판매량에 예산매출배합률을 곱하여 계산한 변동예산의 공헌이익의 차이로서, 서로 다른 공헌이익을 가지고 있는 제품들의 상대적 비율에 의해 영향을 받는다.

> 매출배합차이 = (실제판매량 × 실제매출배합하의 변동예산공헌이익)
> － (실제판매량 × 예산매출배합하의 변동예산공헌이익)

매출수량차이(sales quantity variance)는 실제총판매량에 예산매출배합비율을 곱하여 계산한 변동예산의 공헌이익과 고정예산의 공헌이익의 차이로서, 실제로 판매된 수량에 의해 영향을 받는다.

> 매출수량차이 = (실제판매량 × 예산매출배합하의 변동예산공헌이익)
> － (예산판매량 × 예산매출배합하의 고정예산공헌이익)

위에서 설명한 매출조업도차이를 표로 정리하면 다음과 같다.

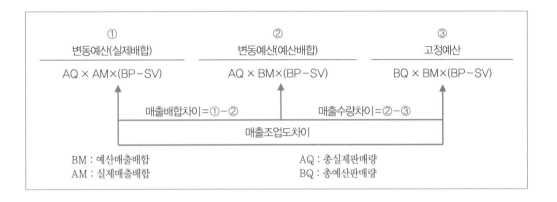

5 시장점유율차이와 시장규모차이

기업이 속해 있는 시장의 규모와 시장점유율의 크기는 기업의 판매량에 영향을 미치는 중요한 요소이다. 시장전체의 규모가 일정하다고 가정할 때 시장점유율이 증가하면 그 기업의 판매량도 증가하게 되고, 기업의 시장점유율이 일정하다고 가정할 때 시장전체의 규모가 증가하면 그 기업의 판매량도 증가할 것이다.

기업의 입장에서 볼 때 시장의 총수요를 나타내는 시장규모는 통제불가능 요소이지만 시장점유율은 기업이 통제할 수 있는 요소이다. 이러한 관점에서 매출수량차이를 다시 통제가능요소와 통제불가능요소로 구분할 수 있다.

시장점유율차이와 시장규모차이를 구분하기 위해서는 먼저 단위당 예산평균공헌이익(budgeted average contribution margin)을 산출해야 한다. 단위당 예산평균공헌이익은 기업이 판매하고 있는 제품의 총예산공헌이익을 총예산판매량으로 나누어 계산한 것이다.

시장점유율차이(market share variance)는 실제시장규모 아래에서 실제시장점유율에 기초한 변동예산의 공헌이익과 실제시장규모 아래에서 예산시장점유율에 기초한 변동예산의 공헌이익의 차이를 의미한다.

$$
\text{시장점유율차이} = \left(\begin{array}{c} \text{실제시장} \\ \text{점유율} \end{array} - \begin{array}{c} \text{예산시장} \\ \text{점유율} \end{array} \right) \times \begin{array}{c} \text{실제시장} \\ \text{규모} \end{array} \times \begin{array}{c} \text{예산평균} \\ \text{공헌이익} \end{array}
$$

시장규모차이(market size variance)는 예산점유율 아래에서 실제시장규모에 기초한 변동예산의 공헌이익과 고정예산의 공헌이익의 차이를 의미한다.

$$
\text{시장규모차이} = \begin{array}{c} \text{예산시장} \\ \text{점유율} \end{array} \times \left(\begin{array}{c} \text{실제시장} \\ \text{규모} \end{array} - \begin{array}{c} \text{예산시장} \\ \text{규모} \end{array} \right) \times \begin{array}{c} \text{예산평균} \\ \text{공헌이익} \end{array}
$$

위에서 설명한 매출수량차이를 표로 정리하면 다음과 같다.

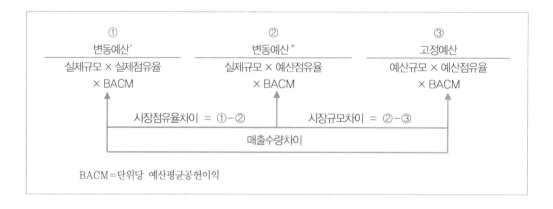

예 제

(주)삼일은 제품 A와 B를 생산하여 판매하고 있다. 원가 및 판매와 관련된 자료는 다음과 같다.

	고정예산	
	제품 A	제품 B
판매량	600개	400개
단위당 판매가격	₩500	₩700
단위당 변동원가	300	400
고정원가	₩100,000	

	실제판매상황	
	제품 A	제품 B
판매량	480개	720개
단위당 판매가격	₩570	₩650
단위당 변동원가	320	350
고정원가	₩120,000	

제품 A와 B는 동일한 산업 내에서 판매되는 제품이다. 그리고 예산 시장규모는 12,500개였으나, 실제 시장규모는 16,000개였다.

• 요구사항 •
1. 매출총차이를 매출가격차이와 매출조업도차이로 분리하시오.
2. 매출조업도차이를 매출배합차이와 매출수량차이로 분리하시오.
3. 매출수량차이를 시장점유율차이와 시장규모차이로 세분하시오.

풀 이

1. 매출가격차이와 매출조업도차이

	실 제		변동예산		고정예산
A	480×₩570=	₩273,600	480×₩500=	₩240,000	
B	720×₩650=	468,000	720×₩700=	504,000	
		₩741,600		₩744,000	

매출가격차이 ₩2,400(U)

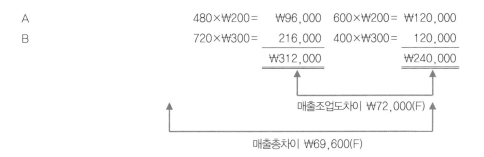

A	480×₩200=	₩96,000	600×₩200= ₩120,000
B	720×₩300=	216,000	400×₩300= 120,000
		₩312,000	₩240,000

매출조업도차이 ₩72,000(F)

매출총차이 ₩69,600(F)

2. 매출배합차이와 매출수량차이

〈예산매출배합〉 A : B = 600 : 400 = 0.6 : 0.4

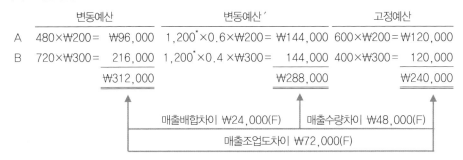

	변동예산	변동예산´	고정예산
A	480×₩200= ₩96,000	1,200*×0.6×₩200= ₩144,000	600×₩200=₩120,000
B	720×₩300= 216,000	1,200*×0.4×₩300= 144,000	400×₩300= 120,000
	₩312,000	₩288,000	₩240,000

매출배합차이 ₩24,000(F)   매출수량차이 ₩48,000(F)

매출조업도차이 ₩72,000(F)

* 총실제판매량 = 480+720 = 1,200

3. 시장점유율차이와 시장규모차이

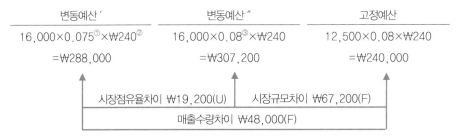

변동예산´	변동예산˝	고정예산
16,000×0.075[1]×₩240[2]	16,000×0.08[3]×₩240	12,500×0.08×₩240
=₩288,000	=₩307,200	=₩240,000

시장점유율차이 ₩19,200(U)   시장규모차이 ₩67,200(F)

매출수량차이 ₩48,000(F)

[1] (480+720)÷16,000=0.075
[2] 240,000÷(600+400)=₩240
[3] (600+400)÷12,500=0.08

05 원가중심점의 성과평가

원가중심점(cost center)은 특정원가의 발생에 대해서 책임을 지는 부서이며, 원가중심점의 성과평가는 제조부문을 위주로 이루어진다. 표준원가를 사용하는 기업의 경우에는 표준원가와 실제원가와의 차이를 가격차이와 능률차이로 분석한다.

원가회계의 표준원가계산제도하에서는 직접재료원가차이와 직접노무원가차이를 단일재료, 단일노동력을 중심으로 분석하였다. 그러나 현실적으로 생산요소가 한 가지인 경우는 극히 드물며, 대부분의 경우 여러 가지의 원재료와 노동력이 결합되어 생산이 이루어진다. 그러므로 여기에서는 복수의 원재료와 노동력이 존재할 때 능률차이를 배합차이와 수율차이로 세분하는 방법을 알아보도록 하자.

배합차이(mix variances)와 수율차이(yield variances)는 앞에서 설명한 판매부서의 성과평가 시 매출배합차이와 매출수량차이를 구하는 방법과 같은 논리로 구한다.

다만, 분석대상이 수익이 아닌 원가이기 때문에 유리한 차이와 불리한 차이의 방향이 반대가 되는 것이 차이점이다.

1 배합차이

배합차이는 수량을 총실제투입량으로 일정하게 한 상태에서 실제배합과 표준배합과의 차이로 인한 원가차이를 의미하며, 이를 식으로 나타내면 다음과 같다.

배합차이 = 총실제투입량×실제배합×표준가격−총실제투입량×표준배합×표준가격

= (실제투입량−총실제투입량×표준배합)×표준가격

= (AQ−Total AQ × BM) × SP

Total AQ: 총실제투입량
BM: 표준배합

배합차이가 나타나는 근본적인 이유는 투입요소 사이의 대체성 때문이다. 즉, 원재료 A와 B를 투입하여 제품을 생산하는 경우 원재료 A와 B 사이에 대체관계가 존재한다면 제품을 생산하기 위한 여러 가지 원재료 조합이 생길 수 있는 것이다.

2 수율차이

　수율차이는 배합을 표준배합으로 일정하게 한 상태에서 총실제투입량과 총표준투입량의 차이로 인한 원가차이를 의미하며, 이를 식으로 나타내면 다음과 같다.

> 수율차이 ＝ 총실제투입량 × 표준배합 × 표준가격－실제생산량에 허용된 총표준투입량 × 표준배합 × 표준가격
> 　　　 ＝ (총실제투입량 × 표준배합－실제생산량에 허용된 표준투입량) × 표준가격
> 　　　 ＝ (Total AQ × BM－SQ) × SP

　위에서 설명한 배합차이와 수율차이를 표로 정리하면 다음과 같다.

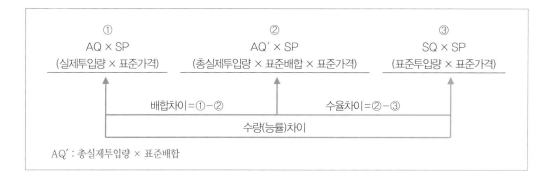

예제

배합차이와 수율차이

다음은 (주)삼일의 제품생산관련 자료이다.

제품단위당 표준원가 : 직접재료 X 90개, 단위당 ₩10
　　　　　　　　　　　 직접재료 Y 30개, 단위당 ₩30
제품생산량 : 1,000단위
직접재료 실제투입량 : 직접재료 X 77,000개
　　　　　　　　　　　 직접재료 Y 33,000개

위 자료에 의해 직접재료원가의 배합차이와 수율차이를 구하시오.

풀 이

〈표준배합〉 X : Y = 90 : 30 = 0.75 : 0.25

	AQ × SP		AQ′ × SP		SQ × SP	
X	77,000×₩10=	₩770,000	110,000*×0.75×₩10=	₩825,000	1,000개×90×₩10=	₩900,000
Y	33,000×₩30=	₩990,000	110,000*×0.25×₩30=	₩825,000	1,000개×30×₩30=	₩900,000
		₩1,760,000		₩1,650,000		₩1,800,000

배합차이   수율차이

₩110,000U   ₩150,000F

직접재료능률차이

₩40,000F

* 총실제투입량 = 77,000+33,000 = 110,000

06   투자중심점의 성과평가

1 투자중심점 성과평가의 개요

수익 또는 이익중심점으로서 판매부문의 성과를 평가할 때는 매출액이나 공헌이익 등의 지표를 사용하였다. 그러나 일반적으로 이러한 지표들은 단순한 수익의 크기만을 나타내기 때문에 투자중심점(investment center)의 성과평가 기준으로는 부적절하다.

따라서 투자중심점의 성과를 평가할 때는 각 사업부 경영자에게 배부되는 통제가능한 투자액까지 고려하는 투자수익률, 잔여이익, 경제적부가가치 등을 기준으로 삼는다.

2 투자수익률

(1) 투자수익률의 의의

투자수익률(return on investment, ROI)이란 미국의 듀퐁(Du Pont) 사가 최초로 사용한 것으로 영업이익을 투자액으로 나누어 계산한 수익성 지표이며, 투자된 자본 한 단위가 획득한 영업이익의 비율을 나타내 준다.

(2) 투자수익률의 계산

$$투자수익률 = \frac{영업이익}{투자중심점의\ 영업자산}$$

$$= \frac{영업이익}{매출액} \times \frac{매출액}{투자중심점의\ 영업자산}$$

$$= 매출액이익률 \times 자산회전율$$

위의 산식에서 투자중심점의 영업자산은 기초나 기말가액을 사용할 수도 있으나, 기초와 기말의 가중평균가액을 사용하는 것이 기중의 투자액 변동을 반영할 수 있어 보다 바람직하다. 한편, 정확한 가중평균가액을 측정하기 위해서는 매일 잔액의 평균이나 매월 말 잔액의 평균 등을 사용해야 할 것이지만, 일반적으로 간편하게 (기초＋기말) / 2로 계산하여 사용한다.

이와 같은 투자수익률을 이용하여 수익성을 평가하면 투자규모가 서로 다른 투자중심점 간의 성과평가 및 투자중심점의 기간별 비교가 가능하므로, 단지 획득한 이익의 크기만으로 수익성을 평가하는 방법보다 바람직하다.

(3) 투자수익률의 장점

투자수익률의 장점은 다음과 같다.

첫째, 사업부의 이익뿐만 아니라 투자액도 함께 고려하는 성과평가 기준이기 때문에, 사업부의 경영자가 자신의 사업부 투자액에 대한 통제권한이 있는 경우 그 경영자의 성과측정 지표로 더욱 유용하게 사용될 수 있다.

둘째, 투자규모가 다른 투자중심점을 상호 비교하기가 용이하다.

(4) 투자수익률 적용 시 유의사항

투자수익률을 투자중심점의 성과평가 기준으로 사용할 때는 다음과 같은 점에 유의해야 한다.

첫째, 투자중심점의 투자수익률 극대화 노력이 기업전체적으로는 이익의 감소를 초래하여 준최적화 현상이 발생하지 않도록 유의해야 한다. 준최적화 현상이란 투자중심점의 성과극대화가 회사전체의 성과극대화를 가져오지 못하는 현상을 의미한다. 예를 들어 회사전체의 최저필수수익률을 상회하는 좋은 투자안이 개별투자중심점의 투자수익률보다 낮기 때문에 투자가 포기되는 현상을 말한다. 준최적화 문제는 다음에 설명할 잔여이익을 성과평가 기준으로 사용하면 해결할 수 있다.

둘째, 투자수익률은 현금의 흐름이 아닌 회계이익을 기준으로 성과를 평가하므로 업종에 따라 각 투자중심점에 서로 다른 회계원칙이 적용되는 경우, 이로 인한 영향을 고려해야 한다.

셋째, 투자수익률은 화폐의 시간가치를 고려하지 않기 때문에 자본예산기법(NPV, IRR)에 의한 성과평가에 비하여 단기적인 성과를 강조한다는 점에 유의해야 한다.

(5) 투자수익률의 증대방안

투자수익률을 산정하는 체계를 그림으로 나타내면 다음과 같다.

[그림 6-9] 투자수익률분석체계

위 그림에서 보는 바와 같이 투자수익률은 수익성 요인과 활동성 요인에 의하여 결정되므로, 투자수익률을 증대시킬 수 있는 방법들을 다음과 같이 유추할 수 있다.

① 매출액의 증가

매출액은 매출액이익률의 분모와 자산회전율의 분자에 모두 표시된다. 따라서 매출액의 증가와 감소가 매출액이익률과 자산회전율에 동일한 증가와 감소 효과를 가져올 것이므로 투자수익률과 매출액은 아무런 상관이 없다고 생각하는 것은 잘못이다. 왜냐하면 분권화된 특정사업부가 투자액의 증가없이 판매활동에 노력을 많이 기울인 결과로 매출액을 증대시킬 경우, 이로 인한 영업이익의 증가율이 매출액의 증가율보다 커질 수 있기 때문이다. 따라서 투자수익률을 증대시키고자 한다면 매출액의 증대를 위하여 노력해야 한다.

② 원가의 감소

영업이익을 증가시키고 투자수익률도 높이는 방법 중에 가장 일반적인 것이 바로 원가의 감소이다. 보통 수익성이 악화되는 경우에 경영자가 가장 먼저 원가의 감소 측면을 검토하게 되는데, 이 경우 경영자의 재량에 의하여 발생하는 원가의 절감을 우선적으로 검토해야 한다.

③ 투자자산의 감소

투자수익률이 낮은 경우에 분권화된 사업부의 경영자는 자신의 사업부가 보유하고 있는 투자자산의 적정성에 관한 검토를 해야 한다.

이와 같은 검토를 통하여 사업부 최적의 자산규모를 결정하여 진부화되었거나 필요 이상으로 누적된 자산은 신속히 처분해야 할 것이다.

3 잔여이익

(1) 잔여이익의 의의

잔여이익(residual income, RI)이란 미국의 General Electric 사에서 개발한 기법으로 투자중심점의 영업자산으로부터 획득해야 할 최소한의 이익을 초과하는 영업이익을 의미하는 것으로, 유보이익이라고도 한다.

(2) 잔여이익의 계산

> 잔여이익 = (투자중심점의 영업이익) − (투자중심점의 영업자산에 대한 부가이자)
>   = (투자중심점의 영업이익) − (투자중심점의 영업자산 × 최저필수수익률)

잔여이익을 계산하기 위해서는 투자중심점의 영업자산에 대한 최저필수수익률을 결정해야 하는데, 일반적으로 기업전체의 자본비용 또는 암묵적 이자율을 기초로 하고 각 투자중심점에 관련된 위험을 추가로 고려하여 결정한다.

(3) 잔여이익의 장점

① 각 투자중심점과 회사전체의 목표일치성을 충족시킬 수 있다. 목표일치성이란 하부경영자가
  자신의 성과측정치를 극대화할 때 기업의 목표도 동시에 극대화될 수 있는 것을 말한다. 예를
  들어, 투자자금에 여유가 있는 한 최저필수수익률을 초과하는 투자안을 투자중심점의 경영자
  가 모두 채택하게 되므로 투자중심점과 회사전체의 잔여이익을 동시에 극대화시킬 수 있다.
② 잔여이익을 기준으로 성과평가를 하는 경우에는 산업간 위험의 차이에 대해서 쉽게 조정할 수
  있다. 위험이 매우 높은 투자를 하는 투자중심점에 대해서는 최저필수수익률을 약간 높이고,
  비교적 안정적인 투자를 하는 투자중심점에 대해서는 최저필수수익률을 약간 낮추면 된다.

(4) 잔여이익의 단점

각기 다른 투자중심점의 성과를 직접적으로 비교하기가 어렵다. 왜냐하면, 잔여이익에 의해 성과
평가를 하고 각 사업부의 투자수익률이 동일할 경우 규모가 큰 투자중심점이 규모가 작은 투자중심
점에 비하여 잔여이익이 크게 나와 상대적으로 유리하기 때문이다.

이상에서 살펴본 바와 같이 투자수익률과 잔여이익은 각각 유용성과 문제점을 지니고 있기 때문
에, 어떤 한 가지 기준만을 사용하는 것이 아니라 투자수익률과 잔여이익 모두를 고려하여 투자중심
점의 성과를 평가해야 한다는 점을 명심해야 한다.

한편, 투자수익률과 잔여이익에서 투자가액과 관련하여 영업자산의 기초가액, 기말가액 또는 단
순평균가액 중 어느 것을 사용해야 하는지의 문제 이외에도 영업자산에 대한 감가상각누계액을 영
업자산가액에서 차감해야 하는지의 문제가 있다. 투자액을 취득가액으로 측정할 경우에는 영업자산
의 감가상각에 따른 영향을 배제할 수 있어 투자중심점 상호 간의 의미있는 성과 비교가 가능하지
만, 영업이익은 감가상각비를 차감하여 계산하기 때문에 투자액과 영업이익의 계산에 일관성이 없
다는 문제가 있다.

반면, 영업자산의 감가상각누계액을 차감한 장부가액으로 투자액을 측정하는 경우에는 투자액과
영업이익이 일관성 있게 계산되므로 의미있는 투자중심점 내의 기간별 비교가 가능하지만, 영업자
산을 오래 보유할수록 장부가액이 점차 낮아져 투자수익률이 증가하므로 구기계를 보유하고 있는
투자중심점과 신기계를 보유하고 있는 투자중심점 상호 간의 성과 비교가 적절하게 이루어지지 못
한다는 문제가 있다.

투자수익률과 잔여이익

(주)삼일은 전자제품을 생산하여 판매하는 회사로서, 분권화된 세 개의 제품별 사업부로 운영하고 있다. 이들은 모두 투자중심점으로 설계되어 있으며, 회사의 최저필수수익률은 20%이며, 각 사업부의 영업자산, 영업이익 및 매출액에 관한 정보는 다음과 같다.

	에어컨사업부	냉장고사업부	세탁기사업부
평균영업자산	₩500,000	₩250,000	₩250,000
영업이익	160,000	150,000	105,000
매출액	2,000,000	1,500,000	1,500,000

• 요구사항•

1. 각 사업부별로 다음을 계산하시오.
   (1) 자산회전율   (2) 매출액이익률   (3) 투자수익률
2. 투자수익률을 기준으로 우선순위를 결정하시오.
3. 잔여이익을 기준으로 성과평가를 하고 우선순위를 결정하시오.
4. 현재 에어컨사업부는 ₩200,000을 투자하면 ₩50,000의 이익을 얻을 수 있는 새로운 투자기회를 검토하고 있다. 새로운 투자에 소요되는 예산은 현재의 자본비용수준으로 조달할 수 있다. 다음 각각의 기준에 의해 투자안의 채택여부를 결정하시오.
   (1) 투자수익률기준   (2) 잔여이익기준   (3) 기업전체입장

1. 자산회전율, 매출액이익률 및 투자수익률
   (1) 자산회전율

	에어컨사업부	냉장고사업부	세탁기사업부
매출액	₩2,000,000	₩1,500,000	₩1,500,000
평균영업자산	÷500,000	÷250,000	÷250,000
자산회전율	4회	6회	6회

   (2) 매출액이익률

	에어컨사업부	냉장고사업부	세탁기사업부
영업이익	₩160,000	₩150,000	₩105,000
매출액	÷2,000,000	÷1,500,000	÷1,500,000
매출액이익률	8%	10%	7%

(3) 투자수익률

에어컨사업부 : 0.08 × 4회＝32%

냉장고사업부 : 0.10 × 6회＝60%

세탁기사업부 : 0.07 × 6회＝42%

2. 투자수익률기준 : 우선순위결정

	순위
에어컨사업부 : 32%	3
냉장고사업부 : 60%	1
세탁기사업부 : 42%	2

3. 잔여이익기준

	순위
에어컨사업부 : ₩160,000－₩500,000 × 0.2＝₩60,000	2
냉장고사업부 : ₩150,000－₩250,000 × 0.2＝₩100,000	1
세탁기사업부 : ₩105,000－₩250,000 × 0.2＝₩55,000	3

4. 투자수익률기준
   (1) 투자수익률기준

① 현재의 ROI : ₩160,000÷₩500,000＝32%

② 투자 후의 ROI : ₩210,000÷₩700,000＝30%

③ 의사결정 : 투자안을 기각한다.

   (2) 잔여이익기준

① 현재의 잔여이익 : ₩160,000－₩500,000 × 0.2＝₩60,000

② 투자 후의 잔여이익 : ₩210,000－₩700,000 × 0.2＝₩70,000

③ 의사결정 : 투자안을 채택한다.

   (3) 기업전체입장

① 투자안의 투자수익률 : ₩50,000÷₩200,000＝25%

② 의사결정 : 투자수익률이 자본비용을 초과하므로 투자안을 채택한다.

4 경제적부가가치

(1) 경제적부가가치의 의의

경제적부가가치(Economic Value Added : EVA)는 미국의 Stern Stewart 사가 잔여이익을 수정하여 개발한 새로운 성과측정치로서 다음과 같은 특징을 가지고 있다.

① EVA는 투자중심점이 고유의 영업활동에서 세금, 타인자본과 자기자본에 대한 자본비용을 초과하여 벌어들인 이익을 의미한다.
② EVA는 고유의 영업활동에서 창출된 순가치의 증가분을 의미한다.
③ EVA는 그동안 무시해 왔던 자기자본에 대한 자본비용을 고려하므로 주주관점에서의 이익개념이다.
④ EVA는 발생주의 회계수치를 성과측정목적에 맞게 수정하여 계산한다.

(2) 경제적부가가치의 계산

EVA＝세후순영업이익(NOPLAT)－투하자본(IC) × 가중평균자본비용(WACC, %)

• NOPLAT : 기업이 고유의 영업활동에서 창출한 이익에서 법인세를 차감한 후의 이익
• WACC : 타인자본과 자기자본의 가중평균자본비용으로서 투하자본의 최저요구수익률을 의미
• IC : 총투하자본 중 영업용자산에 투하된 자본을 의미

경제적부가가치를 계산하기 위해서는 세후순영업이익의 계산, 투하자본의 측정 및 가중평균자본비용의 측정이 필요하다. 이들을 구체적으로 설명하면 다음과 같다.

① 세후순영업이익의 계산

EVA 계산시 세전순영업이익은 투자 및 재무활동을 제외한 영업활동과 관련된 수익과 비용이 전부 반영된 개념이다. 따라서 재무제표의 영업이익에 영업외수익 중 영업관련항목을 더하고 영업외비용 중 영업관련항목을 차감하여 계산하여야 한다. 세후순영업이익(net operating profit less adjusted taxes, NOPLAT)은 세전순영업이익에서 세전순영업이익에 대한 법인세를 차감하여 계산한다.

$$\begin{aligned}
\text{세후순영업이익} &= \text{세전순영업이익} \times (1 - \text{법인세율}) \\
&= (\text{영업이익} + \text{영업외수익 중 영업관련항목} - \text{영업외비용 중 영업관련항목}) \times (1 - \text{법인세율})
\end{aligned}$$

② 투하자본의 측정

투하자본(invested capital, IC)은 영업관련 총자산에서 영업관련 유동부채를 차감하여 계산한다. 영업관련 유동부채는 무이자 유동부채(매입채무, 미지급비용 등)를 의미한다. 단기차입금 등과 같은 이자비용이 지급되는 유동부채는 투하자본 측정 시 차감해서는 안 된다.

$$\begin{aligned}
\text{투하자본} &= \text{영업관련 총자산} - \text{영업관련 유동부채} \\
&= \text{영업관련 총자산} - \text{무이자 유동부채}
\end{aligned}$$

③ 가중평균자본비용의 측정

자본비용(cost of capital)이란 기업의 자본제공자에게 대가로 지급하는 비용이다. 자본비용이 발생하는 자본의 원천은 타인자본과 자기자본인데, 여기서 타인자본이란 이자비용이 발생하는 부채를 의미한다.

가중평균자본비용(weighted average cost of capital, WACC)은 타인자본비용(이자비용)과 자기자본비용을 타인자본과 자기자본의 구성비율로 가중평균한 자본비용이다. 한 가지 주의할 점은 타인자본비용은 '타인자본비용×(1-법인세율)'로 계산하는데, 그 이유는 부채에 대한 이자비용이 발생하면 법인세의 절감효과가 있기 때문이다.

$$\begin{aligned}
\text{가중평균자본비용} = {}& \text{타인자본비용} \times (1 - \text{법인세율}) \times \frac{\text{타인자본}}{\text{타인자본} + \text{자기자본}} \\
& + \text{자기자본비용} \times \frac{\text{자기자본}}{\text{타인자본} + \text{자기자본}}
\end{aligned}$$

(3) 잔여이익과 비교

전술한 잔여이익과 경제적부가가치를 비교하면 다음과 같다.

[표 6-2] 잔여이익과 경제적부가가치의 비교

구 분	잔여이익	경제적부가가치
발생주의 회계수치	발생주의 회계수치를 그대로 사용하여 계산	발생주의 회계수치를 수정하여 계산
이익	영업이익	세후순영업이익
투자액 또는 투하자본	영업자산(총자산)	영업관련 총자산 – 영업관련 유동부채
요구수익률	최저필수수익률	가중평균자본비용

(4) 당기순이익과 비교

경제적부가가치는 전통적 개념의 회계적 이익인 당기순이익에 비하여 다음과 같은 장점이 있다.

① 당기순이익이 기업의 영업, 투자, 재무활동을 모두 반영한 이익개념인 반면에, 경제적부가가치는 고유의 영업활동만을 반영한 이익개념이므로 기업 고유의 경영성과를 측정하는 데 보다 유용하다.
② 당기순이익이 자기자본에 대한 자본비용을 고려하지 않은 이익개념인 반면에, 경제적부가가치는 자기자본에 대한 자본비용을 고려한 이익개념이므로 주주관점에서 기업의 경영성과를 보다 정확히 측정할 수 있다.

(5) 경제적부가가치의 장점

① 잔여이익과 마찬가지로 투자중심점과 회사전체의 목표일치성을 충족시킬 수 있다.
② 투자중심점의 자본조달비용이 다를 경우 서로 다른 가중평균자본비용을 사용하여 성과평가를 할 수 있다.
③ 고유의 영업활동만을 반영하여 성과평가를 하므로 투자중심점 고유의 경영성과를 측정하는 데 보다 유용하다.
④ 자기자본에 대한 자본비용을 고려하여 성과평가를 할 수 있다.

예 제

투자수익률, 잔여이익, 경제적부가가치

(주)삼일의 분권화된 사업부 X는 투자중심점으로 간주된다. 사업부 X의 영업활동과 관련된 자료는 다음과 같다.

총 자 산(영업자산)	1,000,000원
유동부채(무이자부채)	300,000원
영업이익	200,000원

• 요구사항 •

1. 사업부 X의 투자수익률(ROI)을 계산하시오.
2. (주)삼일의 최저필수수익률이 12%일 경우 사업부 X의 잔여이익(RI)을 계산하시오.
3. (주)삼일의 투하자본의 원천은 두 가지인데, 시장가치가 4,000,000원이고 이자율이 10%인 타인자본과 시장가치가 6,000,000원이고 자기자본비용이 18%인 자기자본이다. 사업부 X의 경제적부가가치(EVA)를 계산하시오. 단, 법인세는 무시하시오.
4. 요구사항 3에서 사업부 X의 법인세율이 20%라고 가정하고, 사업부 X의 경제적부가가치(EVA)를 다시 계산하시오.

풀 이

1. ROI = 200,000원 ÷ 1,000,000원 = 20%

2. RI = 200,000원 − 1,000,000원 × 12% = 80,000원

3. EVA계산 (법인세 고려하지 않음)

   가중평균자본비용 $= 10\% \times \dfrac{4{,}000{,}000원}{10{,}000{,}000원} + 18\% \times \dfrac{6{,}000{,}000원}{10{,}000{,}000원} = 14.8\%$

   EVA = 200,000원 − (1,000,000원 − 300,000원) × 14.8% = 96,400원

4. EVA계산 (법인세 고려함)

   가중평균자본비용 $= 10\% \times (1-0.2) \times \dfrac{4{,}000{,}000원}{10{,}000{,}000원} + 18\% \times \dfrac{6{,}000{,}000원}{10{,}000{,}000원} = 14\%$

   EVA = 200,000원 × (1−0.2) − (1,000,000원 − 300,000원) × 14% = 62,000원

01 분권화란 의사결정권한이 조직 전반에 걸쳐서 위임되어 있는 상태를 의미한다. 다음 중 분권화에 관한 설명으로 가장 올바르지 않은 것은?

① 각 사업부에서 동일한 활동이 개별적으로 중복되어 수행될 가능성이 없다.
② 하위경영자들이 고객 등의 요구에 신속한 대응을 할 수 있다.
③ 하위경영자들에게 보다 큰 재량권이 주어지므로 보다 많은 동기부여가 된다.
④ 분권화될 경우 각 사업부의 이익만 고려하는 준최적화 현상이 발생할 수 있다.

02 다음 자료를 이용하여 (주)삼일의 시장점유율차이와 시장규모차이를 계산하면 얼마인가?

단위당 예산평균공헌이익	120원
실제시장규모	100,000개
예산시장규모	120,000개
실제시장점유율	35 %
예산시장점유율	30 %

① 시장점유율차이 : 720,000원(불리), 시장규모차이 : 600,000원(유리)
② 시장점유율차이 : 720,000원(유리), 시장규모차이 : 600,000원(불리)
③ 시장점유율차이 : 600,000원(불리), 시장규모차이 : 720,000원(유리)
④ 시장점유율차이 : 600,000원(유리), 시장규모차이 : 720,000원(불리)

03 (주)삼일은 계산기를 생산하여 판매하고 있다. 올해 계산기의 예산판매량 및 단위당 예산판매가격은 각각 10,000단위와 200원이며, 단위당 표준변동제조원가와 표준변동판매비는 각각 120원과 30원이다. 올해 실제판매량과 단위당 실제판매가격은 다음과 같다.

실제판매량	11,000단위
단위딩 실제판매가격	180원

이 경우 (a) 매출가격차이와 (b) 매출조업도차이는 각각 얼마인가?

① (a) 220,000원 유리   (b)   50,000원 불리
② (a) 220,000원 불리   (b)   50,000원 유리
③ (a)   50,000원 유리   (b) 220,000원 불리
④ (a)   50,000원 불리   (b) 220,000원 유리

NEW

04 다음은 (주)삼일의 12월 예산 및 실제성과 관련 자료이다. 자료를 바탕으로 매출조업도차이를 계산하면 얼마인가?

	실 제	예 산
단위당 판매가격	92원	88원
단위당 변동원가	36원	35원
고정제조간접원가	55,000원	48,000원
고정판매관리비	15,000원	18,000원
판매량	2,000단위	2,100단위

① 5,300원 불리   ② 5,300원 유리
③ 8,000원 불리   ④ 8,000원 유리

05 (주)삼일은 A와 B의 두 제품을 생산·판매하고 있다. 예산에 의하면 제품 A의 단위당 공헌이익은 10원이고, 제품 B의 공헌이익은 5원이다. 20X1년의 예산매출수량은 제품 A가 800단위, 제품 B는 1,200단위로 총 2,000단위였다. 그러나 실제매출수량은 제품 A가 500단위, 제품 B가 2,000단위로 총 2,500단위였다. (주)삼일의 20X1년 매출배합차이와 매출수량차이를 계산하면 각각 얼마인가?

	매출배합차이	매출수량차이
①	2,500원 유리	3,500원 불리
②	2,500원 불리	3,500원 유리
③	3,000원 유리	2,000원 불리
④	3,000원 불리	2,000원 유리

06 다음 중 이익중심점인 기업의 판매부서가 일반적으로 통제할 수 없는 차이는 무엇인가?

① 매출가격차이　　　　　　　　② 매출배합차이
③ 시장점유율차이　　　　　　　④ 시장규모차이

07 다음 자료를 이용하여 (주)삼일의 시장규모차이를 계산하면 얼마인가?

단위당 예산평균공헌이익	100원	실제시장규모	100,000개
실제시장점유율	35 %	예산시장규모	120,000개
예산시장점유율	40 %		

① 500,000원(유리)　　　　　　② 500,000원(불리)
③ 800,000원(유리)　　　　　　④ 800,000원(불리)

08 다음 자료를 이용하여 (주)삼일의 시장점유율차이를 계산하면 얼마인가?

단위당 예산평균공헌이익	100원
실제시장점유율	45 %
예산시장점유율	40 %
실제시장규모	100,000개
예산시장규모	120,000개

① 800,000원(불리) ② 800,000원(유리)
③ 500,000원(유리) ④ 500,000원(불리)

09 다음은 두 개의 사업부(A, B)가 있는 (주)삼일의 성과평가 관련 자료이다. 자본비용이 10 % 일 때, 각 사업부에 대하여 투자수익률과 잔여이익에 의한 평가로 가장 옳은 것은?

구 분	A 사업부	B 사업부
투자액	2,000억원	4,000억원
순이익	400억원	720억원

① 투자수익률로 평가하는 경우 A사업부, 잔여이익으로 평가하는 경우 B사업부가 각각 더 우수하다는 결과가 나온다.
② A 사업부가 투자수익률이나 잔여이익 모두 더 우수하다는 결과가 나온다.
③ B 사업부가 투자수익률이나 잔여이익 모두 더 우수하다는 결과가 나온다.
④ 투자수익률로 평가하는 경우 B사업부, 잔여이익으로 평가하는 경우 A사업부가 각각 더 우수하다는 결과가 나온다.

10 다음 중 성과평가에 관한 설명으로 가장 올바르지 않은 것은?

① 투자중심점의 바람직한 성과지표는 매출액이나 공헌이익 등이다.
② 투자중심점은 다른 유형의 책임중심점보다 가장 분권화된 중심점이다.
③ 판매부서를 수익중심점으로 보기보다는 이익중심점으로 보는 것이 더 바람직하다.
④ 투자수익률은 매출액이익률과 자산회전율로 구분하여 분석할 수 있다.

11 다음 중 투자중심점의 성과지표로 투자수익률(return on investment, ROI)을 사용할 때의 특징으로 가장 올바르지 않은 것은?

① 자본예산기법에 의한 성과평가에 비하여 장기적인 성과를 강조한다.
② 현금의 흐름이 아닌 회계이익을 기준으로 성과를 평가한다.
③ 사업부의 경영자가 자신의 사업부 투자액에 대한 통제권한이 있는 경우 그 경영자의 성과측정 지표로 활용될 수 있다.
④ 준최적화 현상이 발생하지 않도록 유의해야 한다.

12 (주)삼일은 휴대폰 및 모바일 부품을 제조하여 판매하는 전자기업으로, 분권화된 세 개의 제품별 사업부를 운영하고 있다. 이들은 모두 투자중심점으로 설계되어 있으며, 회사의 최저필수수익률은 20 % 이다. 각 사업부의 영업자산, 영업이익 및 매출액에 관한 정보는 다음과 같다. 각 사업부를 잔여이익법으로 평가했을 경우 잔여이익이 높은 사업부의 순서로 옳은 것은?

구분	A사업부	B사업부	C사업부
평균영업자산	500,000원	1,000,000원	2,000,000원
영업이익	150,000원	270,000원	480,000원
매출액	1,000,000원	3,000,000원	2,000,000원

① B 〉 C 〉 A
② B 〉 A 〉 C
③ C 〉 B 〉 A
④ A 〉 B 〉 C

13 다음은 (주)삼일의 A와 B의 두 개의 사업부와 관련한 성과평가 자료이다. 다음 중 (주)삼일의 투자수익률과 잔여이익으로 가장 옳은 것은(단, 최저필수수익률은 4 % 임)?

구분	A사업부	B사업부
평균영업자산	100억원	200억원
영업이익	20억원	35억원

① A사업부의 투자수익률은 20 % 이며, B사업부의 투자수익률은 15 % 이다.
② A사업부의 투자수익률은 15 % 이며, B사업부의 투자수익률은 20 % 이다.
③ A사업부의 잔여이익은 16억이며, B사업부의 잔여이익은 27억이다.
④ A사업부의 잔여이익은 16억이며, B사업부의 잔여이익은 20억이다.

14 (주)삼일은 다음과 같은 방법을 사용하여 성과를 평가하고 있다.

$$\frac{1,200,000원(매출액)}{1,000,000원(영업자산)} \times \frac{240,000원(영업이익)}{1,200,000원(매출액)} = 24\%(투자수익률)$$

다른 조건이 일정할 때 (주)삼일이 투자수익률(ROI) 30%를 달성하기 위한 영업자산 감소액은 얼마인가?

① 200,000원   ② 220,000원
③ 240,000원   ④ 250,000원

15 다음 중 잔여이익에 관한 설명으로 가장 옳은 것은?

① 잔여이익법에 의하여 투자안이 부당하게 기각될 수 있는 단점을 보완한 방법이 투자수익률법이다.

② 투자자본에 가중평균차입금이자율을 곱한 금액을 당기순이익에서 차감하여 계산한다.

③ 잔여이익에 의해서 채택되는 투자안은 투자수익률법에 의해서도 채택된다.

④ 잔여이익은 영업자산으로부터 획득해야 할 최소한의 이익을 초과하는 영업이익을 의미하는 것으로 유보이익이라고도 한다.

16 다음 중 투자중심점의 성과평가에 관한 설명으로 가장 올바르지 않은 것은?

① 투자중심점은 원가 및 수익뿐만 아니라 투자의사결정에 대해서도 책임을 지는 책임중심점으로서 가장 포괄적인 책임중심점이다.

② 잔여이익은 투자규모가 서로 다른 투자중심점의 성과를 상호 비교하기가 용이하다는 장점이 있다.

③ 투자중심점은 투자수익률, 잔여이익, 경제적부가가치 등으로 성과를 평가한다.

④ 투자수익률은 준최적화 현상을 유발할 수 있다는 문제점이 있다.

17 다음 중 투자중심점의 성과평가에 관한 설명으로 가장 옳은 것은?

① 잔여이익에 의하여 채택되는 투자안은 투자수익률에 의해서도 항상 채택된다.

② 하부경영자가 자신의 성과측정치를 극대화할 때 기업의 목표도 동시에 극대화될 수 있도록 하부경영자의 성과측정치를 설정해야 하는데, 이를 목표일치성이라고 한다.

③ 잔여이익이 갖고 있는 준최적화의 문제점을 극복하기 위하여 투자수익률이라는 개념이 출현하였으므로, 투자수익률에 의한 성과평가기법이 잔여이익 보다 더 우월하다고 볼 수 있다.

④ 투자수익률은 투자규모가 다른 투자중심점을 상호 비교하기가 어렵다는 문제점이 있는 반면에 잔여이익은 이런 문제점이 없다.

18 다음은 (주)삼일의 제품생산 관련 자료이다. 아래 자료에서 직접재료원가의 배합차이는 20,000원 불리한차이이고, 수율차이는 100,000원 유리한 차이일 경우 제품생산량은 몇 단위인가?

> 제품단위당 표준원가
> – 직접재료 A 30개(단위당 10원)
> – 직접재료 B 10개(단위당 20원)
> 직접재료 실제투입량
> – 직접재료 A 88,000개
> – 직접재료 B 32,000개

① 3,000단위　　　　　　　　　② 3,200단위
③ 3,500단위　　　　　　　　　④ 3,800단위

19 (주)삼일의 사업부 X는 현재의 부문투자수익률보다는 높으나 최저필수수익률에 미달하는 투자계획을 고려하고 있는 반면 사업부 Y는 투자자본에 대한 최저필수수익률을 초과하는 수익률이 기대되나 현재의 부문투자수익률보다 낮은 투자계획을 고려하고 있다. 잔여이익을 극대화시키려고 한다면 각 사업부는 어떤 의사결정을 하여야 하는가?

	사업부 X	사업부 Y
①	기각	채택
②	기각	기각
③	채택	채택
④	채택	기각

20 다음 중 경제적부가가치(EVA)와 관련된 설명으로 가장 올바르지 않은 것은?

① 자기자본비용은 고려하나 타인자본비용은 고려하지 않는다.
② 고유의 영업활동에서 창출된 순가치의 증가분을 의미한다.
③ 주주관점에서 기업의 경영성과를 보다 정확히 측정하는데 도움이 된다.
④ 투자중심점과 회사전체의 목표일치성을 충족시킬 수 있다.

21 다음 중 경제적부가가치를 구하는 방법은?

① 영업이익 – 투하자본 × 가중평균자본비용
② 세후순영업이익 – 투하자본 × 가중평균자본비용
③ 세후순영업이익 – 투하자본 × 타인자본비용
④ 영업이익 – 영업자산 × 최저필수수익률

22 (주)삼일은 X, Y 사업부로 구성되어 있다. 각 사업부는 투자중심점으로 운영되고 있으며, 경제적부가가치로 성과평가를 받고 있다. 각 사업부의 20X1 년 실제자료는 다음과 같다(단, 총자산은 모두 영업자산이며, 유동부채는 모두 무이자부채이다).

구 분	X 사업부	Y 사업부
총 자 산	100,000 원	400,000 원
유동부채	20,000 원	100,000 원
영업이익	40,000 원	80,000 원

(주)삼일의 가중평균자본비용 계산과 관련된 자료는 다음과 같다.

	시장가액	자본비용
타인자본	750,000 원	10 %
자기자본	250,000 원	20 %

법인세율이 20 %일 때 Y 사업부의 경제적부가가치는 얼마인가?

① 30,000원
② 31,000원
③ 32,000원
④ 33,000원

23 다음 재무자료를 이용하여 계산한 경제적부가가치(EVA)가 12억인 경우, 자기자본비용을 계산하면 얼마인가(단, 아래의 자료에서 법인세효과는 무시한다)?

매출액	120억원
매출원가	75억원
판매비와관리비	15억원
영업외수익 중 영업관련수익	5억원
영업외비용 중 영업관련비용	7억원
투하자본(타인자본 120억원, 자기자본 80억원)	200억원
타인자본비용	6 %

① 10 % ② 11 %
③ 12 % ④ 13 %

24 20X1년 (주)삼일 터치패널 사업부의 투자수익률은 18 % 이며 동 사업부의 가중평균자본비용은 13 % 이다. 만약 20X1년 터치패널 사업부의 투하자본이 3,500,000원이었다면 경제적부가가치(EVA)는 얼마인가(단, (주)삼일의 터치패널 사업부에 영업 관련 유동부채는 없다고 가정하며, 세금은 고려하지 않는다.)?

① 125,000원 ② 150,000원
③ 175,000원 ④ 200,000원

※ [문제 25~27] 다음 자료를 이용하여 답하시오(단, 법인세는 고려하지 않는다).

매출액	80억 원
매출원가	50억 원
판매비와관리비	20억 원
영업외수익 중 영업관련수익	5억 원
영업외비용 중 영업관련비용	8억 원
투하자본(차입금 30억 원, 자기자본 20억 원)	50억 원
차입금이자율	10%
자기자본비용	15%

25 세후순영업이익은 얼마인가?

① 4억 원 ② 5억 원
③ 6억 원 ④ 7억 원

26 가중평균자본비용은 얼마인가?(단, 법인세 무시)

① 11% ② 12%
③ 13% ④ 14%

27 경제적부가가치는 얼마인가?

① 0.5억 원 ② 0.8억 원
③ 1억 원 ④ 1.3억 원

28 20X1년도 (주)삼일의 용산사업부에 대한 자료는 다음과 같다.

영업이익	10,000원
총자산(전액 영업자산)	100,000원
유동부채(전액 무이자부채)	20,000원

(주)삼일의 자금원천은 두 가지인데, 하나는 시장가치가 80,000원, 이자율이 5%인 타인자본이고 다른 하나는 시장가치가 120,000원, 자본비용이 15%인 자기자본이다. 용산사업부의 경제적부가가치는 얼마인가?(단, 법인세는 고려하지 않는다.)

① 800원　　　　　　　　　　② 1,200원

③ 1,600원　　　　　　　　　　④ 2,400원

29 다음은 (주)삼일의 재무상태표와 포괄손익계산서 자료의 일부이다.

항목	금액	항목	금액
유동자산(영업자산)	12,000원	유동부채(무이자부채)	6,000원
비유동자산(영업자산)	8,000원	세전영업이익	4,000원

(주)삼일의 가중평균자본비용 계산에 관련된 자료가 다음과 같을 때 경제적부가가치(EVA)는?
(단, 법인세율은 30%이다.)

타인자본	14,000원	이자율 10%
자기자본	14,000원	자기자본비용 14%

① 600원　　　　　　　　　　② 840원

③ 1,270원　　　　　　　　　　④ 1,330원

30 20X1년도 (주)삼일의 용산사업부와 관련된 자료는 다음과 같다.

총 자 산(영업자산)	10,000,000원
유동부채(무이자부채)	4,000,000원
매 출 액	20,000,000원
변동원가	12,000,000원
통제가능 고정원가	6,000,000원

(주)삼일의 가중평균자본비용이 13%이고, 법인세율이 20%일 경우 20X1년도 용산사업부의 경제적부가가치(EVA)는 얼마인가?

① 20,000원
② 500,000원
③ 775,000원
④ 820,000원

31 (주)삼일에는 두 개의 투자중심점이 있다. 이들 사업부의 성과평과와 관련한 자료는 다음과 같다.

구분	사업부 A	사업부 B
자산총액(전액 영업자산)	₩1,000,000	₩2,000,000
유동부채(전액 무이자부채)	250,000	400,000
영업이익	200,000	300,000

잔여이익을 성과측정치로 사용할 경우 요구수익률은 12%이고 가중평균자본비용은 10%이다. 법인세율은 40%라고 했을 때 다음 중 틀린 것은?

① 잔여이익으로 평가하는 경우 A사업부가 더 우수하다.
② 잔여이익은 세금효과를 명시적으로 고려하지 않는데 반하여 경제적부가가치는 세금효과를 고려한다.
③ 경제적부가가치로 평가하는 경우 B사업부가 더 우수하다.
④ 잔여이익 및 경제적부가가치는 투자수익률법이 갖는 문제점인 기업전체관점과 개별사업부관점이 충돌하는 현상을 극복할 수 있는 성과평가측정치이다.

32 (주)삼일의 분권화된 자동차 사업부는 투자중심점으로 간주된다. 자동차 사업부의 영업활동과 관련된 자료가 다음과 같을 경우 영업이익은 얼마인가?

총자산	2,000,000원
영업관련유동부채	500,000원
경제적부가가치	30,000원
영업이익	(?)원

투하자본은 40 % 의 타인자본(이자율 15 %)과 60 % 의 자기자본(자기자본비용 20 %)으로 구성되어 있으며 법인세는 존재하지 않는다.

① 250,000원　　　　　　　　② 300,000원
③ 350,000원　　　　　　　　④ 400,000원

Chapter

7

의사결정

I 단기의사결정

01 의사결정의 유형

의사결정이란 여러 가지 선택가능한 행동 또는 방법 가운데서 어떤 목적이나 목표를 가장 효과적으로 달성하게 하는 최적의 행동 또는 방법을 선택하는 것을 말한다.

경영자들은 업무를 수행함에 있어 여러 가지 의사결정문제에 직면하게 되고 최적의 의사결정을 결정하기 위해 양적·질적 정보를 수집해야 한다.

의사결정의 유형은 의사결정기간의 장단에 따라 다음과 같이 분류할 수 있다.

[그림 7-1] 의사결정유형

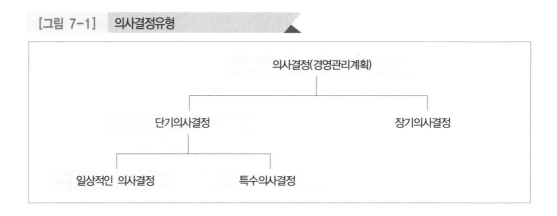

의사결정을 위와 같이 장기와 단기로 구분하는 이유는 단기의사결정문제에 있어서는 화폐의 시간가치를 고려할 필요가 없지만, 장기의사결정문제는 시설능력의 변경을 수반하는 등 긴 기간에 관련되어 있어서 화폐의 시간가치를 고려해야 하기 때문이다.

장기의사결정은 제2절에서 살펴보기로 하고, 본절에서는 단기의사결정과 관련된 문제들에 대해서 살펴보기로 한다.

02 의사결정과정

의사결정모형(decision model)은 계량적, 비계량적 정보를 활용하여 선택을 하는 공식적 방법이다. 의사결정이 이루어지는 일련의 과정인 의사결정과정은 크게 다섯 단계로 구분할 수 있다.

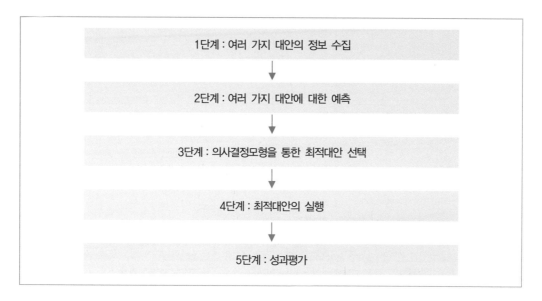

① 제1단계 정보의 수집

의사결정의 목적을 달성하기 위해 여러 가지 대안을 분석하기 위한 정보를 수집한다. 이 단계에서는 역사적 자료와 더불어 미래의 수익이나 원가에 영향을 미칠 만한 사건이 있는가도 파악한다. 또한 정보를 수집할 때 재무적인 정보뿐만 아니라 비재무적인 정보도 수집해야 한다.

② 제2단계 대안에 대한 예측

1단계에서 수집한 정보를 기초로 각각의 대안에 따른 미래의 결과를 예측한다.

③ 제3단계 최적대안 선택

의사결정모형을 수립하고 1단계에서 수집한 정보와 2단계에서 예측된 자료를 기초로 최적대안을 선택한다.

④ 제4단계 최적대안의 실행

선택한 최적대안을 실행한다.

⑤ 제5단계 성과평가

실제성과가 애초 예상했던 바와 일치하는가를 분석하여 미래의 의사결정과정을 개선할 수 있게
한다.

03 의사결정의 기초개념

의사결정 시에 필요한 원가용어를 살펴보면 다음과 같다.

[표 7-1] 의사결정 시에 필요한 원가용어 정리

구분		정의
관련성	관련원가	대안 간에 차이가 나는 미래원가 → 의사결정과 관련된 원가
	비관련원가	과거원가이거나 대안 간에 차이가 나지 않는 미래원가 → 의사결정과 무관한 원가
실제지출유무	지출원가	미래에 현금 등의 지출을 수반하는 원가 → 실제지출되는 원가
	기회원가	자원을 현재 용도 이외의 다른 용도에 사용할 경우 얻을 수 있는 최대금액(현재 용도의 기회원가) → 기회상실원가, 실제지출되지 않는 원가
발생시점	매몰원가	과거에 발생한 역사적 원가로서 현재 또는 미래에 회수할 수 없는 원가 → 대표적인 비관련원가
	미래원가	미래에 발생할 원가
회피가능성	회피가능원가	특정대안을 선택함으로써 절약되거나 발생하지 않는 원가 → 대표적인 관련원가
	회피불능원가	특정대안을 선택하는 것과 관계없이 계속해서 동일하게 발생하는 원가 → 대표적인 비관련원가

[표 7-2] 관련원가와 비관련원가의 비교	

관련원가	비관련원가
대안 간에 차이를 보일 미래원가 (future costs that differ among competing alternatives)	대안 간에 차이를 보이지 않는 원가 (costs that do not differ among competing alternatives)

기회원가 (opportunity cost)	지출원가 (outlay cost)		매몰원가 (sunk cost)
차선의 대안에서 기대되는 순현금흐름	대안 간에 차이를 갖는 미래 지출을 필요로 하는 원가	대안 간에 차이를 보이지 않는 미래지출을 요하는 원가	과거의 의사결정결과로 야 기된 역사적 원가

04 의사결정방법

1 총액접근법

총액접근법(total approach)은 각 대안별로 총수익과 총비용을 구하여 각 대안 중 가장 큰 이익을 나타내는 것을 선택하는 방법이다. 이 방법은 각 대안별로 총수익과 총비용을 모두 파악해야 하기 때문에 관련원가뿐만 아니라 비관련원가도 모두 고려해야 한다.

이 방법은 세 가지 이상의 대안도 동시에 비교할 수 있고 관련원가와 비관련원가를 구분할 필요가 없는 장점이 있으나, 모든 원가정보를 분석해야 하므로 시간과 비용이 많이 소요된다는 단점이 있다.

2 증분접근법

증분접근법(incremental approach)은 대안 간에 차이가 나는 관련항목(관련수익과 관련원가)만을 분석하여 의사결정하는 방법이다.

증분접근법은 두 개의 대안을 비교하므로 계산절차를 간소화시킬 수 있고 각 대안 간의 차이를 명확하게 인식할 수 있다는 장점이 있으나, 대안이 세 가지 이상인 경우에는 사용이 쉽지 않다는 단점이 있다.

의사결정의 기초개념(총액접근법과 증분접근법)

(주)삼일은 한 종류의 제품을 제조하여 판매하는 회사이다. 회사는 150,000개의 제품을 생산할 수 있는 능력을 보유하고 있으며, 당기에 100,000개의 제품을 생산하여 판매할 수 있을 것으로 예측하고 있다. 단위당 판매가격은 ₩40원이며, 제조원가는 다음과 같다.

	단위당 원가	원가총액
직접재료원가	₩10	₩1,000,000
직접노무원가	5	500,000
변동제조간접원가	5	500,000
고정제조간접원가	10	1,000,000
변동판관비	2	200,000
고정판관비	3	300,000
합계	₩35	₩3,500,000

(주)용산은 (주)삼일의 제품을 단위당 ₩27원에 25,000개를 구입하겠다는 특별주문을 하였다. 이 특별주문으로 인한 판관비는 발생하지 않으며, 특별주문의 수락이 (주)삼일의 기존매출에 영향을 미치지는 않는다.

• 요구사항 •
1. 증분접근법을 이용하여 (주)삼일이 특별주문을 수락할 것인지의 여부를 결정하시오.
2. 총액접근법을 이용하여 (주)삼일이 특별주문을 수락할 것인지의 여부를 결정하시오.

1. 증분접근법
   [특별주문을 수락할 경우 증분이익]

   Ⅰ. 증분수익
   　　매출액 증가　　　　　　　　　　　　25,000개×₩27 ＝　　₩675,000
   Ⅱ. 증분비용
   　　변동제조원가 증가　　　　25,000개×(₩10+₩5+₩5) ＝　　　500,000
   Ⅲ. 증분이익　　　　　　　　　　　　　　　　　　　　　　　　₩175,000

2. 총액접근법

	특별주문을 거절시	특별주문을 수락시
Ⅰ. 매출액	₩4,000,000	₩4,675,000
Ⅱ. 변동원가		
1. 변동제조원가	(2,000,000)	(2,500,000)
2. 변동판관비	(200,000)	(200,000)
Ⅲ. 공헌이익	1,800,000	1,975,000
Ⅳ. 고정원가		
1. 고정제조간접원가	(1,000,000)	(1,000,000)
2. 고정판관비	(300,000)	(300,000)
Ⅴ. 영업이익	₩500,000	₩675,000

위에서 보듯, (주)삼일이 특별주문을 수락할 시 증분접근법과 총액접근법 모두 ₩175,000의 이익이 증가하므로 (주)용산의 특별주문을 수락함.

05 단기의사결정의 유형

1 특별주문의 거절 또는 수락

정규판매 이외의 비반복적 1회성 주문을 특별주문(special order)이라고 한다. 이러한 특별주문을 요청받았을 때 거절할 것인지 아니면 수락할 것인지를 의사결정하는 문제이다.

특별주문의 수락여부 의사결정은 기업에 특별주문을 수락할만한 유휴생산능력이 존재하는지 여부에 따라 달라질 수 있다.

특별주문을 받은 회사의 상황에 따라 발생할 수 있는 사항을 정리하면 다음과 같다.

① 유휴생산능력(production capacity)이 존재하는 경우에는 특별주문을 수락하더라도 기존 설비능력만으로 특별주문품의 생산이 가능하다. 따라서 이 경우에는 특별주문의 수락으로 인한 증분수익(incremental revenue)과 증분원가(incremental cost)만을 고려하면 된다.

② 유휴설비능력으로 특별주문량을 충분히 생산할 수 있으나 유휴설비의 대체적 용도(alternative use)가 존재한다면 특별주문에 따른 관련원가는 증분원가와 기회원가(대체적 용도)를 합한 금액이다.

③ 유휴생산능력이 없거나 부족한 때에는 특별주문을 수락할 경우 기존 설비능력이 부족하기 때문에 설비능력을 확충하거나 기존 판매량을 줄여야 한다. 따라서 이 경우에는 특별주문의 수락으로 인한 증분수익, 증분원가와 함께 추가적인 설비원가 및 기존 판매량 감소에 의한 수익과 원가의 감소액을 모두 고려해야 된다.

위의 분석에 따라 특별주문 수락여부에 대한 의사결정은 다음과 같이 정리할 수 있다.

의사결정기준	의사결정
특별주문가격 > (증분지출원가+기회원가)	특별주문을 수락
특별주문가격 < (증분지출원가+기회원가)	특별주문을 거절

위의 의사결정기준을 좀 더 자세히 설명하면 다음과 같다.

의사결정기준	의사결정
① 유휴설비능력이 존재하는 경우	
증분수익(특별주문가격) > 증분지출원가	특별주문을 수락
② 유휴설비능력이 존재하고 대체적 용도가 있는 경우	
특별주문가격 > 증분지출원가+기회원가	특별주문을 수락
③ 유휴설비능력이 존재하지 않는 경우	
특별주문가격 > 증분지출원가+추가설비원가+기존판매량 감소분의 공헌이익	특별주문을 수락

예 제

특별주문의 거절 또는 수락

자동차 에어컨에 들어가는 부품을 생산하는 (주)삼일은 내년에 정규 판매가격(₩80/개)으로 15,000개의 제품을 판매할 것으로 예상하고 있다. 15,000개 생산을 가정하여 계산된 원가자료는 다음과 같다.

	단위당 제조원가	총원가
직접재료원가	₩23	₩345,000
직접노무원가	16	240,000
변동제조간접원가	10	150,000
고정제조간접원가(배부액)	12	200,000
합계	₩61	₩935,000

이때 외국 수입상으로부터 단위당 ₩56에 4,000개를 구입하겠다는 특별주문을 접수하였다. 이 특별주문을 수락할 경우 부품규격조정으로 인해 고정제조간접원가가 ₩8,000만큼 증가할 것이다.

• 요구사항 •

1. (주)삼일의 연간 최대생산능력이 19,000개일 경우 주문의 수락 여부를 결정하시오.
2. (주)삼일의 연간 최대생산능력이 18,000개일 경우 주문의 수락 여부를 결정하시오.

풀 이

1. 최대생산능력이 19,000개일 경우 : 국내판매량에 영향 없다.
   [특별주문을 수락할 경우 증분이익]

   Ⅰ. 증분수익

   매출액 증가   4,000개×₩56=   ₩224,000

   Ⅱ. 증분비용

   변동원가 증가   4,000개×(₩23+₩16+₩10) =   ₩196,000

   고정원가 증가   8,000   204,000

   Ⅲ. 증분이익   ₩20,000

   ∴ 특별주문을 수락할 경우 증분이익이 ₩20,0000이므로 수락하여야 한다.

2. 최대생산능력이 18,000개일 경우 : 주문수락 시 국내판매량이 1,000개 감소한다.

[특별주문을 수락할 경우 증분이익]

Ⅰ. 증분수익

매출액 증가	4,000개×₩56=	₩224,000	
기존공헌이익 감소	1,000개×(₩80−₩49)=	(31,000)	₩193,000

Ⅱ. 증분비용

변동원가 증가	4,000개×(₩23+₩16+₩10) =	₩196,000	
고정원가 증가		8,000	204,000

Ⅲ. 증분이익 (₩11,000)

∴ 특별주문을 수락할 경우 증분손실이 ₩11,0000이므로 거절하여야 한다.

2 제품라인의 유지 또는 폐지

손실을 발생시키는 특정 제품라인을 그대로 유지할 것인지 아니면 폐지할 것인지를 의사결정하는 문제이다. 제품라인을 폐지할 경우 폐지되는 제품의 매출액과 변동원가는 전액 감소하나 고정원가는 일부만 감소하거나 전혀 감소하지 않을 수 있다.

제품라인을 폐지할 경우 감소가 가능한 고정원가를 회피가능고정원가(avoidable fixed costs)라고 하며, 감소가 되지 않고 여전히 그대로 발생하는 고정원가는 회피불능고정원가(unavoidable fixed costs)라고 한다. 이 중에서 회피가능고정원가만이 제품라인의 폐지여부 의사결정에 있어서 관련원가이다.

한편, 제품라인을 폐지함에 따라 유휴생산시설이 발생하는데 기업은 그러한 유휴생산시설을 활용할 수 있는 방안(임대를 주거나 다른 제품생산에 이용하는 것 등)을 강구할 것이다. 그에 따라 발생하는 수익과 원가 등도 제품라인의 폐지여부 의사결정에 있어서 관련원가가 된다.

이 의사결정에 있어서 한 가지 주의할 점은 제품라인 자체의 이익만을 기초로 의사결정해서는 안되고, 기업전체의 이익에 미치는 영향을 토대로 의사결정을 하여야 한다는 것이다.

제품라인의 유지 또는 폐지의 경우 관련원가와 의사결정기준은 다음과 같다.

의사결정기준	의사결정
제품라인의 공헌이익 > (회피가능고정원가+유휴시설 활용에 따른 이익증가)	제품라인을 유지
제품라인의 공헌이익 < (회피가능고정원가+유휴시설 활용에 따른 이익증가)	제품라인을 폐지

예 제

제품라인의 유지 또는 폐지

(주)화려는 장식용 조명기구를 제조·판매하고 있다. 회사는 현재 A, B, C를 제조하고 있으며 당기 중 그 손익의 내용은 다음과 같다.

	A	B	C	계
매출액	₩500,000	₩600,000	₩400,000	₩1,500,000
변동원가	200,000	200,000	250,000	650,000
공헌이익	300,000	400,000	150,000	850,000
고정원가	250,000	300,000	200,000	750,000
순이익	₩50,000	₩100,000	(₩50,000)	₩100,000

회사는 고정원가를 각 제품에 배분하는 기준으로 매출액을 사용하고 있다. 제품별 분석에 따르면 C라인은 ₩50,000의 손실이 발생하므로, 이 제품을 폐지할 것인지 검토하고 있다.

• 요구사항 •
1. C라인을 폐지하더라도 고정원가 중 회피가능한 원가는 없다고 할 때 폐지여부를 결정하시오.
2. C라인을 폐지하면 고정원가 중 ₩50,000이 회피가능하며, 유휴생산시설을 임대하여 당기에 ₩200,000의 임대수익이 예상된다고 할 때 C라인의 폐지여부를 결정하시오.

풀 이

1. [C라인을 폐지할 경우 증분이익]

Ⅰ. 증분수익
　　매출액 감소 　　　　　　　　　　　(₩400,000)
Ⅱ. 증분비용
　　변동원가 감소 　　　　　　　　　　(250,000)
Ⅲ. 증분이익 　　　　　　　　　　　　(₩150,000)

∴ C라인을 폐지할 경우 증분손실이 ₩150,0000이므로 C라인을 유지하여야 한다.

2. [C라인을 폐지할 경우 증분이익]

　Ⅰ. 증분수익
　　　매출액 감소　　　　　(₩400,000)
　　　임대수익 증가　　　　　200,000　　(₩200,000)
　Ⅱ. 증분비용
　　　변동원가 감소　　　　　(₩250,000)
　　　고정원가 감소　　　　　(50,000)　　(300,000)
　Ⅲ. 증분이익　　　　　　　　　　　　　₩100,000

∴ C라인을 폐지할 경우 증분이익이 ₩100,0000이므로 C라인을 폐지하여야 한다.

3 부품의 자가제조 또는 외부구입

기업이 제품에 소요되는 부품을 자가제조할 것인지 아니면 외부구입할 것인지를 의사결정하는 문제이다. 부품의 자가제조를 중단하고 외부구입하면 외부구입원가가 증가하는 대신에 자가제조원가가 감소한다. 자가제조원가 중 변동제조원가는 전액 감소하나 고정원가는 일부만 감소하거나 전혀 감소하지 않을 수 있다.

부품을 외부구입할 경우 감소가 가능한 고정원가를 회피가능고정원가(avoidable fixed costs)라고 하며, 감소가 되지 않고 여전히 그대로 발생하는 고정원가는 회피불능고정원가(unavoidable fixed costs)라고 한다. 이 중에서 회피가능고정원가만이 부품의 외부구입여부 의사결정에 있어서 관련원가이다.

한편, 부품을 외부구입함에 따라 유휴생산시설이 발생하는데, 기업은 그러한 유휴생산시설을 활용할 수 있는 방안(임대를 주거나 다른 제품생산에 이용하는 것 등)을 강구할 것이다. 그에 따라 발생하는 수익과 원가 등도 부품의 외부구입여부 의사결정에 있어서 관련원가가 된다.

이러한 의사결정을 함에 있어서 위에서 언급한 재무적인 정보 이외에 비재무적인 정보도 고려하여 의사결정을 하여야 한다.

비재무적정보의 측면에서, 자가제조의 장점은 회사의 공급업자에 대한 의존도를 줄일 수 있으며, 품질관리를 보다 쉽게 할 수 있다는 것이나, 단점으로는 공급업자에 대한 의존도를 줄임으로써 공급업자와의 관계를 상실하여 향후에 급격한 주문의 증가로 회사의 생산능력이 초과할 때 제품을 외부구입하기가 쉽지 않을 수 있으며, 제품에 특별한 지식이나 기술이 요구될 때 자가제조를 하며 품질을 유지하기가 쉽지 않을 수 있다는 점이다.

자가제조 또는 외부구입의 경우 관련원가와 의사결정기준은 다음과 같다.

의사결정기준	의사결정
외부구입원가 > (회피가능원가+유휴시설 활용에 따른 이익증가)	자가제조
외부구입원가 < (회피가능원가+유휴시설 활용에 따른 이익증가)	외부구입

예제

부품의 자가제조 또는 외부구입

(주)삼일은 전자제품을 생산하는 기업으로 전자제품을 생산하는데 필요한 부품도 생산하고 있으며, 이와 관련한 제조원가는 다음과 같다.

직접재료원가	₩100,000
직접노무원가	80,000
변동제조간접원가	120,000
고정제조간접원가	50,000
합계	₩350,000
생산량	÷7,000개
단위당 원가	₩50

최근에 외부업체가 전자제품에 투입되는 부품을 단위당 ₩40에 공급하겠다는 제안을 해왔다. 외부에서 구입할 경우 고정제조간접원가 중 감독자 임금 ₩10,000은 회피가능하다.

• 요구사항 •
1. 외부에서 구입할 경우 기존 설비의 대체적 용도가 없다고 가정하고, 부품의 외부구입 여부를 결정하시오.
2. 외부에서 구입할 경우 기존 설비의 대체적 용도는 다음 두 가지이다.
   〈대안1〉 기존 설비를 외부에 임대한다. 임대수익은 ₩100,0000다.
   〈대안2〉 기존 설비를 이용하여 다른 제품을 생산한다. 다른 제품의 공헌이익은
   ₩50,0000다.
   (주)삼일의 최적의사결정은 무엇인가?

1. [부품을 외부구입할 경우 증분이익]

  Ⅰ. 증분수익   ₩0

  Ⅱ. 증분비용

    구입원가 증가   7,000개×₩40 =   ₩280,000

    변동원가 감소   ₩100,000+₩80,000+₩120,000 =   (300,000)

    고정원가 감소   (10,000)   (30,000)

  Ⅲ. 증분이익   ₩30,000

  ∴ 부품을 외부구입할 경우 증분이익이 ₩30,000이므로 외부구입하여야 한다.

〈참고〉 총액접근법에 의해 분석하면 다음과 같다.

	자가제조	외부구입
직접재료원가	₩100,000	
직접노무원가	80,000	
변동제조간접원가	120,000	
고정제조간접원가	50,000	₩40,000
외부구입원가		280,000
원가합계	₩350,000	₩320,000

  ∴ 부품을 외부구입할 경우 원가가 ₩30,000만큼 절감되므로 외부구입하여야 한다.

2. 기존 설비의 대체적 용도 두 가지 중 〈대안1〉이 〈대안2〉보다 ₩100,000 − ₩50,000 = ₩50,000
   만큼 유리하다. 따라서 부품을 외부구입하게 되면 유휴시설을 임대에 활용하는 것이 좋다.

  [부품을 외부구입하고 유휴시설을 임대할 경우 증분이익]

  Ⅰ. 증분수익

    임대수익 증가   ₩100,000

  Ⅱ. 증분비용

    구입원가 증가   7,000개×₩40 =   ₩280,000

    변동원가 감소   ₩100,000+₩80,000+₩120,000 =   (300,000)

    고정원가 감소   (10,000)   (30,000)

  Ⅲ. 증분이익   ₩130,000

  ∴ 부품을 외부구입하고 유휴시설을 임대할 경우 증분이익이 ₩130,000이므로 부품을 외부구입하고
     유휴시설을 임대하여야 한다.

〈참고〉 총액접근법에 의해 분석하면 다음과 같다.

	자가제조	외부구입+임대	외부구입+타제품 생산
임대수익		₩100,000	
타제품 공헌이익			₩50,000
변동원가	₩(300,000)		
고정원가	(50,000)	(40,000)	(40,000)
외부구입원가		(280,000)	(280,000)
관련이익	₩(350,000)	₩(220,000)	(270,000)

∴ 부품을 외부구입하고 유휴시설을 임대할 경우의 이익이 가장 높으므로, 부품을 외부구입하고 유휴시설을 임대하여야 한다.

4 제한된 자원의 사용

  제품을 생산하기 위해서는 원재료, 노동력, 기계장치 등의 다양한 자원이 필요하다. 이러한 자원은 무한정 사용할 수 있는 것이 아니기 때문에, 경영자는 이용가능한 자원의 범위 내에서 기업의 이익을 최대화할 수 있도록 자원을 합리적으로 배분하여야 한다.

  제한된 자원의 사용이란 제한된 자원을 어느 제품 생산에 사용할 것인지를 의사결정하는 문제로서 최적생산계획수립 또는 최적제품배합결정이라고도 한다.

  제한된 자원이 하나인 경우와 둘 이상인 경우가 있을 수 있는데, 본서에서는 제한된 자원이 하나인 경우만 설명하도록 한다.

  일반적으로 고정원가는 제품 생산량과 관계없이 일정하므로 기업의 이익을 최대화하기 위해서는 공헌이익을 최대화하면 된다.

  제한된 자원이 하나인 경우에 기업의 공헌이익을 최대화하기 위해서는 '제한된 자원 단위당 공헌이익'이 큰 제품부터 우선적으로 생산하여야 한다. 예를 들어 이용가능한 기계시간이 한정되어 있다면, 기계시간당 공헌이익이 큰 제품부터 우선적으로 생산하는 것이다.

제한된 자원의 사용

(주)삼일은 제품 A와 B를 생산하여 판매하고 있으며, 매월 예상되는 최대수요량은 제품 A가 2,000개, B가 1,250개이다. 제품 A와 B는 동일한 기계장치를 사용하여 제조되며, 회사의 이용가능한 기계시간은 월간 8,000시간이다. 제품 생산 시 소요되는 기계시간은 제품 A가 1개당 2시간, 제품 B가 1개당 4시간이다. 제품 A와 B의 단위당 공헌이익 자료는 다음과 같다.

	제품 A	제품 B
판매가격	₩10,000	₩16,000
변동원가	6,000	9,600
공헌이익	₩4,000	₩6,400

• 요구사항 •

1. (주)삼일의 월간 최적생산계획을 수립하시오.
2. (주)삼일이 획득할 수 있는 월간 최대 공헌이익은 얼마인가?

풀 이

1. 최적생산계획

	A(2,000개)	B(1,250개)
단위당 공헌이익	₩4,000	₩6,400
단위당 기계시간	÷2시간	÷4시간
기계시간당 공헌이익	₩2,000	₩1,600
생산순위	1순위	2순위
기계시간(8,000시간)	② 4,000시간	③ 4,000시간
최적생산계획	① 2,000개	④ 1,000개

2. 최대 공헌이익
   최대 공헌이익 = 2,000개×₩4,000+1,000개×₩6,400 = ₩14,400,000

MEMO

01 다음 중 의사결정시에 필요한 원가용어와 그에 대한 정의를 연결한 것으로 가장 올바르지 않은 것은?

① 관련원가는 과거원가이거나 대안 간에 차이가 나지 않는 미래원가이다.
② 지출원가는 미래에 현금 등의 지출을 수반하는 원가이다.
③ 기회원가는 자원을 현재 용도 이외의 다른 용도에 사용할 경우 얻을 수 있는 최대금액이다.
④ 매몰원가는 과거에 발생한 역사적 원가로서 현재 또는 미래에 회수할 수 없는 원가이다.

02 다음 제시된 원가 중 의사결정을 위한 관련원가에 해당되는 원가의 합으로 옳은 것은?

기회원가	14,000원	매몰원가	20,000원
회피가능원가	16,000원	회피불능원가	5,000원

① 16,000원   ② 21,000원
③ 30,000원   ④ 35,000원

03 (주)삼일은 흠집이 있는 제품 A를 4개 보유하고 있다. 흠집이 없는 정상적 제품 A의 판매가격은 300원이다. 제품A의 생산에는 단위당 변동제조원가 80원과 단위당 고정제조원가 20원이 투입되었다. 흠집이 있는 제품 A를 외부에 단위당 150원에 처분하려면 단위당 판매관리비가 15원이 소요될 것으로 추정된다. 이 의사결정에 고려될 관련원가로 가장 옳은 것은?

① 정상판매가격 300원   ② 단위당 변동제조원가 80원
③ 단위당 고정제조원가 20원   ④ 단위당 판매관리비 15원

04 다음은 철수와 친구 동철이의 대화내용이다. 의사결정과 관련하여 괄호 안에 들어갈 원가용어로 옳은 것은?

> 철수 : 동철아, 아직 결혼 소식 없어?
>
> 동철 : 그러게 말야. 더 이상 나이 먹기 전에 결혼을 해야겠는데 영희는 결혼 생각이 없는 거 같아. 헤어져야 할지 말아야 할지 고민이야.
>
> 철수 : 잘 생각해서 판단해. 네가 영희와 사귀기 위해 쓴 데이트비용, 시간 등이 정말 많은데 헤어지면 너무 아깝지 않겠어?
>
> 동철 : 물론 아깝긴 하지. 그러나, 그런 것들은 전부 (   ) 일 뿐이야. 이미 과거에 지출된 원가라서 내가 영희와 헤어질 것인가를 결정하는 것과는 관계가 없어. 하지만 알면서도 자꾸 미련이 남아.

① 매몰원가 ② 추적가능원가
③ 추적불능원가 ④ 기회원가

05 (주)삼일은 6개월 전에 차량을 4,000,000원에 구입하였으나 침수로 인해 이 차량을 더 이상 사용할 수 없게 되었다. 회사는 동 차량에 대하여 수리비용 2,000,000원을 들여 2,500,000원에 팔거나 현재 상태로 거래처에 1,000,000원에 팔 수 있다. 이런 경우에 매몰원가는 얼마인가?

① 1,000,000원 ② 2,000,000원
③ 2,500,000원 ④ 4,000,000원

06 (주)삼일은 파손된 제품 1,000단위를 보유하고 있다. 이 제품을 500,000원을 들여 재작업하는 경우 5,000,000원에 판매할 수 있고, 재작업을 하지 않으면 4,000,000원에 즉시판매할 수 있다. 재작업할 경우 기회원가는 얼마인가?

① 3,500,000원 ② 4,000,000원
③ 4,500,000원 ④ 5,000,000원

07 (주)삼일은 새로운 업자로부터 특별주문요청을 받았다. 현재 유휴생산시설이 있는 상황이라면 이 회사의 경영자가 특별주문 수락여부 의사결정에서 일반적으로 고려하지 않아도 되는 원가는 무엇인가?

① 직접재료원가
② 고정제조간접원가
③ 직접노무원가
④ 변동제조간접원가

08 (주)삼일은 제품 A를 단위당 ₩100에 판매하고 있는데, (주)마포로부터 제품 A 2,000단위를 단위당 ₩70에 구입하겠다는 특별주문을 받았다. 제품 A의 단위당 원가는 다음과 같다.

직접재료원가	₩20
직접노무원가	15
변동제조간접원가	10
고정제조간접원가	5

판매비와관리비는 모두 변동원가로 매출액의 20%이다. (주)삼일은 (주)마포의 특별주문을 수락할 수 있는 충분한 유휴생산능력을 보유하고 있다. (주)삼일이 (주)마포의 특별주문을 수락할 경우 영업이익은 얼마나 증가하는가?

① ₩2,000
② ₩12,000
③ ₩22,000
④ ₩40,000

NEW

09 (주)삼일은 최근 고객사로부터 제품 300단위를 단위당 19,000원에 구입하겠다는 제안을 받았다. 기업가치 극대화 측면에서 이 주문의 수락여부와 회사의 이익에 미치는 영향이 가장 올바르게 짝지어진 것은?(단, 제품과 관련된 자료는 다음과 같으며 동 주문을 수락하더라도 고정원가에는 아무런 영향을 초래하지 않는다)?

	제품단위당 원가
직접재료원가	10,000원
직접노무원가(변동원가)	4,000원
변동제조간접원가	2,500원
고정제조간접원가	3,000원
변동판매비와관리비	1,500원
고정판매비와관리비	1,000원
	22,000원

① 수락, 150,000원의 이익 증가
② 수락, 300,000원의 이익 증가
③ 거절, 150,000원의 손실 증가
④ 거절, 300,000원의 손실 증가

10 (주)삼일의 20X1년 수익과 원가 및 이익의 예산금액을 요약하면 다음과 같다.

매출액(50,000단위, @100)	₩5,000,000
변동원가(50,000단위, @60)	3,000,000
공헌이익(50,000단위, @40)	2,000,000
고정원가	1,500,000
영업이익	₩500,000

(주)삼일의 연간 최대생산능력은 70,000단위이다. 20X1년 초에 (주)마포가 단위당 ₩90에 25,000단위를 사겠다고 특별주문을 했다. 만약 (주)삼일이 이 특별주문을 수락한다면, 20X1년 영업이익은 예산보다 얼마나 증가 또는 감소하겠는가?

① ₩750,000 감소
② ₩550,000 감소
③ ₩550,000 증가
④ ₩650,000 증가

11 매월 1,000단위의 제품을 생산하는 (주)삼일의 단위당 판매가격은 700원이고 단위당 변동원가는 500원이며 고정원가는 월 300,000원이다. (주)삼일은 (주)용산으로부터 400단위의 특별주문을 받았다. 현재 유휴설비능력은 특별주문 수량보다 부족한 상황이며, 특별주문을 수락할 경우 주문처리를 위한 비용 900원이 추가로 발생한다. 다음 중 특별주문에 대한 의사결정을 함에 있어 관련항목으로만 구성된 것은?

① 특별주문 수락 전의 단위당 고정원가, 단위당 변동원가, 특별주문 처리비용
② 특별주문가, 단위당 변동원가, 특별주문 처리비용, 기존판매량 감소분의 공헌이익
③ 특별주문 수락 후의 단위당 고정원가, 특별주문 처리비용, 기존판매량 감소분의 공헌이익
④ 특별주문가, 특별주문 처리비용, 특별주문 수락 후의 단위당 고정원가, 기존판매량 감소분의 공헌이익

NEW

12 식자재가공업을 영위하는 (주)삼일은 매월 30,000단위의 단일 제품을 개당 135 원의 가격으로 납품하고 있으며, 4월의 매출총이익으로 1,170,000 원을 보고하였다. 그러나 ㈜삼일의 월간 생산능력은 37,000단위이므로 5월부터는 유휴설비를 임대하여 월 70,000 원의 추가 수익을 얻을 수 있을 것으로 기대하고 있다. 4월의 변동제조원가 내역은 다음과 같다.

직접재료비	750,000원
직접노무비	990,000원
변동제조간접비	540,000원

한편, 5월 초에 기존의 거래처가 아닌 (주)용산으로부터 개당 95 원에 8,000단위의 특별주문을 제안받았다. ㈜삼일의 (ㄱ) 동 주문 수락 여부와 (ㄴ) 수락 시의 증분이익으로 옳게 짝지어진 것은(단, 동 특별주문 수락 여부는 8,000 단위 전체에 대하여 판단되어야 하며, 특별주문 수락에 따라 50,000 원의 추가 고정제조간접비가 발생될 예정이다)?

	(ㄱ)	(ㄴ)		(ㄱ)	(ㄴ)
①	수락	(+) 23,000원	②	수락	(+) 82,000원
③	거절	(-) 27,000원	④	거절	(-) 32,000원

13 (주)삼일의 사업부 X의 매출액은 500,000원, 변동원가는 280,000원이고 고정원가는 120,000 원이다. 고정원가 중 100,000원은 사업부 X를 폐지한다면 회피가능한 원가이다. 만약 회사가 사업부 X를 폐지한다면 회사 전체 순이익은 어떻게 변화하겠는가?

① 120,000원 증가   　　　　　② 120,000원 감소
③ 220,000원 증가   　　　　　④ 220,000원 감소

14 (주)삼일은 여러 사업부를 운영하고 있는 기업이며, 20X1년의 당기순이익은 1,000,000원이 다. 여러 사업부 중에서 사업부 갑의 공헌이익은 200,000원이고, 사업부 갑에 대한 공통원가 배분액은 100,000원이다. 공통원가배분액 중 60,000원은 사업부 갑을 폐지하더라도 계속하 여 발생한다. 만약 회사가 사업부 갑을 폐지할 경우 20X1년 당기순이익을 계산하면 얼마인가?

① 800,000원   　　　　　② 840,000원
③ 900,000원   　　　　　④ 940,000원

15 다음은 세 사업부문(A, B, C)을 보유한 (주)삼일의 손익자료이다. 다음 중 자료에 관한 분석으 로 가장 올바르지 않은 것은?

(단위 : 원)

	A사업부	B사업부	C사업부	전체
매출액	4,000	3,000	2,000	9,000
변동원가	2,400	2,000	1,200	5,600
공헌이익	1,600	1,000	800	3,400
회피불능원가	1,900	1,200	400	3,500
이익(손실)	(300)	(200)	400	(100)

① 사업부 A, B를 폐쇄하면 회사의 전체손실은 2,700원이 된다.
② 사업부 B, C를 폐쇄하면 회사의 전체손실은 1,900원이 된다.
③ 사업부 A, C를 폐쇄하면 회사의 전체손실은 2,500원이 된다.
④ 사업부 A, B, C 모두를 폐쇄하면, 현재의 전체손실 100원은 발생하지 않는다.

16 (주)삼일은 3가지 제품을 생산·판매하고 있으며, 관련된 변동손익계산서는 다음과 같다. 손실이 발생하는 A제품의 생산라인을 폐지하더라도 고정비 32,000원 중 7,000원은 계속발생하며, 다른 제품에 미치는 영향이 없다고 가정할 때 A제품 생산라인의 폐지여부와 회사의 이익에 미치는 영향은 어떠한가?

	A	B	C	계
매 출 액	150,000	400,000	100,000	650,000
변 동 비	(120,000)	(280,000)	(60,000)	(460,000)
공헌이익	30,000	120,000	40,000	190,000
고 정 비	(32,000)	(90,000)	(30,000)	(152,000)
순 이 익	(2,000)	30,000	10,000	38,000

① A제품 생산라인을 폐지하는 것이 유지하는 것보다 순이익이 5,000원 증가한다
② A제품 생산라인을 폐지하는 것이 유지하는 것보다 순이익이 7,000원 증가한다.
③ A제품 생산라인을 유지하는 것이 폐지하는 것보다 순이익이 5,000원 증가한다.
④ A제품 생산라인을 유지하는 것이 폐지하는 것보다 순이익이 7,000원 증가한다.

NEW

17 (주)삼일은 제품 제조에 필요한 일부 부품을 자가제조할 것인지 아니면 외부구입할 것인지에 대하여 의사결정 하고자 한다. 이와 관련하여 논의된 내용 중 가장 옳은 것은?

① 오주임 : 공급업자와의 관계와 같은 비재무적 측면도 반드시 고려되어야 합니다.
② 박과장 : 외부구입을 선택할 경우 발생하는 유휴생산시설의 활용방안은 단기 의사결정에 있어 영향을 미치지 않습니다.
③ 이대리 : 자가제조원가 중에서는 고정원가를 제외한 변동원가만이 고려 대상이 됩니다.
④ 유차장 : 제품에 특별한 지식이나 기술이 요구된다면 외부구입시 품질 유지가 어려울 가능성이 높습니다.

18 다음 중 의사결정에 관한 설명으로 가장 올바르지 않은 것은?

① 어떤 고정원가가 당해 의사결정과 관계없이 계속 발생한다면 그 고정원가는 비관련원가이다.

② 현재 시설능력을 100 % 활용하고 있는 기업이 특별주문의 수락 여부를 고려할 때 동 주문생산에 따른 추가 시설 임차료를 고려하여야 한다.

③ 부품의 자가제조 또는 외부구입 의사결정시 제품라인을 폐지한 후 유휴생산시설을 이용하여 발생시키는 수익은 의사결정시 고려해서는 안된다.

④ 부품의 자가제조 또는 외부구입 의사결정시 회피가능원가가 외부구입원가보다 큰 경우에는 외부구입하는 것이 바람직하다.

19 다음 중 부품을 자가제조하고 있는 어떤 기업이 외부에서 부품을 구입하는 대안을 고려하고 있다고 가정할 경우 가장 부적절한 의사결정은 무엇인가(단, 고정제조간접원가는 당해 부품 생산설비의 감가상각비만 존재한다고 가정한다)?

① 금액적인 증분수익과 증분원가 이외에 외부공급처의 지속적 확보 여부, 품질의 동질성 등 비재무적 요인도 고려하여야 한다.

② 유휴설비를 1년간 임대해 주고 임대료를 받을 수 있는 경우에는 변동제조원가 절감액과 임대료 수입액의 합계에서 외부부품 구입대금을 차감한 금액이 0(영)보다 큰 경우 외부구입 대안을 선택한다.

③ 유휴설비의 다른 용도가 없는 경우에는 변동제조원가 절감액에서 외부부품 구입대금을 차감한 금액이 0(영)보다 큰 경우 외부구입 대안을 선택한다.

④ 유휴설비를 다른 제품의 생산에 이용할 수 있는 경우에는 변동제조원가 절감액에서 외부부품 구입대금을 차감한 금액이 0(영)보다 작은 경우 외부구입 대안을 선택한다.

20 (주)삼일은 부품 A를 자가제조하고 있으며, 이와 관련된 연간 생산 및 원가자료는 다음과 같다. 최근 ㈜삼일은 외부업체로부터 부품 A 250단위를 단위당 500원에 공급하겠다는 제안을 받았다. 외부업체의 제안을 수락할 경우 자가제조보다 연간 얼마나 유리(또는 불리)한가(단, 고정제조간접원가는 전액 회피 가능하다.)?

직접재료원가	43,000원
변동직접노무원가	17,000원
변동제조간접원가	13,000원
고정제조간접원가	30,000원
생산량	250단위

① 22,000원 불리　　　　　　　　　② 22,000원 유리

③ 52,000원 불리　　　　　　　　　④ 52,000원 유리

21 선박 제조회사인 (주)삼일은 소형모터를 자가제조하고 있다. 소형모터 10,000개를 자가제조하는 경우, 단위당 원가는 다음과 같다.

직접재료원가	7원	특수기계 감가상각비	2원
직접노무원가	3원	공통제조간접원가 배부액	5원
변동제조간접원가	2원	제품원가	19원

외부 회사에서 (주)삼일에 소형모터 10,000개를 단위당 16원에 공급할 것을 제안하였다. (주)삼일이 외부업체의 공급제안을 수용하는 경우, 소형모터 제작을 위하여 사용하던 특수기계는 다른 용도로 사용 및 처분이 불가능하며, 소형모터에 배부된 공통제조간접원가의 20 % 를 절감할 수 있다. (주)삼일이 외부업체의 공급제안을 수용한다면, 자가제조하는 것보다 얼마나 유리 또는 불리한가?

① 30,000원 불리　　　　　　　　　② 30,000원 유리

③ 40,000원 불리　　　　　　　　　④ 40,000원 유리

22 (주)삼일은 부품의 자가제조 또는 외부구입에 대한 의사결정을 하려고 한다. 이때 고려해야 하는 비재무적 정보에 대한 설명 중 가장 올바르지 않은 것은?

① 부품을 자가제조할 경우 부품의 공급업자에 대한 의존도를 줄일 수 있는 장점이 있다.
② 부품을 자가제조할 경우 향후 급격한 주문의 증가에 대해 별도의 투자없이 대처할 수 있는 장점이 있다.
③ 부품을 자가제조할 경우 기존 외부공급업자와의 유대관계를 상실하는 단점이 있다.
④ 부품을 자가제조할 경우 제품에 특별한 지식이나 기술이 요구될 때 품질을 유지하기 위한 관리가 별도로 필요하게 되는 단점이 있다.

23 (주)삼일은 진부화된 의류 500벌을 보유하고 있다. 이 제품에 대한 총제조원가는 ₩45,000,000 이었으나 현재로는 의류 한벌당 ₩25,000에 처분하거나, ₩11,000,000을 투입하여 개조한 후 의류 한벌당 ₩50,000에 판매할 수 있는 상황이다. 다음 설명 중 가장 올바른 것은?

① 그대로 의류 한벌당 ₩25,000에 처분하면 ₩32,500,000의 손실이 발생하므로 처분해서는 안된다.
② 개조하여 판매하면 ₩11,000,000의 추가적인 손실이 발생한다.
③ 개조하여 판매하는 것이 그대로 처분하는 것보다 ₩1,500,000 만큼 유리하다.
④ ₩11,000,000의 추가비용을 지출하지 않고 ₩25,000에 판매하는 것이 유리하다.

24 (주)삼일은 8가지 제품을 생산한다. 회사는 다른 자원은 충분하지만 직접노동시간이 한정되어 있다. 최적생산량을 결정하기 위해서는 다음 중 어느 것이 높은 제품을 먼저 생산하여야 하는가?

① 직접노동시간당 공헌이익률   ② 단위당 공헌이익
③ 직접노동시간당 공헌이익   ④ 단위당 공헌이익률

25 (주)삼일은 세 가지 제품을 생산하고자 한다. 세 가지 제품에 대한 단위당 자료는 다음과 같다.

	갑	을	병
단위당 판매가격	100원	150원	200원
단위당 변동원가	70원	120원	170원
단위당 공헌이익	30원	30원	30원
제품단위당 기계시간	1.5시간	2시간	1시간

기계시간이 제한되어 있다고 할 때 (주)삼일은 어떤 제품을 가장 먼저 생산하는 것이 유리하겠는가?

① 제품 갑
② 제품 을
③ 제품 병
④ 차이가 없다.

26 다음은 (주)삼일의 제품별 예산자료의 일부이다.

	제품 A	제품 B
단위당 공헌이익	₩250	₩200
단위당 기계시간	4시간	2시간
최대 수요량(연간)	100단위	200단위

사용가능한 총 기계시간이 연간 500시간일 때, 이익을 극대화하기 위해서는 두 제품을 각각 몇 단위씩 생산·판매하여야 하는가?

	제품 A	제품 B		제품 A	제품 B
①	25단위	150단위	②	25단위	200단위
③	50단위	150단위	④	50단위	200단위

MEMO

Ⅱ 장기의사결정(자본예산)

01 자본예산의 의의

자본예산(capital budgeting)이란 고정자산에 대한 효율적인 투자 수행을 위해 투자안의 타당성을 평가하고 투자안의 현금흐름이나 이익에 미치는 영향을 평가하는 기법이다. 자본예산은 기업의 장기적 경영계획에 바탕을 둔 장기투자에 관한 의사결정으로서 건물 또는 생산시설에 대한 투자 등 투자에 의한 영향이 1년 이상에 걸쳐 나타나는 특징이 있다.

02 자본예산의 특징

자본예산의 특징은 다음과 같다.

첫째, 자본예산에 의한 투자에는 거액의 자금이 동원되므로, 이 투자의 성패가 기업의 운명을 좌우할 수 있다.

둘째, 자본예산에 의한 투자는 장기간이 소요되므로 투자된 자금이 장기간 고정된다.

셋째, 자본예산에 의한 투자는 기업의 장기 예측에 따른 의사결정이므로 불확실성(경제상황, 소비자 선호, 기술진보 등)으로 인한 위험이 크다.

03 자본예산의 과정

자본예산의 수행과정은 일반적으로 다음과 같다.

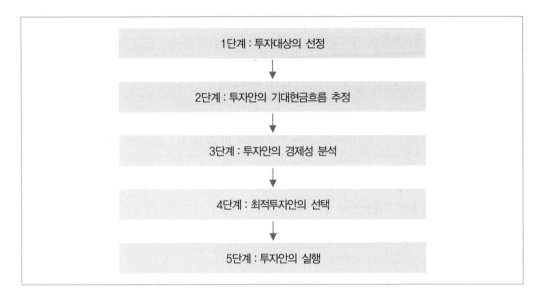

일반적으로 자본예산은 위의 5단계를 모두 의미하지만, 협의의 자본예산은 2단계, 3단계, 4단계와 관련된 의미로 쓰이고 있다.

1 현금흐름의 개념

투자안의 평가는 현금흐름을 기초로 하여 이루어진다. 따라서 투자로 인한 모든 현금흐름을 파악해야 하는데, 일반적으로 현금흐름은 각 기간별로 현금유입과 현금유출의 차이를 계산하여 측정한다. 여기서 현금유입과 현금유출의 차이를 순현금흐름이라고 한다.

> 순현금흐름 = 현금유입 - 현금유출

2 현금흐름추정의 기본원칙

(1) 증분기준

자본예산에서 필요로 하는 모든 현금흐름은 증분기준에 따른 것이다. 투자안의 증분현금흐름이란 대안 간에 차이가 나는 현금흐름을 말한다. 증분현금흐름을 측정할 때 과거의 투자결정을 통해서 이미 현금유출이 이루어진 매몰원가는 투자안의 채택여부에 따라 변동되는 것이 아니기 때문에 현금흐름추정에 있어서는 제외해야 한다는 것에 주의해야 한다.

(2) 세후기준(after-tax basis)

법인세를 납부하는 것은 현금유출에 해당하므로, 현금흐름을 파악할 때에는 법인세를 차감한 후의 금액을 기준으로 해야 한다.

(3) 감가상각비(depreciation expense)

손익계산서에서 영업비용은 대부분 현금유출항목이지만 감가상각비는 현금유출항목이 아니다. 고정자산은 이미 취득시점에서 전액 현금유출로 계상하였으므로 감가상각비를 다시 현금유출로 계상하는 것은 이중계산이 된다.

이처럼 감가상각비는 현금유출이 되는 것은 아니지만 감가상각비로 인해 기업이 납부하는 법인세가 감소하는 효과가 발생한다. 이것을 감가상각비의 감세효과(depreciation tax shield)라고 한다.

(4) 이자비용(financial cost)

이자비용은 현금유출이지만 현재가치를 계산할 때 사용되는 할인율(자본비용)을 통해 반영되는 항목이다. 따라서 현금흐름의 계산에서 이자비용을 계산하고 다시 할인율을 적용하는 것은 이중계산이 되므로, 이자비용이 전혀 없는 상황을 가정하여 현금흐름을 추정해야 한다.

(5) 인플레이션(inflation)

인플레이션을 고려할 경우의 할인율과 현금흐름은 각각 명목항목과 실질항목으로 나누어지게 된다. 이러한 경우 자본예산을 수행하려면 현금흐름과 할인율을 적용함에 있어서 일관성 있는 기준을 가져야 한다. 즉, 명목현금흐름은 명목할인율로 할인해야 하며, 실질현금흐름은 실질할인율로 할인해야 한다.

3 현금흐름의 추정

투자대상으로부터의 현금흐름은 투자자산의 내용연수 중 현금흐름의 발생 시점에 따라 달라진다. 일반적으로 자본예산에서 고려하는 현금흐름은 투자시점의 현금흐름, 투자기간 중의 영업현금흐름, 투자종료시점의 현금흐름으로 분류할 수 있다.

(1) 투자시점의 현금흐름

1) 설비 취득원가(투자액)
설비 취득원가는 구입원가와 구입과 관련된 부대비용을 포함하며 투자시점의 현금유출이다.

2) 투자세액공제(investment tax credit : ITC)
투자세액공제에 따른 법인세 공제액은 투자시점의 현금유입으로 처리한다.

3) 구설비의 처분에 따른 현금흐름
설비대체의 경우 신설비를 구입하면서 구설비를 처분하게 된다. 이때 구설비처분으로 인한 현금유입이 발생한다. 자세한 내용은 설비처분으로 인한 현금유입액에서 후술하도록 한다.

(2) 투자기간 중의 현금흐름

　기업은 설비를 취득한 후에 설비를 이용하여 제품을 생산 및 판매하는 영업활동을 수행할 것이다. 이로 인하여 설비의 내용연수 동안 매년마다 영업활동으로 인한 순현금흐름(영업순현금흐름)이 유입된다.

　영업순현금흐름은 투자와 관련된 가장 중요한 현금흐름으로서, 영업활동으로부터 얻게 되는 순현금흐름(순현금유입액)을 말한다. 영업순현금흐름을 구하는 방법은 다음과 같다.

〈법인세가 없는 경우〉

영업순현금흐름 = 매출액 − 현금영업비용

〈법인세가 있는 경우〉

① 영업순현금흐름 = 발생주의 세후이익 + 감가상각비
　　　　　　　　 = (매출액 − 현금영업비용 − 감가상각비 − 법인세) + 감가상각비
　　　　　　　　 = (매출액 − 현금영업비용 − 감가상각비) × (1 − 법인세율) + 감가상각비

② 영업순현금흐름 = (매출액 − 현금영업비용)×(1 − 법인세율) + 감가상각비 × 법인세율

　위의 표에서 '감가상각비×법인세율'은 감가상각비의 감세효과를 나타낸다.

(3) 투자종료시점의 현금흐름

　기업은 내용연수 말에 투자한 설비를 처분할 것이다. 이로 인해 설비처분으로 인한 현금유입이 발생한다. 만약 내용연수 말에 장부가액대로 처분한다면 장부가액이 현금유입액이 되나 처분가액과 장부가액 간에 차이가 나서 처분손익이 발생하게 되면 처분손익으로 인한 세금효과를 반영해 주어야 한다.

　즉, 처분이익이 발생한다면 '처분이익×법인세율'만큼 법인세가 증가(현금유출)하는 효과가 발생할 것이고, 처분손실이 발생한다면 '처분손실×법인세율'만큼 법인세가 감소(현금유입)하는 효과가 발생할 것이다.

　설비처분으로 인한 현금유입액을 구하는 방법은 다음과 같다.

설비처분으로 인한 현금유입액 = 처분가액 + (처분손실 × 법인세율) − (처분이익 × 법인세율)

[표 7-3] 현금유입항목과 현금유출항목

현금유입(cash inflow)	현금유출(cash outflow)
• 매출액 증가 • 현금영업비용 감소 • 법인세 감소 • 설비 처분	• 설비 취득 • 매출액 감소 • 현금영업비용 증가 • 법인세 증가

예 제

(주)삼일은 그간 사용하던 컴퓨터를 ₩100,000에 처분하고 최신컴퓨터를 구입하고자 한다. 최신
컴퓨터는 ₩2,000,000에 구입하여 4년간 사용할 수 있으며 잔존가액은 취득원가의 10%로 예
상된다. 구컴퓨터의 순장부가액은 상각이 완료되어 ₩0이고 최신컴퓨터는 4년간 사용 후 장부가
액으로 판매가 가능하다.
한편 (주)삼일은 최신컴퓨터를 구입하게 되면 사무혁신으로 인해 매년 ₩800,000의 인건비가 절
약될 것을 기대하고 있다.

• 요구사항 •
1. 법인세가 없을 때 회사의 현금흐름을 시점별로 분석하시오.
2. 법인세율이 40%라고 가정할 때, 이를 고려한 현금흐름을 시점별로 분석하시오.

풀 이

1. 법인세를 무시하는 경우
   (1) 투자시점(t=0)
       최신컴퓨터 취득   ₩2,000,000 유출
       구컴퓨터 처분   100,000 유입
   (2) 투자기간 중(t=1 ~ t=4)
       인건비 절감액   매년 ₩800,000 유입
   (3) 투자종료시점
       최신컴퓨터 처분   ₩200,000 유입

2. 법인세율이 40%인 경우
    (1) 투자시점(t=0)
        최신컴퓨터 취득   ₩2,000,000 유출
        구컴퓨터 처분   100,000 유입
        처분이익으로 인한 세금효과   (₩100,000−₩0)×40%=₩40,000 유출
    (2) 투자기간 중(t=1 ~ t=4)
        인건비 절감액(세금고려)   ₩800,000×(1−40%)=₩480,000 유입
        감가상각비의 감세효과   ₩450,000*×40%=₩180,000 유입
        * 연간감가상각비 : (취득원가−잔존가액)÷4년
    (3) 투자종료시점
        최신컴퓨터 처분(처분손익 없음)   ₩200,000 유입

05 자본예산모형

자본예산모형(capital budgeting model)이란 투자안의 타당성을 평가하기 위하여 투자안의 현금흐름이나 이익에 미치는 영향을 평가하는 기법이다.

자본예산모형에는 화폐의 시간적 가치를 고려하는 할인모형과 화폐의 시간적 가치를 고려하지 않는 전통적 방법인 비할인모형이 있다.

할인모형에는 순현재가치법과 내부수익률법이 있고, 비할인모형에는 회수기간법과 회계적 이익률법이 있다.

[그림 7-2] 자본예산모형

또한, 실제 현금흐름으로 자본예산을 실행하는지, 손익계산서상의 순이익으로 자본예산을 실행하는지에 따라 다음과 같이 분류되기도 한다.

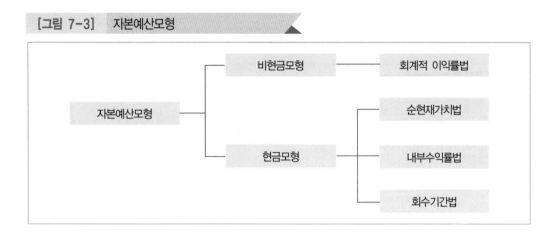

[그림 7-3] 자본예산모형

1 화폐의 시간가치(the time value of money)

할인모형의 자본예산을 이해하기 위해서는, 우선 화폐의 시간가치란 무엇인가에 대해 알아야 한다.

(1) 화폐의 시간가치

기업의 재무의사결정은 현재시점에서 이루어지는 반면, 그에 따른 대가(현금흐름)는 미래의 여러 기간에 걸쳐 실현된다. 따라서 동일한 금액일지라도 발생시점에 따라 화폐의 가치가 달라지게 되므로 서로 다른 시점에서 발생하는 현금흐름을 비교할 때에는 동일한 시점의 가치로 환산해서 비교하여야 한다.

화폐의 시간가치를 고려한다는 것은 투자액으로부터 이자가 발생하는 점을 고려하여 현재의 ₩1은 미래의 특정 시점에 유입되는 ₩1보다 가치가 높다는 것을 전제로 하는 것이다. 흔히 단기의사결정상황에서는 화폐의 시간가치를 고려하지 않는다. 그 이유는 단기분석상 이자가 차지하는 비중이 그다지 크지 않기 때문이다.

(2) 단일현금의 현재가치와 미래가치

1) 화폐의 현재가치(present value of ₩1)

현재가치란 미래의 일정금액을 현재시점에서 평가한 가치로, 미래의 일정금액과 동일한 가치를 갖는 현재의 금액을 의미한다.

$$PV = \frac{FV}{(1+r)^n} = FV \times PVIF_{(r,n)}$$

PV : 현재가치, FV : 미래가치, r : 이자율
n : 기간, PVIF(present value interest factor) : 현재가치요소

2) 화폐의 미래가치(future value of ₩1)

미래가치란 현재의 일정금액을 미래의 특정시점에서 평가한 가치로, 현재의 일정금액과 동일한 가치를 갖는 미래의 금액을 의미한다.

$$FV = PV \cdot (1+r)^n = PV \times FVIF_{(r,n)}$$

PV : 현재가치, FV : 미래가치, r : 이자율
n : 기간, FVIF(future value interest factor) : 미래가치요소

(3) 연금의 현재가치와 미래가치

연금이란 여러 기간에 걸쳐서 매기간 동일한 현금흐름이 발생하는 경우를 말한다.

1) 기말연금의 현재가치(present value of ordinary annuity)

일정기간 동안 매기말에 발생하는 일정한 현금흐름을 현재가치로 환산한 금액을 의미한다.

$$PV = \left[\frac{C}{(1+r)}\right] + \left[\frac{C}{(1+r)^2}\right] + \cdots + \left[\frac{C}{(1+r)^{n-1}}\right] + \left[\frac{C}{(1+r)^n}\right]$$
$$= C \times PVIFA_{(r,n)}$$

PV : 기말연금의 현재가치, r : 이자율, n : 기간
C : 매기말 발생하는 일정한 현금흐름
PVIFA(present value interest factor for annuity) : 연금의 현재가치요소

2) 기초연금의 현재가치(present value of annuity due)

일정기간 동안 매기초에 발생하는 일정한 현금흐름을 현재가치로 환산한 금액을 의미한다.

$$PV= C+\left[\frac{C}{(1+r)}\right]+\left[\frac{C}{(1+r)2}\right]+\cdots+\left[\frac{C}{(1+r)n-1}\right]$$
$$= C \times PVIFA_{(r,n-1)}+C$$

PV : 기초연금의 현재가치, r : 이자율, n : 기간
C : 매기초 발생하는 일정한 현금흐름
PVIFA(present value interest factor for annuity) : 연금의 현재가치요소

3) 기말연금의 미래가치(future value of ordinary annuity)

일정기간 동안 매기말에 발생하는 일정한 현금흐름을 일정기간 말 시점의 가치(미래가치)로 환산한 금액을 의미한다.

$$FV=C+C(1+r)+C(1+r)^2+\cdots+C(1+r)^{n-1}= C \times CVIFA_{(r,n)}$$

FV : 기말연금의 미래가치, r : 이자율, n : 기간
C : 매기말 발생하는 일정한 현금흐름
CVIFA(compound value interest factor for annuity) : 연금의 미래가치요소

4) 기초연금의 미래가치(future value of annuity due)

일정기간 동안 매기초에 발생하는 일정한 현금흐름을 일정기간 말 시점의 가치(미래가치)로 환산한 금액을 의미한다.

$$FV=C(1+r)+C(1+r)^2+\cdots+C(1+r)^{n-1}+C(1+r)^n$$
$$=C \times CVIFA_{(r,n)} \times (1+r)$$

FV : 기초연금의 미래가치, r : 이자율, n : 기간
C : 매기말 발생하는 일정한 현금흐름
CVIFA(compound value interest factor for annuity) : 연금의 미래가치요소

2 회수기간법

(1) 회수기간법의 개요

회수기간법(payback method)은 회수기간에 의하여 투자안을 평가하는 방법으로, 여기서 회수기간이란 투자액을 영업활동으로부터 회수하는데 걸리는 기간을 말한다. 회수기간법의 기본전제는 투자원금이 빨리 회수될수록 더 바람직한 투자라는 것이다.

투자안으로부터의 순현금유입액이 매년 일정할 경우에는 회수기간을 다음과 같이 계산할 수 있다.

$$회수기간 = \frac{투자액}{연간순현금유입액}$$

이 산식을 보면 회수기간법에서는 현금흐름이 연중 평균적으로 일어난다고 가정하고 있음을 알 수 있다.

(2) 의사결정 기준

회수기간법에 의한 의사결정에서는 상호 배타적인 투자안인 경우 회수기간이 가장 짧은 것을 선택하게 된다. 그러나 독립적인 투자안의 경우에는 기업 자체에서 기준으로 정한 회수기간보다 짧으면 투자가치가 있다고 판단한다.

〈독립적 투자안〉
특정투자안의 회수기간 ≤ 기준회수기간 → 투자안 채택
특정투자안의 회수기간 > 기준회수기간 → 투자안 기각

〈상호 배타적 투자안〉
① 투자안의 회수기간 ≤ 기준회수기간이고,
② ①의 투자안 중에서 회수기간이 가장 짧은 투자안 채택

(3) 회수기간법의 장점

① 계산이 간단하고 쉽기 때문에 이해하기 쉽고 많은 투자안을 평가할 때는 시간과 비용을 절약할 수 있다.

② 위험지표(risk indicator)로서의 정보를 제공한다. 즉, 회수기간이 짧은 투자안일수록 안전한 투자안인 것이다.

③ 회수기간이 짧을수록 투자자금을 빨리 회수하므로, 기업의 유동성확보와 관련된 의사결정에 유용하다.

(4) 회수기간법의 단점

① 회수기간 이후의 현금흐름을 무시한다. 즉, 수익성을 고려하지 않는다.

② 화폐의 시간가치를 무시한다.

③ 목표회수기간을 설정하는데 자의적인 판단이 개입된다.

예 제

(주)삼일에서는 기계를 500만 원에 구입하고자 한다. 기계를 사용할 때 연간원가절감액은 다음과 같다.

연도	연간 원가절감액
1	150만 원
2	120
3	100
4	80
5	60
6	50

연중 현금흐름이 고르게 발생한다고 가정하고서 회수기간을 구하시오(단, 법인세 무시).

풀 이

원가절감액의 누적액을 구하면 다음과 같다.

연도	연간 원가절감액	누적액
1	150만 원	150만 원
2	120	270
3	100	370
4	80	450
5	60	510

연중 현금흐름이 균일하다면, 회수기간은 다음과 같다.

$$\text{회수기간} = 4년 + \frac{500만 원 - 450만 원}{510만 원 - 450만 원} = 4.83년$$

3 회계적이익률법

(1) 회계적이익률법의 개요

회계적이익률법(accounting rate of return method : ARR법)은 회계적이익률에 의하여 투자안을 평가하는 방법으로, 여기서 회계적이익률이란 연평균순이익을 최초투자액 또는 평균투자액으로 나눈 것을 말한다.

$$\text{회계적이익률} = \frac{\text{연평균순이익}}{\text{최초투자액}}$$

또는

$$\text{회계적이익율} = \frac{\text{연평균순이익}}{\text{평균투자액}} = \frac{\text{연평균순이익}}{(\text{최초투자액} + \text{잔존가치})/2}$$

(2) 의사결정기준

투자결정을 위하여 회계적이익률법을 이용할 때에는 독립투자안인 경우 투자대상의 회계적이익률이 기업에서 기준으로 정한 회계적이익률보다 높으면 투자안을 채택하며, 여러 투자안이 고려되는 경우에는 가장 높은 회계적이익률을 가진 투자안을 채택한다.

〈독립적 투자안〉
　특정투자안의 회계적이익률 ≥ 목표 회계적이익률 → 투자안 채택
　특정투자안의 회계적이익률 ＜ 　목표 회계적이익률 → 투자안 기각

〈상호 배타적 투자안〉
　① 투자안의 회계적이익률 ≥ 목표 회계적이익률이고,
　② ①의 투자안 중에서 회계적이익률이 가장 높은 투자안 채택

---

(3) 회계적이익률법의 장점

① 계산이 간편하고 이해하기가 용이하며, 회수기간법과는 달리 수익성을 고려한다.
② 투자안 분석의 기초자료가 재무제표이기 때문에 자료확보가 용이하다.

(4) 회계적이익률법의 단점

① 화폐의 시간가치를 무시한다.
② 목표수익률을 설정하는데 자의적인 판단이 개입된다.
③ 투자안에 대한 현금흐름이 아닌 회계적이익에 기초하고 있다.

(주)삼일의 경영진은 최근 경기 침체로 인한 이익감소를 극복하기 위하여 신규사업을 검토 중이다. 현재 회사는 기존 사업에서 평균투자액 기준으로 12%의 회계적이익률을 보이고 있으며, 신규사업에서 예상되는 당기순이익은 다음과 같다.

연도	신규사업으로 인한 당기순이익
1	₩200,000
2	300,000
3	340,000

회사는 신규사업을 위해 ₩2,240,000을 투자해야 하며, 3년 후의 잔존가치는 ₩260,000으로 예상된다. 회사는 정액법에 의해 감가상각한다.

• 요구사항 •

1. 최초투자액을 기준으로 하여 신규사업의 회계적이익률을 구하시오.
2. 평균투자액을 기준으로 하여 신규사업의 회계적이익률을 구하시오.
3. 회사가 평균투자액을 기준으로 하여 회계적이익률에 따라 의사결정을 한다고 할 때 신규투자안을 채택할 것인가?

풀 이

1. 최초투자액 기준 회계적이익률
   연평균 순이익=(₩200,000+300,000+340,000)÷3년=₩280,000

   $$\text{회계적이익률} = \frac{₩280,000}{₩2,240,000} = 12.5\%$$

2. 평균투자액 기준 회계적이익률
   평균투자액=(최초투자액+잔존가치)÷2
   　　　　　=(₩2,240,000+260,000)÷2=₩1,250,000

   $$\text{회계적이익률} = \frac{₩280,000}{₩1,250,000} = 22.4\%$$

3. 투자안의 채택여부
   평균투자액 기준 회계적이익률(22.4%)이 기존 사업의 회계적이익률(12%)을 초과하므로 투자안은 채택된다.

4 순현재가치법

(1) 순현재가치법의 개요

순현재가치법(net present value method : NPV법)은 자본예산모형 중 화폐의 시간가치를 고려하는 모형으로서, 투자안의 순현재가치란 투자안으로부터 발생하는 현금유입의 현재가치에서 현금유출의 현재가치를 차감한 금액이다.

순현재가치법에서는 미래의 현금흐름을 적절한 할인율로 할인하여 현재가치를 구해야 하는데, 여기서 적절한 할인율이란 투자에 대해서 요구되는 최저필수수익률(hurdle rate, minimum required rate of return)을 의미한다. 최저필수수익률을 자본비용, 요구수익률 등으로 표현하기도 한다.

(2) 순현재가치의 계산

순현재가치는 현금유입액의 현재가치에서 현금유출액의 현재가치를 차감한 금액을 말한다.

NPV = 현금유입액의 현재가치-현금유출액의 현재가치
　　 = 순현금유입액의 현재가치-투자액

---

(3) 의사결정기준

순현재가치법은 상호 배타적인 투자안에 대한 의사결정의 경우 순현재가치가 가장 큰 투자안을 선택하면 된다. 그러나 독립적인 투자안의 경우에는 투자안의 순현재가치가 ₩0보다 큰 모든 투자안을 투자가치가 있는 것으로 평가한다.

〈독립적 투자안〉
　투자안의 순현재가치(NPV) ≥ ₩0 → 투자안 채택
　투자안의 순현재가치(NPV) < ₩0 → 투자안 기각

〈상호 배타적 투자안〉
　① 투자안의 순현재가치(NPV) ≥ ₩0이고,
　② ①의 투자안 중에서 순현재가치(NPV)가 가장 큰 투자안 채택

---

(4) 순현재가치법의 장점

① 비할인모형에서 무시되고 있는 화폐의 시간가치를 고려한다.
② 현금흐름과 자본비용만이 고려되고 회계적 수치와는 무관하므로 자의적 요인을 제거할 수 있다.
③ 가치가산의 원칙(value additivity principle)이 성립한다. 즉, 상호 독립적인 투자안 A와 B
   가 있을 때, 두 투자안의 결합순현재가치는 각 투자안의 순현재가치의 합이 된다.
   NPV(A+B)=NPV(A)+NPV(B)
④ 기업의 가치를 극대화할 수 있는 투자안을 선택할 수 있다.

(5) 순현재가치법의 단점

① 투자안의 할인율을 정하기가 어렵다.
② 불확실성하에서 적용하기 어렵다.

예 제

(주)삼일은 그동안 손으로 빼던 자장면발을 기계로 빼려고 한다. 고려중인 기계의 취득원가는
₩100,000이고 내용연수는 4년이며, 잔존가치는 없다. 이 기계의 사용으로 인해 매년
₩40,000의 노무원가가 절약될 것으로 예상된다. 기계를 취득할 경우 (주)삼일은 이를 정액법으
로 감가상각할 예정이며 법인세차감 후 최저필수수익률로는 15%를 설정해 놓고 있다. 법인세율
은 30%이다.
[연금현재가치요소(기간 4년, 할인율 15%)=2.85498]

• 요구사항 •
1. 법인세차감후 연간순현금유입액(연간영업순현금흐름)을 계산하시오.
2. 순현재가치법을 사용하여 기계의 구입여부를 결정하시오.

풀 이

1. 연간 노무원가절약액이 일정하고 감가상각이 정액법에 의해 이루어지므로, 연간 현금유입액도 매
   년 동일하다.

   연간순현금유입액=(현금영업비용절감액 − 감가상각비)×(1 − 법인세율) + 감가상각비
   　　　　　　　　=(₩40,000 −₩25,000)×(1−0.3) + ₩25,000 = ₩35,500
   또는,
   연간순현금유입액=현금영업비용절감액×(1 − 법인세율) + 감가상각비×법인세율
   　　　　　　　　=₩40,000×(1−0.3)+₩25,000 × 0.3=₩35,500

2. 순현재가치

연간순현금유입액	₩35,500
연금현재가치요소(기간 4년, 할인율 15%)	×2.85498
순현금유입액의 현재가치	₩101,352
투자액	100,000
순현재가치	₩1,352

순현재가치가 ₩1,352이므로 이 기계는 최저필수수익률 15%보다 더 높은 수익률을 달성하는 것임을 알 수 있다. 따라서 회사는 기계를 구입하여야 한다. 회사는 기계를 구입하는데 ₩101,352까지 지출할 수 있으며, 이 경우 기계의 수익률은 정확히 15%가 된다.

5 내부수익률법

(1) 내부수익률법의 개요

내부수익률법(internal rate of return method : IRR법)은 투자안의 내부수익률을 구하여 이를 최저필수수익률(discount rate, hurdle rate)과 비교함으로써 투자의사결정을 하는 방법이다. 내부수익률이란 투자안의 현금유입액의 현재가치와 현금유출액의 현재가치를 일치시키는 할인율을 말하며, 이는 투자안의 NPV가 ₩0이 되는 할인율이다.

(2) 내부수익률의 계산

1) 연간 현금흐름이 동일한 경우

내부수익률법에서 가장 중요한 것은 정확한 내부수익률을 구하는 것이다. 투자안의 순현금유입액이 매년 동일한 경우에는, 다음 산식에 의해서 용이하게 내부수익률을 구할 수 있다.

NPV=0

연간순현금유입액의 현재가치－투자액=0

연간순현금유입액×연금현가계수＝투자액

$$연금현가계수(기간\ n,\ 할인율\ r)= \frac{투자액}{연간순현금유입액}$$

즉, 투자액을 연간 순현금유입액으로 나누어서 연금현가요소를 구한 다음, 연금현가표에서 이에 해당되는 할인율을 구하면 된다. 연금현가표에 정확한 할인율이 없으면 할인율에 가장 근사한 상하 두 연금현가계수를 찾은 다음 그 비율에 따라 할인율을 구하면 된다. 이를 보간법(interpolation)이라 한다.

2) 연간 현금흐름이 불규칙적인 경우

연간 현금흐름이 불규칙적일 경우의 내부수익률은 시행착오법(trial and error method)을 이용하여 구할 수 있다.

즉, 여러 가지 할인율을 대입하여 투자안의 순현재가치가 ₩0에 근접한 할인율을 보간법을 통해 구하는 것인데, 본 과정에서는 생략하기로 한다.

(3) 의사결정기준

내부수익률법을 상호배타적인 투자안의 의사결정방법으로 사용할 때는 내부수익률이 가장 높은 투자안을 선택하면 된다.

그러나 독립적인 투자안의 경우에는 투자안의 내부수익률이 최저필수수익률보다 큰 모든 투자안을 투자가치가 있는 것으로 평가한다.

〈독립적 투자안〉
　　투자안의 내부수익률(IRR) ≥ 최저필수수익률 → 투자안 채택
　　투자안의 내부수익률(IRR) < 최저필수수익률 → 투자안 기각

〈상호 배타적 투자안〉
　　① 투자안의 내부수익률(IRR) ≥ 최저필수수익률이고,
　　② ①의 투자안 중에서 내부수익률(IRR)이 가장 높은 투자안 채택

---

(4) 내부수익률법의 장점

① 비할인모형에서 무시되고 있는 화폐의 시간가치를 고려한다.
② 현금흐름과 자본비용만이 고려되고 회계적 수치와는 무관하므로 자의적 요인을 제거할 수 있다.
③ 내부수익률은 자본비용의 손익분기점이라는 의미를 갖는다.

(5) 내부수익률법의 단점

① 내부수익률을 구할 때 보간법이나 시행착오법을 사용해야 하기 때문에 계산이 어렵다.
② 일반적으로 내부수익률은 하나만 존재하지만 투자기간 동안 현금의 유입과 유출이 반복되는 등의 특수한 경우에는 내부수익률이 복수가 존재하게 되어 정확한 투자안 평가가 어렵다.
③ 투자규모를 고려하지 않기 때문에 복수투자안의 비교시 우선순위 적용에 문제가 있다.
④ 내부수익률법에서는 투자기간 동안의 현금흐름을 내부수익률로 재투자한다고 가정하고 있기 때문에 지나치게 낙관적이다.

6 순현재가치법(NPV법)과 내부수익률법(IRR법)의 비교

순현재가치법과 내부수익률법은 화폐의 시간가치를 고려하는 할인모형이라는 공통점이 있다.
앞에서 살펴본 바와 같이 내부수익률이란 현금유입액의 현재가치와 현금유출액의 현재가치를 일치시키는 할인율을 말하는데, 이를 순현재가치법의 관점에서 정의하면 순현재가치를 ₩0으로 하는 할인율이다.

$$\text{NPV} = \sum_{t=0}^{n} \frac{CI_t}{(1+r)^t} - \sum_{t=0}^{n} \frac{CO_t}{(1+r)^t} = 0$$

CI_t : t기간의 현금유입, CO_t : t기간의 현금유출, r : 할인율

위의 산식을 만족시키는 할인율 r이 바로 내부수익률이다. 그러므로 단일투자안을 대상으로 평가할 때에는 순현재가치법이나 내부수익률법 모두 동일한 결론을 얻는다.
그러나 둘 또는 그 이상의 상호 독립적인 투자안의 우선순위를 결정하거나 상호 배타적인 투자안을 평가할 때 순현재가치법과 내부수익률법은 경우에 따라 서로 다른 결과를 가져올 수 있다.

(1) 순현재가치법의 우위성

순현재가치법은 내부수익률법에 비해 다음과 같은 장점을 가지고 있다.
첫째, 내부수익률법은 시행착오법을 사용하여 구해야 하기 때문에 계산과정이 복잡하다.
둘째, 내부수익률법은 투자로 인한 현금유입액이 투자기간 동안 계속하여 내부수익률로 재투자된다고 가정하고 있지만, 순현재가치법에서는 투자기간 동안 자본비용(최저요구수익률)으로 재투자된다고 가정하고 있다. 투자의 한계수익률이 체감한다는 현실에 비추어 볼 때 순현재가치법의 가정이 현실적이라고 할 수 있다.

셋째, 내부수익률법은 비율로 투자결정을 하는 반면, 순현재가치법은 금액으로 투자결정을 하기 때문에 순현재가치법이 투자가 기업가치에 미치는 영향을 직접적으로 알 수 있게 해준다.

넷째, 내부수익률법은 가치합산의 원칙이 적용되지 않지만 순현재가치법에서는 가치합산의 원칙이 적용된다.

$$NPV(A+B)=NPV(A)+NPV(B)$$
$$IRR(A+B)\neq IRR(A)+IRR(B)$$

예제

(주)삼일은 20×1년 신규설비에 대한 투자를 검토하고 있다. 신규설비의 내용연수는 5년이고 잔존가치는 없으며 정액법으로 상각한다. 회사의 최저필수수익률은 15%이다(단, 설비 취득을 제외한 나머지 모든 현금흐름은 연말에 발생한다고 가정한다).

신규설비와 관련된 사항은 다음과 같다.

1. 설비 취득원가 : ₩10,000

2. 신규설비와 관련되어 향후 기대되는 추정손익계산서는 다음과 같다.

	20×1년	20×2년	20×3년	20×4년	20×5년
매출액(현금)	₩14,000	₩15,500	₩18,000	₩23,000	₩19,000
매출원가	5,000	6,500	8,800	10,500	11,000
판관비(감가상각비 포함)	3,000	3,500	4,000	4,500	5,000
감가상각비	2,000	2,000	2,000	2,000	2,000

3. 법인세율은 27.5%이다.

4. 이자율 15%하의 각 기간별 현가계수 및 연금현가계수는 다음과 같다.

	1Yr	2Yr	3Yr	4Yr	5Yr
현가계수(단일화폐)	0.8696	0.7561	0.6575	0.5718	0.4972
연금현가계수(연금화폐)	0.8696	1.6257	2.2832	2.8550	3.3522

5. 신규설비의 내용연수 말 처분가액은 ₩500이다.

위의 자료를 이용하여 (주)삼일의 신규설비 투자에 대한 타당성을 검토해 보시오(단, 소수점 이하는 반올림하시오).

풀 이

1. 각 사업연도 영업순현금흐름

	20×1년	20×2년	20×3년	20×4년	20×5년
매출액(현금)	₩14,000	₩15,500	₩18,000	₩23,000	₩19,000
매출원가	5,000	6,500	8,800	10,500	11,000
판관비(감가상각비 포함)	3,000	3,500	4,000	4,500	5,000
세전이익	6,000	5,500	5,200	8,000	3,000
법인세	1,650	1,513	1,430	2,200	825
세후이익	4,350	3,988	3,770	5,800	2,175
감가상각비	2,000	2,000	2,000	2,000	2,000
영업순현금흐름	6,350	5,988	5,770	7,800	4,175

2. 설비 처분의 현금흐름

처분가액	₩500	유입
처분이익으로 인한 세금효과(₩500×27.5%)	△138	유출
	₩362	유입

3. 순현재가치

	현재가치	15%의 현재가치요소	증분현금흐름 0 1 2 3 4 5
1. 설비 취득	(10,000)	유출 → 1.0000 →	(10,000)
2. 영업순현금흐름			
1차연도	5,522	유입 → 0.8696 →	6,350
2차연도	4,528	유입 → 0.7561 →	5,988
3차연도	3,794	유입 → 0.6575 →	5,770
4차연도	4,460	유입 → 0.5718 →	7,800
5차연도	2,076	유입 → 0.4972 →	4,175
3. 설비 처분	180	유입 → 0.4972 →	362
순현재가치(NPV)	10,560		

투자안의 순현재가치가 ₩10,560이므로, (주)삼일은 신규설비에 대한 투자를 채택한다.

연습문제

01 장기의사결정시에는 미래 현금흐름을 추정하는 것이 중요하다. 다음 중 장기의사결정을 위한 현금흐름 추정의 기본원칙이 아닌 것은?

① 증분기준에 의한 현금흐름을 측정하여야 한다.
② 이자비용은 할인율을 통해 반영되므로 현금흐름 산정시 이자비용은 반영하지 않는다.
③ 법인세는 회사가 통제할 수 없기 때문에 현금흐름을 추정할 때 고려대상이 아니다.
④ 감가상각비 감세효과는 현금흐름을 추정할 때 고려해야 한다.

02 다음 중 장기의사결정을 위한 자본예산 과정의 현금흐름 추정원칙으로 옳은 것은?

① 감가상각비는 현금흐름에 직·간접적으로 어떠한 영향도 미치지 않는다.
② 현금흐름 파악시 법인세 차감 후 금액을 기준으로 한다.
③ 증분현금흐름을 측정할 때 과거의 투자결정에 의한 매몰원가를 포함한다.
④ 현금흐름계산에서 이자비용은 현금흐름 유출에 반영하여 계산한다.

03 다음 중 자본예산에 관한 설명으로 가장 올바르지 않은 것은 ?

① 자본예산은 고정자산에 대한 효율적인 투자 수행을 위해 투자안의 타당성을 평가하는 기법이다.
② 자본예산은 고정자산에 대한 투자안의 현금흐름이나 이익에 미치는 영향을 평가하는 기법이다.
③ 자본예산은 기업의 장·단기적 경영계획에 바탕을 둔 장·단기투자에 관한 의사결정이다.
④ 자본예산에 의한 투자는 불확실성(경제상황, 소비자 선호, 기술진보 등)으로 인한 위험이 크다.

04 다음 중 자본예산모형에 관한 설명으로 옳은 것은?

① 자본예산모형은 장기 투자에 대한 타당성을 평가하기 위한 것이므로 모든 모형에서 화폐의 시간가치가 필수적으로 고려된다.

② 둘 이상의 상호 독립적인 투자안의 우선순위를 결정함에 있어 순현재가치법과 내부수익률법이 서로 다른 결과를 도출할 수 있다.

③ 회수기간법에서는 손익계산서 상의 순이익으로 자본예산을 실행하며, 계산이 간단하다는 장점이 있는 반면 회수기간 이후의 순이익을 무시한다는 단점이 있다.

④ 내부수익률법에서 향후 예상되는 연간 현금흐름이 동일할 경우에는 시행착오법으로 내부수익률을 산정하는 것이 효율적이다.

05 다음 중 자본예산모형에 관한 설명으로 가장 옳지 않은 것은?

① 회수기간법은 회수기간 이후의 현금흐름을 고려하지 않는 문제점이 있다.

② 회계적이익률법은 투자안의 현금흐름을 파악하지 않고, 발생주의 순이익을 사용하여 계산한다.

③ 순현재가치법은 재투자 가정이 현실적이라는 장점이 있는데 반하여, 내부수익률법은 재투자 가정이 너무 낙관적이라는 단점이 있다.

④ 순현재가치법은 비율로 투자결정을 하므로 투자가 기업가치에 미치는 영향을 직접적으로 알 수 있게 해준다.

06 (주)삼일은 자료처리의 신속·정확화를 위해 새로운 전산정보시스템을 설치하고자 한다. 이 설비의 초기투자액은 480,000원이며, 설비이용으로 인하여 연간 400,000원의 노무비를 절약할 수 있을 것으로 기대된다. 그러나 설비의 유지보수와 교육훈련을 위하여 추가로 200,000원의 운영경비가 증가하게 된다. 이 설비의 내용연수는 6년, 잔존가치는 없으며, 정액법으로 감가상각한다. 법인세율은 30 % 이며, 자본비용은 20 % 라고 할 경우, 설비 이용기간 중 연간순현금유입액을 계산하면 얼마인가?

① 164,000원   ② 184,000원
③ 200,000원   ④ 210,000원

07 (주)삼일은 5년 전에 ₩800,000에 구입한 차량(감가상각누계액 : ₩500,000)을 올해 중 ₩200,000에 처분하였다. 이 차량의 처분으로 인한 실질현금유입액은?(단, 법인세율은 30%로 가정한다.)

① ₩230,000   ② ₩170,000
③ ₩200,000   ④ ₩300,000

08 (주)삼일은 당기 말 순장부가액이 300,000원인 기존의 기계장치를 500,000원에 처분하고, 새로운 기계장치를 1,000,000원에 매입하였다. 법인세율이 20%라고 가정하면, 위 거래로 인한 순현금지출액은 얼마인가?(단, 감가상각비는 고려하지 않는다)

① 460,000원   ② 500,000원
③ 520,000원   ④ 540,000원

09 다음 중 회수기간법에 관한 설명으로 가장 올바르지 않은 것은?

① 많은 투자안을 평가할 경우 시간과 비용을 절약할 수 있다.
② 화폐의 시간가치를 고려하지 않는다.
③ 회수기간 전후의 현금흐름을 파악하여 수익성을 고려한다.
④ 위험지표로서의 정보를 제공한다.

10 다음 자료에 의하여 회수기간법에 따른 의사결정을 할 경우 가장 옳은 것은?

(주)삼일은 210,000원에 기계를 구입하고자 할 때, 조건은 다음과 같다.
- 5년 이내에 회수가 되어야 한다.
- 연중 현금흐름은 일정하게 발생한다고 가정하며, 회수기간이 짧은 기계를 선택한다.

연도	기계A 연간 원가절감액	기계B연간 원가절감액
1	100,000원	50,000원
2	50,000원	50,000원
3	30,000원	50,000원
4	20,000원	50,000원
5	20,000원	50,000원

① 기계 A를 구입한다.
② 기계 B를 구입한다.
③ 둘 중 어떤 것을 구입해도 관계없다.
④ 기계 A, B 모두 조건에 충족하지 않아 구입하지 않는다.

11 (주)삼일은 35,000원에 기계를 구입할 예정이며, 기계를 사용할 때 연간 원가절감액은 아래의 표와 같다. 연중 현금흐름이 고르게 발생한다고 가정하고 이 투자안의 회수기간을 계산하면 얼마인가?

연도	1년	2년	3년	4년
연간 원가절감액	8,500원	9,000원	10,000원	10,000원

① 2.75년　　　　　　　　　　② 2.95년
③ 3.75년　　　　　　　　　　④ 3.80년

※ [문제 12~13] (주)삼일은 ₩10,000(잔존가치 ₩0)에 기계를 구입할 예정이다. 이 기계는 정액법에 의하여 5년간 상각하기로 하였다. 이 기계는 매년 법인세비용차감전 기준으로 ₩5,000의 현금유입을 발생시킬 수 있다. 감가상각비 이외에 추가적인 비용은 발생하지 않을 것이며, 법인세율은 40%이다.

12 회수기간은 몇 년인가?

① 3.65년　　　　　　　　　　② 2.63년
③ 4.11년　　　　　　　　　　④ 4.25년

13 최초투자액에 대한 회계이익률은 몇 %인가?

① 16%　　　　　　　　　　② 17%
③ 18%　　　　　　　　　　④ 19%

14 다음의 투자의사결정 방법이 갖는 장점으로 가장 옳은 것은?

> • 독립 투자안에 대한 투자결정시 투자대상의 회계적이익률이 기업에서 기준한 회계적이익률 보다 높으면 투자안을 채택한다.
> • 여러 투자안에 대한 투자결정시 가장 높은 회계적이익률을 가진 투자안을 채택한다.

① 화폐의 시간가치를 고려한다.
② 분석의 기초자료가 재무제표이기에 자료확보가 용이하다.
③ 목표수익률을 설정하는데 자의적 판단이 개입되지 않는다.
④ 계산이 간편하며, 투자안에 대한 현금흐름을 고려하고 있다.

15 다음 중 순현재가치법(NPV법)에 관한 설명으로 가장 올바르지 않은 것은?

① 투자기간 동안의 현금흐름을 자본비용으로 재투자한다고 가정한다.
② 순현재가치를 계산할 때 사용하는 할인율인 자본비용의 산출이 간단하다.
③ 독립적인 투자안에 대한 의사결정시 순현재가치가 0(영)보다 크면 수익성이 있는 것으로 판단되어 투자안을 채택한다.
④ 복수투자안의 순현재가치는 그 복수투자안을 구성하는 개별투자안 각각의 순현재가치를 합산한 것과 같다.

NEW

16 (주)삼일은 내용연수가 3년인 기계장치에 투자하려고 하고 있다. 기계장치를 구입하면 첫해에는 5,000,000원, 2년째에는 6,000,000원, 그리고 3년째에는 3,000,000원의 현금지출운용비를 줄일 것으로 판단하고 있다. 회사의 최저필수수익률은 12 % 이고 기계장치에 대한 투자액의 현재가치는 8,000,000 원이라고 할 때, 기계장치에 대한 투자안의 순현재가치(NPV)를 계산하면 얼마인가(단, 이자율 12 % 의 1원당 현재가치는 1년은 0.89, 2년은 0.80, 3년은 0.71이며 법인세는 없는 것으로 가정한다)?

① 2,580,000원   ② 3,380,000원
③ 4,270,000원   ④ 5,100,000원

17 (주)삼일은 신제품 생산 및 판매를 위하여 새로운 설비를 구입하려고 한다. 관련자료는 다음과 같다.

신설비 취득원가	50,000,000원
내용연수	5년
잔존가치	5,000,000원
4년 후 추정처분가치	없음
매년 예상되는 매출액	35,000,000원
매년 예상되는 현금영업비용(감가상각비 제외)	17,000,000원

감가상각방법은 정액법을 사용하고, 법인세율은 30 % 이다. 감가상각비 이외의 모든 수익과 비용은 현금으로 거래한다. 새로운 설비의 구입으로 인한 매년도 영업활동으로 인한 순현금흐름은 얼마인가?

① 12,600,000원   ② 15,300,000원
③ 15,600,000원   ④ 21,600,000원

18 (주)삼일은 당기 초 새로운 투자안에 ₩600,000을 투자하였다. 회사는 이 투자안으로부터 앞으로 5년 동안 매년 말 ₩200,000의 현금유입을 예측하고 있다. 회사의 최저필수수익률이 연 12%일 경우 이 투자안의 순현재가치(NPV)는 얼마인가?

	연 12%
5년 현가계수	0.57
5년 연금현가계수	3.6

① ₩120,000   ② ₩180,000
③ ₩220,000   ④ ₩280,000

19 (주)삼일은 내용연수가 3년인 기계장치에 투자하려고 하고 있다. 기계장치를 구입하면, 향후 3년 동안 매년 6,000,000원의 현금지출운용비를 줄일 것으로 판단하고 있다. 회사의 최저필수수익률은 12%이고 기계장치에 대한 투자액의 현재가치는 8,000,000원이라고 할 때, 기계장치에 대한 투자안의 순현재가치(NPV)는 얼마인가?(단, 이자율 12%의 1원당 연금의 현재가치는 1년은 0.89, 2년은 1.69, 3년은 2.40이며 법인세는 없는 것으로 가정한다)

① 1,060,000원   ② 2,140,000원
③ 4,300,000원   ④ 6,400,000원

NEW

20 (주)삼일은 당기 초에 새로운 프로젝트에 투입하기 위하여 새 기계를 2,000,000원에 구입했다. 내용연수는 5년이고 정액법으로 감가상각할 것이며 잔존가치는 없다. 이 프로젝트는 매년 1,000,000원의 법인세비용차감전순이익을 창출할 것으로 기대된다. (주)삼일은 12%의 할인율을 사용하고, 법인세율은 매년 30 % 라고 가정한다. 이 프로젝트의 순현재가치를 계산하면 얼마인가(단, 감가상각비를 제외한 모든 수익과 비용은 현금의 유출입을 수반하며, 현금흐름은 매년 말에 발생함을 가정한다)?

5년, 12 % 할인율의 1원에 대한 단일화폐의 현재가치는 0.570이며, 5년, 12 % 할인율의 1원에 대한 연금화폐의 현재가치는 3.610이다.

①   960,200원   ② 1,971,000원
③ 2,960,200원   ④ 3,610,000원

21 (주)삼일의 경영진은 새로운 투자안을 검토 중이며, 경영진이 분석한 이 투자안의 NPV는 0보다 큰 값이 산출되었다. 그러나 재무담당자인 갑의 분석에 의하면 이 투자안은 경제성이 없는 것으로 판단된다. 갑의 분석이 옳다고 했을 때, 이 기업의 경영진은 경제성분석 과정에서 어떤 오류를 범하였겠는가?

① 자본비용을 너무 높게 추정하였다.
② 투자종료시점의 투자안의 처분가치를 너무 낮게 추정하였다.
③ 현금영업비용을 너무 낮게 추정하였다.
④ 투자시점의 투자세액공제액을 현금흐름에 포함시키지 않았다.

22 다음 중 투자안으로부터 얻어지는 현금유입액의 현재가치와 투자에 소요되는 현금유출액의 현재가치를 같게 해주는 할인율을 산출하는 자본예산모형으로 옳은 것은?

① 수익성지수(PI)법   ② 회계적이익률(ARR)법
③ 순현재가치(NPV)법   ④ 내부수익률(IRR)법

23 투자대안의 전체 내용연수 동안의 현금흐름을 고려하는 자본예산기법은 무엇인가?

① 내부수익률법, 순현재가치법
② 내부수익률법, 회수기간법
③ 순현재가치법, 회계적이익률법
④ 내부수익률법, 순현재가치법, 회수기간법

24 다음 중 순현재가치(NPV)법과 내부수익률(IRR)법에 관한 설명으로 가장 올바르지 않은 것은?

① 내부수익률(IRR)법에서는 내부수익률이 자본비용을 상회하는 투자안을 채택한다.
② 내부수익률(IRR)법은 가치가산의 원칙이 적용되나 순현재가치(NPV)법은 그렇지 않다.
③ 두 방법 모두 화폐의 시간가치를 고려하는 방법이다.
④ 순현재가치(NPV)법에서는 순현재가치가 0(영)보다 큰 투자안을 채택한다.

25 다음 중 순현재가치법과 내부수익률법에 관한 설명으로 가장 올바르지 않은 것은?

① 순현재가치법과 내부수익률법에 따른 투자안 평가결과는 항상 동일하다.
② 순현재가치법은 투자기간동안 현금흐름을 자본비용으로 재투자한다고 가정한다.
③ 내부수익률법은 투자안의 내부수익률이 자본비용을 상회하면 그 투자안을 채택하게 된다.
④ 두 방법 모두 화폐의 시간적 가치를 고려하는 방법이다.

26 다음은 투자안 타당성 평가와 관련한 담당이사들의 대화내용이다. 각 담당이사 별로 선호하는 모형을 가장 올바르게 짝지은 것은?

> 최이사 : 저는 투자안 분석의 기초자료가 재무제표이기 때문에 자료확보가 용이한 (a)모형을 가장 선호합니다.
> 박이사 : (a)모형의 경우 현금흐름이 아닌 회계이익에 기초하고 있다는 단점이 있습니다. 그래서 저는 현금흐름을 기초로 화폐의 시간가치를 고려하는 (b)모형을 가장 선호합니다. 이 모형은 투자기간 동안 자본비용으로 재투자된다고 보기 때문에 가장 현실적인 가정을 하고 있습니다.

① (a) 내부수익률법,   (b) 순현재가치법
② (a) 회계적이익률법,   (b) 순현재가치법
③ (a) 회수기간법,   (b) 내부수익률법
④ (a) 회계적이익률법,   (b) 회수기간법

MEMO

자본예산관리의 세계화 - AES사 사례

포춘지 선정 500대 기업인 AES사는 27개국에 300억 달러 이상의 자산을 보유하고 있는 세계적 전력 생산 기업이다. 20년 역사 동안 전세계에서 큰 성장세를 보였으나, 2000년대 후반 시작된 전세계적인 경제 침체는 AES사를 황폐화시켰다. 지속되는 에너지 가격의 약세가 AES사의 현금흐름과 수익성을 악화시킨 것이 주된 이유였다. 그 결과 AES사의 시가총액은 2000년 12월 280억 달러에서 2년 만에 16억 달러로 약 95% 감소하게 된다.

그에 따라, 이사회는 기업의 기업분석 및 관리 그룹의 이사 Rob Venerus에게 프로젝트들의 자본예산을 평가할 수 있는 새로운 방법을 내놓을 것을 요구했다. 기존의 자본예산 모델은 단순했기 때문에 프로젝트가 수행되는 지역과 상관없이 모든 프로젝트에 12%의 할인율이 적용되어 왔다. 이러한 모델은 기업이 한 차원 높은 재무분석 기법이 요구되는 새로운 해외시장으로 확장한 뒤에도 몇 년간 변화되지 않고 유지되었다. 예를 들어, 위험이 커서 요구수익률이 비교적 높은 브라질이나 아르헨티나 등에 새로운 사업을 확장시킬 때에도 적용되는 할인율은 12%로 다른 국가와 동일했던 것이다.

각각의 다른 위험을 가지고 있는 해외 투자를 평가하기 위해서는 많은 국가에 포진되어 있는 다양한 프로젝트에 대해서 각각의 자본비용을 따로 계산해야만 했다. Rob Venerus는 여러 국가에서 대표적인 15가지 프로젝트를 선택하고 각각의 프로젝트에 대한 가중평균자본비용(WACC)을 산출하였다. 이것은 타인자본비용, 목표 자본구조, 국가별 세율과 적절한 자기자본비용을 모두 고려한 것이다.

이러한 과정이 진행되는 동안 Venerus는 그가 국외시장에서 각각의 고유위험을 알아내야 한다는 사실을 깨달았다. 그는 미국시장의 데이터를 기초로 하여 프로젝트별 각각의 타인자본비용과 자기자본비용을 계산했다. 그리고 국가별 채권 이자율과 미국 장기채권 이자율의 차이를 타인자본비용과 자기자본비용에 각각 더했다. Venerus는 이 차이가 각 국가의 증분 차입비용과 시장위험을 설명해 줄 것이라고 분석했다.

이러한 노력으로 AES사는 정교한 자본예산 평가방식과 각 국가 및 프로젝트별 자본비용을 구할 수 있게 되었다. 이후 자본예산의 계산방식과 방법론은 어느 정도 변화를 거쳐왔다. 이러한 일련의 과정에 따라 정교한 자본예산 방식에 부합하는 프로젝트에 대해서만 작업을 수행하고, 기존의 프로젝트에 대한 재평가 및 재무구조 개선을 통해 AES사의 재무적인 토대를 회복해오고 있다. 이 결과, 지난 5년간 AES사의 주가는 600% 이상 증가했고, 기업 프로젝트들의 주당 순이익 성장률은 2007년에서 2011년까지 매년 14~20%를 웃돌고 있다.

[출처 : "Globalizing the Cost of Capital and Capital Budgeting at AES," Harvard Business School Case No.9-204-109;]

Ⅲ 가격결정과 대체가격결정

01 원가추정의 의의

1 제품가격결정

(1) 가격결정의 의의

제품의 가격결정은 기업활동의 모든 측면에 대한 결정으로서 기업전체에 영향을 미치기 때문에 경영자가 결정해야 할 단일사안으로는 가장 중요한 의사결정으로 간주되고 있다. 제품의 가격은 고객이 매입하고자 하는 수량을 결정하는 요소이므로, 가격결정은 기업의 수익흐름을 지배하게 된다. 수익이 모든 원가를 지속적으로 회수하는데 실패하면 기업은 장기적으로 살아남을 수 없다. 이와 같이 제품의 가격결정은 경영자가 직면하는 가장 중요하고도 복잡한 의사결정 중 하나로서 특정재화 또는 용역의 판매가능성은 제품의 가격결정에 의해 직접적으로 영향을 받는다.

(2) 가격결정에 영향을 미치는 요소

가격결정에 영향을 미치는 주요한 요소로는 고객, 경쟁기업, 원가가 있다.

1) 고객

경영자는 항상 고객의 관점에서 가격결정 문제를 조사해야 한다. 제품의 가격을 인상하면 고객은 자사기업의 제품을 구입하지 않고 경쟁기업의 제품을 구입하거나, 그렇지 않으면 더 저렴한 가격으로 원하는 특성을 갖춘 대체품을 선택할 수도 있다.

반대로 제품의 가격을 인하하면 제품의 수요가 증가하는 것이 일반적이지만, 제품 수요의 변동이 없거나 오히려 감소할 수도 있다. 따라서 기업의 경영자는 제품의 가격에 대한 고객의 반응을 정확하게 분석하여 가격을 결정해야 한다.

2) 경쟁기업

경쟁기업의 반응도 가격결정에 영향을 줄 것이다. 예를 들어, 경쟁이 극심한 상황에서 기업들은 일반적으로 경쟁력 제고를 위해 가격을 내리게 된다. 반대로, 경쟁이 없는 경우에는 기업들이 더 높은 가격을 설정할 수 있다.

경쟁기업의 기술, 공장규모 및 영업정책을 알게 되면 경쟁기업의 원가를 더 정확히 추정할 수 있게 되며, 이러한 경쟁기업의 원가는 경쟁력 있는 가격을 설정하는데 가치있는 정보가 될 것이다. 따라서 가격을 결정할 때는 경쟁기업의 반응을 적절하게 고려해야 한다.

3) 원가

원가행태에 대한 연구는 특정제품에 대한 가격과 매출수량의 여러 조합들로부터 발생하는 수익에 대한 정보를 제공해 준다. 계속적으로 원가보다 낮게 가격이 책정되는 제품은 기업에 상당한 손해를 입히게 된다.

반면, 원가에 비하여 너무 높게 가격을 책정한 제품은 합리적인 가격일 경우에 판매될 수 있는 수량보다 적게 판매됨으로써 기업에 손해를 입힐 수도 있다. 따라서 제품의 가격을 결정할 때는 제품의 원가행태를 적절히 반영해야 한다.

(3) 가격결정방법

제품의 가격결정은 가격정책에 의해 이루어지며 그 종류는 여러 가지가 있으나 여기서는 경제학적 가격결정방법, 원가가산 가격결정방법 및 목표가격결정방법에 대해서 살펴보기로 한다.

1) 경제학적 가격결정방법

경제학에서는 수익과 비용의 차이가 가장 크게 되는 점, 즉 한계수익과 한계비용이 일치하는 점에서 기업의 이익이 극대화된다고 가정한다. 따라서 제품의 최적판매가격은 한계수익과 한계비용이 일치하는 점에서 결정된다.

$$\text{경제학적 가격결정방법} \quad MR = \frac{dTR}{dQ} \qquad MC = \frac{dTC}{dQ}$$

TR=총수익, TC=총비용, Q=판매량, MR=한계수익, MC=한계비용

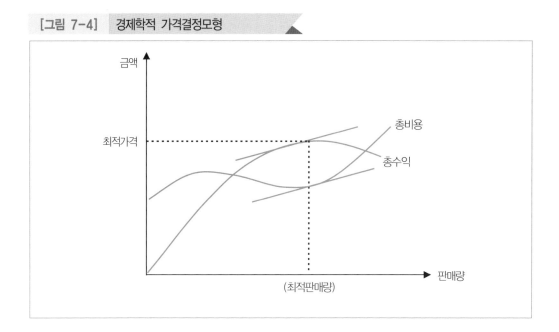

[그림 7-4] 경제학적 가격결정모형

금액

최적가격

총비용

총수익

판매량

(최적판매량)

2) 원가가산 가격결정방법

제품에 대해 장기적인 정상가격을 결정할 때는 모든 원가가 가격결정에 관련되므로, 고정원가(매몰원가도 포함)도 변동원가와 함께 고려되어야 하며 판매비및관리비도 제조원가와 함께 가격에 반영되어야 한다. 일반적으로 실무에서는 일정 형태의 원가가산 가격결정공식을 적용한다.

이 방법에서는 먼저 기준원가를 계산하고 기준원가에 미리 정해진 이익가산항목을 추가하여 목표판매가격을 구하는데, 원가를 계산하는 방법에 따라 다음과 같이 분류된다.

① 공헌이익접근법

공헌이익접근법은 원가를 행태에 따라 변동원가와 고정원가로 분류하여 변동원가만을 기초로 가격을 설정하는데, 이때 변동원가에는 변동제조원가뿐만 아니라 변동판매비와관리비도 포함된다.

공헌이익접근법에 의한 이익가산율을 구하는 식은 다음과 같다.

$$이익가산율 = \frac{이익가산항목}{기준원가}$$

$$공헌이익접근법에\ 의한\ 이익가산율 = \frac{고정원가 + 목표이익}{변동원가}$$

위의 식에서와 같이 공헌이익접근법에서의 이익가산항목은 고정원가와 목표이익이 된다. 즉, 공헌이익접근법을 적용할 때에는 다음 그림과 같이 고정제조간접원가와 고정판매비와관리비를 회수하고 적정이익을 얻을 수 있도록 가격을 설정해야 한다.

[그림 7-5]   공헌이익접근법에 의한 제품가격결정

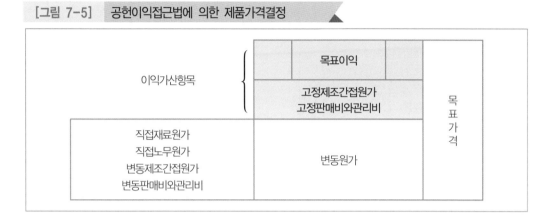

② 전부원가접근법

전부원가접근법은 장기이익과 관련된 가격결정방법으로, 고정제조간접원가를 포함한 제품생산에 투입되는 모든 제조원가를 기준으로 제품가격을 결정하는 방법이다.

전부원가접근법에 의한 이익가산율을 구하는 식은 다음과 같다.

$$\text{전부원가접근법에 의한 이익가산율} = \frac{\text{판매비와관리비 + 목표이익}}{\text{전부원가}}$$

위의 식에서와 같이 전부원가접근법에서의 이익가산항목은 판매비와관리비 및 목표이익이 된다. 즉, 전부원가접근법을 적용할 때에는 다음 그림과 같이 판매비와관리비를 원가부분에서 고려하는 것이 아니라 이익가산항목으로 포함시키고 적정이익을 얻을 수 있도록 가격을 설정해야 한다.

[그림 7-6]　전부원가접근법에 의한 제품가격결정　▲

		목표이익		목
이익가산항목		변동판매비와관리비 고정판매비와관리비		표 가
직접재료원가 직접노무원가 변동제조간접원가 고정제조간접원가		전부원가		격

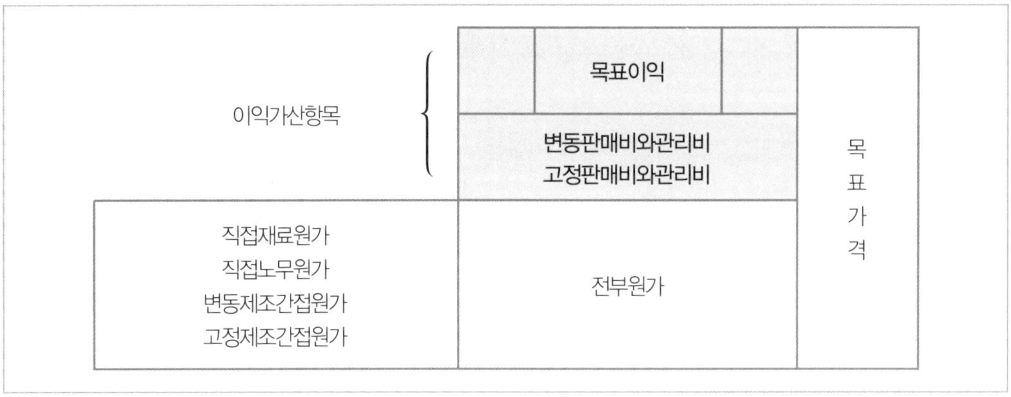

③ 총원가접근법

총원가접근법은 판매비와관리비를 포함한 제품 생산 및 판매, 일반관리활동에 투입된 모든 원가를 기준으로 제품가격을 결정하는 방법이다.

총원가접근법에 의한 이익가산율은 다음과 같다.

$$\text{총원가접근법에 의한 이익가산율} = \frac{\text{목표이익}}{\text{총원가}}$$

위의 식에서와 같이 총원가접근법에서의 이익가산항목은 목표이익뿐이다. 즉, 총원가접근법을 적용할 때에는 다음 그림과 같이 판매비와관리비를 포함한 모든 원가를 기준원가에 포함시키고 이익가산항목은 목표이익만을 고려해주는 것이다.

[그림 7-7]　총원가접근법에 의한 제품가격결정　▲

| 이익가산항목 | **목표이익** | 목 |
| 변동판매비와관리비 고정판매비와관리비 직접재료원가 직접노무원가 변동제조간접원가 고정제조간접원가 | 총원가 | 표 가 격 |

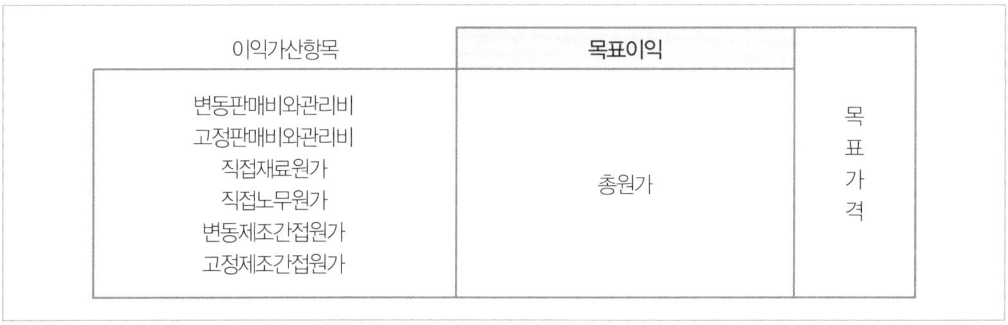

3) 목표가격결정방법

목표가격결정(target pricing)이란 시장지향적인 가격결정방법으로서, 시장에서 경쟁우위를 확보할 수 있는 목표가격을 판매가격으로 결정하는 것을 말한다. 목표가격은 제공하는 제품에 대해 잠재적인 고객이 기꺼이 지불할 용의가 있는 판매가격을 말하며, 일반적으로 목표원가계산(target costing)이 수반되는데, 이에 관해서는 "8장 최신관리회계"에서 후술하도록 한다.

예 제

제품의 가격결정

(주)삼일은 최근 개발한 재봉틀의 가격정책 수립을 위해 다음과 같은 원가정보를 수집하였다. 예상되는 연간 판매량은 5,000단위이다.

	단위당 원가	총원가
변동제조원가	₩300	₩1,500,000
변동판매비와관리비	100	500,000
고정제조간접원가	200	1,000,000
고정판매비와관리비	25	125,000

• 요구사항 •

1. 제품단위당 목표이익이 ₩400이라고 할 때 공헌이익접근법, 전부원가접근법, 총원가접근법을 사용하여 각각의 이익가산율을 결정하시오.
2. 요구사항 1에서 구한 이익가산율을 이용하여 공헌이익접근법, 전부원가접근법, 총원가접근법에 따라 제품의 판매가격을 결정하시오.

풀 이

1. 이익가산율

   (1) 공헌이익접근법 : $\dfrac{₩200+₩25+₩400}{₩300+₩100} = 156.25\%$

   (2) 전부원가접근법 : $\dfrac{₩100+₩25+₩400}{₩300+₩200} = 105\%$

   (3) 총원가접근법 : $\dfrac{₩400}{₩300+₩100+₩200+₩25} = 64\%$

2. 제품단위당 판매가격

   (1) 공헌이익접근법 : (₩300+₩100) × (1+1.5625) = ₩1,025
   (2) 전부원가접근법 : (₩300+₩200) × (1+1.05) = ₩1,025
   (3) 총원가접근법 : (₩300+₩100+₩200+₩25) × (1+0.64) = ₩1,025

2 특별가격결정

(1) 신제품의 가격결정

신제품의 가격은 제품가격결정에서 언급한 가격결정요소 외에 아래의 가격전략을 이용하여 가격결정을 할 수 있다.

1) 상층흡수가격(skimming pricing)

단기간의 이익을 극대화하기 위해서 초기시장진입가격은 높게 설정을 하고, 점진적으로 시장점유율(market share)을 높이기 위해 가격을 내리는 가격정책이다. 상층흡수가격정책은 제품의 가격탄력성이 낮고 시장에 제품진입이 한정되어 있는 제품에 적합한 정책이다.

2) 시장침투가격(penetration pricing)

초기에 높은 시장점유율(market share)을 얻기 위한 가격정책으로, 초기시장진입가격을 낮게 설정하는 것이다. 시장침투가격정책은 특히 제품의 가격탄력성이 높고, 고정원가의 비율이 높은 제품에 적합한 정책이다.

(2) 입찰가격

공헌이익법이 사용되며, 입찰가격을 결정할 때에는 경제상황이나 경쟁자 등도 고려해야 한다. 또한, 입찰가격 시 고려해야 할 사항은 높은 이익률 및 회전율이다. 낮은 회전율을 가진 이익률은 결코 이익을 가져올 수 없기 때문이다.

(3) 약탈적 가격정책(predatory pricing)

경쟁자를 시장에서 축출하기 위해 일시적으로 가격을 인하하는 정책으로, 경쟁자가 없어진 후 다시 가격을 인상하여 이익을 얻기 위한 가격정책이다.

02　대체가격결정

1　대체가격의 의의

　기업환경이 다양화되고 규모가 커짐에 따라 많은 기업들은 조직을 분권화하여 사업부제로 운영하고 있다. 이러한 분권화된 기업에서는 보통 각 사업부가 하나의 이익중심점을 형성하게 되며, 사업부 간에 재화나 용역의 이전이 빈번하게 이루어지기 마련이다.

　이와 같이 사업부 간에 이루어지는 재화나 용역의 이전을 대체거래 또는 이전거래라고 하며, 이때 이전되는 재화나 용역에 부여되는 가격을 대체가격(transfer price) 또는 이전가격이라고 한다. 그리고 재화나 용역을 제공하는 사업부를 공급사업부, 이를 제공받는 사업부를 수요사업부라고 한다.

　재화나 용역의 대체가격은 각 사업부의 관점에서 중요한 문제이다. 그 이유는 대체가격이 공급사업부에게는 수익이 되고 수요사업부에게는 비용이 되므로 대체가격이 얼마로 결정되는가에 따라 각 사업부의 성과평가가 달라지기 때문이다. 또한 대체가격은 기업전체의 관점에서도 매우 중요한 문제이다. 왜냐하면 대체가격이 얼마로 결정되는가에 따라 각 사업부의 의사결정이 달라지며, 결과적으로 기업전체의 성과도 달라지기 때문이다.

　이와 같이 대체가격결정 문제는 각 사업부의 관점에서뿐만 아니라 기업전체의 관점에서도 매우 중요한 문제이다.

2　대체가격결정시 고려할 기준

　대체가격을 결정하는 것은 사업부 간의 이해관계가 대립되므로, 다음과 같은 세 가지 기준을 고려하여 결정하여야 한다.

(1) 목표일치성기준

　목표일치성기준은 각 사업부의 목표뿐만 아니라 기업전체의 목표도 극대화 할 수 있는 방향으로 대체가격을 결정해야 한다는 기준이다.

　분권화된 각 사업부는 하나의 이익중심점으로 운영되므로 각 사업부의 관리자는 자신들의 성과를 극대화하기 위하여 기업전체의 이익을 극대화시키지 않는 대체가격을 선택할 수도 있다.

　이와 같이 개별사업부 관점에서는 최적이지만 기업전체의 관점에서는 최적이 되지 않는 상황을 준최적화 현상이라고 하며, 대체가격결정 시에 준최적화 현상이 발생하지 않도록 하여야 한다.

(2) 성과평가기준

성과평가기준은 각 사업부의 성과를 공정하게 평가할 수 있는 방법으로 대체가격이 결정되어야 한다는 기준이다. 대체가격은 공급사업부에게는 수익이 되고 수요사업부에게는 원가가 되므로 대체가격이 얼마로 결정되는가에 따라 각 사업부의 성과가 달라진다. 그러므로 대체가격이 합리적으로 결정되지 않으면 성과평가는 공정성을 상실하고 각 사업부 관리자의 이익창출의욕을 감퇴시킴으로써 분권화의 목적을 달성하지 못할 가능성이 있다. 따라서 대체가격은 각 사업부의 관리자가 그 공정성을 받아들일 수 있도록 결정되어야 한다.

(3) 자율성기준

자율성기준은 각 사업부의 경영자가 자율적으로 의사결정을 하고 대체가격을 결정해야 한다는 기준이다. 분권화의 본질은 자율성에 있으므로 각 사업부의 관리자가 사업부의 목표를 극대화하는 의사결정을 할 수 있도록 자율성을 부여해야 한다.

그러나 때로는 자율성으로 인하여 준최적화 현상이 발생할 수 있으므로. 자율성 기준은 다른 기준보다는 중요성이 떨어진다고 할 수 있다.

3 대체가격의 결정방법

일반적으로 사용되는 대체가격의 결정방법에는 시장가격기준, 원가기준, 협상가격기준 등이 있다.

(1) 시장가격기준

시장가격기준은 대체되는 재화나 용역의 시장가격을 대체가격으로 결정하는 방법이다. 일반적으로 다음의 조건이 성립할 때 시장가격은 목표일치성, 성과평가, 자율성 등의 대체가격결정기준을 모두 만족시킨다고 본다.
① 재화나 용역이 거래되는 시장이 존재한다.
② 개별기업의 행동이 제품의 시장가격에 영향을 미치지 못한다(완전경쟁시장).
③ 각 사업부의 관리자가 충분한 자율성을 갖고 의사결정을 한다.

시장가격은 시장에서 형성되는 가장 객관적인 가격이므로 각 사업부의 성과평가를 공정하게 수행할 수 있는 수단으로서 유용하게 이용되지만, 재화나 용역이 거래되는 시장이 존재하지 않는 경우에는 사용할 수 없다.

(2) 원가기준

원가기준은 대체되는 재화나 용역의 원가를 기준으로 대체가격을 결정하는 방법이다. 원가기준의 대체가격결정방법은 이해하기 쉽고 간편하지만, 다음과 같은 문제점을 가지고 있다.

첫째, 이 방법에 의하면 개별사업부의 관점에서는 최적이지만 기업전체의 관점에서는 최적이 되지 않는 상황, 즉 준최적화 현상이 나타날 가능성이 존재한다.

둘째, 이 방법에 의하면 각 사업부의 성과평가를 공정하게 수행할 수 없다. 왜냐하면 원가를 기준으로 대체가격을 결정할 경우 공급사업부에서는 이익이 발생하지 않고 대체로 인한 모든 이익은 수요사업부가 차지하기 때문이다.

셋째, 이 방법은 공급사업부가 원가통제를 수행하도록 동기부여를 하지 못한다. 그 이유는 이 방법에 의하면 공급사업부에서 발생한 원가가 모두 수요사업부로 대체되며, 결과적으로 공급사업부의 비능률이 그대로 수요사업부에 전가되기 때문이다. 이러한 문제점을 해결하기 위해서는 실제원가가 아닌 표준원가에 기초하여 대체가격을 설정하는 것이 바람직하다.

(3) 협상가격기준

협상가격기준은 공급사업부와 수요사업부가 협의를 거쳐 서로 합의한 협상가격으로 대체가격을 결정하는 방법이다. 이 방법은 각 사업부의 관리자가 자신의 상황을 가장 잘 알고 있으므로 최적 의사결정을 내릴 수 있다는 가정에 기초하고 있다. 협상은 각 사업부 관리자의 자율성을 향상시켜주고 사업부 간의 갈등을 해소하는데 도움을 주며 동기부여 측면에서도 바람직한 효과를 가져올 수 있는 장점이 있다. 그러나 협상과정에서 많은 시간이 소요될 가능성이 있고, 각 사업부의 이익이 사업부 관리자의 협상능력에 따라 민감하게 영향받을 우려가 있는 단점이 있다.

[표 7-4] 대체가격 결정방법의 요약

	시장가격기준	원가기준	협상가격기준
근거	시장가격	제품원가	직접 협상
장점	시장가격이 존재한다면, 시장가격은 객관적이며 또한 적절한 경제적인 동기를 제공한다.	회계 시스템의 원가수치를 이용하므로 적용이 용이하다.	책임중심점에 대한 책임과 통제가 능성의 원칙을 반영한다.
단점	시장가격이 존재하지 않거나 제품이 분류하기 어려워 적절한 시장가격을 확인하기가 어려울 수 있다.	여러 가지 원가 가능성이 존재할 수 있으며, 공급사업부가 원가를 통제하도록 동기를 부여하지 못한다.	많은 시간이 소요되며 사업부 관리자의 협상능력에 따라 영향을 받는다.

4 대체가격결정의 일반원칙

대체가격결정 문제의 핵심은 공급사업부와 수요사업부가 스스로 자율성을 유지하면서 서로 만족할 만한 대체가격을 결정하는 것이다. 그러므로 두 사업부가 각각 받아들일 수 있는 대체가격을 먼저 살펴본 후에 기업전체의 이익에 미치는 효과에 대해서 설명하도록 한다.

(1) 수요사업부의 최대대체가격

수요사업부는 자신의 이익을 극대화하기 위하여 필요한 부품을 내부에서 대체하든 외부에서 구입하든 가능한 낮은 가격으로 조달하려고 한다. 따라서 수요사업부가 내부대체를 허용할 수 있는 단위당 최대대체가격은 다음과 같다.

> 단위당 최대대체가격 = Min[단위당 외부구입가격, 단위당 내부대체품의 순실현가치]

위 식에서 내부대체품의 순실현가치란 수요사업부의 최종완제품의 판매가격에서 완제품 단위당 추가가공원가와 판매비를 차감한 금액을 말한다. 즉, 수요사업부는 내부대체품을 추가가공하여 이익을 발생시킬 수 있는 가격범위 내에서 내부대체를 받으려 할 것이다. 또한 동일 제품을 외부에서 구입할 기회가 있다면 외부구입가격이상을 지불하려고 하지 않을 것이다.

예제

(주)삼일은 A사업부와 B사업부로 구성되어 있다. B사업부는 A사업부에서 생산되는 부품을 가공하여 완제품을 제조한다. B사업부에서 부품 한 단위를 완제품으로 만드는데 소요되는 추가가공원가는 ₩450이며, 완제품의 단위당 판매가격은 ₩1,000이다.

• 요구사항 •
다음 각 상황에서 B사업부가 받아들일 수 있는 최대대체가격을 구하시오.
1. 부품의 외부시장가격이 단위당 ₩500인 경우
2. 부품의 외부시장가격이 단위당 ₩600인 경우

풀이

B사업부가 받아들일 수 있는 최대대체가격을 x라 하면,

1.

	비대체	대체
매출액	1,000	1,000
변동원가	500+450	x+450
공헌이익	50	$-x$+550

$50 = -x + 550$ $\therefore x = ₩500$
B사업부가 받아들일 수 있는 최대대체가격은 ₩500이다.

2.

	비대체	대체
매출액	–	1,000
변동원가	–	x+450
공헌이익	–	$-x$+550

$0 = -x + 550$ $\therefore x = ₩550$
B사업부가 받아들일 수 있는 최대대체가격은 ₩550이다.

〈별해〉 최대대체가격
1. Min[₩500, ₩1,000-₩450=₩550] = ₩500
2. Min[₩600, ₩1,000-₩450=₩550] = ₩550

(2) 공급사업부의 최소대체가격

공급사업부는 자신의 이익을 극대화하기 위하여 생산한 부품을 내부에 대체하든 외부에 판매하든 가능한 높은 가격으로 판매하려고 한다. 따라서 공급사업부가 내부대체를 허용할 수 있는 최소대체가격은 다음과 같다.

> 단위당 최소대체가격 = 대체 시 단위당 증분지출원가 + 대체 시 단위당 기회원가

단위당 증분지출원가는 일반적으로 내부대체품의 단위당 변동원가를 의미한다.

단위당 기회원가는 대체품 1단위를 대체할 때 포기해야 하는 이익으로, 외부시장 공헌이익 감소액 또는 유휴생산시설의 타 용도 사용으로 얻을 수 있는 이익의 상실분이다. 만일 공급사업부에 유휴생산시설이 존재하고 그 시설을 타 용도로 사용할 수 있는데, 내부대체를 위해 유휴생산시설의 타 용도 사용을 포기한다면 그 포기로 인해서 발생하는 이익감소분이 기회원가가 된다. 또한 유휴생산시설이 존재하지 않는 경우라면 외부시장 판매를 감소시켜야 하므로 공헌이익을 상실하게 되는데 그 공헌이익 감소액이 기회원가가 된다.

예제

(주)삼일은 A사업부와 B사업부로 구성되어 있다. B사업부는 A사업부에서 생산되는 부품을 가공하여 완제품을 제조한다. B사업부에서는 A사업부에서 생산되는 부품을 연간 100단위만큼 필요로 한다.

A사업부에서 생산되는 부품과 관련한 자료는 다음과 같다.

연간 최대생산능력	1,000단위
단위당 외부시장가격	₩500
단위당 변동원가(변동판매비 포함)	350
단위당 고정원가(연간 1,000단위 기준)	100

• 요구사항 •

다음 각 상황에서 A사업부가 받아들일 수 있는 최소대체가격을 구하시오.

1. 부품의 외부시장수요가 연간 900단위인 경우
2. 부품의 외부시장수요가 연간 1,000단위 이상인 경우
3. 부품의 외부시장수요가 연간 1,000단위 이상이며, 내부대체 시에는 단위당 ₩50의 변동판매비를 절감할 수 있는 경우

풀이

A사업부가 받아들일 수 있는 최소대체가격을 x라 하면,

1.

	비대체	대체
매출액	900개×@500 = ₩450,000	(900개×@500 + 100개×x) = 100x+450,000
변동원가	900개×@350 = 315,000	1,000개×@350 = 350,000
공헌이익	₩135,000	100x+100,000

*고정원가는 두 대안 간에 차이가 없는 비관련원가이므로 고려할 필요가 없다.

$135,000 = 100x + 100,000$ ∴ $x = ₩350$

∴ A사업부가 받아들일 수 있는 최소대체가격은 ₩350이다.

2.

	비대체	대체
매출액	1,000개×@500 = ₩500,000	(900개×@500 + 100개×x) = 100x+450,000
변동원가	1,000개×@350 = 350,000	1,000개×@350 = 350,000
공헌이익	₩150,000	100x+100,000

$150,000 = 100x + 100,000$ ∴ $x = ₩500$

∴ A사업부가 받아들일 수 있는 최소대체가격은 ₩500이다.

3.

	비대체	대체
매출액	1,000개×@500 = ₩500,000	(900개×@500 + 100개×x) = 100x+450,000
변동원가	1,000개×@350 = 350,000	(900개×@350 + 100개×@300) = 345,000
공헌이익	₩150,000	100x+105,000

$150,000 = 100x + 105,000$ ∴ $x = ₩450$

∴ A사업부가 받아들일 수 있는 최소대체가격은 ₩450이다.

〈별해〉 최소대체가격

1.	₩350	+	₩0	=	₩350
2.	₩350	+	(₩500−₩350)	=	₩500
3.	₩300	+	(₩500−₩350)	=	₩450
	대체시의 단위당 증분지출원가		대체시의 단위당 기회원가		

(3) 기업전체의 이익에 미치는 효과

기업 전체적인 관점에서 내부대체가 기업 전체의 이익을 증가시킬 수 있는지에 관해서 살펴보도록 한다.

① 공급사업부의 최소대체가격이 수요사업부의 최대대체가격보다 낮은 경우

이러한 상황에서는 다음과 같이 두 사업부가 모두 허용가능한 대체가격이 존재하며, 대체가격은 빗금친 부분에서 결정된다.

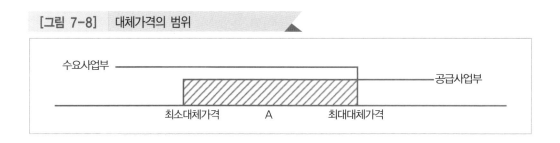

[그림 7-8] 대체가격의 범위

여기서 만약 그림의 A에서 대체가격이 결정된다면 대체거래로 인하여 공급사업부는 대체한 부품 단위당 A와 최소대체가격의 차액만큼 증분이익을 얻게 되고, 수요사업부는 최대대체가격과 A의 차액만큼 증분이익을 얻게 된다. 따라서 기업 전체적으로는 대체거래로 인하여 두 사업부의 증분이익을 합한 금액(최대대체가격-최소대체가격)만큼 증분이익을 얻게 되므로, 이러한 경우 기업전체의 관점에서는 대체가격에 관계없이 대체하는 것이 유리하다.

② 공급사업부의 최소대체가격이 수요사업부의 최대대체가격보다 높은 경우

이러한 상황에서는 다음과 같이 두 사업부가 모두 허용가능한 대체가격이 존재하지 않으므로, 대체거래는 성립하지 않는다.

[그림 7-9] 대체가격의 범위

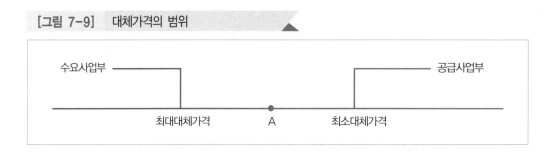

그러나 만약 그림의 A에서 대체가격이 결정된다면 이로 인하여 공급사업부는 대체한 부품 단위당 최소대체가격과 A의 차액만큼 증분손실을 얻게 되고, 수요사업부는 A와 최대대체가격의 차액만큼 증분손실을 얻게 된다.

따라서 기업전체적으로는 대체거래로 인하여 두 사업부의 증분손실을 합한 금액(최소대체가격 – 최대대체가격)만큼 증분손실을 얻게 되므로, 이러한 경우 기업전체의 관점에서는 대체가격에 관계없이 대체하지 않는 것이 유리하다.

예 제

(주)삼일은 A사업부와 B사업부로 구성되어 있다. 사업부 A는 단위당 변동비가 ₩500인 부품을 생산하고 있는데, 이 부품은 ₩1,000의 가격으로 외부에 판매할 수도 있고, 추가가공을 위해 사업부 B에 대체할 수도 있다. 사업부 B가 이 부품을 외부에서 구입할 수 있는 가격은 ₩900이다. 다음의 각 경우에 기업전체의 이익을 극대화하기 위하여 사업부 B가 외부로부터 구입해야 하는지 아니면 사업부 A로부터 구입해야 하는지 결정하시오.

• 요구사항 •
1. 사업부 A의 유휴생산시설이 있는 경우
2. 사업부 A의 유휴생산시설이 없는 경우

풀 이

	최소대체가격(A)	최대대체가격(B)	기업전체 관점
1.	₩500+₩0 = ₩500	₩900	대체가 유리
2.	₩500+(₩1,000-₩500)* = ₩1,000	₩900	비대체가 유리

* 외부판매 시에 얻을 수 있는 단위당 공헌이익

따라서 사업부 A의 유휴생산시설이 있는 경우에는 사업부 A에서 구입하고, 없는 경우에는 외부에서 구입해야 한다.

01 가격결정시 고려되는 요소 중 거리가 가장 먼 것은?

① 경쟁자의 행동　　　　　　　　② 고객
③ 원가　　　　　　　　　　　　④ 제조기술

02 다음 중 일반적으로 사용되는 대체가격 결정방법으로 가장 올바르지 않은 것은?

① 시장가격기준　　　　　　　　② 화폐가치기준
③ 원가기준　　　　　　　　　　④ 협상가격기준

03 다음 중 신제품 출시 초기에 높은 시장점유율을 얻기 위한 가격정책으로 초기시장진입가격을 낮게 설정하는 가격정책으로 가장 옳은 것은?

① 약탈가격　　　　　　　　　　② 입찰가격
③ 상층흡수가격　　　　　　　　④ 시장침투가격

04 다음은 대체가격 결정시에 고려할 사항이다. 이 중에서 적합하지 않은 것은?

① 개별사업부의 성과평가가 공정하게 이루어질 수 있도록 결정되어야 한다.
② 자율적으로 결정되어야 한다.
③ 준최적화 현상이 발생하더라도 개별사업부의 이익극대화가 이루어지도록 결정되어야 한다.
④ 목표일치성을 충족할 수 있도록 결정되어야 한다.

05 (주)삼일은 서로 독립적으로 운영되는 중간사업부와 최종사업부로 이루어져 있다. 중간사업부는 중간제품을 생산해 이를 최종사업부에 공급하거나 경쟁적인 외부시장에 판매한다. 최종사업부는 중간제품을 가공하여 이를 외부시장에 판매한다. 회사의 최고경영자는 사업부의 자율경영을 촉진하기 위해 중간제품에 대한 사내대체가격제도의 도입을 검토 중이다. 이와 관련된 설명으로 가장 올바르지 않은 것은?

① 회사 전체에 이익이 되도록 사내대체가격제도를 운영하기 위해서는 최종사업부가 중간제품을 외부로부터 구입하는 것을 허용해야 한다.
② 중간제품에 대한 경쟁적인 외부시장이 있을 경우에는 원칙적으로 외부시장가격을 사내대체가격으로 채택하는 것이 장기적으로 회사의 이익 증대에 유리하다.
③ 이익중심점인 중간사업부로 하여금 공정개선 및 기술혁신을 통한 원가절감을 이루도록 하기 위해서는 시장가격보다 고정원가를 포함한 단위당 제품원가를 사내대체가격으로 채택하는 것이 효과적이다.
④ 회사가 중간사업부를 이익중심점 또는 투자중심점으로 설정하기 위해서는 사내대체가격제도의 도입이 필요하다.

NEW

06 (주)삼일은 A 사업부와 B 사업부로 구성되어 있다. B 사업부는 A 사업부에서 생산되는 부품을 가공하여 완제품을 제조한다. B 사업부에서 부품 한 단위를 완제품으로 만드는 데 소요되는 추가가공원가는 500원이며, 완제품의 단위당 판매가격은 1,050원이다. 부품의 외부시장가격이 단위당 600원인 경우, B 사업부가 받아들일 수 있는 최대대체가격은 얼마인가?

① 550원
② 600원
③ 650원
④ 1,150원

07 (주)삼일은 이익중심점인 A사업부와 B사업부를 운영하고 있다. A사업부가 생산하는 열연강판의 변동원가와 고정원가는 각각 톤당 2,000원과 톤당 200원이며, 외부 판매가격은 톤당 3,000원이다. 현재 B사업부가 열연강판을 외부에서 톤당 2,600원에 구입하여 사용하고 있는데, 이를 A사업부로부터 대체받을 것을 고려하고 있다. A사업부는 B사업부가 필요로 하는 열연강판 수요를 충족시킬 수 있는 유휴생산시설을 보유하고 있다. 이 경우 A사업부가 내부대체를 수락할 수 있는 최소대체가격은 얼마인가?

① 2,000원
② 2,200원
③ 2,600원
④ 3,000원

08 (주)삼일의 부품생산부분은 최대생산량인 360,000단위를 생산하여 외부시장에 전량 판매하고 있다. 부품생산부분의 관련정보는 다음과 같다.

단위당 외부판매가격	100 원
단위당 변동제조원가	58 원
단위당 변동판매비	8 원
단위당 고정제조원가	14 원
단위당 고정관리비	10 원

단위당 고정비는 최대생산량 360,000단위 기준의 수치이다. 부품생산부문의 이익을 극대화시키기 위해 내부대체를 허용할 수 있는 단위당 최소대체가격은 얼마인가?(단, 내부대체에 대해서는 변동판매비가 발생하지 않는다)

① 58원
② 66원
③ 90원
④ 92원

09 (주)삼일은 A, B 두 개의 사업부를 가지고 있다. A사업부는 부품 갑을 생산하여 외부에 판매하거나 B사업부에 내부대체할 수 있다. A사업부의 연간 생산 및 판매자료는 다음과 같다.

최대생산능력	10,000개
외부수요량	7,000개
단위당 판매가격	400원
단위당 변동원가	150원

B사업부는 부품 갑을 필요한 수량만큼 외부시장에서 420원에 구입할 수 있다. 만약 A사업부가 2,000개의 부품을 B사업부에 내부대체 한다면 대체수량 1개당 회사전체이익이 얼마만큼 증가 또는 감소하겠는가?

① 20원 증가   ② 20원 감소

③ 270원 증가   ④ 270원 감소

10 (주)삼일의 A사업부는 LED를 생산하고 있으며, 연간 생산능력은 100,000단위이다. (주)삼일의 A사업부 수익과 원가자료는 다음과 같다.

단위당 외부판매가격	300원
단위당 변동원가	150원
단위당 고정원가(연간 100,000단위 기준)	9원

(주)삼일은 텔레비전을 생산하는 B사업부도 보유하고 있다. B사업부는 현재 연간 10,000단위의 LED를 단위당 290원에 외부에서 조달하고 있다. A사업부가 생산하는 제품 전량을 외부시장에 판매할 수 있고 사내대체 시 단위당 변동원가 20원을 절감할 수 있다면, 각 사업부 및 회사 전체의 이익극대화 입장에서 LED의 단위당 대체가격은 얼마인가?

① 150원   ② 159원

③ 280원   ④ 300원

11 (주)삼일은 두 개의 사업부 A, B로 구성되어 있다. A사업부는 단위당 변동비가 ₩100인 부품을 제조하고 있는데 이를 ₩200에 외부판매할 수도 있고 B사업부에 대체할 수도 있다. B사업부가 이 부품을 외부에서 구입할 수 있는 가격은 ₩180이다. 회사전체의 이익극대화를 위하여 B사업부는 어느 곳에서 구입하여야 하는가?

① A사업부에 유휴생산시설이 있으면 A사업부에서, 없으면 외부에서 구입한다.
② A사업부에 유휴생산시설이 없으면 A사업부에서, 있으면 외부에서 구입한다.
③ 모든 경우 A사업부에서 구입하여야 한다.
④ 모든 경우 외부에서 구입하여야 한다.

12 (주)삼일은 두 개의 사업부 A, B로 구성되어 있다. A사업부는 단위당 변동비가 100원인 부품을 제조하고 있는데 이를 170원에 외부에 판매할 수도 있고 B사업부에 대체할 수도 있다. B사업부가 이 부품을 외부에서 구입할 수 있는 가격은 180원이다. 회사전체의 이익극대화를 위한 B사업부의 의사결정으로 가장 옳은 것은?

① A사업부에서 구입하여야 한다.
② 외부에서 구입하여야 한다.
③ 외부에서 구입하는 경우와 A사업부에서 구입하는 경우 차이가 없다.
④ 유휴생산시설이 있으면 외부에서 구입한다.

Chapter

8

최신관리회계

Ⅰ 새로운 원가관리시스템

01 수명주기원가계산(Life-Cycle Costing : LCC)

1 수명주기원가계산의 의의

수명주기원가계산(life-cycle costing : LCC)이란 제품수명주기 동안 연구개발, 설계, 제조, 마케팅, 유통, 고객서비스에서 발생하는 모든 원가를 제품별로 집계하는 원가계산제도이다.

2 대두배경

시장에서 신제품이 출시되는 기간이 단축되면서 제품의 수명주기가 줄어들고, 제조기술적인 변화속도 또한 급격히 빨라지게 되었다. 이에 따라 시장에서의 경쟁이 심화되면서 수명주기원가계산방법이 대두되었다.

3 가치사슬관점과의 관계

① 일반적으로 제조기업은 제조활동뿐만 아니라 연구개발, 설계 등의 상위활동(제조이전단계)들과 마케팅, 유통, 고객서비스 등의 하위활동(제조이후단계)들도 수행한다. 이러한 활동들과 관련하여 발생하는 상위원가, 제조원가, 하위원가가 모여서 경영활동의 사슬을 형성하게 되는데 이를 가치사슬(value chain)이라고 한다.

② 가치사슬관점에서 제품수명주기 초기단계(제조이전단계)에서의 의사결정이 제조 및 제조이후단계에서의 원가발생을 결정짓는다는 장기적 원가발생상의 인과관계가 포착된다.

③ 통계에 의하면 제조이전단계까지의 현금지출액은 단지 10%에 불과한 반면, 제품수명주기 동안 발생하는 총원가의 95%가 제조이전단계에서 이미 확정됨을 알 수 있다.

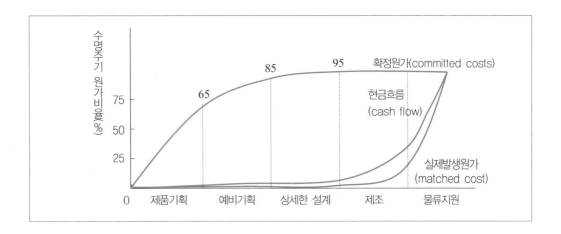

4 유용성

① 제품 또는 서비스의 수명주기 동안 모든 가치사슬단계에서 발생하는 수익과 비용에 대한 집계를 가능하게 하여 프로젝트 전체에 대한 이해가 향상된다.

② 제조이전단계에서 대부분의 제품원가가 결정된다는 인식을 토대로 연구개발단계와 설계단계에서 부터 원가절감을 위한 노력을 기울여야 한다는 것을 강조한다.

③ 프로젝트와 관련하여 언제 어떤 가치사슬단계에서 얼마만큼의 원가가 발생하는지를(비율로) 알게 됨으로써 상이한 가치사슬단계에서 원가발생의 상호관계 파악이 가능하다.

④ 장기적 관점의 원가절감 및 원가관리에 유용하다.

02 | 목표원가계산(Target Costing)

1 목표원가계산의 의의

전술한 목표가격결정은 일반적으로 목표원가계산을 수반하는데, 목표원가계산이란 목표가격으로부터 목표원가를 도출하고, 제조이전단계에서 가치공학 등을 수행하여 목표원가를 달성하고자 하는 원가관리기법을 말하며, 원가기획이라고도 한다.

2 목표원가계산을 사용하는 이유

목표원가계산(target costing)은 제품의 판매시장과 제조원가가 지니는 중요한 특성을 고려해 개발되었다.

첫째, 판매시장의 특성은 많은 기업들의 시장가격 통제력이 낮다는 데서 비롯된다. 가격은 공급과 수요가 교차하는 점에서 결정되며, 이것을 무시하는 기업은 존속하기 어렵다. 따라서 목표원가결정에서 예상시장가격은 주어진 것으로 간주된다.

둘째, 제품원가의 대부분은 제조이전단계에서 결정된다는 것이다. 제품의 설계가 끝나 생산이 시작되고 나면 원가를 크게 절감할 수 있는 방안을 찾기란 쉽지 않다. 왜냐하면, 대부분의 원가절감기회는 제품의 제조방법, 사용부품, 특성 등이 결정되는 설계단계에서 존재하기 때문이다. 시장가격과 제조 시작 후의 제조원가를 통제하기 어려운 상황에서의 이익획득기회는 고객이 원하는 제품특성과 제품의 제조원가가 확정되는 설계단계에서 발생한다. 제품의 설계와 개발에 노력을 집중하는 것도 이 때문이다. 제품을 개발할 때 목표원가계산과 다른 방법 간의 차이는 크다. 목표원가계산에서는 제품을 설계한 후 그 원가를 파악하는 것이 아니라, 목표원가를 먼저 설정한 후 목표원가가 달성되도록 제품을 설계한다.

3 목표원가계산의 절차

목표원가계산을 수행하는 절차는 다음과 같다.

[그림 8-1] 목표원가계산절차

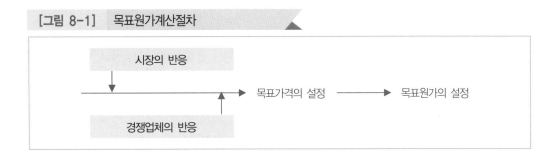

목표원가설정의 구체적 절차는 다음과 같다.

① 제1단계 : 잠재 고객의 요구를 충족하는 제품을 개발한다.

② 제2단계 : 고객이 인지하는 가치와 경쟁기업의 가격 등을 고려하여 목표가격을 선택한다.

③ 제3단계 : 목표가격에서 목표이익을 고려하여 목표원가를 산출한다.

④ 제4단계 : 목표원가를 달성하기 위한 가치공학(value engineering)을 수행한다. 여기서 가치공학이란 R&D, 설계, 제조, 마케팅, 유통 및 고객서비스에 이르는 모든 면을 체계적으로 평가, 개선하여 고객의 요구를 충족하면서 원가를 절감하는 것을 말한다.

03 품질원가계산

1 품질원가계산의 의의

오늘날 품질은 시간, 납기 등과 더불어 주요 성공요인(key success factor : KSF) 중의 하나로 꼽힌다. 품질을 제대로 관리하지 않고서는 더 이상 살아남을 수 없게 되었다. 품질은 더 이상의 선택사항이 아니라 생존을 위한 필수물이다.

품질경영에 있어서는 품질관리프로그램이 효과적으로 운영되고 있는지 그리고 품질관리상 낭비요소가 없는지를 파악할 필요가 있다. 품질성과를 통제하고 적시에 적절한 의사결정을 내려야 하는 경영자를 지원하기 위해서는 품질과 관련된 원가(일명, 품질원가 : cost of quality)를 체계적으로 집계하고 분석할 필요가 있다.

2 품질원가의 측정목적

품질원가를 측정하는 목적은 기업의 경영활동에서 발생되는 품질원가를 식별하고 측정함으로써 낭비를 없애고 적극적인 이익개선을 위한 방안을 모색하기 위한 것이다. 이를 보다 구체적으로 설명하면 다음과 같다.

① 품질프로그램의 전반적 유효성을 평가하기 위한 것이다. 품질원가는 화폐단위를 이용하기 때문에 부문별 및 제품별 추가정보를 포함하여 품질의 재무적 중요성에 대한 이해를 높인다.

② 고객의 욕구만족을 위한 프로그램을 설정한다. 품질원가는 기업에 적합한 품질목표설정 등에 도움을 줄 뿐 아니라 이 목표달성에 대한 성공 정도를 파악할 수 있게 해준다. 실제로 품질목표에서는 품질원가의 절감뿐만 아니라 품질원가 구성요소 간의 최적구성까지를 다룬다.

③ 품질관리상의 문제영역과 활동의 우선순위를 결정하기 위해서이다. 품질원가는 품질문제의 상대적 중요성을 파악하여 무엇을 먼저 개선해야 하는가에 대한 지침을 마련할 수 있게 한다.

④ 다양한 품질활동간 가용자원의 최적배분을 결정하기 위해서이다. 품질원가 예산편성을 통해 구체적인 품질개선목표가 실행될 수 있기 때문이다.

3 품질원가의 종류

품질원가(cost of quality, COQ)란 불량품이 생산되지 않도록 하거나 또는 불량품이 생산된 결과로 발생하는 모든 원가를 말한다. 이는 다음의 네 가지 종류로 구분된다.

① 예방원가(prevention costs)

이는 불량품의 생산을 예방하기 위하여 발생하는 원가이다. 예컨대, 품질관리시스템 기획, 예방설비 유지, 공급업체 평가, 품질교육, 설계 엔지니어링, 공정 엔지니어링, 품질 엔지니어링 등에 소요되는 원가를 들 수 있다.

② 평가원가(appraisal costs)

이는 불량품을 적발하기 위하여 발생하는 원가이다. 예를 들어, 원재료나 제품의 검사 및 시험, 검사설비 유지, 현장 및 라인검사 등으로 인하여 소요되는 원가를 말한다.

③ 내부실패원가(internal failure costs)

이는 불량품이 고객에게 인도되기 전에 발견됨으로써 발생하는 원가이다. 예를 들면, 공손품, 작업폐물, 재작업, 재검사, 작업중단 등으로 인하여 소요되는 원가가 있다.

④ 외부실패원가(external failure costs)

이는 불량품이 고객에게 인도된 후에 발견됨으로써 발생하는 원가이다. 고객지원, 보증수리, 교환, 반품(반품의 운송, 재작업, 재검사 포함), 손해배상, 판매기회상실에 따른 기회비용 등이 그 예이다.

여기서 예방원가와 평가원가는 불량품이 생산되지 않도록 통제하기 위하여 발생하는 원가이므로 통제원가(control costs)라고 하며, 내부실패원가와 외부실패원가는 불량품이 생산된 결과로써 발생하는 원가이므로 실패원가(failure costs)라고 한다.

4 품질원가 최소화에 대한 두 관점

품질원가를 최소화하기 위해서는 어느 정도의 불량률이 최적인가? 여기에 대해서는 다음과 같은 두 가지 관점이 있다.

(1) 허용가능품질관점(acceptable quality view)

이는 품질원가를 최소화하기 위하여 어느 정도의 불량률은 허용되어야 한다고 보는 관점이다. 일반적으로 불량률이 증가함에 따라 실패원가는 증가하며, 실패원가를 감소시키기 위해서는 통제원가를 증가시켜야 한다. 그러므로 통제원가와 실패원가 사이에는 상반관계가 존재하는데. 이를 나타내면 [그림 8-2]와 같다.

[그림 8-2] 전통적인 품질원가 도표

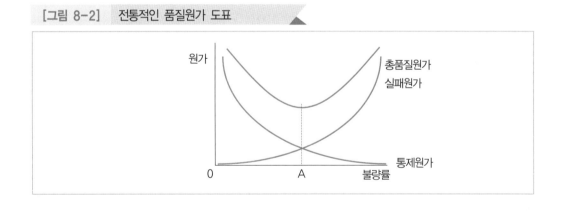

전통적인 이론에서는 [그림 8-2]의 점 A에서 총품질원가가 최소화되므로, 이 수준의 불량률은 허용되어야 한다는 점을 강조한다. 여기서 점 A와 같이 총품질원가를 최소화시키는 불량률 수준을 허용가능품질수준(acceptable quality level, AQL)이라고 한다.

(2) 무결함관점(zero-defects view)

이는 품질원가를 최소화하기 위해서는 불량률이 0이 되어야 한다고 보는 관점이다. 이 관점에 의하면 통제원가와 실패원가는 일정 수준까지는 상반관계를 갖지만, 일단 통제원가를 증가시켜 불량률이 0에 가깝게 되면 통제원가와 실패원가가 함께 감소하는 현상이 나타난다는 것이다.

예컨대, 좋은 원재료 공급업체를 선택하기 위하여 예방원가를 증가시킨 결과 원재료의 불량률이 0에 가깝게 되면 구입한 원재료를 검사할 필요가 없으므로 평가원가와 실패원가가 함께 감소하게 된다. 이를 나타내면 [그림 8-3]과 같다.

[그림 8-3]　　최근의 품질원가 도표

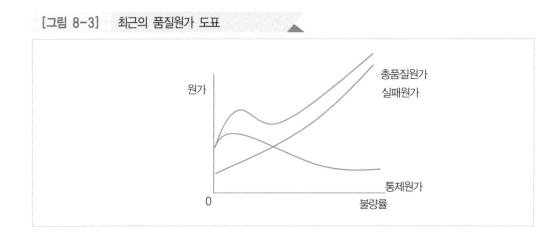

최근에는 불량률이 0이 되는 무결함수준에서 총품질원가가 최소화된다는 무결함관점이 타당한 것으로 받아들여지고 있는데, 이러한 관점에 따라 원재료나 부품에서부터 재공품, 제품에 이르기까지 전혀 불량이 없도록 하는 품질관리체계를 전사적 품질관리(total quality control, TQC) 시스템이라고 한다.

한편, 품질원가를 효율적으로 관리하기 위하여 품질원가 보고서가 사용될 수 있는데, 품질원가 보고서(cost of quality report)란 일정기간 동안 발생한 품질원가의 명세를 매출액에 대비하여 나타내는 표를 말한다.

품질원가 보고서를 작성하면 매출액 대비 각 품질원가의 비중 등을 쉽게 파악할 수 있으므로 품질원가를 최소화하는데 도움이 된다.

예 제

품질원가계산

(주)삼일은 LCD TV를 생산·판매하고 있다. 20×1년과 20×2년 (주)삼일의 LCD TV에 관한 정보는 다음과 같다.

	20×2년	20×1년
매출액	₩12,500,000	₩10,000,000
품질원가		
결점화소 검사원가	85,000	110,000
작업폐물	175,000	250,000
설계원가	240,000	100,000
반품원가	45,000	60,000
제품검사 설비원가	50,000	50,000
소비자 고충처리비	30,000	40,000
재작업원가	135,000	160,000
예방유지원가	90,000	35,000
제품책임배상	125,000	200,000
구입재료 검사원가	40,000	20,000
기계고장 정비원가	40,000	90,000
제품검사원가	75,000	220,000
생산직원 교육원가	120,000	45,000
보증수선비용	200,000	300,000
재료공급자 평가원가	50,000	20,000

• 요구사항 •

1. LCD TV의 품질원가를 4가지 항목별로 세분하여 계산하시오.
2. LCD TV에 대하여 매출액에 대한 각 항목별 비율을 계산하시오.
3. LCD TV에 대하여 2년간의 품질원가의 경향을 설명하시오.

1.~2.

	20×2년		20×1년	
	품질원가	매출액 ₩12,500,000에 대한 비율	품질원가	매출액 ₩10,000,000에 대한 비율
예방원가				
설계원가	₩240,000		₩100,000	
예방유지원가	90,000		35,000	
생산직원교육원가	120,000		45,000	
재료공급자평가원가	50,000		20,000	
	₩500,000	4.0%	₩200,000	2.0%
평가원가				
결점화소검사원가	85,000		110,000	
제품검사설비원가	50,000		50,000	
구입재료검사원가	40,000		20,000	
제품검사원가	75,000		220,000	
	₩250,000	2.0%	₩400,000	4.0%
내부실패원가				
작업폐물	175,000		250,000	
재작업원가	135,000		160,000	
기계고장정비원가	40,000		90,000	
	₩350,000	2.8%	₩500,000	5.0%
외부실패원가				
반품원가	45,000		60,000	
소비자고충처리비	30,000		40,000	
제품책임배상	125,000		200,000	
보증수선비용	200,000		300,000	
	₩400,000	3.2%	₩600,000	6.0%
총계	₩1,500,000	12.0%	₩1,700,000	17.0%

3. (주)삼일의 LCD TV에 대한 20×1년과 20×2년 동안 매출액 대비 품질원가는 17%에서 12%
로 감소하였다. (주)삼일의 품질원가를 항목별로 분석하면, 20×2년 예방원가에 상대적으로 많은
자원을 투자한 결과 평가원가, 내부실패원가 및 외부실패원가가 감소한 것으로 나타난다.

MEMO

새로운 성과평가시스템

01 균형성과표

1 균형성과표의 의의

균형성과표(Balanced scorecard, BSC)는 기존의 재무적 측정치뿐만 아니라 고객, 내부프로세스, 학습과 성장 관점에 의한 비재무적 측정치까지 포함한 전략적 성과평가시스템을 말한다.

2 균형성과표의 도입배경

기업경영은 수많은 의사결정의 연속이다. 경영의 목표를 정하는 것에서부터 어떤 산업에 진출하여 어떻게 경쟁할 것인지 등 수많은 의사결정 사안이 관련된다. 전통적인 기업경영에서는 계획-실행-평가 중 주로 계획부분과 실행부분이 강조되어왔다. 반면에 평가부분은 재무적인 자료를 바탕으로 한 회계시스템에 대부분 의존해 왔다. 그러나 재무적인 자료는 기본적으로 과거 성과를 기초로한 정보로서 미래의 가치를 창조해 나가는 과정에 있어서 기업의 지속적인 개선과 혁신 활동이 잘못된 방향으로 나아갈 가능성이 있다. 따라서 새로운 경영환경에 걸맞는 보다 균형있는 성과평가 시스템이 요구되며, 이 성과평가 시스템에는 이윤, 수익성, 주주가치 등 재무적인 성과뿐만 아니라 고객과의 관계, 공급자와의 제휴, 내부프로세스의 개선, 지적 자산, 기업의 학습 및 성장 잠재력 등 변화와 혁신의 동인이 될 수 있는 비재무적인 성과도 포함되어야 한다.

3 기존 성과측정지표와의 차이

균형성과표는 다음과 같은 점에서 기존 성과지표들과 뚜렷한 차이를 보인다.

첫째, 기존의 측정 지표들이 기업전략과 관계없이 하의상달(bottom-up)식 지표들인데 반해, 균형성과표에서 사용하는 측정지표들은 기업이 추구하는 전략적 목표와 경쟁상황 등의 다양한 변수를 고려하여 개발된다.

둘째, 기존의 성과지표가 주로 과거의 기업경영활동의 결과를 보고하기 위함이었다면 균형성과표는 과거의 단순보고에서 벗어나 기업의 현재와 미래의 성공적 초석의 역할을 담당한다.

셋째, 균형성과표에서 제시된 정보는 기존의 측정지표와 달리 영업이익과 같은 외부 성과지표와 신제품 개발과 같은 내부 성과지표 사이의 균형을 제공한다.

넷째, 종전의 기업경영활동이 주로 예산 편성에 의해 제약을 받았으나, 균형성과표는 프로그램의 우선순위의 결정과 조직 내 확산을 위한 노력을 한 곳에 집중시키는 역할을 수행한다.

4 균형성과표의 네 가지 관점

(1) 재무적 관점

재무적 관점에서 목표는 사업단위에 투자된 자본에 대해 한층 더 높은 이익률을 얻으려는 조직의 장기적 목표를 나타낸다. 균형성과표는 이러한 목표와 그 맥락을 같이 하며, 실제로 재무적 목표를 명확히 밝히고, 성장·유지·수확 단계의 사업단위들이 자신의 위치에 맞는 재무적 목표를 달성할 수 있도록 해준다.

전통적으로 기업의 성과측정은 수익성과 총자산수익률(ROA : return on assets), 그리고 수익 증가와 관련된 지표들을 사용하고 있다.

기업은 궁극적으로 재무적 목표인 이익을 추구하므로, 균형성과표의 모든 측정지표들은 궁극적으로 재무적 성과의 향상으로 연계되어야 한다. 재무적 목표로의 연결은 사업의 장기적 목표가 투자자, 즉 소유주에게 재무적 수익을 생성시킨다는 것을 명백히 인식시켜야 하며, 모든 전략의 프로그램은 사업단위의 재무적 목표달성에 도움을 주어야 한다.

(2) 고객 관점

경영자들은 고객 관점에서 기업이 경쟁할 목표시장과 고객을 확인하고 이 목표시장에서의 성과지표를 인식하여야 한다. 고객 관점은 전형적으로 고객만족, 고객유지, 새로운 고객확보, 고객수익성, 시장점유율 등과 같은 몇 가지 핵심적 성과측정치로 측정한다. 또한 고객관점은 이러한 핵심적 성과측정치 이외에 짧은 조달기간, 적시인도, 신제품과 서비스의 수 등으로 측정한다.

이와 관련하여 사용되는 지표들의 의미는 다음과 같다.

① 시장점유율 : 주어진 시장 내에서 고객의 수와 판매량에서 사업단위의 비율을 나타낸다.
② 고객확보율 : 절대적 또는 상대적 측면에서 사업단위가 새로운 고객이나 사업을 유인하거나 획득하는 비율을 측정한다.
③ 고객유지율 : 절대적 또는 상대적 측면에서 사업단위가 기존 고객과의 관계를 존속시키거나 유지하는 비율을 측정한다.

④ 고객만족도 : 구체적 성과기준에 따라 고객의 만족수준을 평가한다.

⑤ 고객수익성 : 고객을 지원하기 위해 필요한 기본적인 지출을 차감한 고객별 또는 세분시장의 순이익을 측정한다.

경영자들은 목표로 삼은 고객과 세분화된 사업을 정확히 이해하여야 하고, 이 목표가 된 세분시장에 대한 시장점유율, 고객유지율, 고객확보율, 고객만족도 및 고객수익성과 같은 핵심적 성과를 선정하여야 한다. 이 성과지표들은 회사의 마케팅, 운영, 물류, 제품 및 서비스의 개발 프로세스가 추구해야 할 목표를 나타낸다. 그러나 이 성과지표들은 후행지표(lagging measures)이므로 성과를 알게 될 때에는 이미 반전시키기에 늦은 상황이 되므로 일상적인 활동에서 통제할 필요가 있다. 즉, 경영자는 목표로 삼은 세분시장의 고객이 어디에 가치를 두는지 수시로 파악해야 한다.

(3) 내부프로세스 관점

내부프로세스 관점에서 경영자는 고객관계를 제고하고, 조직의 재무성과를 성취하는데 가장 큰 영향을 미칠 내부프로세스에 대한 성과지표를 강조한다. 기업의 내부프로세스는 혁신·운영·판매 후 서비스라는 3단계의 연쇄적 관계로 이루어져 있다.

주요 3단계의 프로세스는 다음과 같은 의미를 가진다.

① 혁신(innovation) 프로세스 : 현재와 미래고객의 욕구를 충족시키기 위한 완전히 새로운 제품과 서비스의 창출

② 운영(operation) 프로세스 : 현재 고객에게 현재의 제품과 서비스를 효율적이고 신뢰성 있게 생산 및 판매

③ 판매 후 서비스(postsale service) 프로세스 : 판매 후에 그들의 문제점에 대해 신속히 주의를 기울이고, 필요하면 현장서비스와 기술지원으로 고객들을 만족시킴.

내부프로세스 관점에서 경영자는 목표가 된 세분시장의 목표를 달성하기 위해 반드시 탁월한 주요 프로세스를 파악해야만 한다. 전통적인 성과측정시스템은 단지 기존 프로세스의 원가·품질·시간 측정지표를 통제하거나 향상시키는 데만 초점을 맞춘다. 반면에 균형성과표의 접근방법은 내부프로세스 성과에 대한 요구가 개별적인 외부 고객의 기대로부터 도출될 수 있도록 유도한다.

(4) 학습과 성장 관점

학습과 성장의 관점에서는 고객과 소유주에게 가치를 부여하는 여러 가지 가운데 내부프로세스 능력을 개선하기 위한 조직기반에 대한 활동을 강조한다. 조직의 학습과 성장은 사람, 시스템과 같은 원천으로부터 생성된다. 학습과 성장 관점의 전형적인 성과측정치는 종업원만족, 종업원유지, 훈련, 숙련, 정보시스템활용도 등이 있다.

궁극적으로 재무·고객·내부프로세스의 목표를 충족시키는 힘은 조직의 학습과 성장 역량에 달려 있다. 학습과 성장을 가능하게 하는 세 가지 원천은 종업원의 능력, 정보시스템의 능력, 그리고 보상시스템과 동기부여 및 권한위임이다.

일반적으로 전략이 효과적으로 달성되기 위해서는 조직의 역량을 구축하도록 도와주는 사람과 시스템, 그리고 프로세스에 대해 상당한 투자가 필요할 것이다. 뛰어난 성과를 위한 동인에 대한 목표와 성과지표는 어떤 조직의 균형성과표에서도 예외일 수 없다.

[표 8-1] 균형성과표 예시

목표	전략	평가수단	목표성과	실제성과
〈재무적관점〉				
주주가치 증가	원가 및 미사용 능력 관리	생산성 측면의 영업이익	5,000,000,000	5,012,500,000
〈고객관점〉				
시장점유율 증가	고객의 요구 예측	시장점유율	7%	7.8%
고객만족도 증가	판매 조직의 고객에 대한 관심 증가	고객만족도	90%의 고객이 상위 2개 만족도 선택	87%의 고객이 상위 2개 만족도 선택
〈내부프로세스관점〉				
판매 후 서비스 개선	고객서비스프로세스 개선	서비스대응시간	6시간 이내	5시간 이내
고객배달시간감소	주문-배달프로세스 재설계	주문-배달기간	3일	3일
〈학습과 성장관점〉				
종업원 만족	직원 참여 및 제안 프로그램 확충	종업원 직무만족도	80%의 직원이 상위 2개 만족도 선택	88%의 직원이 상위 2개 만족도 선택
정보시스템활용도 제고	온라인과 오프라인 정보 수집 개선	제조과정 중 실시간 피드백 비율	75%	70%

5 균형성과표의 장·단점

균형성과표의 도입배경에서 살펴보았듯이 균형성과표는 많은 유용성을 가지고 있다. 균형성과표의 장점을 언급하면 다음과 같다.

① 기존의 재무적 측정치와 더불어 고객, 내부프로세스, 학습과 성장 등의 비재무적 측정치간 균형있는 성과평가를 달성할 수 있다.

② 재무적 관점에 의한 단기적 성과와 나머지 세 관점에 의한 장기적 성과 간의 균형을 이룰 수 있다.

③ 재무적 관점(투자수익률), 고객 관점(시장점유율)과 같은 외부측정치와 내부프로세스 관점(수율), 학습과성장 관점(종업원만족도)과 같은 내부측정치 간의 균형을 이룰 수 있다.

④ 투자수익률 등의 과거 노력에 의한 결과 측정치와 종업원 교육시간 등과 같이 미래 성과를 유발하는 성과동인 간의 균형을 이룰 수 있다.

⑤ 시장점유율 등의 계량화된 객관적 측정치와 종업원의 능력 등과 같은 주관적 측정치 간의 균형을 이룰 수 있다.

균형성과표는 위와 같은 장점을 지니는 동시에 다음과 같은 단점도 있다.

① 비재무적 측정치에 대해서는 여전히 객관적인 측정이 어렵다.

② 정형화된 측정수단을 제공해 주지 못한다.

예 제

균형잡힌 성과표에서의 이익변화

(주)삼일은 다음과 같이 측정지표들 간의 계량화된 관계를 지니는 부분적인 균형성과표를 개발하였다.

(1) 직무관련훈련을 500시간 증가시키면, (a) 종업원의 평균교육수준이 100점 척도에서 3점이 증가하고 (b) 평균사이클타임이 1.5시간 줄어들며 (c) 불량률이 0.4% 감소할 것이다.

(2) 종업원의 평균교육수준이 1점 증가하면 그에 비례하여 (d) 평균사이클타임이 0.8시간 줄어들고 (e) 불량률이 0.3% 감소할 것이다.

(3) 불량률이 1% 줄어들면, 그에 비례하여 (f) 평균사이클타임이 0.8시간 줄어들고 (g) 정시배달률이 0.6% 증가할 것이다.

(4) 평균사이클타임이 1시간 줄어들면, 그에 비례하여 (h) 정시배달률이 0.3% 증가할 것이다.

(5) 정시배달률이 1% 증가하면, 그에 비례하여 (i) 고객유지율이 2% 증가할 것이다.

(6) 고객유지율이 1% 정도 증가하면, 그에 비례하여 (j) 매출총이익률이 0.8% 증가할 것이다.

• 요구사항 •

1. 1년 동안 직무관련훈련을 500시간 증가시킬 경우, 예상되는 매출총이익률의 증가분을 계산하시오.
2. 직무관련훈련 1시간당 ₩300의 원가가 소요된다고 가정하시오. 지난해의 매출액이 ₩10,000,000이라고 하면, 올해 500시간의 직무관련훈련비용을 증가시키는데 따른 순이익증가분을 계산하시오.
3. 당신은 위에서 계산된 순이익 증가분이 즉각 실현될 것이라고 기대할 수 있는가? 종업원의 직무관련훈련과 관련하여 어떠한 비용을 추가로 예상할 수 있는가?

풀 이

자료분석

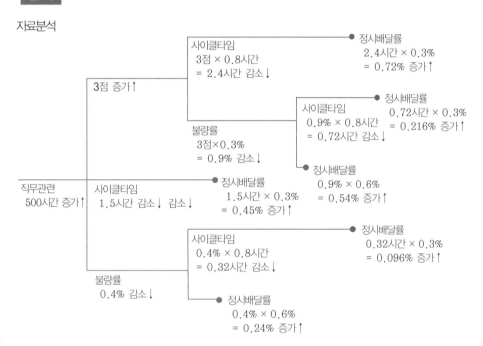

1.

선행지표	누적변화량	후행지표	선행지표에 의해 발생되는 변화량
(1) 직무 관련 훈련시간	+500시간	종업원 교육수준	+3점
		불량률	−0.4%
		평균사이클타임	−1.5시간
(2) 종업원 교육수준	+3점	불량률	3점×(−0.3%) = −0.9%
		평균사이클타임	3점×(−0.8시간) = −2.4시간
(3) 불량률	−0.4%−0.9% = −1.3%	평균사이클타임	−1.3%×0.8시간 = −1.04시간
		정시배달률	−1.3%×(−0.6) = +0.78점
(4) 평균사이클 타임	−1.5시간−2.4시간 −1.04시간 = −4.94시간	정시배달률	−4.94시간×(−0.3%) = +1.482%

(5) 정시배달률증가 = 0.72% + 0.216% + 0.54% + 0.45% + 0.096% + 0.24% = 2.262% 증가

(6) 고객유지율증가 = 2.262% × 2% = 4.524% 증가

(7) 매출총이익률증가 = 4.524% × 0.8% = 3.6192% 증가

2. 매출총이익증가분 : ₩10,000,000 × 0.036192 =   ₩361,920

    종업원훈련비용 : 500시간 × ₩300 =   (150,000)

    예상순이익증가분   ₩211,920

3. 회사는 교육훈련이 끝나는 시점과 교육훈련의 효과가 관찰되는 시점 간의 차이를 예상하여야 한다. 훈련비용은 바로 관찰되겠지만, 효과는 상당한 기간이 경과한 후에 나타날 것이다. 또한 회사는 더 많이 훈련받은 종업원들은 보다 높은 임금을 요구함에 따라 임금이 증가될 수도 있음을 예상해야 한다.

MEMO

01 다음 보기에서 도입하고자 하는 원가계산방법은?

> (주)삼일의 경영자는 현재 원가계산방법은 제품의 제조이전단계나 제조이후단계에서 발생하는 원가를 고려하지 않고 있다는 것을 확인하였다. 따라서 제품의 연구시점부터 개발, 설계, 생산, 마케팅, 유통, 고객서비스까지의 모든 원가를 식별 및 추적하여 집계하는 원가계산제도를 도입하고자 한다. 이 원가계산을 사용하는 경우 제조이전단계인 연구·개발 및 설계단계에서 대부분의 제품원가가 결정되므로 제조이전단계인 연구·개발 및 설계단계부터 원가절감을 위한 노력을 기울여야 함을 알고 있다.

① 수명주기원가계산　　　　　　　　② 품질원가계산
③ 활동기준원가계산　　　　　　　　④ 목표원가계산

02 다음의 수명주기원가계산(LCC)과 관련된 설명 중 가장 올바르지 않은 것은?

① 연구개발·제품설계 등의 상위활동, 제조활동, 마케팅·유통 등의 하위활동이 모여서 제조기업 경영활동의 사슬을 형성한다는 가치사슬관점에서 원가를 분석한다.
② 제품 또는 서비스의 수명주기 매 단계마다 모든 가치사슬단계에서 발생하는 수익과 비용에 대한 집계를 가능하게 하여 프로젝트 전체에 대한 이해가 향상된다.
③ 프로젝트와 관련하여 언제 어떤 가치사슬단계에서 얼마만큼의 원가가 발생하는지를(비율로) 알게 됨으로써 상이한 가치사슬단계에서 원가발생의 상호관계 파악이 가능하다.
④ 제조이후단계에서 대부분의 제품원가가 결정된다는 인식을 토대로 생산단계와 마케팅단계에서 원가절감을 위한 노력을 기울여야 한다는 것을 강조한다.

03 다음의 목표원가계산의 절차를 올바르게 나타낸 것은 무엇인가?

> ⓐ 목표원가 달성을 위한 가치공학을 수행
> ⓑ 잠재 고객의 요구를 충족하는 제품의 개발
> ⓒ 목표가격에서 목표이익을 고려하여 목표원가를 산출
> ⓓ 고객이 인지하는 가치와 경쟁기업의 가격 등을 고려하여 목표가격을 선택

① ⓐ → ⓑ → ⓒ → ⓓ
② ⓑ → ⓓ → ⓒ → ⓐ
③ ⓒ → ⓑ → ⓐ → ⓓ
④ ⓓ → ⓐ → ⓒ → ⓑ

04 다음 중 각 원가관리시스템에 관한 설명으로 옳은 것은?

① 품질원가계산은 제품의 수명주기가 줄어들고 제조기술의 변화가 빨라지는 현상에 대응하여 대두되었다.
② 목표원가계산은 품질프로그램의 전반적 유효성을 평가하기 위한 것이다.
③ 목표원가계산에서 목표원가 설정을 위해서는 먼저 목표가격을 결정하고, 그 이후에 잠재 고객의 요구를 충족하는 제품을 개발한다.
④ 품질원가는 예방원가, 평가원가, 내부실패원가 및 외부실패원가의 네 가지 종류로 구분된다.

05 다음이 설명하는 품질원가는 무엇인가?

> 불량품이 고객에게 인도되기 전에 발견됨으로써 발생하는 원가이다. 예를 들면 공손품, 작업폐물, 재작업, 재검사, 작업중단 등으로 인하여 소요되는 원가가 있다.

① 예방원가
② 평가원가
③ 내부실패원가
④ 외부실패원가

06 노트북을 제조하여 판매하는 (주)삼일의 20X1년도 품질과 관련된 재무적 자료는 아래와 같다.

설계엔지니어링	25,000원	재작업품	1,500원
품질교육 및 훈련	13,000원	손해배상	3,000원
검사	5,000원	원자재 공급사 평가	2,000원
제품시험	3,000원	고객요청에 따른 교환비용	1,000원

위의 자료에 근거하여 품질원가 중 예방원가와 평가원가를 각각 계산하면 얼마인가?

	예방원가	평가원가		예방원가	평가원가
①	18,000원	12,500원	②	38,000원	10,000원
③	40,000원	8,000원	④	41,000원	5,000원

07 프린터를 생산하여 판매하고 있는 (주)삼일의 품질원가와 관련한 정보이다. 외부실패원가는 얼마인가?

생산라인 검사원가	3,000원
생산직원 교육원가	1,000원
제품 검사원가	1,500원
반품원가	2,500원
구입재료 검사원가	2,000원
소비자 고충처리비	5,000원

① 1,000원 ② 1,500원
③ 7,500원 ④ 9,000원

NEW

08 다음 중 품질성과를 통제하고 적절한 의사결정을 내리기 위해 분석되는 품질원가(Cost of quality)에 해당하지 않는 것은?

① 예방원가   ② 목표원가
③ 내부실패원가   ④ 외부실패원가

09 다음 중 품질원가에 관한 설명으로 가장 올바르지 않은 것은?

① 품질원가란 불량품이 생산되지 않도록 하거나 불량품이 생산된 결과로 발생하는 모든 원가를 말한다.
② 예방원가란 불량품의 생산을 예방하기 위한 원가로 품질교육원가, 예방설비 유지원가 등이 있다.
③ 내부실패원가와 외부실패원가는 불량품이 생산된 결과로써 발생하는 원가이므로 실패원가라고 한다.
④ 일반적으로 예방원가와 평가원가가 증가하면 실패원가도 증가하게 된다.

10 다음 중 품질원가에 관한 설명으로 올바르지 않은 것은?

① 무결함관점(zero-defects view)은 품질원가를 최소화하기 위해서는 불량률이 0이 되어야 한다고 보는 관점으로서 통제원가를 증가시켜 불량률이 0에 가깝게 되면 통제원가와 실패원가가 함께 감소한다고 본다.
② 허용가능품질관점(acceptable quality view)은 품질원가를 최소화하기 위하여 어느 정도의 불량률은 허용하여야 한다고 보는 관점으로서 통제원가와 실패원가는 상반관계가 존재한다고 본다.
③ 내부실패원가와 외부실패원가는 불량품이 생산된 결과로써 발생하는 원가이므로 실패원가라고 한다.
④ 품질관리시스템 기획, 공급업체 평가, 품질교육, 공정 엔지니어링 등에 소요되는 원가는 평가원가에 해당한다.

11 (주)삼일의 사장은 새로운 성과측정지표를 도입하고자 (주)HE컨설팅의 컨설턴트와 협의 중이다. 다음 사장과 컨설턴트의 대화에서 괄호 안에 들어갈 말로 가장 올바르지 않은 것은?

> 사　　장 : 우리 회사는 기존의 손익계산서상 순이익이 아닌 새로운 성과지표를 도입하고 싶습니다.
> 컨설턴트 : 사장님, 많은 기업들이 균형성과표(BSC)를 활용하고 있습니다.
> 사　　장 : 균형성과표(BSC)는 어떤 성과지표입니까?
> 컨설턴트 : 균형성과표(BSC)는 (　　　　　　　　　　)

① 재무적 관점 외에 고객, 내부프로세스, 학습과 성장이라는 비재무적 관점도 함께 고려하여 조직의 전략과 성과를 종합적, 균형적으로 관리, 평가할 수 있는 효과적인 가치중심 성과관리 기법입니다.

② 조직의 수익성을 최종적인 목표로 설정하기 때문에 4가지 관점의 성과지표 중에서 고객 관점의 성과지표를 가장 중시합니다.

③ 기업이 추구하는 전략적 목표와 경쟁상황 등의 다양한 변수를 고려하여 측정 지표들을 개발합니다.

④ 매출액 등의 계량화된 객관적 측정치와 종업원의 능력 등과 같은 주관적 측정치 간의 균형을 이룰 수 있는 성과지표입니다.

12 다음 중 균형성과표(BSC)의 장점으로 가장 올바르지 않은 것은?

① 기존의 재무적 측정치와 비재무적 측정치(고객, 내부프로세스, 학습과 성장 등) 간의 균형있는 성과평가를 달성할 수 있다.

② 비재무적 측정치에 대한 객관적인 측정을 쉽게 할 수 있다.

③ 재무적 관점 및 고객관점에 의한 외부적 측정치와 내부프로세스 관점 및 학습과 성장관점에 의한 내부측정치 간의 균형을 이룰 수 있다.

④ 투자수익률 등의 과거노력에 의한 결과측정치와 종업원 교육시간 등과 같이 미래 성과를 유발하는성과동인 간의 균형을 이룰 수 있다.

13 다음에서 설명하는 균형성과표(BSC)의 관점으로 가장 옳은 것은?

> - 혁신·운영·판매 후 서비스라는 3단계의 프로세스를 가진다.
> - 평가수단으로는 서비스 대응시간, 주문–배달기간 등이 있다.
> - 개별적인 외부 고객의 기대로부터 성과에 대한 요구를 도출할 수 있다.

① 재무적 관점
② 고객 관점
③ 내부프로세스 관점
④ 학습과 성장 관점

14 다음 중 균형성과표의 관점과 그에 대한 적절한 성과평가지표를 연결한 것으로 가장 올바르지 않은 것은?

① 재무적 관점 – 총자산수익률, 고객확보율
② 고객 관점 – 고객만족도, 고객수익성
③ 내부프로세스 관점 – 서비스대응시간, 배송시간
④ 학습과 성장 관점 – 종업원만족도, 이직률

Chapter

연습문제
정답 및 해설

Chapter 1 원가회계의 기초

Ⅱ 원가회계의 흐름

01 ③ '내부이용자의 경제적 의사결정에 유용한 정보를 제공하는 회계분야'는 관리회계이며, ③ 은 재무회계에 대한 설명이다.

02 ③ ㄴ. 관리회계는 다루어지는 정보의 내용이 미래지향적인 특징을 가진다.

03 ④

04 ② ㄴ. 당기총제조원가는 당기에 재공품에 투입된 모든 제조원가를 말한다.
ㄹ. 원가는 미래에 경제적 효익을 제공할 수 있는 용역잠재력을 갖는지에 따라 미소멸원 가와 소멸원가로 분류된다.

05 ② 원가는 정상적인 경제활동 과정에서 소비된 가치만을 포함하고, 비정상적인 상황에서 발 생한 가치의 감소분은 포함하지 않는다.

06 ③ 원가집합이란 원가대상에 직접적으로 추적할 수 없어 배분이 필요한 원가를 모아둔 것을 의미한다.

07 ① 원가대상에 대한 설명이다.

08 ④ ① 원가의 추적가능성에 따라 직접원가와 간접원가로 분류할 수 있다.
② 원가의 행태에 따라 변동원가와 고정원가로 분류할 수 있다.
③ 수익과의 대응관계에 따라 제품원가와 기간원가로 분류할 수 있다.

09 ③ 원가행태에 따른 분류는 변동원가와 고정원가, 추적가능성에 따른 분류는 직접원가와 간 접원가, 의사결정과의 관련성에 따른 분류는 관련원가와 비관련원가, 통제가능성에 따른 분류는 통제가능원가와 통제불능원가로 구분된다.

10 ① 준고정원가에 대한 설명이다.

11 ③ 준변동원가는 고정원가와 변동원가의 두 가지 요소를 모두 가지고 있는 원가이다.

12 ③   변동원가 중 고정원가의 행태도 포함하고 있는 준변동원가에 대한 설명이다.

13 ④   간호사의 급료는 아래 그래프와 같은 행태이므로 준고정원가이다.

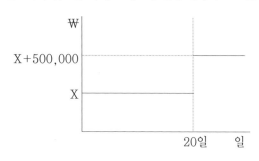

14 ①   승용차용 타이어 원가: 변동원가, 직접원가
공장 감가상각비, 공장장 급여: 고정원가, 간접원가

15 ④   회사 제품의 판매목적으로 구입한 매장 건물의 감가상각비: 비제조원가(판매비와관리비)

16 ③   기초원가＝추적가능재료원가(직접재료원가)＋추적가능노무원가(직접노무원가)
        ＝₩30,000＋₩10,000＝₩40,000
가공원가＝추적가능노무원가(직접노무원가)＋추적불능원가(제조간접원가)
        ＝₩10,000＋₩150,000＝₩160,000

17 ④   직접재료비＝30,000＋300,000－20,000＝310,000
기초원가＝직접재료비＋직접노무비＝310,000＋90,000＝400,000
가공원가＝직접노무비＋제조간접비＝90,000＋150,000＝240,000

18 ①   외부보고를 위한 재무제표의 작성은 제품생산활동과 관련된 원가가 제품원가의 범위가
된다.

19 ④

20 ③   A: 당기제품제조원가, B: 매출원가에 대한 설명이다.

21 ④   직접재료원가는 재료원가 중에서 추적가능한 재료원가를 의미한다. 제품별로 추적되지 않
는 간접노무원가는 제조간접원가로 분류되어 제조원가에 포함된다. 직접재료원가와 직접
노무원가 및 제조간접원가를 합한 금액은 당기총제조원가를 의미한다.

22 ④ 당기제품제조원가
＝₩12,000＋(₩10,000＋₩20,000－₩8,000)＋₩15,000＋₩15,500－₩15,000
＝₩49,500

23 ③ 매출원가＝₩15,000＋₩49,500－₩20,000＝₩44,500

24 ④ 기초직접재료재고액＋직접재료구입액＝직접재료사용액＋기말직접재료재고액
→ ₩5,000＋직접재료구입액＝₩12,000＋₩8,000
∴ 직접재료구입액＝₩15,000

25 ① (1) 당기제품제조원가＝기초재공품재고액＋당기총제조원가－기말재공품재고액
→ ₩53,000＝₩10,000＋당기총제조원가－₩7,000
∴ 당기총제조원가＝₩50,000
(2) 당기총제조원가＝직접재료사용액＋직접노무원가＋제조간접원가
→ ₩50,000＝₩12,000＋직접노무원가＋₩15,000
∴ 직접노무원가＝₩23,000

26 ④ (1) 당기총제조원가＝직접재료원가＋직접노무원가＋제조간접원가
＝30,000원＋10,000원＋20,000원＝60,000원
(2) 기초재공품재고액＋당기총제조원가＝당기제품제조원가＋기말재공품재고액
→ 기초재공품재고액＋60,000원＝70,000원＋5,000원
∴ 기초재공품재고액＝15,000원

27 ① (1) 원재료사용액＝기초원재료재고액＋원재료구입액－기말원재료재고액
＝₩36,000＋₩50,000－₩30,000＝₩56,000
(2) 기초원가＝직접재료원가＋직접노무원가＝₩56,000＋₩60,000＝₩116,000

28 ③ (1) 당기직접노동시간＝60,000÷5＝12,000시간
(2) 당기제조간접원가＝12,000시간×7＝₩84,000
(3) 가공원가＝직접노무원가＋제조간접원가＝₩60,000＋₩84,000＝₩144,000

29 ③ 당기총제조원가＝직접재료원가＋직접노무원가＋제조간접원가
＝₩56,000＋₩60,000＋84,000＝₩200,000

30 ③ 당기제품제조원가＝기초재공품재고액＋당기총제조원가－기말재공품재고액
＝₩18,000＋₩200,000－₩12,000＝₩206,000

31 ① 매출원가=기초제품재고액+당기제품제조원가−기말제품재고액
=₩54,000+₩206,000−₩72,000=₩188,000

32 ② (1) 제조간접비가 직접노무비의 50%이므로, 직접노무비를 X라 하면,
가공원가=X+0.5X=₩75,000　∴ X=₩50,000
(2) 기초원가=직접재료원가+직접노무원가
→ ₩80,000=직접재료원가+₩50,000
∴ 직접재료원가=₩30,000
(3) 기초직접재료재고액+직접재료구입액=직접재료사용액+기말직접재료재고액
→ ₩5,000+직접재료구입액=₩30,000+₩10,000
∴ 직접재료구입액=₩35,000

33 ② (1) 제조간접원가가 직접노무원가의 1.5배만큼 발생하므로 직접노무원가를 X라 하면,
가공원가=X+1.5X=₩50,000　∴ X=₩20,000
따라서 제조간접원가는 ₩30,000이다.
(2) 당기총제조원가=직접재료원가+직접노무원가+제조간접원가
=기초원가+제조간접원가
=₩40,000+₩30,000=₩70,000
(3) 당기제품제조원가=기초재공품재고액+당기총제조원가−기말재공품재고액
=₩10,000+₩70,000−₩15,000=₩65,000

34 ④ (1) 직접재료원가=기초원재료재고액+원재료구입액−기말원재료재고액
=200원+400원−100원=500원
(2) 가공원가=600원+50원+100원+300원=1,050원
=1,200원+(500원+1,050원)−1,000원=1,750원

35 ③ (기말재공품원가=기초재공품 + 당기총제조원가 − 당기제품제조원가
= 40,000+(200,000+150,000+60,000)−370,000*=80,000
*당기제품제조원가=매출원가+기말제품재고−기초제품재고
=440,000/1.1+0−30,000=370,000

36 ② 당기제품제조원가=매출원가+기말제품재고−기초제품재고
=350,000*+100,000−70,000=380,000
*500,000×(1−30%)=350,000
당기제조간접원가=당기제품제조원가+기말재공품−기초재공품−기초원가
=380,000+60,000−50,000−60,000−200,000=130,000

37 ④ 　당기제품제조원가＝매출원가＋기말제품재고－기초제품재고
　　＝6,000,000*＋1,200,000－4,000,000＝3,200,000
　　*6,000,000＝8,000,000×(1－25%)＝6,000,000
　기말재공품＝기초재공품＋당기총제조원가－당기제품제조원가
　　＝1,250,000＋(1,500,000＋900,000＋1,100,000)－3,200,000
　　＝1,550,000

38 ④ 　'기초재공품재고액＋당기총제조원가＝당기제품제조원가＋기말재공품재고액'
　이므로 기초재공품재고액이 기말재공품재고액보다 더 큰 경우 당기제품제조원가가 당기
　총제조원가보다 크다.

39 ③ 　'기초제품재고액＋당기제품제조원가＝매출원가＋기말제품재고액'
　이므로 당기제품제조원가와 매출원가가 서로 같으면 기초제품재고액과 기말제품재고액이
　동일해진다.

40 ①

41 ④ 　제조원가명세서는 당기총제조원가에 기초재공품, 기말재공품을 가감한 당기제품제조원가
　를 구하는 과정을 나타내는 보고서이다.

42 ② 　(1) (1,000개×@변동원가)＋총고정원가＝50,000,000
　(2) (2,000개×@변동원가)＋총고정원가＝70,000,000
　　　@변동원가＝20,000, 총고정원가＝30,000,000
　　　따라서, (3,000개×20,000)＋30,000,000＝90,000,000

43 ② 　(A) 기말원재료재고액＝500,000＋6,300,000－3,800,000＝3,000,000
　(B) 기말재공품＝1,000,000＋8,800,000－9,000,000＝800,000
　　　따라서, (A)＋(B)＝3,800,000

44 ③ 　(1) 원재료사용액＝기초원재료재고액＋원재료구입액－기말원재료재고액
　　　　　＝5,000원＋24,000원－12,000원＝17,000원
　(2) 당기총제조원가＝직접재료원가＋직접노무원가＋제조간접원가
　　　　　＝직접재료원가＋가공원가
　　　　　＝17,000원＋35,000원＝52,000원
　(3) 당기제품제조원가＝기초재공품재고액＋당기총제조원가－기말재공품재고액
　　　　　＝10,000원＋52,000원－8,000원＝54,000원

Ⅲ 원가배분

01 ② 보조부문원가를 어떤 배분방법으로 제조부문에 배분하더라도 공장 전체의 제조간접원가
는 동일하다.

02 ③ 제조간접원가의 배부는 제조부문에 집계된 원가를 원가대상에 배부하는 과정이다.

03 ④ 10,000,000원×(5,000,000원/8,000,000원)=6,250,000원
수혜기준에 의해 매출증가액으로 광고비를 부담한다.

04 ④ 품질검사원가를 품질검사시간을 기준으로 배분하는 것은 인과관계 기준의 예이다.

05 ③ 상호배분법에 대한 설명이다.

06 ③ 배분순서를 고려해야 하는 원가배분방법은 단계배분법이다.
직접배분법에 비해 적용하기 복잡하고 어렵다는 단점이 있다.
재고가 없는 경우 배분방법에 관계없이 순이익은 일정하다.

07 ① 보조부문의 원가를 변동원가와 고정원가로 구분하는지 여부에 따라 단일배분율법과 이중
배분율법으로 구분된다.

08 ④ 단일배분율법이 이중배분율법에 비해 사용하기가 간편하지만, 부문의 최적의사결정이 조직
전체의 차원에서는 최적의사결정이 되지 않을 수 있다는 문제점이 있다.

09 ④　　(직접배부법)

	보조부문		제조부문	
	동력	공장관리	기계가공	조립
배분 전 원가	69,000	48,000	64,000	73,000
동력 (60%:40%)	(69,000)	–	41,400	27,600
공장관리 (60%:40%)	–	(48,000)	28,800	19,200
배분 후 원가	–	–	134,200	119,800

(단계배부법)

	보조부문		제조부문	
	동력	공장관리	기계가공	조립
배분 전 원가	69,000	48,000	64,000	73,000
동력 (13%:52%:35%)	(69,000)	9,000	36,000	24,000
공장관리 (60%:40%)	–	(57,000)	34,200	22,800
배분 후 원가	–	–	134,200	119,800

① 단계배부법 36,000원이 직접배부법 41,400원보다 작다.
② 직접배부법 28,800원이 단계배부법 34,200원보다 작다.
③ 직접배부법 27,600원 단계배부법 24,000원으로 차이금액은 3,600원이다.
④ 직접배부법 19,200원, 단계배부법 22,800원으로 차이금액은 3,600원이다.

10 ③　　A부문 배부액＝400,000×30%/80%＝150,000
B부문 배부액＝480,000×40%/60%＝320,000
총 보조부문 배부액＝470,000

11 ③　　① 200,000×40%＝80,000
② 200,000×50%＝100,000
③ (600,000＋(200,000×10%))×30%/80%＝232,500
④ 600,000×50%/80%＝375,000

12 ③ (1) 제조부문 A, B의 배분할 총원가를 각각 A, B라 하면 보조부문 간에 다음 식이 성립한다.

A＝160,000＋0.3B……①

B＝200,000＋0.4A……②

②를 ①에 대입하면

A＝160,000＋0.3×(200,000＋0.4A)

0.88A＝220,000

∴ A＝₩250,000, B＝₩300,000

(2)

	보조부문		제조부문	
	X	Y	A	B
배분 전 원가	₩160,000	₩200,000	–	–
X(40%:20%:40%)	(250,000)	100,000	₩50,000	₩100,000
Y(30%:40%:30%)	90,000	(300,000)	120,000	90,000
배분 후 원가	₩0	₩0	₩170,000	₩190,000

13 ② $(1,000,000×800\ h/1,250\ h)+(1,800,000×550\ h/900\ h)$

$= 1,740,000$

Chapter 2 생산형태에 따른 원가계산방법

Ⅰ 개별원가계산

01 ③ 개별원가계산은 조선업, 기계제작업 등과 같이 수요자의 주문에 의해 개별적으로 제품을 생산하는 업종에서 주로 사용한다.

02 ③ 개별원가계산은 수요자의 주문에 의해 개별적으로 제품을 생산하는 업종에서 주로 사용한다.

03 ④ 개별원가계산과 종합원가계산의 원가계산방법이 서로 바뀌어 설명되어 있다.

04 ③   ① 종합원가계산에 대한 설명이다.
       ② 개별원가계산은 제품별로 원가를 집계하기 때문에 간접원가의 구분이 중요하다.
       ④ 개별원가계산은 조선업, 기계제작업, 플랜트 건설업 등과 같이 수요자의 요구
       에 따라 개별적으로 제품을 생산하는 업종에서 주로 사용한다.

05 ①   ② 기업의 생산형태, 원가측정, 원가구성방법에 따른 원가계산제도들은 상호 간 결합하여
       적용할 수 있다.
       ③ 개별원가계산은 제품원가를 개별 작업별로 구분하여 집계하므로 제조직접비와 제조간
       접비의 구분이 중요하다.
       ④ 각 작업별로 원가가 계산되기 때문에 원가계산자료가 상세하고 복잡해짐에 따라 오류
       가 발생할 가능성이 많아진다.

06 ①   개별원가계산에서 재공품 계정은 통제계정이 되고, 각각의 작업원가표는 보조계정이 된다.

07 ③

08 ④

09 ②   문제에서 설명하고 있는 원가계산방법은 개별원가계산이다. 개별원가계산은 작업별로 원
       가를 계산하기 때문에 공정별로 계산하는 종합원가계산에 비해 일반적으로 비용과 시간이
       많이 투입된다.

10 ④   A부문 직접노무원가=90,000÷180%=50,000
       B부문 제조간접원가=40,000×60%=24,000
       #04의 총 제조원가
       = (50,000+50,000+90,000)+(16,000+40,000+24,000)
       = 270,000

11 ①   제품 A 제조원가=100,000원+200시간×500+200시간×750=350,000원

12 ④   작업지시서 #112 상 확인되는 제조간접원가 배부율=9,100÷5,200=1.75
       #111+#113
       =[30,000+24,000+(24,000×1.75)]+[20,000+10,800+10,800×1.75)]
       =145.700

13 ④   제조간접원가 배부율=6,000원÷(8,000원+12,000원)=0.3원/기본원가
       기말재공품원가(#2)=4,000원+3,000원+5,000원+(3,000원+5,000원)×0.3
                    =14,400원

14 ④　작업 A101이 당기에 완성되었으므로, 작업 A101의 기초재공품원가와 당기총제조원가의
　　　　합이 당기제품제조원가이다.
　　　　53,000원+(290,000원+300,000원+85,000원+92,000원+150,000원)
　　　　=970,000원

15 ③　제조간접원가 배부율=3,000,000÷500,000=@6
　　　　일반형 전화기의 총 제조원가
　　　　　=400,000+100,000+(100,000×@6)=1,100,000
　　　　프리미엄 전화기의 총 제조원가
　　　　　=600,000+400,000+(400,000×@6)=3,400,000

16 ③　제품 A 제조원가=100,000원+200시간×500원+200시간×x
　　　　　　　　　　　　=360,000원
　　　　∴ x=800원/시간

17 ①　550,000+500,000+(500,000×@0.5)=1,300,000

18 ②　1) 부문별 제조간접원가 배부율
　　　　　　조립: 200,000원÷1,000시간=200원/시간
　　　　　　도장: 400,000원÷4,000시간=100원/시간
　　　　　2) #10 작업의 가공원가
　　　　　　=10,000+15,000+(60시간×200)+(120시간×100)=49,000

Ⅱ 종합원가계산

01 ②　원가관리 및 통제가 제품별이나 작업별로 수행되는 것은 개별원가계산이다.

02 ②　ㄴ, ㄹ: 개별원가계산에 관한 설명이다.

03 ②　물량의 흐름 파악 다음 단계에서 완성품 환산량 계산이 이루어진다.

04 ②　개별원가계산에 대한 설명이다.

05 ③　①,② 평균법에 의한 종합원가계산에 대한 설명이다.
　　　　④ 선입선출법이 적용되는 종합원가계산에 대한 설명이다.

06 ②   평균법에서는 전기와 당기의 작업능률이 혼합되어 원가통제 상으로 유용한 정보를 제공하지 못할 수 있다.

07 ②   선입선출법의 경우 완성품원가는 기초재공품원가와 당기투입원가 중 완성품에 배분된 금액의 합계이지만, 평균법의 경우 당기완성품수량에 완성품환산량 단위당 원가를 곱한 금액이다.

08 ④   종합원가계산에서 선입선출법과 평균법의 차이점은 기초재공품의 인식방법에 따라 달라지기 때문에, 기초재공품이 없다면 두 방법의 결과는 동일하게 된다.

09 ②   평균법에 의한 기말재공품원가는 '기말재공품의 완성품환산량×완성품환산량 단위당 원가'로 계산하고, 완성품환산량 단위당 원가는 총원가를 총완성품환산량으로 나누어 구한다. 또한 총완성품환산량은 '완성품수량+기말재공품의 완성품환산량'으로 계산한다.

10 ④   선입선출법에 의한 기말재공품원가는 '기말재공품의 완성품환산량×완성품환산량 단위당 원가'로 계산하고, 완성품환산량 단위당 원가는 당기투입원가를 당기완성품환산량으로 나누어 구한다. 또한 당기완성품환산량은 '완성품수량+기말재공품의 완성품환산량−기초재공품의 완성품환산량'으로 계산한다.

11 ③

	(1단계) 물량흐름	(2단계) 완성품환산량	
		재료원가	가공원가
당기완성품	15,000개	15,000개(100%)	15,000개(100%)
기말재공품	5,000개	5,000개(100%)	3,500개(70%)
	20,000개	20,000개	18,500개

12 ④

	(1단계) 물량흐름	(2단계) 완성품환산량	
		재료원가	가공원가
당기완성품			
─ 기초재공품	20,000개	0개(0%)	14,000개(70%)
─ 당기투입	60,000개	60,000개(100%)	60,000개(100%)
기말재공품	10,000개	10,000개(100%)	8,000개(80%)
	90,000개	70,000개	82,000개

13 ④

	(1단계)	(2단계) 가공원가 완성품환산량	
	물량흐름	평균법	선입선출법
당기완성품			
┌ 기초재공품	100개	100개	40개(60%)
└ 당기투입	100개	100개	100개
기말재공품	100개	40개	40개(40%)
	300개	240개	180개

(3단계) 배분할 원가   9,000+34,200=43,200   34,200

(4단계) 완성품환산량 단위당원가   @180   @190

완성품 가공원가
평균법 : 200개×@180=36,000
선입선출법 : 9,000+(140개×@190)=35,600
따라서, 평균법의 완성품에 포함된 가공원가는 선입선출법보다 크다.

14 ③   (1) 평균법

	(1단계)	(2단계) 완성품환산량	
	물량흐름	재료원가	가공원가
당기완성품	2,000개		2,000개(100%)
기말재공품	500개		350개(70%)
	2,500개		2,350개

(2) 선입선출법
　　당기완성품환산량=총완성품환산량−기초재공품의 완성품환산량
　　　　　　　　　=2,350개−600개×60%=1,990개

15 ②   기초재공품의 완성도를 x 라 하면,
[400개×(1−x%)]+1,300개+(800개×60%)=2,020개
∴ x=40%

16 ①

	(1단계)	(2단계) 완성품환산량
	물량흐름	가공원가
당기완성품	23,000개	23,000개
기말재공품	3,000개	1,200개(40%)
	26,000개	24,200개

(3단계) 배분할 원가

(4단계) 완성품환산량 단위당원가   @8

기말재공품에 포함된 가공원가＝1,200개×@8＝9,600

17 ④ 재공품의 완성도가 50%이므로 재료 X는 투입되지 않았으며, 가공원가는 균등하게 투입되므로 50%의 가공원가가 투입되었다.

18 ② 기초재공품 수량을 x 라 하면,
(1-40%)*x＝(65,000개 −53,000개) 이므로 x＝20,000개

19 ④

	(1단계)	(2단계) 완성품환산량	
	물량흐름	재료원가	가공원가
당기완성품			
┌ 기초재공품	3,000단위	0단위	1,200단위 (60%)
└ 당기투입	24,000단위	24,000단위	24,000단위 (100%)
	6,000단위	6,000단위	1,500단위 (25%)
기말재공품	5,000단위	30,000단위	26,700단위

(3단계) 배분할 원가
당기투입원가   150,000   320,400

(4단계) 완성품환산량 단위당 원가
완성품환산량   ÷30,000   ÷26,700
완성품환산량 단위당 원가   5   12

따라서 당기완성품원가＝18,000＋(24,000×5)＋(25,200×12)＝440,400

20 ②

	(1단계)	(2단계) 완성품환산량	
	물량흐름	재료원가	가공원가
당기완성품			
┌ 기초재공품	400개	0개	200개(50%)
└ 당기투입	600개	600개	600개
기말재공품	200개	200개	160개(80%)
	1,200개	800개	960개
(3단계) 배분할 원가		2,000,000	3,000,000
(4단계) 완성품환산량 단위당원가		@2,500	@3,125

21 ③

	(1단계)	(2단계) 완성품환산량	
	물량흐름	재료원가	가공원가
당기완성품			
┌ 기초재공품	500개	0개	300개(40%)
└ 당기투입	3,700개	3,700개	3,700개
기말재공품	800개	800개	400개(50%)
	5,000개	4,500개	4,400개

당월 발생한 가공원가＝4,400개×@15＝66,000

22 ②

기말재공품의 완성도를 x% 라 하면,
[200개×(1-60%)]+1,400개+(400개×x%)=1,720개
∴ x=60%

23 ①

	(1단계)	(2단계) 완성품환산량	
	물량흐름	재료원가	가공원가
당기완성품	400개	400개(100%)	400개(100%)
기말재공품	100개	100개(100%)	20개(20%)
	500개	500개	420개

(3단계) 배분할 원가			합계
기초재공품원가	₩8,000,000	₩6,000,000	₩14,000,000
당기투입원가	32,000,000	24,240,000	56,240,000
총원가	₩40,000,000	₩30,240,000	₩70,240,000

(4단계) 완성품환산량 단위당 원가

완성품환산량	÷500개	÷420개
완성품환산량 단위당 원가	₩80,000	₩72,000

(5단계) 원가배분

완성품원가	400개×₩80,000+400개×₩72,000 =	₩60,800,000
기말재공품원가	100개×₩80,000+20개×₩72,000 =	9,440,000
		₩70,240,000

24 ④

	(1단계)	(2단계) 완성품환산량	
	물량흐름	재료원가	가공원가
당기완성품			
┌ 기초재공품	400개	0개	200개(50%)
└ 당기투입	600개	600개	600개
기말재공품	200개	200개	160개(80%)
	1,200개	800개	960개
(3단계) 배분할 원가		2,000,000	3,000,000
(4단계) 완성품환산량 단위당원가		@2,500	@3,125

완성품원가=700,000+(600개×@2,500)+(800개×@3,125)=4,700,000

25 ④ 〈제 2공정에서 완성품원가의 대체 시 회계처리〉

(차) 제품　　　　　　XXX　　　(대) 재공품(2공정)　　　XXX

26　①　②, ③은 기초에 비하여 기말재공품원가가 감소한다.
　　　　④는 재공품원가와 전혀 관련성이 없다.

27　④　기말재공품의 완성도 과대평가 → 2단계 완성품환산량 과대평가
　　　　→ 4단계 완성품환산량 단위당 원가 과소평가
　　　　→ 5단계 완성품원가 과소평가, 기말재공품원가 과대평가

28　①　기말재공품의 완성도 과소평가 → 2단계 완성품환산량 과소평가
　　　　→ 4단계 완성품환산량 단위당 원가 과대평가
　　　　→ 5단계 완성품원가 과대평가, 기말재공품원가 과소평가(재고자산 과소계상)
　　　　→ 매출원가 과대계상 → 영업이익 과소계상 → 이익잉여금 과소계상

Chapter 3	원가측정에 따른 원가계산방법

I　정상원가계산

01　②　제조간접원가 실제 발생액이 예정배부액보다 적다면 과대배부(초과배부)된 것이다.

02　①　정상원가계산은 제조간접원가의 배부가 기말까지 지연되어 제품원가계산이 지연되는 실제원가계산의 문제점을 보완하기 위한 원가계산제도이다.

03　③　제조간접원가 예정배부율＝3,600,000원÷18,000시간＝200원/시간
　　　　제조간접원가 예정배부액＝25,000시간×200원＝5,000,000원

04　④　제조간접원가 예정배부율＝2,000,000원÷40,000시간＝50원/시간
　　　　기말재공품원가(#248)＝90,000원+30,000원+1,600시간×50원＝200,000원

05　①　예정배부율＝255,000÷100,000＝@2.55/h

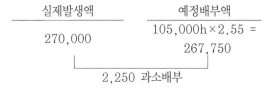

　　　　　실제발생액　　　　　　예정배부액
　　　　　　　　　　　　　　105,000h×2.55 ＝
　　　　　　270,000　　　　　　　267,750
　　　　　　　　　　2,250 과소배부

06   ②   제조간접원가 예정배부율＝2,000,000원÷5,000시간＝400원/시간
제조간접원가 실제배부율＝2,000,000원÷4,000시간＝500원/시간
#A 제조간접원가 배부차이＝2,000시간×(500원－400원)＝200,000원

Ⅱ 표준원가계산의 기초

01   ④   표준원가계산은 제품원가를 미리 정해놓은 표준원가로써 측정하므로 실제 발생원가와는
차이가 발생하게 된다.

02   ③   이상적표준은 이를 달성하는 경우가 거의 없기 때문에 항상 불리한 차이가 발생하게 되
며, 이에 따라 종업원의 동기부여에 역효과를 초래한다.

03   ④   경영자는 표준원가와 실제원가의 차이 중 중요한 부분에 대해서만 관심을 가지고 개선책을
강구하는 예외에 의한 관리(management by exception)를 할 수 있다.

04   ①   표준원가계산은 비계량정보를 무시할 가능성이 있다는 한계점을 가진다.

05   ③   표준원가계산은 계량적인 정보를 사용한다.

06   ②   ① 종업원의 동기부여에 역효과를 초래한다.
③ 실제원가와의 차이가 크게 발생한다.

07   ①   설정내용에 따라서 원가관리에 더 적합할 수 있고 예산관리에도 더 적합하게 이용될 수 있
는 표준은 현실적 표준이다.

Ⅲ 표준원가계산과 원가차이분석

01   ②   나. 직접재료원가 차이분석 시 표준투입량은 실제사용량에 허용된 표준투입량이다.

02   ④   ㄷ. 원가통제를 포함한 표준원가시스템을 잘 활용하면 원가절감을 유도할 수 있다.
ㄹ. 원가차이를 매출원가에서 조정할 때 불리한 차이는 가산하고 유리한 차이는 차감
한다.

03 ②

AQ×AP	AQ×SP	SQ×SP
1,100×3.2kg×@28	1,100×3.2kg×@30	1,100×3kg×@30
= 98,560	= 105,600	= 99,000

가격차이 7,040 (유리)　　능률차이 6,600 (불리)

직접재료원가 실제원가는 98,560원이다.

04 ④　직접재료원가 능률차이가 발생하는 원인에 대한 설명이다.

05 ①

AQ×SP	SQ×SP
9,000개*×@300	2,500개×4kg×@300
= 2,700,000	= 3,000,000

능률차이 300,000 (유리)

* (400−300)×AQ=900,000 (불리)

∴ AQ=9,000개

06 ②

AQ(구입)×AP	AQ(구입)×SP	AQ(사용)×SP	SQ×SP
5,400kg×@120	5,400kg×@100	5,200kg×@100	1,800kg×2.5kg×@100
= 648,000	= 540,000	= 520,000	= 450,000

가격차이 108,000 (불리)　　　능률차이 70,000 (불리)

07 ③　구하고자 하는 제품생산량을 x 라고 하면,

AQ×AP	AQ×SP	SQ×SP
AQ*×@35	800×SP**	x×9개×@30
= 28,000	= 24,000	= 27,000

4,000 (U)　　　　3,000 (F)

 * AQ=800

** SP=@30

따라서, x=100단위

08 ①

AQ×AP	AQ×SP	SQ×SP
3,200kg×@11 = 35,200	= 44,800	= 42,000

가격차이 9,600 (유리)   능률차이 2,800 (불리)

09 ② 구하고자 하는 직접재료 표준투입량을 x 라 하면,

AQ×AP	AQ×SP	SQ×SP
3,200kg×@11 = 35,200	3,200kg×SP* = 44,800	2,000개×x×₩14 =42,000

9,600(F)   2,800(U)

* SP=14
따라서, x=1.5kg

10 ②

11 ②

AQ×AP	AQ×SP	SQ×SP
4,680시간×₩11 = ₩51,480	4,680시간×₩12 = ₩56,160	900개 × 5시간×₩12 = ₩54,000

₩4,680(F)   ₩2,160(U)

12 ①

AQ×AP	AQ×SP	SQ×SP
22,000,000	25,000h**×960* = 24,000,000	5,000개×4h×960* = 19,200,000

가격차이 2,000,000 (유리)   능률차이 4,800,000 (불리)

  * SP=19,200,000÷5,000개÷4h=960
** AQ=24,000,000÷960=25,000h

단위당 작업시간=25,000h÷5,000개=5h

13 ④

AQ × AP	AQ × SP	SQ × SP
126,000	40,000×SP* = 123,000	41,000×3.075 = 126,075

3,000 (U)   3,075 (F)

* SP=3.075

14 ②

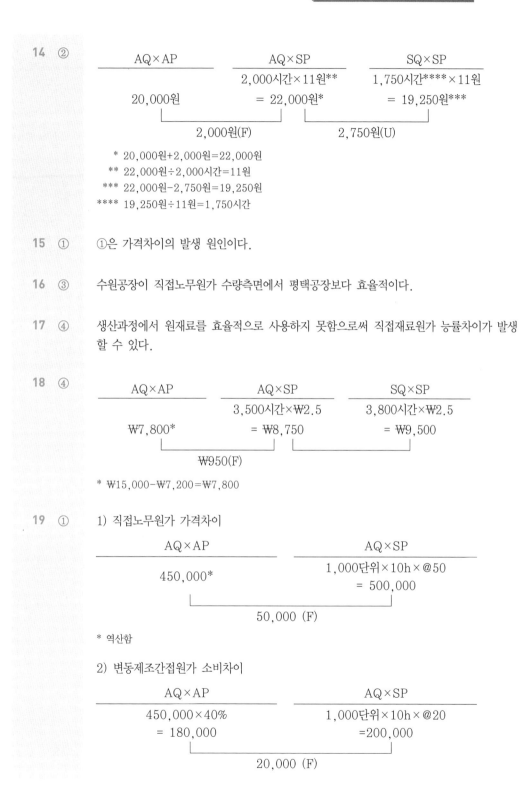

AQ×AP	AQ×SP	SQ×SP
	2,000시간×11원**	1,750시간****×11원
20,000원	= 22,000원*	= 19,250원***

2,000원(F)　　　　2,750원(U)

   * 20,000원+2,000원=22,000원
  ** 22,000원÷2,000시간=11원
 *** 22,000원-2,750원=19,250원
**** 19,250원÷11원=1,750시간

15 ①

①은 가격차이의 발생 원인이다.

16 ③

수원공장이 직접노무원가 수량측면에서 평택공장보다 효율적이다.

17 ④

생산과정에서 원재료를 효율적으로 사용하지 못함으로써 직접재료원가 능률차이가 발생할 수 있다.

18 ④

AQ×AP	AQ×SP	SQ×SP
	3,500시간×₩2.5	3,800시간×₩2.5
₩7,800*	= ₩8,750	= ₩9,500

₩950(F)

* ₩15,000-₩7,200=₩7,800

19 ①

1) 직접노무원가 가격차이

AQ×AP	AQ×SP
	1,000단위×10h×@50
450,000*	= 500,000

50,000 (F)

* 역산함

2) 변동제조간접원가 소비차이

AQ×AP	AQ×SP
450,000×40%	1,000단위×10h×@20
= 180,000	=200,000

20,000 (F)

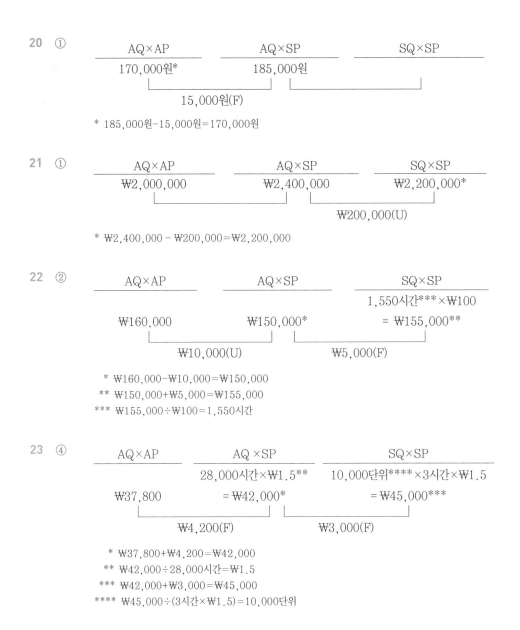

20 ①

AQ×AP	AQ×SP	SQ×SP
170,000원*	185,000원	

15,000원(F)

* 185,000원−15,000원=170,000원

21 ①

AQ×AP	AQ×SP	SQ×SP
₩2,000,000	₩2,400,000	₩2,200,000*

₩200,000(U)

* ₩2,400,000 − ₩200,000=₩2,200,000

22 ②

AQ×AP	AQ×SP	SQ×SP
		1,550시간***×₩100
₩160,000	₩150,000*	= ₩155,000**

₩10,000(U)　　₩5,000(F)

```
  * ₩160,000−₩10,000=₩150,000
 ** ₩150,000+₩5,000=₩155,000
*** ₩155,000÷₩100=1,550시간
```

23 ④

AQ×AP	AQ ×SP	SQ×SP
	28,000시간×₩1.5**	10,000단위****×3시간×₩1.5
₩37,800	= ₩42,000*	= ₩45,000***

₩4,200(F)　　₩3,000(F)

```
   * ₩37,800+₩4,200=₩42,000
  ** ₩42,000÷28,000시간=₩1.5
 *** ₩42,000+₩3,000=₩45,000
**** ₩45,000÷(3시간×₩1.5)=10,000단위
```

24 ③ 〈변동제조간접원가〉

$$\underline{\text{AQ} \times \text{AP}} \qquad\qquad \underline{\text{AQ} \times \text{SP}}$$

$$2,500^{**} \times 80원$$
$$175,000원 \qquad = 200,000원^{*}$$

$$25,000(\text{F})$$

〈직접노무원가〉

$$\underline{\text{AQ} \times \text{AP}} \qquad\qquad \underline{\text{AQ} \times \text{SP}}$$

$$2,500^{**} \times 30원$$
$$= 75,000원$$

* 175,000원+25,000원=200,000원
** 200,000원÷80원=2,500

25 ③ 직접노무원가 능률차이가 불리하다는 의미는 실제직접노동시간이 표준직접노동시간보다 크다는 것을 의미한다. 따라서 직접노동시간을 배부기준으로 사용하는 변동제조간접원가의 실제조업도(실제직접노동시간)가 표준조업도(표준직접노동시간)보다 크므로 변동제조간접원가 능률차이가 불리하게 나타난다.

26 ① 고정제조간접원가 예산의 기준조업도를 최대 생산가능조업도로 할 경우 불리한 조업도 차이가 발생하게 된다.

27 ② 기준조업도는 될 수 있으면 금액보다는 물량기준으로 설정해야 한다. 왜냐하면 금액을 기준조업도로 사용할 경우에는 물가변동의 영향을 받기 때문이다.

28 ②

$$\underline{\text{예산}} \qquad\qquad\qquad \underline{\text{SQ} \times \text{SP}}$$

$$400단위 \times 1.5h \times 638,600/620h$$
$$638,600 \qquad\qquad = 618,000$$

조업도차이 20,600 (불리)

29 ② 실제생산량에 허용된 표준조업도=1,200단위×9시간=10,800시간

$$\underline{\text{실 제}} \qquad\qquad \underline{\text{예 산}} \qquad\qquad \underline{\text{배 부}}$$

$$1,200 \times 9 \times @200^{*}$$
$$1,870,000 \qquad\qquad 2,000,000 \qquad\qquad = 2,160,000$$

예산차이 130,000 (F) 조업도차이 160,000 (F)

* 예정배부율=2,000,000÷10,000=@200/h

30 ③ 고정제조간접원가 예산총액은 불변이므로 예산차이는 불변이다. 그러나 기준조업도가 증가하므로 조업도 단위당 고정제조간접원가 예정배부율이 감소하게 된다. 그 결과 고정제조간접원가 배부액이 감소하게 되어 불리한 조업도차이가 증가하게 된다.

31 ① 〈변동제조간접원가〉

AQ×AP	AQ×SP	SQ× SP
₩5,500,000	51,000시간×₩100	10,000개×5시간×₩100
	= ₩5,100,000	= ₩5,000,000

소비차이 ₩400,000(U)　　능률차이 ₩100,000(U)

〈고정제조간접원가〉

실 제	예 산	배 부
₩1,500,000	₩1,000,000	10,000개×₩200*
		= ₩2,000,000

예산차이 ₩500,000(U)　　조업도차이 ₩1,000,000(F)

* ₩1,000,000÷5,000개=₩200/개

32 ③

〈실제발생액〉			〈배부액〉
AQ×AP	AQ×SP	SQ×SP	SQ×SP
+	+	+	+
실 제	예 산	예 산	배 부
	8,000시간 × 10	7,500시간×10	7,500시간×10
	+₩80,000	+₩80,000	+7,500시간×8
₩155,000	= ₩160,000	= ₩155,000	= ₩135,000

소비차이 ₩5,000(F)　능률차이 ₩5,000(U)　조업도차이 ₩20,000(U)

33 ② 2분법에 의한 제조간접원가차이는 예산차이와 조업도차이로 이루어지는데, 이때 조업도차이는 고정제조간접원가 조업도차이만이 포함되며 예산차이의 경우 변동제조간접원가차이와 고정제조간접원가 예산차이가 포함된다.

34 ② 기타손익법은 비배분법에 해당한다.

Chapter 4

원가구성에 따른 원가계산방법

Ⅰ 변동원가계산과 초변동원가계산

01 ③ 전부원가계산에서는 제조원가(직접재료원가, 직접노무원가, 제조간접원가) 전부를 제품원가로 처리한다.

02 ② $(100-25-20-6-(16,000/1,000)-10)\times800단위=18,400$

03 ② 변동원가계산에서는 변동제조원가(직접재료원가, 직접노무원가, 변동제조간접원가)를 제품원가로 처리한다.

04 ④ 공통적인 고정원가를 부문이나 제품에 배부하지 않는다.

05 ①

06 ② ㄴ. 변동제조간접원가는 제조원가에 포함한다.
ㄹ. 제품 판매량이 영업이익에 영향을 미친다.

07 ④ 변동원가계산에 의한 영업이익은 생산량에 따라 달라지지 않는다.

08 ② 나. 기업회계기준에서 인정하는 원가계산제도는 전부원가계산제도이다.
라. 공통고정원가를 부문이나 제품별로 배분하지 않기 때문에 부문별, 제품별 의사결정 문제에 왜곡을 초래하지 않는다.

09 ① 초변동원가계산에서는 직접재료원가만을 제품원가로 처리한다.

10 ④ 초변동원가계산은 변동원가계산과 마찬가지로 원가회피개념에 근거를 두고 있다.

11 ④ 초변동원가계산방법은 외부보고목적의 재무제표 작성에 이용될 수 없다.

12 ④ 전부원가계산은 이익결정요인이 판매량과 생산량이다.

13 ④ ㄴ. 기초재고수량이 기말재고수량보다 적다면 일반적으로 변동원가계산에 의한 영업이익
이 초변동원가계산에 의한 영업이익보다 크다.
ㄷ. 은 초변동원가계산의 한계점을 설명하고 있다.
ㄹ. CVP 분석이 목적이라면 변동원가계산의 공헌이익손익계산서가 가장 유용하다.

14 ④ 전부원가계산의 기말제품재고액
$=100$단위$\times$(₩300+₩200+₩100+₩200*)$=$₩80,000
* 제품 단위당 고정제조간접원가$=$₩100,000$\div$500단위$=$₩200

15 ② 변동원가계산의 기말제품재고액
$=100$단위$\times$(₩300+₩200+₩100)$=$₩60,000

16 ② 초변동원가계산의 기말제품재고액
$=100$단위$\times$₩300$=$₩30,000

17 ① 제품 단위당 고정제조간접원가$=$₩100,000원 $\div$ 500단위$=$₩200
기말제품재고액의 차이(기말제품재고의 고정제조간접원가 차이)
$=200$단위$\times$₩200$=$₩40,000

18 ④ 변동원가계산에 의한 기말재고액은 전부원가계산의 기말재고액에 포함된 고정제조간접원
가만큼 더 작다.
$\rightarrow$ 전부원가계산의 기말재고액에 포함된 고정제조간접원가$=100$단위$\times$₩3$=$₩300

19 ③ 전부원가계산 매출총이익$=$
$(@1,500-@100-@120-@50-@50^*)\times10,000$개$=11,800,000$
$^*500,000\div10,000$개$=50$
변동원가계산 공헌이익$=$
$(@1,500-@100-@120-@50-@30)\times10,000$개$=12,000,000$
초변동원가계산 재료처리량공헌이익$=$
$(@1,500-@100)\times10,000$개$=14,000,000$

20 ② 기말제품재고 수량$=90,000-70,000=20,000$
기말재고$=20,000\times(1,350,000\div90,000)=300,000$
영업이익$=5,000,000-(1,350,000\times70,000/90,000)-500,000-$
$\qquad 260,000-550,000=2,640,000$

21 ② 판매량$\times$(7,000원$-$4,500원)$-2,300,000$원$=8,750,000$원
$\therefore$ 판매량$=4,420$단위 $\rightarrow$ 매출액$=4,420$단위$\times7,000$원$=30,940,000$원

22 ③   2,800개×(250원-80원)=476,000원

23 ①   20,000개×(₩400-₩50)-{20,000개×(₩30+₩70+₩120)+₩500,000+₩1,100,000}
         =₩1,000,000

24 ②   제조간접원가 중 고정비가 기간원가로 처리된다.

25 ①

26 ④   생산량이 판매량보다 많으면 일반적으로 전부원가계산에 의한 영업이익이 변동원가계산
         에 의한 영업이익보다 더 크다.

27 ①   기초재고가 기말재고보다 큰 경우, 영업이익의 크기는 ①의 순서이다.

28 ②   전부원가계산에서 기말재고액에 포함된 고정제조간접원가 금액은 변동원가계산에서는 기
         간비용으로 처리되므로 동 금액만큼 순이익이 작아진다.

29 ②   260,000-(500단위×5원)=257,500원

30 ②
               변동원가계산의 영업이익   I
         (+) 기말재고의 고정제조간접원가   200단위×2,000원* =   400,000원
         (-) 기초재고의 고정제조간접원가   (0)
               전부원가계산의 영업이익   I+400,000

         * 제품 단위당 고정제조간접원가=1,000,000원÷500단위=2,000원

31 ②   초변동원가계산의 순이익 5,000,00
         (+) 기말재고자산에 포함된 가공원가 1,500,000
         (-) 기초재고자산에 포함된 가공원가 3,000,000
         = 전부원가계산에 의한 순이익 3,500,000

32 ④   당기 판매수량=391,500÷@900=435개
         기말재고자산 수량=20,400÷@240=85개
         당기 총 생산수량=435개+85개=520개

33 ② 영업이익의 차이 200,000원은 4월의 기초재공품 1,000개에 포함된 고정제조간접원가 금액과 동일하므로,
단위당 고정제조간접원가=200,000÷1,000개=@200
3월 총 고정제조간접원가=8,000단위×@200=1,600,000

34 ② 전부원가계산과 변동원가계산의 영업이익 차이 90,000원은 기말재고자산에 포함된 고정 제조간접원가 금액과 동일하므로,
기말재고수량=90,000÷@10*=9,000개
(ㄱ)=50,000개-9,000개=41,000개
((ㄴ)-@30-@20-@15-@10*-@10)×41,000 개-415,000=200,000
(ㄴ)=@100
* 단위당 고정제조간접원가=500,000÷50,000개

Chapter 5 | 새로운 원가계산방법

I 활동기준원가계산

01 ② 제조간접원가의 비중이 증가하는 반면 직접노동의 투입량이 감소함에 따라 새로운 원가배 부기준이 필요하게 되었다.

02 ② 활동분석과 원가동인의 파악에 소요되는 비용과 시간이 크다는 단점이 있다.

03 ③ 활동기준원가계산은 다품종 소량생산 시스템의, 제조간접원가의 비중이 높은 기업에 적합 하다.

04 ④ 활동분석을 실시하여 활동을 단위수준활동, 배치수준활동, 제품유지활동 및 설비유지활 동의 네 가지로 분류한다.

05 ② ABC의 절차는 다음과 같다
1) 활동분석, 2) 각 활동별로 제조원가를 집계, 3) 활동별 원가동인(배부기준)의 결정, 4) 활동별 제조간접원가 배부율의 결정, 5) 원가대상별 원가계산

06 ①

07 ① ② 연구개발 : 제품유지활동
③ 건물임차 : 설비유지활동
④ 동력소비 : 단위수준활동

08 ① 제품뿐만 아니라 고객이나 서비스 등의 원가대상에 대해서도 활동분석이 가능하여 활동기준원가계산을 적용할 수 있다.

09 ③ 총제조원가＝20단위×(50,000원+5시간×400원+10개×10,000원+5,000원)
＝3,140,000원

10 ③ (1) 활동별 제조간접원가배부율

세척: 200,000÷100,000 ＝ 2원/리터
압착: 900,000÷45,000 ＝ 20원/압착계기시간
분쇄: 546,000÷21,000 ＝ 26원/분쇄기계시간

(2) 단위당 공헌이익＝
2,000−400−(30리터×2)−(10시간×20)−(5시간×26)＝1,210

11 ③ 단위당 제조원가＝16,550,000*÷5,000 개＝@3,310
* 총 제조원가＝직접재료원가+직접노무원가+포장/재료처리/절삭/조립활동 원가
＝ 6,000,000+5,000,000+(5,000 개×@300)+(90,000 개×@15)+
(90,000 개× @20)+(6,000 h×@150)

| Chapter 6 | 계획과 통제 |

I 원가추정

01 ③ 고저점법은 최고조업도와 최저조업도의 원가자료를 이용하여 원가함수를 추정하는 방법이다.

02 ④ 원가추정시 관련범위에서 단위당 변동원가와 총고정원가가 일정하다고 가정한다.

03 ③ 38 은 기계시간당 변동제조간접원가를 의미한다.

04　③　단위당 변동원가＝(70,000,000원－50,000,000원)÷(2,000단위－1,000단위)
　　　　　　　＝20,000원/단위
　　　　총고정원가＝50,000,000원－20,000원×1,000단위＝30,000,000원
　　　　　　　＝70,000,000원－20,000원×2,000단위＝30,000,000원

05　③　직접노무시간당 변동제조간접원가를 x 라고 하면,
　　　　(260h×x)＋9,800,000＝19,160,000
　　　　∴ x＝36,000
　　　　5월의 제조간접원가＝(350h×36,000)＋9,800,000＝22,400,000

Ⅱ 원가 · 조업도 · 이익분석

01　③　이익이나 손실이 없는 손익분기점에서는 법인세 효과가 없으므로 법인세를 고려하더라도
　　　　분석결과에 변화가 없다.

02　③　복수 제품인 경우 매출 배합은 일정하다고 가정한다.

03　④　매출액의 변화가 기업의 순이익에 미치는 영향을 파악하는데 있어서는 공헌이익보다 공헌
　　　　이익률 개념이 더 유용하다.

04　④　(400－150－90)÷＝40%

05　④　손익분기점 매출액＝고정원가÷공헌이익률
　　　　(1,100,000＋1,275,000)÷33.33%*＝7,125,000
　　　　* 공헌이익률＝(1,500－700－300)÷1,500＝33.33%

06　③　추가로 회수해야 할 목표이익 10,000,000÷단위당 공헌이익 4,000＝2,500그릇

07　④　(1.2억 원＋1.8억 원)÷(5,000－2,500)＝120,000개

08　②　목표이익분에 대한 추가 매출액＝2,000÷40%＝5,000
　　　　총 목표매출액＝손익분기점 매출액 15,000＋5,000＝20,000

09　④　$목표매출액(S) = \dfrac{30,000원 + 0.2S}{1 - 0.7}$　∴ S＝300,000원

10 ④ 손익분기점 판매량=2,340,000÷(4,000-1,500-1,200)=1,800개
목표이익 달성 판매량=
(2,340,000+1,300,000)÷(4,000-1,500-1,200)=2,800개

11 ④ (2,000,000+1,500,000)÷(10,000-5,000)=700개

12 ③ ① (100-60)÷100=40%
② 100-60=40
③ 50,000÷40%=125,000
④ (50,000+10,000)÷40%=150,000

13 ② 〈재료처리활동〉
단위당 변동원가=(342,000원-262,000원)÷(200개-100개)=800원/개
총고정원가=262,000원-800원×100개=182,000원
=342,000원-800원×200개=182,000원
〈손익분기점〉
손익분기점 판매량=182,000원÷{3,000원-(1,200원+800원)}=182단위

14 ③ C는 총이익을 의미한다.

15 ① 순이익=공헌이익-고정원가
=500,000원×0.3-105,000원*=45,000원
* 고정원가=손익분기점 공헌이익=350,000원×0.3=105,000원

16 ④ 목표매출액=(₩1,350,000*+₩600,000)÷0.3=₩6,500,000
* 고정원가=손익분기점 공헌이익=₩4,500,000×0.3=₩1,350,000

17 ① 10,000개×@판매가격×0.5-₩4,000,000=₩2,000,000
∴ @판매가격=₩1,200
@변동원가÷₩1,200=0.5
∴ @변동원가=₩600

18 ③ P : 단위당 판매가격
$\dfrac{P-₩60}{P}=0.4$　　　　∴ P=₩100
5,000단위 추가 판매 시 증가하는 공헌이익만큼 고정원가를 증가할 수 있으므로,
고정원가 증가액=5,000단위×(₩100-₩60)=₩200,000

19 ④ $50명 \times (X-₩7,200-₩800)-(₩200,000+₩300,000+₩100,000) \geqq 0$
        $\therefore X \geqq ₩20,000$

20 ④   ①② 단위당 판매가격과 단위당 변동원가가 불변이면 공헌이익도 변하지 않는다.
        ③④ 손익분기점=총고정원가÷공헌이익

21 ②   ① 변동원가가 20% 감소하므로 변동비율이 낮아진다.
        ③ 총원가가 변동할 수 있으므로 순이익에 영향이 있을 수 있다.
        ④ 변동비율이 낮아지는 만큼 공헌이익률이 높아진다.

22 ②   가격 인하 시 영업이익

매출액(2,000단위×1.2)×(₩1,000×0.9)=	₩2,160,000
변동원가(2,000단위×1.2)×₩500=	1,200,000
고정원가	500,000
영업이익	₩460,000

23 ②   시설투자 전 손익분기점 $=\dfrac{₩100,000}{₩500-₩400}=1,000개$

        시설투자 후 손익분기점 $=\dfrac{₩100,000 \times (1+0.2)}{₩500-₩400 \times (1-0.25)}=600개$

        ∴ 감소한다.

24 ④   20×1년 매출액=S,
        〈20×1년〉 공헌이익=S-0.6S=0.4S
        〈20×2년〉 공헌이익=1.1S-0.6S=0.5S
        ∴ 공헌이익증가율=(0.5S-0.4S)÷0.4S=25%

25 ④

26 ②   손익분기점=₩450,000÷30%=₩1,500,000
        안전한계율=(₩2,000,000-₩1,500,000)÷₩2,000,000=25%

27 ②   안전한계율=(₩1,500,000 - ₩300,000[*])÷₩1,500,000=80%
        [*] 공헌이익률=(₩300-₩150)/₩300=50%
           손익분기점 매출액=₩150,000÷0.5=₩300,000

28 ④ 영업레버리지는 고정원가로 인하여 매출액의 변화액보다 영업이익의 변화액이 더 커지는 현상을 말한다.

29 ③ 영업레버리지도가 높다는 것은 그 기업의 영업이익이 많음을 의미하지는 않는다. 그것은 다만 매출액의 증감에 따른 영업이익의 민감도를 나타낸다.

30 ④ 영업레버리지도(DOL)

$$=\frac{공헌이익}{영업이익}=\frac{20,000원}{5,000원}=4$$

31 ④ 영업레버리지도(DOL)

$$=\frac{공헌이익}{영업이익}=\frac{400,000}{100,000}=4$$

영업이익 변화율=매출액변화율×DOL=40%×4=160%

32 ④ ① DOL=₩600,000÷₩300,000=2

영업이익증가율=100%×2=200%

증가후 영업이익=₩300,000×(1+2)=₩900,000

② DOL=₩1,500,000÷₩300,000=5

④ (주)삼일의 영업레버리지도가 더 작으므로 매출액 감소 시 (주)삼일의 영업이익 감소율이 (주)용산의 영업이익 감소율보다 작다.

Ⅳ 책임회계제도와 성과평가

01 ③ 예산 편성성격에 따라 운영예산(영업예산)과 재무예산으로 분류된다.

02 ② 하나의 조업도수준을 기준으로 편성하는 예산은 고정예산이다.

03 ② 11,000 (P)×1,100 (Q)=12,100,000

04 ③ 고정예산과 변동예산은 예산을 ③과 같이 편성방법에 따라 분류한 것이다.
① 은 종합예산과 부문예산에 대한 설명이다.

05 ①

06 ② 책임회계제도가 그 기능을 효율적으로 수행하기 위해서는 각 책임중심점의 경영자가 권한을 위임받은 원가항목들에 대해 통제권을 행사할 수 있어야 한다.

07 ④ 판매부문은 수익중심점으로 분류하기 보다는 이익중심점으로 분류하는 것이 좋다.

08 ② ① 투자중심점 - 분권화된 조직
③ 원가중심점 - 제조부문
④ 수익중심점 - 판매부서

09 ③ 효율적인 성과평가제도는 적시성과 경제성이 적절히 고려되어야 한다.

10 ④ 해당 책임중심점에 배분된 고정제조간접원가는 통제불가능원가이다.

11 ② 책임회계에 근거한 성과보고서는 통제가능원가만을 포함하는 것이 바람직하다.

12 ④ 책임중심점의 관리자가 통제가능한 요소에 대하여 책임을 물어야 한다.

13 ③ 성과평가를 수행하는 경우 많은 시간과 비용을 투입하면 더욱 정확한 평가는 가능할지 몰라도 적시성과 경제성 측면에서는 문제가 있을 수 있다.

14 ② 사업부 공헌이익은 사업부경영자 공헌이익에서 사업부가 단기적으로 통제할 수 없으나 사업부에 직접 추적 또는 배분 가능한 고정원가를 차감한 이익개념으로 특정사업부에서 발생한 모든 수익과 원가가 포함되기 때문에 사업부 자체의 수익성을 평가하는데 유용하다.

15 ①

16 ① 원가중심점이란 통제 가능한 원가의 발생에 대해서만 책임을 지는 가장 작은 활동단위로서의 책임중심점이다.

Ⅴ 분권화와 성과평가

01 ① 각 사업부에서 동일한 활동이 개별적으로 중복되어 수행될 수 있다.

02 ④

실제규모×실제점유율×BACM	실제규모×예산점유율×BACM	예산규모×예산점유율×BACM
100,000×35%×@120	100,000×30 %×@120	120,000×30%×@120
= 4,200,000	= 3,600,000	= 4,320,000

      └─── 시장점유율차이 600,000 (유리) ───┘   └─── 시장규모차이 720,000 (불리) ───┘

03 ②

실 제	변동예산	고정예산
11,000 ×180원= 1,980,000원	11,000 ×200원= 2,200,000원	

      └─── 매출가격차이 220,000원(U) ───┘

11,000 ×50원*= 550,000원   10,000 ×50원*= 500,000원

           └─── 매출조업도차이 50,000원(F) ───┘

* 단위당 예산공헌이익＝200원－(120원+30원)＝50원

04 ①

AQ×(BP-SV)	BQ×(BP-SV)
2,000개×(@88-@35)	2,100개×(@88-@35)
= 106,000	= 111,300

      └─── 매출조업도차이 5,.300 (불리) ───┘

05 ②

변동예산(실제배합)	변동예산(예산배합)	고정예산
(500 × @10)	(2,500 × 800/2,000 × @10) +	(800×@10)+
(2,000 × @5)	(2,500 × 1,200/2,000 × @5)	(1,200×@5)
= 15,000	= 17,500	= 14,000

      └─── 매출배합차이 2,500 (불리) ───┘   └─── 매출수량차이 3,500 (유리) ───┘

06 ④

07 ④

실제규모×예산점유율×BACM	예산규모×예산점유율×BACM
100,000개×40%×@100	120,000개×40%×@100
= 4,000,000	= 4,800,000

      └─── 시장규모 차이 800,000 (불리) ───┘

08 ③

실제규모×실제점유율×BACM	실제규모×예산점유율×BACM
100,000개×45%×@100	100,000개×40%×@100
= 4,500,000	= 4,000,000

시장점유율 차이 500,000 (유리)

09 ①

A 사업부의 투자수익률＝400억 원÷2,000억 원＝20%

B 사업부의 투자수익률＝720억 원÷4,000억 원＝18%

A 사업부의 잔여이익＝400억 원－(2,000억 원×10%)＝200억 원

B 사업부의 잔여이익＝720억 원－(4,000억 원×10%)＝320억 원

따라서 투자수익률 기준으로는 A 사업부가, 잔여이익 기준으로는 B가 더 우수하다는 결과가 나온다.

10 ① 투자중심점의 바람직한 성과지표는 투자수익률, 잔여이익, 경제적부가가치 등이다.

11 ① 자본예산기법에 의한 성과평가가 보다 장기적인 성과를 강조한다.

12 ③

A 사업부 잔여이익＝150,000－(500,000×20%)＝50,000

B 사업부 잔여이익＝270,000－(1,000,000×20%)＝70,000

C 사업부 잔여이익＝480,000－(2,000,000×20%)＝80,000

13 ③

투자수익률＝영업이익÷영업자산

잔여이익＝영업이익－(영업자산×최저필수수익률)

①, ② A사업부의 투자수익률은 20% 이며, B사업부의 투자수익률은 17.5% 이다.

④ A사업부의 잔여이익은 16억 원이며, B사업부의 잔여이익은 27억 원이다.

14 ①

(1) 영업자산＝x

$$\frac{1,200,000원}{x} \times \frac{240,000원}{1,200,000원} = 0.3 \qquad \therefore \ x = 800,000원$$

(2) 영업자산 감소액＝1,000,000원－800,000원＝200,000원

15 ④

① 투자수익률법에 의하여 투자안이 부당하게 기각될 수 있는 단점을 보완한 방법이 잔여이익법이다.

② 투자액에 최저필수수익률을 곱한 금액을 영업이익에서 차감하여 계산한다.

③ 잔여이익에 의해서 채택되는 투자안이 투자수익률법에 의할 경우 기각될 수 있다.

16 ② 잔여이익은 투자규모가 서로 다른 투자중심점의 성과를 상호 비교하기가 어렵다는 단점이 있다.

17 ② ① 잔여이익에 의하여 채택되는 투자안이 투자수익률에 의할 경우 기각될 수 있다.
③ 투자수익률이 갖고 있는 준최적화의 문제점을 극복하기 위하여 잔여이익이라는 개념이 출현하였고, 투자수익률과 잔여이익은 각각 장단점을 가지고 있으므로 둘 중 어느 방법이 더 우월하다고 말할 수 없다.
④ 잔여이익은 투자규모가 다른 투자중심점을 상호 비교하기가 어렵다는 문제점이 있는 반면에 투자수익률은 이런 문제점이 없다.

18 ② 능률차이＝배합차이 20,000 (U)＋수율차이 100,000 (F)＝80,000 (F)
제품생산량을 x 라고 하면,

AQ×SP	SQ×SP
(88,000×@10)+(32,000×@20)	(x×30개×@10)+(x×10개×@20)
= 1,520,000	= 1,600,000

80,000 (F)

따라서, x＝3,200

19 ① 잔여이익법에 의하여 성과평가가 이루어질 경우 각 사업부는 최저필수수익률을 초과하는 투자안은 채택하지만(사업부 Y), 최저필수수익률에 미달하는 투자안은 기각하게 된다(사업부 X).

20 ① 자기자본비용과 타인자본비용을 모두 고려한다.

21 ② 경제적부가가치＝세후순영업이익−투하자본×가중평균자본비용

22 ② 80,000×(1−20%)−(400,000−100,000)×11%*＝31,000
*(10%×(1−20%)×75%)+20%×25%＝11%

23 ② 경제적부가가치(EVA)＝세후 순 영업이익−(투하자본×가중평균자본비용)
가중평균자본비용을 x%라 하면,
(120억 원−75억 원−15억 원+5억 원−7억 원)−(200억 원×x%)＝12 억 원
∴ x＝8%
자기자본비용을 y 라 하면,
(6%×120억 원 / 200억 원)+(y%×80억 원 / 200억 원)＝8%
∴ y＝11%

24 ③ 경제적부가가치(EVA)＝세후 순 영업이익－(투하자본×가중평균자본비용)
= $(3,500,000 \times 18\%) - (3,500,000 \times 13\%) = 175,000$

25 ④ 세후순영업이익＝매출액－매출원가－판매비와관리비＋영업외수익 중 영업관련
수익－영업외비용 중 영업관련비용
＝80억 원－50억 원－20억 원＋5억 원－8억 원＝7억 원

26 ② 가중평균자본비용＝10%×30억 원÷50억 원＋15%×20억 원÷50억 원＝12%

27 ③ EVA＝7억 원－50억 원×12%＝1억 원

28 ② 가중평균자본비용 $= 5\% \times \dfrac{80,000원}{200,000원} + 15\% \times \dfrac{120,000원}{200,000원} = 11\%$

EVA＝10,000원－(100,000원－20,000원)×11%＝1,200원

29 ④ 가중평균자본비용 $= 10\% \times (1-0.3) \times \dfrac{14,000원}{28,000원} + 14\% \times \dfrac{14,000원}{28,000원} = 10.5\%$

EVA＝4,000원×(1－0.3)－14,000원*×10.5%＝1,330원
* 투하자본＝12,000원+8,000원-6,000원＝14,000원

30 ④ EVA＝2,000,000원*×(1－0.2)－(10,000,000원－4,000,000원)×13%
＝820,000원
* 세전순영업이익＝20,000,000원-12,000,000원-6,000,000원＝2,000,000원

31 ③ 〈잔여이익〉
사업부 A: ₩200,000－₩1,000,000×12%＝₩80,000
사업부 B: ₩300,000－₩2,000,000×12%＝₩60,000

〈경제적부가가치〉
사업부 A: ₩200,000×(1－0.4)－(₩1,000,000－₩250,000)×10%＝₩45,000
사업부 B: ₩300,000×(1－0.4)－(₩2,000,000－₩400,000)×10%＝₩20,000

32 ② 경제적부가가치(EVA)＝세후순영업이익－(투하자본×WACC)
법인세가 존재하지 않으므로, 영업이익을 x 라고 하면,
30,000＝x－(2,000,000－500,000)×18%*
x＝300,000
*(40%×15%)＋(60%×20%)＝18%

Chapter 7	의사결정

I 단기의사결정

01 ① 비관련원가는 과거원가이거나 대안 간에 차이가 나지 않는 미래원가이다.

02 ③ $14,000+16,000=30,000$

03 ④ ④를 제외한 나머지 원가는 의사결정과 무관한 비관련원가이다.

04 ①

05 ④ 매몰원가는 과거에 발생한 것으로서 대안 간에 차이를 발생시키지 않는 비관련원가이므로, 과거에 구입한 차량대금 4,000,000원이 이에 해당한다.

06 ② 재작업할 경우의 기회원가: 파손된 제품을 재작업 하지 않고 즉시판매할 경우 얻을 수 있는 판매금액 4,000,000원임.

07 ② 유휴생산시설이 있는 상황이라면 일반적으로 고정제조간접원가는 추가로 증가하지 않을 것이므로, 의사결정시 고려하지 않아도 되는 비관련원가이다.

08 ③ [특별주문을 수락할 경우 증분이익]

   Ⅰ. 증분수익

      매출액 증가   2,000단위×₩70 =   ₩140,000

   Ⅱ. 증분비용

      변동원가 증가   2,000단위×(₩20+₩15+₩10+₩70×0.2) =   118,000

   Ⅲ. 증분이익   ₩22,000

09 ② 증분이익=(@19,000－@18,000*)×300개=300,000

10 ③ [특별주문을 수락할 경우 증분이익]

    Ⅰ. 증분수익
      매출액 증가   25,000단위×₩90 = ₩2,250,000
      기존공헌이익 감소   5,000단위×₩40 = (200,000) ₩2,050,000
    Ⅱ. 증분비용
      변동원가 증가   25,000단위×₩60 = 1,500,000
    Ⅲ. 증분이익   ₩550,000

11 ② 이 문제에서 대안 간에 차이가 나는 관련항목은 특별주문가격, 단위당 변동원가, 특별주문 처리비용, 기존판매량 감소분의 공헌이익이다.

12 ③
특별주문 수락으로 인한 증분 공헌이익   (+) 152,000*
특별주문 수락으로 인한 고정제조간접비 증가액 (−) 50,000
유휴설비 임대에 대한 기회비용   (−) 70,000
기존매출 감소분의 공헌이익   (−) 59,000
증분이익   = (−) 27,000

  *(@95−76@**)×8,000 단위=152,000
  **단위당 변동원가=(750,000+990,000+540,000)÷30,000 단위=76
***(@135−@76)×1,000 단위=59,000

13 ② [사업부 X를 폐지할 경우 증분이익(손실)]

    Ⅰ. 증분수익
      매출액 감소   (500,000)
    Ⅱ. 증분비용
      변동원가 감소   (280,000)
      고정원가 감소   (100,000) (380,000)
    Ⅲ. 증분이익(손실)   (120,000)

14 ② 증분이익=공헌이익 (−) 200,000+절감가능 고정비 40,000=(−) 160,000
따라서 사업부 갑의 폐지 후 순이익=1,000,000−160,000=840,000

15 ④
① A, B를 폐쇄시: −100−(1,600+1,000)=−2,700
② B, C를 폐쇄시: −100−(1,000+800)=−1,900
③ A, C를 폐쇄시: −100−(1,600+800)=−2,500
④ A, B, C를 폐쇄시: −100−3,400=−3,500

16　③　A 제품 생산라인 폐지 시의 증분이익 =

공헌이익　감소　(−) 30,000
고정비　　감소　(+) 25,000
합 계　　　　　　(5,000)

17　①　② 외부구입을 선택할 경우 발생하는 유휴생산시설의 활용은 단기 의사결정에 영향을 미친다.
③ 고정원가 중 외부구입으로 인해 회피가능한 고정원가는 관련원가이다.
④ 제품에 특별한 지식이나 기술이 요구된다면 자가제조를 하며 품질을 유지하기 어려울 가능성이 높다.

18　③　부품의 외부구입으로 인하여 발생한 유휴생산시설을 이용하여 발생시키는 수익은 의사결정시 고려하여야 한다.

19　④　유휴설비를 다른 제품의 생산에 이용할 수 있는 경우에는 다른 제품의 생산에서 발생할 추가 이익을 고려하여 의사결정 하여야 한다.

20　①　외부업체 제안 수락 시,
증분수익 = 43,000 + 17,000 + 13,000 + 30,000 = 103,000
증분비용 = 250단위 × @500 = 125,000
증분이익 = (−) 22,000

21　①　외부공급제안을 수용할 경우의 증분이익 =
[(@7 + @3 + @2 + @1*) − @16] × 10,000개 = (−)30,000

22　②　부품을 자가제조할 경우 해당 설비의 최대생산가능량을 초과한 주문 수락 시에는 별도의 투자가 필요하다.

23　③　[즉시 처분하지 않고 개조하여 판매할 경우 증분이익]

Ⅰ. 증분수익
　매출액 증가　　500벌 × ₩50,000 =　₩25,000,000
　처분가액 감소　500벌 × ₩25,000 =　(12,500,000)　₩12,500,000
Ⅱ. 증분비용
　(개조)원가 증가　　　　　　　　　　　　　　　11,000,000
Ⅲ. 증분이익　　　　　　　　　　　　　　　　　₩1,500,000

24 ③   제한된 자원 단위당 공헌이익(직접노동시간당 공헌이익)이 큰 제품부터 우선적으로 생산하여야 한다.

25 ③   기계시간이 제한되어 있으므로, 기계시간당 공헌이익이 큰 제품부터 생산해야 한다.

	갑	을	병
단위당 공헌이익	30원	30원	30원
단위당 기계시간	÷ 1.5시간	÷ 2시간	÷ 1시간
기계시간당 공헌이익	20원	15원	30원
생산순위	2순위	3순위	1순위

26 ②

	A (100단위)	B (200단위)
단위당 공헌이익	₩250	₩200
단위당 기계시간	÷ 4시간	÷ 2시간
기계시간당 공헌이익	₩62.5	₩100
생산순위	2순위	1순위
기계시간 (500시간)	③ 100시간	② 400시간
최적생산계획	④ 25단위	① 200단위

Ⅱ 장기의사결정(자본예산)

01 ③   법인세는 현금 유출에 해당되므로 고려 대상이다.

02 ②   ① 감가상각비의 법인세 효과는 현금흐름에 영향을 미친다.
      ③ 매몰원가는 과거에 발생한 비관련원가로, 증분현금흐름 측정 시 고려하지 않는다.
      ④ 이자비용은 할인율을 통해 반영되므로 현금흐름 산정 시 반영하지 않는다.

03 ③   자본예산은 기업의 장기적 경영계획에 바탕을 둔 장기투자에 관한 의사결정이다.

04 ②   ① 회수기간법과 회계적이익률법은 비할인모형이다.
      ③ 회수기간법에서는 투자액을 연간순현금유입액으로 나누어 회수기간을 산정하며, 회수기간 이후의 현금흐름을 무시한다는 단점이 있다.
      ④ 시행착오법은 연간 현금흐름이 불규칙할 경우 사용한다.

05 ④   순현재가치법은 화폐금액으로 투자결정을 하므로 투자가 기업가치에 미치는 영향을 직접적으로 알 수 있게 해준다.

06 ① 세후 비용절감효과＝(400,000－200,000)×(1－30%)＝140,000
감가상각비 절세효과＝(480,000÷6년)×30%＝24,000
총 연간순현금유입액＝140,000＋24,000＝164,000

07 ① 차량처분으로 인한 실질현금유입액
＝처분가액＋처분손실×법인세율
＝₩200,000＋(₩300,000－₩200,000)×30%＝₩230,000

08 ④ 구기계처분으로 인한 실질현금유입액
＝처분가액－처분이익×법인세율
＝500,000원－(500,000원－300,000원)×20%＝460,000원
∴ 순현금지출액
＝신기계 취득－구기계 처분으로 인한 실질현금유입액
＝1,000,000원－460,000원＝540,000원

09 ③ 회수기간법은 회수기간 이후의 현금흐름을 무시한다. 즉, 수익성을 고려하지 않는다.

10 ② 기계 A의 회수기간＝4년＋(10,000/20,000)＝4.5년
기계 B의 회수기간＝4년＋(10,000/50,000)＝4.2년

11 ③ 3년 말까지 27,500 원의 투자금액이 회수되고 4차년도에 연중 7,500 원의 현금흐름이 고르게 발생하므로,
3년＋(7,500÷10,000)＝3.75년

12 ② 매년 감가상각비＝$\dfrac{₩10,000}{5년}$＝₩2,000

회수기간＝$\dfrac{10,000}{₩5,000×(1-0.4)+₩2,000×0.4}$＝2.63년

13 ③ 회계이익률＝$\dfrac{(₩5,000-₩2,000)×(1-0.4)}{₩10,000}$＝0.18

14 ② 문제에서 설명하는 투자의사결정 방법은 회계적이익률법이다.
① 화폐의 시간가치를 고려하지 않는다.
③ 목표수익률을 설정하는데 자의적 판단이 개입된다.
④ 투자안에 대한 현금흐름을 고려하지 않는다.

15 ② 순현재가치를 계산할 때 사용하는 할인율인 자본비용의 산출이 어렵다.

16 ② 순현재가치(NPV)=현금 유입액의 현재가치−현금 유출액의 현재가치
$[(5,000,000 \times 0.89)+(6,000,000 \times 0.80)+(3,000,000 \times 0.71)]-8,000,000=$
$3,380,000$

17 ② 현금 영업이익 18,000,000−법인세
$(18,000,000-9,000,000^*) \times 30\%=15,300,000$
* 감가상각비=(50,000,000−5,000,000)÷5년=9,000,000

18 ①

연간 순현금유입액	₩200,000
연금현재가치요소	×3.6
순현금유입액의 현재가치	₩720,000
투자액	600,000
순현재가치	₩120,000

19 ④

연간 순현금유입액	₩6,000,000
연금현재가치요소	×2.4
순현금유입액의 현재가치	₩14,400,000
투자액	8,000,000
순현재가치	₩6,400,000

20 ② 순현재가치(NPV)=현금 유입액의 현재가치−현금 유출액의 현재가치
$(1,100,000^* \times 3.61)-2,000,000=1,971,000$
* 연간 현금유입액=1,000,000+(2,000,000÷5년)−1,000,000×30%
$= 1,100,000$

21 ③ NPV가 음(−)인 투자안임에도 양(+)의 NPV가 나왔으므로, 경영진이 범한 오류에는 현금유입의 과대추정, 현금유출의 과소추정, 자본비용의 과소추정이 있을 수 있다.
①은 자본비용의 과대추정, ②와 ④는 현금유입의 과소추정, ③은 현금유출의 과소추정에 해당한다.

22 ④

23 ① 회수기간법은 회수기간 이후의 현금흐름을 무시하고, 회계적이익률법은 비현금모형이다.

24 ②   순현재가치(NPV)법은 가치가산의 원칙이 적용되나 내부수익률(IRR)법은 그렇지 않다.

25 ①   상호 독립적인 투자안의 우선순위를 정하거나 상호 배타적인 투자안을 평가할 때에는 순현재가치법과 내부수익률법의 투자안 평가결과가 서로 상이할 수 있다.

26 ②   (a) 회계적이익률법, (b) 순현재가치법에 대한 설명이다.

Ⅲ 가격결정과 대체가격결정

01 ④   제조기술은 원가에 반영될 수 있지만, 그 자체로 가격결정에 영향을 미치지는 않는다.

02 ②   일반적으로 사용되는 대체가격 결정방법에는 시장가격기준, 원가기준, 협상가격기준 등이 있다.

03 ④

04 ③   개별사업부의 이익뿐만 아니라 기업전체의 이익도 극대화 되도록 대체가격이 결정되어야 한다.

05 ③   원가기준으로 대체가격을 결정하면 공급사업부가 원가통제를 수행하도록 동기부여를 하지 못한다.

06 ①   수요사업부의 최대대체가격=Min[외부 구입가격, 내부대체품의 순실현가치]
Min[600, 1,050−500]=550

07 ①   최소대체가격 $= \underbrace{2,000원}_{\substack{\text{대체시의 단위당} \\ \text{증분지출원가}}} + \underbrace{0원}_{\substack{\text{대체시의 단위당} \\ \text{기회원가}}} = 2,000원$

08 ④   최소대체가격 $= \underbrace{58}_{\substack{\text{대체시의 단위당} \\ \text{증분지출원가}}} + \underbrace{100-58-8}_{\substack{\text{대체시의 단위당} \\ \text{기회원가}}} = 92$

09 ③

	최소대체가격(A)	최대대체가격(B)	기업전체 관점
유휴시설 있음	150원+0원=150원	420원	대체가 유리

∴ 대체수량 1개당 회사전체이익이 420원－150원＝270원만큼 증가한다.

10 ③

	최소대체가격(A)	최대대체가격(B)	기업전체 관점
유휴시설 없음	130원+(300원-150원)=280원	290원	대체가 유리

∴ 사업부 및 회사 전체의 이익극대화 입장에서 대체가격의 범위(280원~290원) 내에서 대체가격이 결정되어야 한다.

11 ①

	최소대체가격(A)	최대대체가격(B)	기업전체 관점
유휴시설 있음	₩100+₩0=₩100	₩180	대체가 유리
유휴시설 없음	₩100+(₩200-₩100)=₩200	₩180	비대체가 유리

12 ①

	최소대체가격(A)	최대대체가격(B)	기업전체 관점
유휴시설 있음	100원+0원=100원	180원	대체가 유리
유휴시설 없음	100원+(170원-100원)=170원	180원	대체가 유리

Chapter 8 　최신관리회계

Ⅱ 새로운 성과평가시스템

01 ① 수명주기원가계산에 대한 설명이다.

02 ④ 제조이전단계에서 대부분의 제품원가가 결정된다는 인식을 토대로 연구개발단계와 설계단계에서부터 원가절감을 위한 노력을 기울여야 한다는 것을 강조한다.

03 ②

04 ④ ① 수명주기원가계산에 대한 내용이다.
② 품질원가계산의 목적에 대한 설명이다.
③ 목표원가계산절차 상 먼저 잠재고객의 요구를 충족하는 제품을 개발하고 그 다음 고객이 인지하는 가치와 경쟁기업의 가격 등을 고려하여 목표가격을 선택한다.

05 ③

06 ③ 예방원가: 설계엔지니어링, 품질교육 및 훈련, 원자재 공급사 평가
평가원가: 검사, 제품시험

07 ③ 반품원가 2,500+소비자 고충처리비 5,000=7,500

08 ② 품질원가는 예방원가, 평가원가, 내부실패원가, 외부실패원가의 네 가지로 구분된다.

09 ④ 일반적으로 통제원가(예방원가와 평가원가)가 증가하면 실패원가는 감소한다.

10 ④ 품질관리시스템 기획, 공급업체 평가, 품질교육, 공정 엔지니어링 등에 소요되는 원가는 예방원가에 해당한다.

11 ② 균형성과표는 조직의 수익성을 최종적인 목표로 설정하기 때문에 4가지 관점의 성과지표 중에서 재무적 관점의 성과지표를 가장 중시한다.

12 ② 비재무적 측정치에 대해서는 여전히 객관적인 측정이 어렵다.

13 ③

14 ① 고객확보율은 고객관점의 성과평가지표이다.

Chapter

모의고사

국가공인 재경관리사 문제지

재무회계/세무회계/원가관리회계 각 과목당 40 문항(총 120 문항)

제한시간	수험번호	성명	생년월일
세 과목 150 분			

응시자 주의사항

1. 시 험   시 간 : 14:00 ~ 16:30(150 분) 세 과목 동시 시행합니다.
2. 지 정   좌 석 : 수험번호별 지정좌석에 착석하여 주십시오.
3. 인적사항 기재 : 시험 문제지 상단에 수험번호, 성명, 생년월일을 기재하여 주십시오.
4. 답 안 지 작 성 : 답안카드 뒷면의 '답안카드 작성요령 및 주의사항'을 꼭 읽고 답안을 작성하여 주십시오.
5. 시 험   실 시 : 방송타종 또는 감독관의 지시에 따라 시작하십시오.
6. 부 정   행 위 : 부정행위를 하였을 때 당 회 시험은 무효 처리하며 향후 2 년간 응시자격을 제한합니다.

※ 문제지와 답안지는 외부유출이 불가능하므로 반드시 감독관에게 제출하십시오.

무단전재 및 배포를 금합니다.

삼일회계법인

【 1 】 다음 중 원가회계의 한계점에 관한 설명으로 가장 올바르지 않은 것은?

① 비화폐성 정보와 질적인 정보는 제공하지 못한다.
② 객관적으로 측정가능한 회계자료를 기초로 수익과 비용을 인식해야 하므로 자료수집에 어려움이 있다.
③ 경영자의 목적에 따라 다양한 회계절차를 적용해야 하는 어려움이 있다.
④ 특정한 시점에서 모든 의사결정에 목적적합한 원가정보를 제공할 수는 없다.

【 2 】 다음 중 원가의 분류 방법과 그 내용이 바르게 연결되지 않은 것은?

① 원가행태에 따른 방법 – 변동원가와 고정원가
② 추적가능성에 따른 분류 – 직접원가와 간접원가
③ 의사결정 관련성에 따른 분류 – 제품원가와 기간원가
④ 통제가능성에 따른 분류 – 통제가능원가와 통제불능원가

【 3 】 원가배분에서 가장 중요한 문제는 원가배분 기준의 설정이다. 다음 중 원가배분 기준에 대한 설명으로 가장 올바르지 않은 것은?

① 부담능력기준은 원가대상이 원가를 부담할 수 있는 능력에 따라 원가를 배분하는 기준으로, 품질검사원가를 품질검사시간을 기준으로 배분하는 경우가 대표적인 예이다.

② 수혜기준은 원가배분대상이 공통원가로부터 제공받은 경제적 효익의 정도에 따라 원가를 배분하는 기준으로 수익자 부담의 원칙에 입각한 배부기준이다.

③ 인과관계기준은 원가대상과 배분대상 원가간의 인과관계에 따라 원가를 배분하는 기준이다.

④ 공정성과 공평성기준은 공정성과 공평성에 따라 공통원가를 원가배분대상에 배분해야 한다는 원칙을 강조하는 포괄적인 기준이다.

【 4 】 다음은 ㈜삼일의 20X1년 한 해 동안의 제조원가 자료이다. ㈜삼일의 20X1년 제조원가명세서상의 당기제품제조원가를 계산하면 얼마인가?

	기 초	기 말
직접재료	5,000원	7,000원
재공품	10,000원	8,000원
제 품	12,000원	10,000원
직접재료 매입액	25,000원	
기초원가	60,000원	
가공원가	45,000원	

① 60,000원   ② 64,000원

③ 68,000원   ④ 70,000원

【 5 】 (주)삼일은 제조간접원가를 직접노동시간에 비례하여 실제배부한다. 1월 중 발생한 원가자료가 다음과 같을 경우 작업지시서 #03와 관련된 총제조원가는 얼마인가?

1월 중 발생한 제조간접원가 총액:	2,400,000원
1월 중 발생한 실제직접노무시간:	200시간
작업지시서 #03에 투입된 직접노무시간:	180시간
작업지시서 #03 직접재료원가:	1,340,000원
작업지시서 #03 직접노무원가:	760,000원

① 3,900,000원 ② 4,000,000원
③ 4,260,000원 ④ 4,500,000원

【 6 】 두 개의 제조부문과 두 개의 보조부문으로 이루어진 (주)삼일의 부문간 용역수수에 관련된 자료는 다음과 같다.

	보조부문		제조부문	
	A	B	C	D
A부문 용역제공	-	40 %	20 %	40 %
B부문 용역제공	20 %	-	60 %	20 %
발생원가	200,000원	300,000원	450,000원	600,000원

단계배분법을 사용할 경우 제조부문 C에 배분되는 보조부문의 원가는 얼마인가(단, 보조부문원가는 A부문의 원가를 우선 배분한다)?

① 160,000원 ② 220,000원
③ 268,000원 ④ 325,000원

【 7 】 다음 중 개별원가계산에 관한 설명으로 가장 올바르지 않은 것은?

① 주문받은 작업별로 원가를 집계하기 때문에 직접원가와 간접원가의 구분이 중요하지 않다.
② 다양한 제품을 주문에 의해 생산하는 경우에도 적합한 원가계산제도이다.
③ 개별원가계산을 적용하는 경우에도 제조간접원가의 배분절차가 필요하다.
④ 회계법인 등과 같이 수요자의 주문에 기초하여 서비스를 제공하는 경우에 이용할 수 있다.

【 8 】 (주)삼일은 평균법을 이용한 종합원가계산제도를 채택하고 있다. 재료는 공정초기에 전량 투입되며, 가공원가는 공정전반에 걸쳐 발생한다. (a)완성품원가와 (b)기말재공품원가는 각각 얼마인가?

< 수 량 >			
기초재공품	50개(완성도 40%)	완 성 품	400개
착 수 량	450개	기말재공품	100개(완성도 20%)

< 원가 >	재료원가	가공원가
기초재공품원가	8,000,000원	6,000,000원
당기발생원가	32,000,000원	24,240,000원

① (a) 60,800,000원, (b) 9,440,000원
② (a) 56,192,000원, (b) 56,192,000원
③ (a) 60,800,000원, (b) 56,192,000원
④ (a) 56,192,000원, (b) 9,440,000원

【 9 】 (주)삼일은 종합원가계산을 적용하여 제품의 원가를 계산하고 있다. 재료는 공정초기에 전량 투입되며 기말재공품 400개에 대한 가공원가는 60%의 완성도를 보이고 있다. 완성품환산량 단위당 재료원가와 가공원가가 각각 1,500원, 500원으로 계산된 경우에 기말재공품의 원가는 얼마인가?

① 640,000원   ② 680,000원
③ 720,000원   ④ 760,000원

【 10 】 다음은 (주)삼일의 원가자료이다. (주)삼일이 평균법을 사용한 가공원가의 당기 완성품환산량이 1,900개일 경우 기말재공품의 완성도(%)는 얼마인가(단, 가공원가는 공정전반에서 균등하게 투입된다)?

< 수량 >			
기초재공품수량	200개(60 %)	완성수량	1,600개
착수수량	1,800개	기말재공품수량	400개(? %)

① 40%   ② 50%
③ 60%   ④ 75%

【 11 】 다음 중 종합원가계산제도를 적용함에 있어 선입선출법과 평균법에 관한 설명으로 가장 올바르지 않은 것은?

① 평균법 적용하의 완성품환산량은 선입선출법 적용하의 완성품환산량보다 크거나 같다.

② 평균법은 완성품환산량 계산 시 기초재공품을 당기에 착수한 것으로 간주한다.

③ 원재료 단가 산정 시 선입선출법을 사용하는 기업이라 할지라도 종합원가계산제도 적용시 평균법을 사용할 수 있다.

④ 기초재공품이 없다고 하더라도 평균법과 선입선출법의 완성품환산량 단위당 원가를 구하는 방법이 상이하기 때문에 두 방법의 결과는 달라지게 된다.

【 12 】 (주)삼일은 표준원가계산제도를 채택하고 있으며, 당기의 예산생산량은 1,000개이나 실제생산량은 600개이다. 당기 중 직접재료 1,000kg을 ₩300,000에 외상으로 구입하여 800kg을 사용하였다. 직접재료의 기초재고는 없으며, 제품 단위당 표준직접재료원가는 아래와 같다.

> 직접재료원가: 2kg × ₩200 = ₩400

직접재료원가 가격차이를 (a)사용시점에 분리했을 경우, (b)구입시점에 분리했을 경우의 가격차이는 얼마인가?

① (a) ₩80,000 유리   (b) ₩100,000 유리
② (a) ₩80,000 불리   (b) ₩100,000 불리
③ (a) ₩80,000 유리   (b) ₩100,000 불리
④ (a) ₩80,000 불리   (b) ₩100,000 유리

【 13 】 (주)삼일은 고정제조간접비를 노동시간 기준으로 배부하는데 기준조업도는 20,000 시간이다. 또한 제품단위당 표준노동시간은 10시간이며, 제품의 실제생산량은 2,100단위이고 고정제조간접비의 실제발생액은 2,300,000원이다. 고정제조간접비 예산차이가 300,000원(불리)이라면 조업도차이는 얼마인가?

① 50,000원 유리
② 50,000원 불리
③ 100,000원 유리
④ 100,000원 불리

【 14 】 (주)삼일의 표준원가계산제도는 직접작업시간을 제조간접원가 배부기준으로 사용한 다. ㈜삼일의 원가차이분석 자료를 이용할 경우, 변동제조간접원가 능률차이는 얼마 인가?

제조간접비 실제발생액	15,000원
고정제조간접비 실제발생액	7,200원
실제작업시간	3,500시간
표준작업시간	3,800시간
변동제조간접비 표준배부율	작업시간당 2.5원

① 950 원 불리　　　　　　② 750 원 불리
③ 750 원 유리　　　　　　④ 950 원 유리

【 15 】 다음은 (주)삼일의 표준원가 계산 자료이다. 당기 중의 실제 작업시간은 얼마인가?

실제 제품 생산량	10,000개
직접 노무원가 발생액	5,000,000원
제품단위당 표준시간	10시간
직접노무원가 가격차이(유리)	720,000원
직접노무원가 능률차이(불리)	520,000원

① 100,000 시간
② 110,000 시간
③ 120,000 시간
④ 130,000 시간

【 16 】 (주)삼일의 표준원가계산제도는 직접작업시간을 제조간접원가 배부기준으로 사용한다. (주)삼일의 원가차이분석 자료를 이용할 경우, 변동제조간접비 소비차이는 얼마인가?

제조간접비 실제발생액	15,000원
고정제조간접비 실제발생액	7,200원
실제작업시간	3,500시간
표준작업시간	3,800시간
변동제조간접비 표준배부율	작업시간당 2.5원

① 950원 불리
② 750원 불리
③ 750원 유리
④ 950원 유리

【 17 】 다음 중 변동원가계산, 전부원가계산 및 초변동원가계산에 관한 설명으로 가장 올바르지 않은 것은?

① 표준원가는 변동원가계산에는 사용될 수 없고 전부원가계산에서만 사용된다.
② 전부원가계산에서 계산된 영업이익은 판매량뿐만 아니라 생산량의 변화에도 영향을 받는다.
③ 전부원가계산에서는 고정제조간접원가를 제품원가로 인식한다.
④ 초변동원가계산은 직접재료원가만을 제품원가에 포함하고 나머지 제조원가는 모두 기간비용으로 처리한다.

【 18 】 다음은 (주)삼일의 20X1년 동안의 손익에 대한 자료이다.

순매출액	5,000,000원	변동판매관리비	260,000원
변동제조원가	1,350,000원	고정판매관리비	550,000원
고정제조원가	500,000원	생산량	90,000단위
판매량	70,000단위	기초제품재고	없음

변동원가계산에 의한 (주)삼일의 기말제품재고액과 영업이익은 얼마인가?

	기말제품재고액	영업이익
①	300,000원	2,840,000원
②	300,000원	2,640,000원
③	350,000원	2,840,000원
④	350,000원	2,640,000원

【 19 】 다음 중 변동원가계산제도의 특징에 관한 설명으로 옳은 것으로만 짝지은 것은?

> 가. 변동원가계산제도만 기업회계기준에서 인정하는 원가계산제도이다.
> 나. 특정기간의 이익이 재고자산 수량의 변동에 영향을 받지 않는다.
> 다. 고정제조간접비를 기간비용으로 처리한다.

① 가, 나
② 가, 다
③ 나, 다
④ 가, 나, 다

【 20 】 (주)삼일은 12월 중 아래 영업자료를 참고하여 전부원가계산과 변동원가계산에 의한 순이익을 비교하고 있다. 전부원가계산의 영업이익이 변동원가계산에 비해 75,000원 만큼 크다면 판매량은 몇 개인가?

생산량	2,000개	판매량	?
고정제조원가	300,000원	고정판매관리비	75,000원
(단, 월초재고는 없음)			

① 1,500 개　　　　　② 1,600 개
③ 1,800 개　　　　　④ 2,000 개

【 21 】 다음 중 활동기준원가계산제도에 대한 설명으로 가장 올바르지 않은 것은?

① 전통적 원가회계제도에 비하여 보다 다양한 원가동인 요소를 고려한다.
② 활동 및 활동원가의 분석을 통하여 원가통제를 보다 효과적으로 수행할 수 있다.
③ 활동기준원가계산제도는 전통적 원가회계에서 발생할 수 있는 문제점인 원가왜곡현상을 극복함으로써 적정한 가격설정을 가능하게 한다.
④ 활동기준원가계산제도는 전통적인 개별원가계산이나 종합원가계산과 독립적으로 사용해야만 하는 새로운 원가계산제도이다.

【 22 】 (주)삼일의 20X1년 1월부터 5월까지의 생산량과 총제조간접원가에 관한 자료는 다음과 같다.

월	생 산 량	총제조간접원가
1	2,000개	2,000,000원
2	3,000개	2,200,000원
3	2,500개	1,950,000원
4	3,500개	2,925,000원
5	4,500개	3,250,000원

6월의 생산량이 4,000개로 예상될 경우 6월 총제조간접원가는 얼마로 추정되는가? (단, (주)삼일은 고저점법을 이용하여 원가함수를 추정하고 있다.)

① 2,925,000원 　　　　② 2,700,000원
③ 3,000,000원 　　　　④ 3,050,000원

【 23 】 다음은 (주)삼일의 예산자료이다. 안전한계율은 얼마인가?

매출액		5,000,000원
변동원가	(−)	2,000,000원
공헌이익		3,000,000원
고정원가	(−)	1,800,000원
영업이익	(=)	1,200,000원

① 15%   ② 20%

③ 35%   ④ 40%

【 24 】 (주)삼일은 회계프로그램을 판매하는 회사로 단위당 판매가격은 100원이며, 단위당 변동원가는 50원이다. 연간 고정원가는 50,000원이며 당기에 10,000원의 영업이익을 목표로 할 경우, 다음 설명 중 가장 옳은 것은?

① 공헌이익률은 40%이다.

② 단위당 공헌이익은 60원이다.

③ 손익분기점 매출액은 100,000원이다.

④ 목표이익을 달성하려면 150,000원의 매출을 달성해야 한다.

【 25 】 (주)삼일은 지난해에 제품 10,000단위를 판매하여 1,000,000원의 이익을 보고하였으며 손익분기점은 8,000단위였다. 만약 판매가격을 제품단위당 100원 감소시키면, 새로운 손익분기점은 몇 단위인가?

① 10,000단위   ② 13,000단위
③ 14,000단위   ④ 15,000단위

【 26 】 다음 중 책임회계제도에 대한 설명으로 가장 올바르지 않은 것은?

① 책임회계제도가 그 기능을 효율적으로 수행하기 위해서는 각 책임중심점의 경영자가 권한을 위임받은 원가항목들에 대해 통제권을 행사할 수 없어야 한다.
② 책임중심점이란 경영관리자가 특정활동에 대해 통제할 책임을 지는 조직의 부문을 말한다.
③ 책임회계제도 하에서는 권한을 위임 받은 관리자가 책임범위 내에서 독자적인 의사결정을 내릴 수 있다.
④ 책임중심점은 책임의 성격 및 책임범위에 따라 원가중심점, 수익중심점, 이익중심점 및 투자중심점으로 분류할 수 있다.

【 27 】 책임회계제도에 기반을 둔 경영체제가 운영되기 위해서는 책임중심점이 있어야 한다. 다음 중 책임중심점별로 통제책임을 지는 부문(부서)의 연결이 가장 옳은 것은?

① 원가중심점 - 분권화된 조직
② 수익중심점 - 구매부문
③ 이익중심점 - 판매부서
④ 투자중심점 - 제조부문

【 28 】 (주)삼일에 새로 부임한 최이사는 올해 철저한 성과평가제도의 도입을 검토하고 있다. 성과평가제도의 도입과 관련하여 가장 올바르지 않은 주장을 펼치고 있는 실무담당자는 누구인가?

> 정부장: 효율적인 성과평가제도는 기업 구성원들의 성과극대화 노력이 기업전체 목표의 극대화로 연결될 수 있도록 설계되어야 합니다.
>
> 유차장: 각 책임중심점의 성과평가를 수행하는 과정에서 성과측정의 오류가 발생하는 것이 일반적인데, 효율적인 성과평가제도는 성과평가치의 성과측정오류가 최소화되도록 설계되어야 합니다.
>
> 황대리: 많은 시간과 비용을 투입할수록 더욱 정확하고 공정한 성과평가가 가능하므로 성과평가제도의 운영을 적시성 및 경제성의 잣대로 바라보지 않도록 주의해야 합니다.
>
> 김사원: 성과평가를 한다는 사실 자체가 피평가자의 행위에 영향을 미치는 현상도 고려하여 이를 적절히 반영해야 합니다.

① 정부장   ② 유차장
③ 황대리   ④ 김사원

【 29 】 (주)삼일이 제조판매하고 있는 제품 A와 제품 B에 관련된 자료는 다음과 같다. 회사의 매출가격차이와 매출조업도차이에 대한 설명으로 가장 올바르지 않은 것은?

	제품 A	제품 B
단위당예산판매가격	2,000원	3,000원
단위당예산변동원가	1,200원	2,000원
단위당실제판매가격	2,200원	2,900원
예산매출수량	200단위	150단위
실제매출수량	180단위	180단위

① 회사가 제품 A에 대해 예산보다 높은 가격으로 판매한 결과 유리한 매출가격차이가 발생하였다.

② 제품 A의 경우, 예산보다 실제판매가격은 높았으나 당초 예산매출수량을 달성하지 못하여 불리한 매출조업도차이가 발생하였다.

③ 제품 B의 경우, 실제판매가격이 예산에 미치지 못하므로 불리한 매출총차이가 발생하였다.

④ 제품 B의 경우, 매출수량의 증가로 유리한 매출조업도차이를 보이고 있다.

【 30 】 다음 중 투자수익률(return on investment, ROI)에 근거한 성과평가의 특징으로 가장 올바르지 않은 것은?

① 일반적으로 매출액이익률이 감소하는 경우 투자수익률은 증가된다.

② 사업부의 이익뿐만 아니라 투자액도 함께 고려하는 성과평가 기준이다.

③ 매출액이익률과 자산회전율로 구분하여 분석이 가능하다.

④ 회사전체의 최저필수수익률을 상회하는 투자안이 개별투자중심점의 투자수익률보다 낮기 때문에 투자가 포기되는 준최적화 현상이 발생하지 않도록 유의해야 한다.

【 31 】 다음의 경제적부가가치(EVA)를 증대시키기 위한 방안 중 가장 올바르지 않은 것은?

① 다른 조건이 일정하다고 가정하면, 판매비와관리비를 줄여야 한다.
② 다른 조건이 일정하다고 가정하면, 비영업자산을 늘려야 한다.
③ 다른 조건이 일정하다고 가정하면, 매출액을 늘려야 한다.
④ 다른 조건이 일정하다고 가정하면, 자본비용을 줄여야 한다.

【 32 】 (주)삼일은 흠집이 있는 제품 A를 4개 보유하고 있다. 흠집이 없는 정상적 제품 A의 판매가격은 300원이다. 제품A의 생산에는 단위당 변동제조원가 80원과 단위당 고정 제조원가 20원이 투입되었다. 흠집이 있는 제품 A를 외부에 단위당 150원에 처분하 려면 단위당 판매관리비가 15원이 소요될 것으로 추정된다. 이 의사결정에 고려될 관련원가로 가장 옳은 것은?

① 단위당 변동제조원가   80원
② 단위당 판매관리비   15원
③ 단위당 고정제조원가   20원
④ 정상판매가격   300원

【 33 】 (주)삼일의 5,000단위 판매량에 대한 손익계산서는 다음과 같다.

매출액	₩3,000,000
매출원가	1,500,000
매출총이익	1,500,000
판매비와관리비	900,000
영업이익	600,000

매출원가 중 1/3, 판매비와관리비 중 1/2이 고정비이다. 유휴생산능력이 있다고 할 때 제품단위당 ₩350에 400단위의 제품에 대한 추가주문을 받아들인다면 회사의 영업이익에 미치는 영향은 얼마인가?

① ₩24,000 증가   ② ₩24,000 감소

③ ₩42,000 증가   ④ ₩42,000 감소

【 34 】 (주)삼일은 3개의 사업부를 운용하고 있으며, 20X1년의 당기순이익은 500,000원이다. 이 중 A사업부의 공헌이익은 60,000원이고, A사업부에 대한 공통원가배분액은 50,000원이다. 공통원가배분액 중 30,000원은 A사업부를 폐지하더라도 계속하여 발생한다. A사업부를 폐지하는 경우 20X1년 당기순이익은 얼마인가?

① 450,000원   ② 460,000원

③ 540,000원   ④ 550,000원

【 35 】 (주)삼일은 추가특별주문요청을 받았다. 현재 여유생산시설이 있는 상황이라면 이 회사의 경영자가 특별추가생산 의사결정에서 고려하지 않아도 되는 원가는?

① 직접재료원가

② 고정제조간접원가

③ 직접노무원가

④ 변동제조간접원가

【 36 】 다음의 조건에 적합한 특별가격 결정방법으로 가장 옳은 것은?

> ·단기이익을 극대화하기 위한 초기시장진입가격 결정이다.
> ·제품의 가격탄력성이 낮고 시장에 제품 진입이 한정되어 있다.

① 입찰가격 　　　　　　　　　　② 상층흡수가격

③ 시장침투가격 　　　　　　　　④ 약탈적 가격정책

【 37 】 (주)삼일은 당기 초에 내용연수 5년에 잔존가치가 없는 새 기계를 1,000,000원에 구입했다. 이 기계는 정액법으로 감가상각될 것이며, 매년 500,000원의 법인세비용 차감전 현금유입을 창출할 것으로 기대된다. (주)삼일은 12%의 할인율을 사용하고, 법인세율이 매년 40%라고 가정한다. 12% 할인율의 1원에 대한 5년 후의 현재가치는 0.57이며, 12% 할인율의 1원에 대한 5년 연금의 현재가치는 3.61이다. 이 기계를 구입하는 투자안의 순현재가치는 얼마인가?

① 321,500원 　　　　　　　　　② 354,200원

③ 365,400원 　　　　　　　　　④ 371,800원

【 38 】 다음 중 순현재가치법(NPV법)에 관한 설명으로 가장 올바르지 않은 것은?

① 상호 독립적인 투자안의 경우에는 가치가산의 원칙이 성립한다.

② 순현재가치법은 화폐의 시간가치를 고려하지 않는다.

③ 순현재가치법에 의하면 기업의 가치를 극대화할 수 있는 투자안을 선택할 수 있다.

④ 독립적 투자안에 대한 의사결정시 순현재가치(NPV)가 0(영)보다 크면 투자안을 채택한다.

【 39 】 (주)삼일은 A, B 두 개의 사업부를 갖고 있다. 사업부 A는 부품을 생산하여 사업부 B에 대체하거나 외부에 판매할 수 있다. 완제품을 생산하는 사업부 B는 부품을 사업부 A에서 매입하거나 외부시장에서 매입할 수 있다. 사업부 A와 B의 단위당 자료는 다음과 같다.

사업부 A		사업부 B	
부품 외부판매가격	11,000원	최종제품 외부판매가격	25,000원
변동원가	7,000원	추가변동원가	10,000원
고정원가	3,000원	고정원가	4,000원

A, B 두 사업부 사이의 대체가격결정과 관련된 다음의 설명 중 옳은 것은?

① 사업부 A는 부품을 외부에 단위당 11,000원에 팔 수 있으므로 사업부 B에 11,000원 이하로 공급해서는 안 된다.

② 사업부 B는 사업부 A로부터 부품을 단위당 11,000원 이하로 구입하면 이익을 올릴 수 있으므로 대체가격을 11,000원 이하로 결정하면 된다.

③ 사업부 A에 유휴생산시설이 없는 경우 사업부 B가 외부에서 부품을 단위당 10,000원에 매입할 수 있더라도 회사 전체의 이익을 위해서 두 사업부는 내부대체를 하여야 한다.

④ 사업부 B가 외부공급업체로부터 부품을 구입할 수 없다면 사업부 A는 유휴생산시설이 없더라도 외부판매를 줄이고 사업부 B에 부품을 공급하는 것이 회사전체의 이익에 도움이 된다.

【 40 】다음 중 균형성과표(BSC)의 장점으로 가장 올바르지 않은 것은?

① 재무적 관점에 의한 단기적 성과와 나머지 세 관점에 의한 장기적 성과 간의 균형을 이룰 수 있다.

② 기존의 재무적 측정치와 더불어 고객, 기업내부프로세스, 학습과 성장 등의 비재무적 측정치간 균형 있는 성과평가를 달성할 수 있다.

③ 비재무적 측정치에 대해서도 객관적인 측정이 가능하며, 업종을 불문하고 정형화된 측정수단까지도 제공한다.

④ 투자수익률 등의 과거 노력에 의한 결과측정치와 종업원 교육시간 등과 같이 미래 성과를 유발하는 성과동인 간의 균형을 이룰 수 있다.

국가공인 재경관리사 문제지

재무회계/세무회계/원가관리회계 각 과목당 40문항(총 120문항)

제한시간	수험번호	성명	생년월일
세 과목 150분			

응시자 주의사항

1. 시 험   시 간 : 14:00 ~ 16:30(150분) 세 과목 동시 시행합니다.

2. 지 정   좌 석 : 수험번호별 지정좌석에 착석하여 주십시오.

3. 인적사항 기재 : 시험 문제지 상단에 수험번호, 성명, 생년월일을 기재하여 주십시오.

4. 답 안 지 작성 : 답안카드 뒷면의 '답안카드 작성요령 및 주의사항'을 꼭 읽고 답안을
   작성하여 주십시오.

5. 시 험   실 시 : 방송타종 또는 감독관의 지시에 따라 시작하십시오.

6. 부 정   행 위 : 부정행위를 하였을 때 당 회 시험은 무효 처리하며 향후 2년간 응시자격을
   제한합니다.

삼일회계법인

【1】 원가회계는 재무회계와 관리회계에서 필요로 하는 원가정보를 제공한다. 다음 중 원가회계가 제공하는 정보와 거리가 가장 먼 것은?

① 제조와 영업활동 등에 대한 원가정보를 제공하여 합리적인 의사결정을 위한 기초 자료를 제공한다.
② 회사의 모든 자산과 부채에 대한 평가 자료를 제공한다.
③ 외부공표용 재무제표에 계상될 매출원가와 기말재고자산평가의 근거자료가 된다.
④ 경영자와 종업원의 활동의 성과를 평가하기 위한 기본적인 정보를 제공한다.

【2】 다음 중 제조업을 영위하고 있는 (주)삼일의 제조원가에 포함될 수 있는 항목으로 가장 적절한 것은?

① 인터넷을 이용한 제품 광고선전비
② 사용하던 기계의 처분으로 인한 유형자산처분손실
③ 공장설비에 대한 화재보험료
④ 본사건물에 대한 감가상각비

【3】 다음은 (주)삼일의 20X1년 6월 한달 동안의 제조원가 자료이다.

	6월 1일	6월 30일
원재료	5,000원	12,000원
재공품	10,000원	8,000원
원재료 매입액	24,000원	
가공원가	35,000원	

(주)삼일의 20X1년 6월 제조원가명세서상의 당기제품제조원가는 얼마인가?

① 50,000원　　　　　　　② 52,000원
③ 54,000원　　　　　　　④ 56,000원

【4】 (주)삼일은 A와 B의 두 제조부문이 있으며, 제조과정에서 필요한 설비의 수선을 할 수 있는 수선부문을 보조부문으로 두고 있다. 두 제조부문의 최대사용가능시간은 A가 4,000시간이고 B가 6,000시간이며 실제로 사용한 수선시간은 A가 4,000시간이고 B가 4,000시간이다. 고정원가는 6,000,000원이며 변동원가는 4,000,000원이다. 단 일배부율을 사용하는 경우에 이중배분율을 사용하는 경우와 비교하여 제조부문A에 배부되는 수선부문원가는 얼마나 차이가 나는가?

① 400,000원　　　　　　　② 500,000원
③ 600,000원　　　　　　　④ 700,000원

【5】 (주)삼일의 박원가 회계팀장은 회사의 업무흐름을 더욱 투명하게 관리하고자 영업
활동flowchart를 작성하려 하고 있다. (주)삼일이 개별원가계산을 채택하고 있을 때
(ㄱ)과 (ㄴ)에 각각 들어갈 내용은?

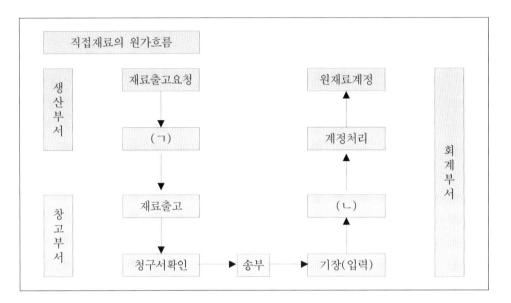

	ㄱ	ㄴ
①	재료출고청구서	작업시간표
②	재료원가표	작업시간표
③	작업시간표	재료원가표
④	재료출고청구서	재료원가표

【 6 】 (주)삼일은 직접노동시간을 기준으로 제조간접원가를 예정배부하고 있으며 연간 제조간접원가는 2,000,000원으로, 연간 직접노동시간은 40,000시간으로 예상하고 있다. 20X1년 12월 중 작업지시서 #369와 #248을 시작하여 #369만 완성하였다면 12월 말 재공품의 원가는 얼마인가?(단, 월초에 재공품은 없다고 가정한다)

	#369(완성)	#248(미완성)	계
직접재료원가	150,000원	90,000원	240,000원
직접노무원가	60,000원	30,000원	90,000원
직접노동시간	2,400시간	1,600시간	4,000시간

① 190,000원   ② 195,000원

③ 198,000원   ④ 200,000원

【 7 】 다음은 (주)삼일의 20X1년 제조원가명세서 중 일부이다. 다음 자료를 이용하여 (a)기초원가와 (b)가공원가를 계산하면 얼마인가?

제조원가명세서

20×1년 1월 1일 ~ 20×1년 12월 31일

Ⅰ. 직접재료원가	400,000원
Ⅱ. 직접노무원가	500,000원
Ⅲ. 제조간접원가	240,000원
Ⅳ. 당기총제조원가	1,140,000원

	(a)기초원가	(b)가공원가
①	740,000원	180,000원
②	740,000원	900,000원
③	900,000원	240,000원
④	900,000원	740,000원

【 8 】 (주)삼일은 선입선출법을 이용한 종합원가계산제도를 채택하고 있다. 당월 완성품환산량 단위당 원가는 재료원가 5원, 가공원가 10원이며, 당월 중 생산과 관련된 자료는 다음과 같다.

기초재공품	500단위(완성도 40%)
기말재공품	800단위(완성도 50%)
당기완성품	4,200단위

이 회사의 당월에 실제 발생한 가공원가는 얼마인가?(단, 재료원가는 공정초기에 전량투입되고 가공원가는 공정전반에 걸쳐 균등하게 발생한다고 가정한다)

① 41,000원   ② 42,000원

③ 44,000원   ④ 45,000원

【 9 】 (주)삼일은 평균법을 이용한 종합원가계산제도를 채택하고 있다. 재료는 공정 초기에 전량 투입되며, 가공원가는 공정 전반에 걸쳐 균등하게 발생할 경우 당기완성품원가와 기말재공품원가는 각각 얼마인가?

< 수량, 재공품 완성도 >			
기초재공품	100개(40%)	완 성 품	800개
착 수 량	900개	기말재공품	200개(20%)

< 원가 >	재료원가	가공원가
기초재공품원가	200,000원	150,000원
당기발생원가	800,000원	606,000원

	당기완성품원가	기말재공품원가
①	1,520,000원	180,000원
②	1,520,000원	236,000원
③	1,607,089원	236,000원
④	1,607,089원	260,022원

【 10 】 (주)삼일은 단일제품을 생산하고 있으며, 종합원가계산제도를 채택하고 있다. 직접재료는 공정이 시작되는 시점에서 100% 투입되며, 가공원가는 공정 전체에 걸쳐 균등하게 발생한다. 평균법과 선입선출법에 의한 가공원가의 완성품환산량은 각각 85,000단위와 73,000단위이다. 기초재공품의 가공원가 완성도가 30%라면, 기초재공품 수량은 몇 단위인가?

① 12,000단위 ② 25,000단위
③ 36,000단위 ④ 40,000단위

【 11 】 정상원가계산을 채택하고 있는 (주)삼일의 20X1년 원가자료가 아래와 같을 경우 제조간접비 배부차이로 올바른 것은?

제조간접비 예산	255,000원
기준조업도(직접노동시간)	100,000시간
제조간접비 실제발생액	270,000원
실제직접노동시간	105,000시간

① 2,250원 과소배부
② 2,250원 과대배부
③ 2,550원 과소배부
④ 2,550원 과대배부

【 12 】 다음 중 (주)삼일의 고정제조간접원가 차이분석에 관한 설명으로 옳지 않은 것은?

① 고정제조간접원가 실제발생액과 고정제조간접원가 배부액과의 차이를 고정제조
간접원가 총차이라고 한다.
② 고정제조간접원가 실제발생액과 고정제조간접원가 예산과의 차이를 고정제조간
접원가 예산차이라고 한다.
③ 고정제조간접원가 예산과 고정제조간접원가 배부액과의 차이를 고정제조간접원
가 조업도차이라고 한다.
④ 고정제조간접원가 예산은 실제산출량에 허용된 표준조업도에 조업도 단위당 표
준배부율을 곱하여 계산한 금액을 의미한다.

【 13 】 (주)삼일의 생산 및 원가와 관련된 자료는 다음과 같다.

> 실제 생산량: 1,100개
> 단위당 실제 직접재료 사용량: 3.2kg   단위당 표준 직접재료 사용량: 3kg
> kg당 실제 직접재료원가: 28원   kg당 표준 직접재료원가: 30원

이와 관련된 설명으로 가장 올바르지 않은 것은?

① 직접재료원가 표준원가는 99,000원이다.
② 직접재료원가 실제원가는 92,400원이다.
③ 직접재료원가 가격차이는 7,040원 유리하게 나타난다.
④ 직접재료원가 능률차이는 6,600원 불리하게 나타난다.

【 14 】 (주)삼일의 직접재료원가에 대한 자료는 다음과 같다. 직접재료원가의 능률차이는 얼마인가?

제품실제생산량	2,000개
제품 1개당 실제투입수량	5 kg
kg당 실제재료원가	400원
제품 1개당 표준투입수량	4 kg
직접재료원가 kg당 표준가격	300원

① 300,000원(유리) ② 300,000원(불리)
③ 600,000원(유리) ④ 600,000원(불리)

【 15 】 다음 중 표준원가계산제도에서 차이분석시 이용하는 표준직접노동시간으로 가장 옳은 것은?

① 표준산출량에 허용된 표준직접노동시간
② 표준산출량에 허용된 실제직접노동시간
③ 실제산출량에 허용된 표준직접노동시간
④ 실제산출량에 허용된 실제직접노동시간

【 16 】 표준원가계산을 사용하고 있는 (주)삼일의 1월 제조간접원가에 대한 자료는 다음과
같다.

> 제조간접원가 변동예산: 600,000원 + 직접노동시간 × 10원
> 실제산출량에 허용된 표준노동시간: 15,000시간

회사는 2분법에 의하여 제조간접원가 차이분석을 하고 있다. 1월 중 불리한 예산차
이 50,000원과 유리한 조업도차이 100,000원이 발생하였다면 1월의 제조간접원가 배
부액은 얼마인가?

① 850,000원   ② 800,000원
③ 750,000원   ④ 700,000원

【 17 】 (주)삼일은 당기에 영업을 개시하여10,000단위의 제품을 생산하고 이 중에서 9,500
단위의 제품을 단위당 2,000원에 판매하였다. 회사의 경영자는 외부보고 목적으로는
전부원가계산제도를 사용하고 있으나, 관리목적으로는 변동원가계산제도를 사용하
고 있다.

(단위: 원)

제품단위당 직접재료원가	1,000
제품단위당 직접노무원가	400
제품단위당 변동제조간접원가	200
제품단위당 변동판매비와관리비	100
고정제조간접원가	1,200,000
고정판매비와관리비	400,000

다음 설명 중 가장 올바르지 않은 것은?

① 전부원가계산에 의할 경우 제품단위당 제조원가는 1,720원이다.
② 변동원가계산에 의할 경우 제품단위당 제조원가는 1,600원이다.
③ 전부원가계산에 의할 경우 기말제품재고액은 860,000원이다.
④ 변동원가계산에 의한 당기순이익이 전부원가계산에 의한 당기순이익보다 크다.

【 18 】 다음 중 변동원가계산의 유용성에 관한 설명으로 가장 올바르지 않은 것은?

① 원가통제와 성가평가에 유용하게 활용할 수 있다.

② 고정원가가 이익에 미치는 영향을 비교적 쉽게 파악할 수 있다.

③ 이익계획과 예산편성에 필요한 CVP 관련 자료를 쉽게 확보할 수 있다.

④ 고정원가를 부문이나 제품에 배분하지 않기 때문에 부문별, 제품별 의사결정 문제에 왜곡을 초래할 수 있다.

【 19 】 20X1년 3월에 영업을 시작한 (주)삼일은 선입선출법에 의한 실제원가계산제도를 채택하고 있으며, 20X1년 3월과 4월의 생산과 판매에 관한 자료는 다음과 같다.

	3월	4월
생산량	8,000단위	9,000단위
판매량	7,000단위	10,000단위
고정제조간접원가	₩1,600,000	₩1,620,000
고정판매비와관리비	800,000	900,000

20X1년 4월 중 변동원가계산에 의한 영업이익이 ₩1,400,000이라고 할 때 전부원가계산에 의한 영업이익은 얼마인가?

① ₩800,000   ② ₩1,000,000

③ ₩1,200,000   ④ ₩1,400,000

【 20 】다음 중 초변동원가계산방법에 관한 설명으로 가장 올바르지 않은 것은?

① 매출액에서 판매된 제품의 직접재료원가를 차감하여 현금창출 공헌이익을 계산한다.

② 직접노무원가와 제조간접원가도 운영비용에 포함하여 기간비용으로 처리한다.

③ 초변동원가계산방법도 외부보고목적의 재무제표 작성에 이용될 수 있다.

④ 초변동원가계산방법이 변동원가계산방법보다 불필요한 재고누적 방지효과가 크다.

【 21 】(주)삼일은 20X1년에 A제품 1,000개, B제품 8,000개가 생산판매될 것으로 예상하며, 제조간접원가는 1,500,000원이 발생될 것으로 추정한다. 각 제품의 직접재료원가와 직접노무원가, 제조간접원가에 대하여 다음과 같이 예상한다.

	A제품	B제품
직접재료원가	500,000원	400,000원
직접노무원가	340,000원	250,000원

활동	활동원가	원가동인	활동사용량(원가동인수)		
			A제품	B제품	계
구매주문	600,000원	주문횟수	100	200	300
제품검사	900,000원	검사시간	800	1,200	2,000
제조간접원가	1,500,000원				

20X1년 A제품의 총제조원가는 얼마인가?

① 1,100,000원   ② 1,260,000원

③ 1,300,000원   ④ 1,400,000원

【 22 】 원가를 추정하는 방법 중 변동비와 고정비의 분류에 있어서 원가담당자의 주관이 개입될 수 있다는 단점을 가진 원가추정방법은 무엇인가?

① 공학적 분석방법
② 계정분석법
③ 고저점법
④ 회귀분석법

【 23 】 다음 중 CVP 분석에 대한 설명으로 가장 올바르지 않은 것은?

① 모든 원가는 변동원가와 고정원가로 분류할 수 있다고 가정한다.
② 수익과 원가의 행태는 관련범위 내에서 선형이라고 가정한다.
③ 화폐의 시간가치를 고려하여 분석한다.
④ 복수제품인 경우 매출배합이 일정하다고 가정한다.

【 24 】 다음 자료를 이용하여 손익분기점 판매량을 계산하면 얼마인가?

판매가격	₩4,000/단위
변동제조원가	1,500/단위
변동판매비와관리비	1,200/단위
총고정제조간접원가	₩2,340,000

① 600개
② 1,200개
③ 1,800개
④ 2,000개

【 25 】 (주)삼일은 단위당 20,000 원의 제품을 판매하고 있으며, 공헌이익률은 20 % 이다. 전기에 5,000 단위를 판매하여 8,000,000 원의 영업이익을 달성하였다면, 당기에 전기 대비 두 배의 영업이익을 달성하기 위하여 회사는 몇 단위를 판매하여야 하는가?

① 4,000 단위   ② 5,000 단위
③ 6,000 단위   ④ 7,000 단위

【 26 】 다음 중 영업레버리지에 관한 설명으로 가장 올바르지 않은 것은?

① 영업레버리지란 영업고정원가가 지렛대의 작용을 함으로써 매출액의 변화율보다 영업이익의 변화율이 확대되는 효과이다.
② 영업고정원가의 비중이 큰 기업은 영업레버리지가 크며, 영업고정원가의 비중이 작은 기업은 영업레버리지가 작다.
③ 고정원가가 없는 기업의 영업레버리지도는 정확히 1이다.
④ 일반적으로 한 기업의 영업레버리지도는 손익분기점 부근에서 가장 작으며, 매출액이 증가함에 따라 점점 커진다.

【 27 】 조업도의 변동을 고려하지 않고 특정조업도를 기준으로 작성되는 예산은?

① 고정예산   ② 변동예산
③ 운영예산   ④ 자본예산

【 28 】 다음 중 책임회계제도에 관한 설명으로 가장 올바르지 않은 것은?

① 책임회계제도는 실제 성과와 예산과의 차이를 쉽게 파악할 수 있게 해줌으로써 예외에 의한 관리가 가능하게 해준다.

② 책임회계제도가 그 기능을 효율적으로 발휘하기 위해서는 각 책임중심점의 경영자가 권한을 위임받은 원가항목들에 대해 통제권을 행사할 수 없어야 한다.

③ 책임중심점은 책임의 성격 및 책임범위에 따라 원가중심점, 수익중심점, 이익중심점 및 투자중심점으로 분류할 수 있다.

④ 원가중심점이란 통제가능한 원가의 발생에 대해서만 책임을 지는 가장 작은 활동단위로서의 책임중심점이다.

【 29 】 (주)삼일은 A, B의 두 가지 제품을 생산하여 판매한다. 20X1년 예산과 실제자료는 다음과 같다.

<20X1년도 예산>

제품종류	단위당 판매가격	단위당 변동원가	판매수량 및 비율	
			수량	비율
A	800원	500원	4,000개	40 %
B	600원	400원	6,000개	60 %
합계			10,000개	100 %

<20X1년도 실제 결과>

제품종류	단위당 판매가격	단위당 변동원가	판매수량 및 비율	
			수량	비율
A	780원	510원	4,950개	45 %
B	560원	390원	6,050개	55 %
합계			11,000개	100 %

20X1년도 매출배합차이와 매출수량차이는 얼마인가?

	매출배합차이	매출수량차이
①	55,000원 유리	240,000원 유리
②	55,000원 불리	240,000원 불리
③	60,000원 유리	235,000원 유리
④	60,000원 불리	235,000원 유리

※ 【문제 30~31】 (주)삼일의 영업이익은 ₩400,000이며, 평균투자액은 ₩1,000,000이다.

【 30 】 (주)삼일의 투자수익률은 얼마인가?

① 30% ② 40%

③ 50% ④ 60%

【 31 】 (주)삼일의 최저 필수수익률이 10%인 경우 잔여이익은 얼마인가?

① ₩100,000 ② ₩200,000

③ ₩300,000 ④ ₩400,000

【 32 】 아래에 주어진 재무자료를 이용하여 경제적부가가치(EVA)를 산출하면 얼마인가?
(단, 법인세효과는 무시한다)

매출액	80억 원
매출원가	50억 원
판매비와관리비	20억 원
투하자본	50억 원(타인자본 25억 원, 자기자본 25억 원)
타인자본비용	10%
자기자본비용	16%

① 3.5억 원 ② 4억 원

③ 4.5억 원 ④ 5억 원

【 33 】 다음은 신인가수 발굴 오디션에서 일어난 심사위원과 지원자 김준의 인터뷰 내용이다. 의사결정 기초개념과 관련하여 밑줄 친 (ㄱ), (ㄴ)에 가장 적절하게 대응되는 용어는 무엇인가?

> 심사위원 : 오디션에 합격하면 (ㄱ) 현재의 직장을 포기해야 하는데도 가수를 하실 생각이신가요?
>
> 김   준 : 과거에 (ㄴ) 직장에 들어가기 위해 많은 노력을 했습니다. 하지만, 오디션에 합격하면 어릴 적 꿈이었던 가수로서 제 2의 인생을 살고 싶습니다.

① (ㄱ) 기회원가   (ㄴ) 간접원가
② (ㄱ) 지출원가   (ㄴ) 기회원가
③ (ㄱ) 기회원가   (ㄴ) 매몰원가
④ (ㄱ) 매몰원가   (ㄴ) 간접원가

【 34 】 (주)삼일은 제조에 필요한 부품을 자가제조할 것인지 아니면 외부구입할 것인지의 여부에 대한 의사결정을 하려고 한다. 다음 설명 중 가장 옳은 것은?

① 변동원가는 모두 비관련원가로 보아 의사결정을 하는데 영향을 미치지 않는다.
② 회피불가능한 고정원가는 관련원가로 의사결정을 하는데 반드시 고려하여야 한다.
③ 기존설비를 다른 용도로 사용함에 따라 발생할 수 있는 기회비용도 함께 고려해야 한다.
④ 외부구입원가가 회피가능원가보다 큰 경우에는 외부구입하는 것이 바람직하다.

【 35 】 매월 1,000단위의 제품을 생산하는 (주)삼일의 단위당 판매가격은 ₩700이고 단위당 변동원가는 ₩500이며 고정원가는 월 ₩300,000이다. (주)삼일은 (주)용산으로부터 400단위의 특별주문을 받았다. 현재 유휴설비능력은 특별주문 수량보다 부족한 상황이며, 특별주문을 수락할 경우 주문처리를 위한 비용 ₩900이 추가로 발생한다. 다음 중 특별주문에 대한 의사결정을 함에 있어 관련항목으로만 구성된 것은 어느 것인가?

① 특별주문 수락 전의 단위당 고정원가, 단위당 변동원가
② 단위당 변동원가, 특별주문 처리비용, 기존판매량 감소분의 공헌이익
③ 특별주문 수락 후의 단위당 고정원가, 특별주문 처리비용
④ 특별주문가, 특별주문 수락 후의 단위당 고정원가

【 36 】 (주)삼일의 생산 및 판매에 대한 자료는 다음과 같다.

제품단위당 판매가격	₩80
제품단위당 변동제조원가	25
고정제조간접원가	400,000
고정판매비	200,000
연간 생산능력	20,000단위
연간 판매량	15,000단위

최근 고객사로부터 제품 3,000단위를 단위당 ₩40에 공급해 달라는 특별주문을 받았다. 특별주문에 대하여 (주)삼일이 취할 행동으로 가장 옳은 것은?(단, 특별주문 수락으로 인한 기존 판매수량에 미치는 영향은 없다)

① 특별주문의 가격이 시장가격보다 낮으므로 주문을 거절하여야 한다.
② 제품단위당 제조원가가 ₩45이므로 주문을 거절하여야 한다.
③ 제안을 받아들일 경우 ₩15,000의 이익이 추가로 발생하므로 주문을 수락하여야 한다.
④ 제안을 받아들일 경우 ₩45,000의 이익이 추가로 발생하므로 주문을 수락하여야 한다.

【 37 】 다음 중 자본예산을 편성하기 위해 현금흐름을 추정할 때 주의해야 할 사항으로 가장 올바르지 않은 것은?

① 감가상각비를 계상함으로써 발생하는 세금의 절약분인 감가상각비 감세효과는 현금흐름을 파악할 때 고려해야 한다.

② 세금을 납부하는 것은 현금의 유출에 해당하므로 세금을 차감한 후의 현금흐름을 기준으로 추정하여야 한다.

③ 이자비용은 현금의 유출에 해당하므로 이자비용을 차감한 후의 현금흐름을 기준으로 추정하여야 한다.

④ 인플레이션 효과는 현금흐름과 할인율에 일관성 있는 기준을 적용하여 고려되어야 한다.

【 38 】 (주)삼일은 내용연수가 3년인 기계장치에 투자하려고 하고 있다. 기계장치를 구입하면, 1년째에는 ₩5,000,000, 2년째에는 ₩4,000,000, 3년째에는 ₩3,000,000의 현금지출운용비를 줄일 것으로 판단하고 있다. 회사의 최저필수수익률은 12%이고 기계장치에 대한 투자액의 현재가치는 ₩8,000,000이라고 할 때, 기계장치에 대한 투자안의 순현재가치(NPV)는 얼마인가?(단, 이자율 12%의 1원당 현재가치는 1년은 0.9, 2년은 0.8, 3년은 0.7이며 법인세는 없는 것으로 가정한다)

① ₩1,800,000

② ₩1,900,000

③ ₩2,000,000

④ ₩2,100,000

【 39 】 (주)삼일의 A사업부는 모터를 생산하고 있으며, 연간 생산능력은 300,000단위이다. (주)삼일의 A사업부 수익과 원가자료는 다음과 같다.

단위당 외부판매가격	700원
단위당 변동원가	570원
단위당 고정원가(연간 300,000단위 기준)	350원

(주)삼일은 냉장고를 생산하는 B사업부도 보유하고 있다. B사업부는 현재 연간 10,000단위의 모터를 단위당 680원에 외부에서 조달하고 있다. (주)삼일이 생산하는 모든 제품은 전량을 외부시장에 판매할 수 있으며, 사내대체를 할 경우에는 A사업부의 단위당 변동원가가 30원만큼 절감된다고 한다. 이 경우 A사업부가 내부대체를 허용할 수 있는 단위당 최소대체가격은 얼마인가?

① 570원 ② 600원
③ 670원 ④ 700원

【 40 】 품질원가는 예방원가, 평가원가, 내부실패원가, 외부실패원가로 분류한다. 다음 중 내부실패원가에 해당하는 것은?

① 공급업체 평가 ② 반품 전 재작업
③ 반품 ④ 보증수리

MEMO

01 ②   재무회계에서는 객관적으로 측정가능한 회계자료를 기초로 수익과 비용을 인식하여야 한다.

02 ③   의사결정 관련성에 따라 관련원가와 매몰원가, 회피가능원가와 회피불능원가, 기회원가와 지출원가로 분류한다.

03 ①   품질검사원가를 품질검사시간을 기준으로 배분하는 것은 인과관계 기준에 의한것이다.

04 ④   당기제품제조원가＝기초재공품＋당기총제조원가－기말재공품
＝10,000＋(23,000*＋45,000)－8,000＝70,000

* 당기 원재료 투입액＝기초원재료＋당기매입－기말원재료
＝5,000＋25,000－7,000＝23,000

05 ③   제조간접비 배부율＝2,400,000원 / 200시간＝12,000원/시간
#03 총제조원가＝1,340,000원＋760,000원＋180시간×12,000원
＝4,260,000원

06 ④   1) A부분 배부액＝200,000×20%＝40,000
2) B부문 배부액＝(300,000＋(200,000×40%))×60%/80%＝285,000
총 배부액＝1)＋2)＝325,000

07 ①   개별원가계산은 각 제품별로 원가를 배부하므로 직접원가와 간접원가의 구분이 중요하다.

08 ①

	(1단계) 물량흐름	(2단계) 완성품환산량	
		재료원가	가공원가
당기완성품	400개	400개(100%)	400개(100%)
기말재공품	100개	100개(100%)	20개(20%)
	500개	500개	420개

(3단계) 배분할 원가 | | | 합계
기초재공품원가	₩8,000,000	₩6,000,000	₩14,000,000
당기투입원가	32,000,000	24,240,000	56,240,000
총원가	₩40,000,000	₩30,240,000	₩70,240,000

(4단계) 완성품환산량 단위당 원가
| 완성품환산량 | ÷500개 | ÷420개 |
| 완성품환산량 단위당 원가 | ₩80,000 | ₩72,000 |

(5단계) 원가배분
완성품원가	400개×₩80,000+400개×₩72,000=	₩60,800,000
기말재공품원가	100개×₩80,000+20개×₩72,000=	9,440,000
		₩70,240,000

09 ③ 400개×1,500원+400개×60%×500원=720,000원

10 ④ 기말재공품의 완성도를 x% 라고 하면,
완성품환산량 1,900=당기완성 1,600+기말재공품 400×x%
따라서 x=75%

11 ④ 기초재공품이 없다면 평균법과 선입선출법의 결과는 같아지게 된다.

12 ② (a) 사용시점에 분리

AQ × AP	AQ × SP
800kg×₩300=₩240,000	800kg×₩200=₩160,000

₩80,000(U)

(b) 구입시점에 분리

AQ × AP	AQ × SP
1,000kg×300원=300,000원	1,000kg×200원=200,000원

100,000원(U)

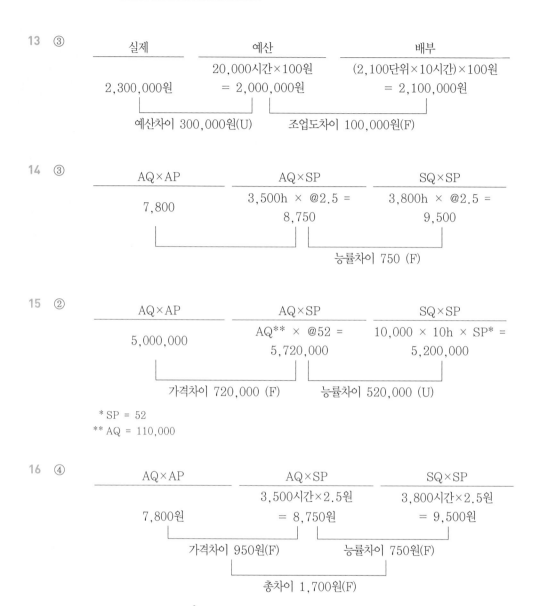

13 ③

실제	예산	배부
	20,000시간×100원	(2,100단위×10시간)×100원
2,300,000원	= 2,000,000원	= 2,100,000원

예산차이 300,000원(U)   조업도차이 100,000원(F)

14 ③

AQ×AP	AQ×SP	SQ×SP
	3,500h × @2.5 =	3,800h × @2.5 =
7,800	8,750	9,500

능률차이 750 (F)

15 ②

AQ×AP	AQ×SP	SQ×SP
	AQ** × @52 =	10,000 × 10h × SP* =
5,000,000	5,720,000	5,200,000

가격차이 720,000 (F)   능률차이 520,000 (U)

* SP = 52
** AQ = 110,000

16 ④

AQ×AP	AQ×SP	SQ×SP
	3,500시간×2.5원	3,800시간×2.5원
7,800원	= 8,750원	= 9,500원

가격차이 950원(F)   능률차이 750원(F)

총차이 1,700원(F)

17 ①   변동원가계산과 전부원가계산 모두 표준원가를 사용할 수 있다.

18 ②   1) 기말제품재고액 = (변동제조원가 1,350,000 ÷ 생산량 90,000) × 20,000단위*

                           = 300,000

       *생산량 90,000 − 판매량 70,000 = 20,000

    2) 영업이익

매출액	5,000,000
(−) 변동제조원가	(1,350,000 − 300,000)
(−) 고정제조원가	(500,000)
(−) 판매관리비	(260,000 + 550,000)
	= 2,640,000

19 ③   가, 나, 다 모두 변동원가계산제도의 특징이다.

20 ①   기말재고자산에 포함된 고정제조간접원가 − 기초재고자산에 포함된 고정제조간접원가

    = 75,000원

    기말재고수량 × (300,000원/2,000개) = 75,000원

    기말재고수량 = 500개

21 ④   활동기준원가계산제도는 개별원가계산 또는 종합원가계산과 결합하여 사용할 수 있다. 즉, 활동기준원가계산 하에서 개별원가계산 또는 종합원가계산을 적용할 수 있다.

22 ③   단위당 변동제조간접원가=(3,250,000원−2,000,000원)÷(4,500개−2,000개)

                     =500원/개

    총고정제조간접원가=2,000,000원−500원×2,000개=1,000,000원

                  =3,250,000원−500원×4,500개=1,000,000원

    6월 총제조간접원가=1,000,000원+500원×4,000개=3,000,000원

23 ④   안전한계율 = (5,000,000원 − 3,000,000원)/5,000,000원 = 40%

24 ③   ① 공헌이익률 = (100원 − 50원)/100원 = 50%

    ② 단위당 공헌이익 = 100원 − 50원 = 50원

    ③ 손익분기점 매출액 = 100,000원

       0.5(공헌이익률) × 매출액 − 50,000원 = 0

    ④ 목표이익 달성 매출액 = 120,000원

       0.5 × 매출액 − 50,000원 = 10,000원

25 ① 10,000단위 × 공헌이익 − 고정원가 = 1,000,000원

8,000단위 × 공헌이익 − 고정원가 = 0원

두 방정식을 통해 공헌이익은 500원, 고정원가 4,000,000원이며 판매가격 100원 감소 시 단위당 공헌이익은 400원으로 감소한다.

새로운 손익분기점 판매량 = 10,000단위*

 * 400원 × 손익분기점판매량 − 4,000,000원 = 0

26 ① 책임회계제도가 그 기능을 효율적으로 수행하기 위해서는 각 책임중심점의 경영자가 권한을 위임받은 원가항목들에 대해 통제권을 행사할 수 있어야 한다.

27 ③ 판매부서는 이익중심점으로 통제책임을 지는 것이 적정하다.

28 ③ 성과평가를 수행하는 경우 많은 시간과 비용을 투입하면 더욱 정확한 평가는 가능할지 몰라도 적시성과 경제성 측면에서는 문제가 있을 수 있다.

29 ③ 제품 A

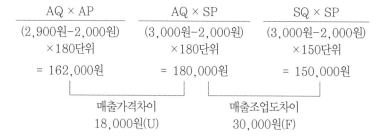

AQ × AP	AQ × SP	SQ × SP
(2,200원−1,200원) ×180단위	(2,000원−1,200원) ×180단위	(2,000원−1,200원) ×200단위
= 180,000원	= 144,000원	= 160,000원

매출가격차이
36,000원(F)

매출조업도차이
16,000원(U)

제품 B

AQ × AP	AQ × SP	SQ × SP
(2,900원−2,000원) ×180단위	(3,000원−2,000원) ×180단위	(3,000원−2,000원) ×150단위
= 162,000원	= 180,000원	= 150,000원

매출가격차이
18,000원(U)

매출조업도차이
30,000원(F)

30 ① 매출액이익률이 감소하는 경우 투자수익률도 감소된다.

31 ② 비영업자산의 증감은 경제적부가가치 증대와 무관하다.

32 ② 제품A 처분 시 추가로 발생하는 비용은 단위당 판매관리비 15원이므로 관련원가이다.

33 ① [추가주문을 수락할 경우 증분이익]

    Ⅰ. 증분수익

    매출액 증가   400단위×₩350 =   ₩140,000

    Ⅱ. 증분비용

    변동원가 증가   400단위×₩290* =   116,000

    Ⅲ. 증분이익   ₩24,000

* (₩1,500,000×2/3+₩900,000×1/2)÷5,000단위=₩290

34 ② [A사업부를 폐지할 경우 증분이익]

    Ⅰ. 증분수익

    공헌이익 감소   (60,000원)

    Ⅱ. 증분비용

    공통원가 감소   (20,000원)

    Ⅲ. 증분이익   (40,000원)

∴ 당기순이익은 500,000원−40,000원=460,000원으로 변한다.

35 ② 고정제조간접원가는 의사결정과 무관한 원가이다.

36 ②

37 ④ 투자안의 순현재가치 = (1,000,000원) + 500,000원 × (1−0.4) × 3.61

                          + 200,000원 × 0.4 × 3.61 = 371,800원

38 ② 순현재가치법의 화폐의 시간가치를 고려하는 방법이다.

39 ④ 사업부 B가 외부공급업체로부터 부품 구입이 불가능하다면 사업부 A가 내부대체를 하는 것이 회사전체의 이익에 도움이 된다.

40 ③ 비재무적 측정치에 대해서 객관적 측정이 가능하지 않은 한계점이 존재한다.

01 ② 재고자산에 대한 정보는 제공하나 모든 자산의 평가에 대한 자료를 제공하는 것은 아니다.

02 ③ 인터넷을 이용한 제품 광고선전비, 본사건물에 대한 감가상각비: 비제조원가(판매비와관리비)
사용하던 기계의 처분으로 인한 유형자산처분손실: 영업외비용
공장설비에 대한 화재보험료: 제조원가

03 ③ 당기제품제조원가 = 기초재공품 10,000 + 원재료비 17,000* + 가공원가 35,000 − 기말재공품 8,000 = 54,000
*기초원재료 5,000 + 당기매입 24,000 − 기말원재료 12,000 = 17,000

04 ③ 1. 단일배부율 적용시 A제조부문 수선부문원가 = 10,000,000원 × 50%
= 5,000,000원
2. 이중배부율 적용시 A제조부문 수선부문원가 = 4,400,000원
변동원가 = 4,000,000원 × 50% = 2,000,000원
고정원가 = 6,000,000원 × 40% = 2,400,000원

05 ④

06 ④ 제조간접원가 배부율 = 2,000,000원/40,000시간 = 50원/시간
기말재공품원가 = 90,000원 + 30,000원 + 1,600시간 × (50원/시간) = 200,000원

07 ④ 기초원가=직접재료원가+직접노무원가
=400,000원+500,000원=900,000원
가공원가=직접노무원가+제조간접원가
=500,000원+240,000원=740,000원

08 ③

	(1단계)	(2단계) 완성품환산량	
	물량흐름	직접재료원가	가공원가
기초재공품	500개		
당기투입량	4,500개		
	5,000개		
당기완성품			
┌ 기초재공품	500개	0개(0%)	300개(60%)
└ 당기투입	3,700개	3,700개(100%)	3,700개(100%)
기말재공품	800개	800개(100%)	400개(50%)
	5,000개	4,500개	4,400개

(3단계) 배분할원가				합계
당기투입원가		22,500원	44,000원	66,500원

(4단계) 완성품환산량 단위당원가			
완성품환산량		÷4,500개	÷4,400개
완성품환산량 단위당원가		5원	10원

09 ②

	(1단계)	(2단계) 완성품환산량	
	물량흐름	재료원가	가공원가
기초재공품	100개		
당기투입량	900개		
	1,000개		
당기완성품	800개	800개(100%)	800개(100%)
기말재공품	200개	200개(100%)	40개(20%)
	1,000개	1,000개	840개

(3단계) 배분할원가				합계
기초재공품원가		200,000원	150,000원	350,000원
당기투입원가		800,000원	606,000원	1,406,000원
총원가		1,000,000원	756,000원	1,756,000원

(4단계) 완성품환산량 단위당원가			
완성품환산량		÷1,000개	÷840개
완성품환산량 단위당원가		1,000원	900원

(5단계) 원가배분		
완성품원가	800개 × 1,000원 + 800개 × 900원 =	1,520,000원
기말재공품원가	200개 × 1,000원 + 40개 × 900원 =	236,000원
		1,756,000원

10 ④ 기초재공품수량 A, 당기완성품수량 B라고 한다면
B − {0.7 × A + (B − A)} = 12,000
기초재공품수량은 40,000개이다.

11 ① 제조간접비배부율 = 255,000원/100,000시간 = 2.55원/시간
270,000원 − (105,000시간 × 2.55원/시간) = 2,250원 과소배부

12 ④ 고정제조간접원가 예산은 기준조업도에 조업도 단위당 표준배부율을 곱하여 계산한 금액을 의미한다.

13 ②

AQ×AP	AQ×SP	SQ×SP
(1,100개×3.2kg)×28원	(1,100개×3.2kg)×30원	(1,100개×3kg)×30원
= 98,560원	=105,600원	=99,000원

가격차이 7,040원(F)　　능률차이 6,600원(U)

총차이 440원(F)

14 ④

AQ×SP	SQ×SP
2,000개 × 5kg × 300원	2,000개 × 4kg × 300원
= 3,000,000	= 2,400,000

능률차이 600,000 (U)

15 ③

16 ① 제조간접원가 배부액
= 600,000원+15,000시간×10원+100,000원(유리한 조업도차이) = 850,000원

17 ④ 변동원가계산 제품단위당 제조원가 = 1,000원 + 400원 + 200원 =1,600원
전부원가계산 제품단위당 제조원가 = 1,000원 + 400원 + 200원 + (1,200,000원
/10,000단위) = 1,720원
전부원가계산 기말제품재고액 = 500단위 × 1,720원 = 860,000원

18 ④ 공통적인 고정원가를 부문이나 제품에 배분하지 않기 때문에 부문별, 제품별 의사결정 문제에 왜곡을 초래하지 않는다.

19	③	변동원가계산의 영업이익		₩1,400,000

(+)	기말재고의 고정제조간접원가		0
(−)	기초재고의 고정제조간접원가	1,000단위×200* =	(200,000)
	전부원가계산의 영업이익		₩1,200,000

20 ③ 초변동원가계산방법은 외부보고목적의 재무제표 작성에 이용될 수 없다.

21 ④ (1) 활동별 제조간접원가배부율

구매주문: 600,000÷300회＝2,000원/주문횟수

제품검사: 900,000÷2,000시간＝450원/검사시간

(2) A제품의 총제조원가

500,000원+340,000원+(100회×2,000원+800시간×450원)＝1,400,000원

22 ② 계정분석법은 분석자의 전문적 판단에 따라 각 계정과목에 기록된 원가를 분석하여 원가함수를 추정하는 방법이다.

23 ③ CVP 분석은 화폐의 시간가치를 배제하며, 주로 단기적 분석에 이용된다.

24 ③ 손익분기점판매량 = 2,340,000원/(4,000원-1,500원-1,200원) = 1,800개

25 ④ 목표 영업이익을 달성하기 위한 판매량

= (고정비 12,000,000* + 목표이익 (8,000,000 × 2)) ÷ 4,000**

= 7,000

*(5,000단위 × 4,000) − 고정비 = 8,000,000

**단위당 공헌이익 = 20,000 × 20% = 4,000

26 ④ 기업의 영업레버리지도는 손익분기점 부근에서 가장 크다.

27 ① 고정예산을 설명한 것이다.

28 ② 책임회계제도가 기능을 효율적으로 수행하기 위해서는 각 책임중심점의 경영자가 권한을 위임받은 원가항목들에 대해 통제권을 행사할 수 있어야 한다.

29 ①

	변동예산		변동예산 ′		고정예산	
A	4,950 × 300=	1,485,000	11,000×40%× 300=	1,320,000	4,000 × 300=	1,200,000
B	6,050 × 200=	1,210,000	11,000×60%× 200=	1,320,000	6,000 × 200=	1,200,000
		2,695,000		2,640,000		2,400,000

매출배합차이 55,000 (F)   매출수량차이 240,000 (F)

30 ②   투자수익률 = 40,000원/1,000,000원 = 40%

31 ③   잔여이익 = 400,000원−1,000,000원×10% = 300,000원

32 ①   세후영업이익 = 80억 원−50억 원−20억 원=10억 원
경제적부가가치 = 10억 원−50억 원×(10%×1/2+16%×1/2)=3.5억 원

33 ③   현재의 직장을 포기: 오디션에 합격할 경우의 기회원가임.
직장에 들어가기 위해 많은 노력: 과거에 발생한 사실로서 매몰원가임.

34 ③   ① 변동원가는 관련원가로 의사결정에 영향을 미친다.
② 회피불가능한 고정원가는 비관련원가로 보아 의사결정에 고려하지 않는다.
④ 외부구입원가가 회피가능원가보다 큰 경우에는 자가제조하는 것이 바람직하다.

35 ②   특별주문 수락 전후의 단위당 고정원가는 비관련항목이다.

36 ④   특별주문 수락 시 증분이익 3,000단위×(40원−25원) = 45,000원

37 ③   이자비용은 할인율을 통해 반영되므로 현금흐름 산정 시 이자비용은 없는 것으로 가정한다.

38 ①   NPV = 5,000,000원×0.9+4,000,000원×0.8+3,000,000원×0.7−8,000,000원
= 1,800,000원

39 ③   최소대체가격 = (570원−30원) + (700원−570원) = 670원
대체시의 단위당   대체시의 단위당
증분지출원가   기회원가

40 ②   공급업체 평가는 예방원가, 보증수리 및 반품은 외부실패원가에 해당한다.

국가공인 재경관리사 자격검정시험 답안지

성별
○ 남   ○ 여

생년월일
(1) | (2)

성 명
(왼쪽부터 차례로 기재하십시오)
(1) | (2)

수험번호
(1) | (2)

재무회계 (1~40)

세무회계 (41~80)

원가관리회계 (81~120)

답안표기란

최종학력
○ 대학원졸   ○ 대학원재학
○ 대학교졸   ○ 대학교재학
○ 전문대졸   ○ 전문대재학
○ 고졸   ○ 고재
○ 기타

작업
○ 학생   ○ 작장인
○ 취업준비생 ○ 기타

자격취득목적
○ 취업시 우대(   )
○ 인사고과(   )
○ 취업인정(   )
○ 졸업요건(   )
○ 자기개발(   )
○ 기타(   )

※ 감독위원 날인이 없으면 무효처리됨.

감
독
위
원
확
인
란
          (인)

국가공인 재경관리사 자격검정시험 답안지

밑면의 답안카드 작성요령과 주의사항을 꼭 읽고 답안을 작성하십시오.

재무회계 / 세무회계 / 원가관리회계

성별: 남 / 여

생년월일

수험번호

성명 (왼쪽부터 차례로 기재하십시오)

학력 / 직업

자격취득목적: 취업시 우대( ) / 인사고과( ) / 학점인정( ) / 졸업요건( ) / 자기개발( ) / 기타( )

학력: 대학원졸 / 대학재학 / 전문대졸 / 고졸 / 대학졸 / 대학중퇴 / 기타
직업: 학생 / 취업준비생 / 직장인 / 기타

※ 감독위원 날인이 없으면 무효처리함.
감독위원 확인 (인)

재무회계
세무회계
원가관리회계

1 ~ 120 (OMR 답란)

국가공인 재경관리사 자격검정시험 답안지

※ 답안카드 작성요령
뒷면의 답안카드 작성요령과 주의사항을 꼭 읽고 답안을 작성하십시오.

성별

남 ○　여 ○

성명
(왼쪽부터 차례로 기재하십시오)

생년월일

수험번호

최종학력

대학원졸	대학졸
대학원재학	전문대졸
대학재학	고졸
전문대재학	기타
고재	

직업

| 학생 | 직장인 |
| 취업준비생 | 기타 |

자격취득목적

- 취업시 우대(　　　)
- 인사고과(　　　)
- 학점인정(　　　)
- 졸업요건(　　　)
- 자기개발(　　　)
- 기타(　　　)

※ 감독위원 날인이 없으면 무효처리됨.

감독위원 (인)

답안표기란

재무회계

| 1 | 2 | 3 | 4 | 5 | 6 | 7 | 8 | 9 | 10 | 11 | 12 | 13 | 14 | 15 | 16 | 17 | 18 | 19 | 20 |
| 21 | 22 | 23 | 24 | 25 | 26 | 27 | 28 | 29 | 30 | 31 | 32 | 33 | 34 | 35 | 36 | 37 | 38 | 39 | 40 |

세무회계

| 41 | 42 | 43 | 44 | 45 | 46 | 47 | 48 | 49 | 50 | 51 | 52 | 53 | 54 | 55 | 56 | 57 | 58 | 59 | 60 |
| 61 | 62 | 63 | 64 | 65 | 66 | 67 | 68 | 69 | 70 | 71 | 72 | 73 | 74 | 75 | 76 | 77 | 78 | 79 | 80 |

원가관리회계

| 81 | 82 | 83 | 84 | 85 | 86 | 87 | 88 | 89 | 90 | 91 | 92 | 93 | 94 | 95 | 96 | 97 | 98 | 99 | 100 |
| 101 | 102 | 103 | 104 | 105 | 106 | 107 | 108 | 109 | 110 | 111 | 112 | 113 | 114 | 115 | 116 | 117 | 118 | 119 | 120 |

(각 문항 ① ② ③ ④)

재경관리사 대비 원가관리회계

2025년 2월 10일 개정 21판 발행

저 자 **삼일회계법인**

발행인 이　　희　　태

발행처 **삼일피더블유씨솔루션**

저 자 와
협의하에
인지생략

서울특별시 용산구 한강대로 273 용산빌딩 4층

등록 : 1995. 6. 26 제3-633호

TEL : (02) 3489-3100

FAX : (02) 3489-3141

ISBN 979-11-6784-327-2 13320

정가 27,000원